LA MONTÉE DU NAZISME

DU MÊME AUTEUR

Aux Éditions France-Empire

Les Médecins Maudits.
Les Médecins de l'Impossible.
Les Sorciers du Ciel.
Le Train de la Mort.
Les Mannequins nus.
Le Camp des femmes.
Kommandos de femmes.
Les 186 marches.
Le Neuvième Cercle.
Des Jours sans fin.
L'Holocauste oublié.
Le Rouge-Gorge.
(Ces douze volumes ont été réédités par les Éditions France-Empire sous le titre Déportation 1, 2, 3, 4.)
Déportation 5 : Illustrations et documents.
L'Exécution de Budapest.
Le Passe Montagne.
Montségur et le Graal.
Le Glaive et les Bourreaux (I, II, III, IV, V, VI).
La Femme nue des Pyrénées.

Aux Éditions Albin Michel

Djebel Tour (roman).

Aux Éditions Belfond

Dessins, aquerelles, dendrites de George Sand : « Les Montagnes bleues. »
Le complot des lépreux.

Aux Éditions J.-C. Lattès

Le Manchot-Empereur (roman).
Les Possédés de Chaillot (en collaboration avec S. Fourcassié).

Aux Éditions Résonances

Macarel (essai).
L'Incroyable mais véritable histoire de Martin Guerre.

Aux Éditions Michel Lafon

Les Victorieux.
La Libération des camps.
Train 7909 destination Dachau

Christian BERNADAC

LA MONTÉE DU NAZISME

ÉDITIONS FRANCE-EMPIRE
13, rue Le Sueur, 75116 Paris

ISBN 2-7048-0782-5

IMPRIMÉ EN FRANCE

M. JUSTICE JACKSON. — Un certain nombre d'hommes qui ont participé à ce mouvement ne sont pas ici actuellement. Afin que ce point figure au procès-verbal, je vous demande s'il n'y a aucun doute dans votre esprit que Adolf Hitler soit bien mort ?

ACCUSÉ GŒRING. — Je crois qu'il ne peut y avoir aucun doute à ce sujet.

M. JUSTICE JACKSON. — Et il en est de même pour Gœbbels ?

ACCUSÉ GŒRING. — En ce qui concerne Gœbbels, je n'ai pas le moindre doute parce que quelqu'un, en qui j'ai une confiance absolue, m'a dit qu'il avait vu Gœbbels mort.

M. JUSTICE JACKSON. — Et vous n'avez aucun doute au sujet de la mort de Himmler, n'est-ce pas ?

ACCUSÉ GŒRING. — Je n'en suis pas sûr, mais je crois que vous devez l'être puisque vous le savez bien mieux que moi, attendu qu'il était votre prisonnier et est mort en captivité. Je n'y étais pas.

M. JUSTICE JACKSON. — Vous êtes sûr de la mort de Heydrich ?

ACCUSÉ GŒRING. — J'en suis tout à fait sûr.

M. JUSTICE JACKSON. — Et Bormann, probablement ?

ACCUSÉ GŒRING. — Là, je ne suis pas absolument sûr. Je n'ai aucune preuve, ni d'un côté, ni de l'autre ; je le suppose seulement (1).

(Procès de Nuremberg)

(1) Martin Bormann, l'indispensable « secrétaire » d'Hitler (il lui décerna le titre de « plus fidèle membre du parti » quelques heures avant de se suicider) est mort le 2 mai 1945 à Berlin en tentant de franchir les lignes soviétiques. Son squelette a été retrouvé et identifié en 1972. Tant de légendes ont été brodées autour de la survie de Martin Bormann qu'il me semble indispensable de signaler le livre définitif de Jochen von Lang « L'Éminence Grise de Hitler », septembre 1980 aux Éditions France-Empire.

DERNIERS JOURS

Sur la dernière page, aux coins rognés, de son carnet de marche, le caporal-chef Brenner (ou Breuner), les deux jambes hachées par des éclats d'obus, a la force d'écrire sept lignes (1) avant de mourir :

— Que cessent le sang et les larmes. Que je sois le dernier mort de Berlin. Le dernier mort de cette folie voulue par un seul homme. Notre malheur. Celui de l'Allemagne. Il n'existe pas de justice pour condamner les responsables. L'Allemagne est un cimetière et je meurs dans un cimetière. Ce soir sera...

Ce soir, existe-t-il encore un combattant pour croire en la victoire ? Et cette « paix honorable » dont osent enfin parler certains officiers...

A Plön, dans le Holstein — l'ancien duché du Saint Empire romain germanique — le grand amiral Karl Dönitz s'est enfermé dans son bureau. Il est 19 heures. Avec la nuit, tombe une pluie fine. « Ce télégramme, cette nouvelle mission, écrira-t-il plus tard, furent pour moi une surprise complète. » La feuille pelure jaune est posée sur la table à cartes. Il connaît le texte par cœur.

30 avril, Berlin, 18 h 35.

— Monsieur le grand amiral, le Führer vous a désigné pour lui succéder à la place de l'ex-Reichmarschall Gœring. Pouvoirs écrits vous sont envoyés. Il vous appartient dès maintenant de prendre toutes les mesures que commande la situation.

Signé : Martin Bormann.

Pourquoi moi ?

Il se lève, tire les doubles-rideaux, boit une tasse de thé froid, reprend le télégramme. Ah ! Si seulement on l'avait écouté ! Si les sous-marins promis... L'heure n'est plus aux regrets. Oui, pourquoi

(1) Le carnet est classé dans les archives militaires de Moscou. Les parents du caporal-chef n'ont pas été retrouvés.

Dönitz, que le pouvoir n'a jamais tenté et que le jeu des alliances et des intrigues désespère plus qu'il n'attire ? Peut-être justement pour cela. Étranger. Il est étranger à l'entourage, aux compromissions. Homme neuf. Homme nouveau. Le dernier espoir. À moins... Bien sûr, c'est cela... Oui ! Depuis le 22 avril, il est le Délégué civil pour le Nord avec regard sur les opérations militaires si la situation l'exige. Et le Nord a conservé un semblant d'organisation, ce qui en ces jours de défaite veut dire force et foi. Hitler n'avait pas le choix. Karl Dönitz pousse la porte du bureau de l'amiral Kummetz, commandant les forces de la Baltique. Il est debout, fouillant dans un classeur-bibliothèque, entouré du capitaine de corvette Lüdde-Neurath et d'Albert Speer, l'architecte qu'aurait voulu être Hitler, le confident des jours de triomphe, le ministre pour l'armement, le metteur au point des engins de l'Apocalypse qui, si le Führer avait voulu...

— Asseyez-vous, Messieurs.

Dönitz est pâle, yeux rouges et paupières gonflées par le manque de sommeil. Il tend le télégramme de Bormann.

Chacun lit sans prononcer un mot. Kummetz imagine la tête que ferait Himmler (ils l'ont rencontré cet après-midi même à Lübeck), lui qui affirme qu'il est le successeur désigné, s'il prenait connaissance de cette nomination « stupéfiante ». Quant à Speer, l'un des rares a avoir été admis ces jours derniers dans le bunker sépulcral de Berlin, les images qui se sont gravées à jamais au fond de son œil l'aident à mieux comprendre la décision qui vient d'être prise.

Depuis l'espoir fou de la contre-offensive des Ardennes qu'il a dirigée lui-même, dans les premiers jours, de son quartier général de Ziegenberg, Hitler est terré dans le bunker de Berlin. Sa grande armée « aux mille victoires pour un Reich de mille ans » n'est qu'un souvenir, même s'il a l'illusion en déplaçant des divisions à peu près fantômes, en traçant de larges flèches rouges, bleues et vertes sur les transparents des cartes d'état-major que ses forces peuvent, malgré tout, contenir la double ruée des Alliés. À l'ouest, depuis le 7 mars, les Américains ont franchi le Rhin par le pont de Remagen, échappé à la destruction par un concours de circonstances qui tient du miracle... ou du jeteur de mauvais sorts. Quant aux troupes soviétiques dirigées énergiquement par Joukov, elles sont à moins de cent kilomètres de la capitale depuis la mi-février. Un demi-million d'Allemands sont déjà morts en lever de rideau de cet acte final. Et, parmi eux, ces « gamins » qu'Hitler est venu féliciter en leur tapotant la joue au cours d'une cérémonie qui sera sa dernière sortie publique sous le gros œil d'une caméra d'actualités cinématographiques, à la veille de l'effondrement du dernier rempart — l'Oder — de la citadelle.

C'est l'ombre d'Hitler, de son ami Hitler, que rencontre Speer ce 23 avril. Un « père vidé, consumé, sans vie » mais probablement apaisé lorsque, deux ou trois fois par jour, il « accepte » l'évidence de l'échéance, en arpentant le couloir central du bunker.

— S'il m'arrive quelque chose, l'Allemagne restera sans chef. Je n'ai pas de successeur. Hess est fou et prisonnier ; Gœring a perdu la sympathie du peuple et Himmler serait rejeté par le parti... Creusez-vous la cervelle et trouvez-moi un successeur..., déclare-t-il un jour à l'une de ses secrétaires.

Albert Speer dépose son revolver au poste de garde extérieur.

— Dépêchez-vous. Le Führer a demandé après vous. Il vous attend.

Il descend les trente-sept marches. Béton luisant d'humidité. Une serpillère et un balai oubliés sur le palier. Froid. Silence. Mort. Bormann mâchoires serrées, teint de cire espagnole, sourcil en point d'interrogation, semble mâchonner ses bas-joues flasques.

— Le Führer vous demandera sans aucun doute s'il doit rester ici ou rejoindre Berchtesgaden par avion... Vous allez le convaincre de partir.

Speer sourit nerveusement et échappe au gluant personnage par une pirouette.

— Le Führer ne révèle ses décisions qu'à l'ultime seconde. Même aujourd'hui, il ne peut avoir changé.

Encore dix pas. Une porte blindée. Le sas encombré de matelas et de chaises pliantes.

— Vous pouvez entrer.

Speer maîtrise mal sa surprise en découvrant le chétif et pitoyable personnage qui s'avance à sa rencontre, le masque secoué de tics, le bras droit agité de tremblements depuis la terrible explosion de l'attentat manqué du 20 juillet.

— Vous me faites là une bonne surprise.

La tête, comme mal vissée sur le cou, branle de droite à gauche. Tête lourde, insupportable, sans assise. Tête de mort sous une calotte de cheveux cendrés. Après les banalités d'usage, où il est question « des grandes tâches qui attendent les reconstructeurs », Hitler retrouve « cet air qu'il prend pour régler les affaires et qui lui permet de tout dissimuler ».

— Quel sentiment avez-vous sur la manière de travailler de l'amiral Dönitz ?

Comment Speer — parfaitement rodé au langage de cour — pourrait-il, même sur les lèvres du gouffre, dire la vérité sur le maître de la Kriegsmarine considéré par l'ensemble des dignitaires comme un parfait exécutant, fonctionnaire et pantouflard, sans imagination politique... Enfin, Hitler connaît bien Dönitz.

— ... Dönitz ne saurait trahir le Reich et son Führer alors que...

— On me presse de quitter Berlin. Jodl m'a dit que, demain, il ne serait plus temps.

Speer (et pourquoi ne pas croire ses mémoires) répond :

— Restez à Berlin. Je pense qu'il est mieux, si cela doit être, que vous terminiez votre vie ici comme Führer, dans votre capitale, que dans votre maison de campagne.

— Moi aussi. Je suis décidé à rester, je voulais seulement avoir votre avis. Je ne combattrai d'ailleurs pas. Le danger est trop grand de n'être que blessé et de tomber vivant aux mains des Russes. Je ne voudrais pas non plus que mes ennemis traitent mon cadavre comme une charogne. J'ai donné l'ordre qu'on me brûle. Croyez-moi, Speer, il m'est facile de mettre fin à mes jours. Un court instant et me voilà libéré de tout, libéré de cette existence pleine de tourments !

Ce jour-là, devant Speer, Hitler est déjà mort. Seul Bormann, qui s'agite en diable, ne veut y croire : « Mon Führer, mon Führer, lisez, lisez, pardon de vous déranger, je viens de recevoir ce radiogramme de Gœring ».

— Restez, demande Hitler à Speer.

Il lit :

« Mon Führer,

« À la suite de votre décision de rester dans la place-forte de Berlin, êtes-vous d'accord pour me confier immédiatement le poste de commandement à la tête du Reich, avec liberté totale d'action pour les affaires intérieures aussi bien qu'extérieures ? De la sorte, j'agirai en tant que votre délégué au terme de votre décret du 29 juin 1941. Si je n'ai pas de réponse de votre part à 22 heures au plus tard, je considérerai que vous ne possédez plus votre liberté d'action et que — les conditions de votre décret étant remplies — c'est à moi de prendre en main, pour le mieux, les intérêts de notre pays et de notre peuple. Vous connaissez mes sentiments à votre égard, en cette heure, la plus grave de ma vie. Les mots me manquent pour exprimer ce que je ressens. Que Dieu vous protège et vous permette de nous rejoindre au plus vite, en dépit de tout.

Votre fidèle,
Hermann Gœring.

Hitler hausse les épaules. Bormann n'arrivera à briser la léthargie de son Führer, en fin d'après-midi, qu'en lui apportant un second télégramme, adressé par Gœring à von Ribbentrop et qu'il vient d'intercepter. Le maréchal de l'Air fait savoir au ministre des Affaires Étrangères du Reich qu'il prendra à minuit l'ensemble des décisions nécessaires, dès lors qu'Hitler aura cessé d'exercer ses fonctions.

— Je sais que Gœring est pourri ! Je le sais depuis longtemps. Il a dépravé la Luftwaffe. Il était corrompu. C'est un exemple qui a permis à la corruption de s'installer dans notre État. En plus, il y a des années qu'il se drogue à la morphine. Je le sais depuis longtemps !

À la colère, succède le renoncement :

— Et puis, après tout ! Gœring peut bien négocier la capitulation. Si la guerre est perdue, peu importe qui mènera les négociations.

À Nuremberg, le 18 mars 1946, Hermann Gœring s'expliquera sur ces événements du 23 avril :

M. JUSTICE JACKSON. — A un certain moment, en 1945, Hitler fit un testament à Berlin dans lequel il remettait la présidence du Reich à votre co-accusé, l'amiral Dönitz. Êtes-vous au courant de ce fait ?

ACCUSÉ GŒRING. — C'est exact. C'est ici que j'ai pris connaissance de ce testament.

M. JUSTICE JACKSON. — Au sujet de ce testament qui remettait entre les mains de l'amiral Dönitz le gouvernement de l'Allemagne, j'attire votre attention sur cette déclaration : « Gœring et Himmler, en mettant tout à fait à part leur manque de loyauté à mon égard, on fait un tort considérable au peuple et à la nation tout entière en négociant secrètement avec l'ennemi, à mon insu et sans mon autorisation, et en essayant de s'emparer illégalement du pouvoir dans l'État. »

— Par ce testament, il vous excommunia, ainsi que Himmler, hors du parti et vous éloigna de toutes les fonctions de l'État.

ACCUSÉ GŒRING. — Je ne puis répondre qu'en ce qui me concerne. J'ignore ce que fit Himmler. Je n'ai ni trahi le Führer, ni négocié à ce moment-là avec un seul soldat étranger. Ce testament ou ce dernier acte du Führer est fondé sur une erreur extrêmement regrettable, qui me blesse profondément : la pensée que le Führer ait pu croire dans ses derniers moments que j'avais pu, un jour, lui manquer de loyauté. Tout cela est dû à une erreur de transmission d'un rapport radiophonique et peut-être aussi à une interprétation erronée des faits, transmise par Bormann au Führer. Je n'ai jamais songé une minute à m'emparer illégalement du pouvoir ou à agir contre le Führer de quelque façon que ce fût.

M. JUSTICE JACKSON. — En tout cas, vous avez été arrêté et vous vous attendiez à être fusillé ?

ACCUSÉ GŒRING. — C'est exact.

Un sourire mord les lèvres de Bormann. Encore quelques heures et le pouvoir ne saurait lui échapper.

— Mais un traître comme Gœring ne peut sérieusement négocier en votre nom. Un traître, mon Führer !

Hitler se réveille à nouveau.

— Vous avez raison. Rien ne me sera épargné. Aucun serment n'est respecté, l'honneur ne compte plus. J'aurai connu toutes les trahisons. Et maintenant, voici la pire ! Non, il ne me reste rien... J'ai tout subi...

Il reste à Bormann d'ordonner l'arrestation immédiate de l'usurpateur bouffi et de son état-major d'opérette pour haute trahison. Ce sera chose faite avant la fin de la nuit. Gœring, l'orgueilleux maréchal, arrêté par des S.S. qu'il a le front d'inspecter, boudiné dans une robe de chambre en soie mauve.

Minuit. Un sous-officier vient frapper à la porte de Speer qui a décidé de passer la nuit au bunker. Eva Braun l'invite à lui faire ses adieux. La petite pièce où loge la compagne d'Hitler est à la fois chambre à coucher et séjour. Albert Speer en a dessiné tous les meubles qui jurent contre ces murs affreux de béton humide.

— Que diriez-vous d'une bouteille de champagne ? Et puis des confiseries. Vous n'avez sûrement rien mangé depuis longtemps... C'est bien que vous soyiez venu. Ce que vous avez déclaré au Führer lui a plu. Il a décidé de rester ici et je resterai avec lui. Ce qui arrivera ensuite... Vous le devinez...

Eva Braun, qui vit depuis treize ans avec Adolf Hitler, a choisi. Speer croit découvrir dans son regard reposé non la résignation mais l'accomplissement. Issue logique et acceptée d'une vie dont la fin ne saurait être que dramatique. Rituelle.

— Il voulait me renvoyer à Munich. Mais je n'ai pas voulu. Je suis venue ici pour en finir... Pourquoi faut-il que tant d'hommes et de femmes meurent ? Cela n'a plus de sens.

Au lever du jour, Speer se présentera devant Hitler.

— Alors, vous partez ? Bon !

— Je pars.

— Bon ! Au revoir.

Mauvais dialogue.

— « Ses paroles étaient aussi froides que sa main », écrira Albert Speer dans ses mémoires.

Hitler s'en est allé, tête de gauche à droite, traînant la jambe. Vieillard pantin d'à peine cinquante-six ans qui ne règne plus que sur un trou à rats.

Speer atterrit à Hambourg où il doit rencontrer Heinrich Himmler, le « fidèle parmi les fidèles », exécuteur des basses œuvres et fournisseur du moloch concentrationnaire qui, « pour sauver sa peau », négocie à Stockholm, Genève et Rome, sans avoir prévenu le veilleur solitaire de la chancellerie. Speer raconte le bunker, « l'incident Gœring ». Himmler n'en croit pas un mot.

— Gœring sera le successeur. Nous sommes depuis longtemps convenus que je serai son Premier ministre. J'ai déjà pris contact avec diverses personnes que je prendrai dans mon cabinet. Je dois d'ailleurs recevoir Keitel tout à l'heure.

Speer a l'impression de rêver. Himmler poursuit :

— Sans moi, l'Europe ne s'en sortira pas. Elle aura encore besoin de moi comme ministre de la police pour maintenir l'ordre. Une heure avec Eisenhower et il en sera convaincu.

N'a-t-il pas dit, la veille, à son interlocuteur « officieux », le comte Bernadotte au consulat suédois de Lübeck : « La vie grandiose du Führer touche à sa fin. » Dans son aveuglement naïf, il ajoute que la guerre se poursuivra à l'Est jusqu'à ce que les Alliés prennent en charge l'offensive contre les Russes. Il rédige même une ébauche de reddition et comme gage de bonne volonté, il libère des déportés et organise l'évacuation « vers le nord » de plusieurs camps de concentration. L'on sait que des milliers de détenus disparaîtront tout au long de ces « marches de la mort » (1).

(1) Voir *le Rouge-Gorge*, même auteur, même éditeur (1980).

— Voulez-vous mon avion, propose Speer, pour rendre une dernière visite au Führer ?

— Il n'en est pas question. Il me faut préparer un nouveau gouvernement et d'autre part ma personne a trop d'importance pour l'avenir du peuple allemand pour que j'accepte de courir le risque d'aller à Berlin.

— Faites dire à Himmler que j'ai un message du Führer qui doit être tenu secret. Qu'il vienne en prendre connaissance.

Dönitz s'est enfermé dans son bureau. C'est ici, sur son terrain, qu'il a choisi d'affronter celui qui, la veille, lui affirmait que son devoir le plus sacré était de prendre en main — Hitler s'étant coupé de l'armée — la destinée de l'Allemagne.

Il est minuit quand Himmler franchit le porche barbelé du Q.G. de Dönitz. Six S.S. en armes l'accompagnent. Le Grand Amiral a fait doubler la garde et l'officier de sécurité contrairement « aux habitudes » assistera à l'entretien. Dönitz s'est laissé convaincre de dissimuler un revolver sous les dossiers de son bureau.

— Entrez !

— Cela était si urgent, si confidentiel ?

Himmler s'assied sans y avoir été invité.

— Lisez plutôt.

Le Reichsführer S.S., l'homme qui fut, jusqu'à ces dernières semaines, le plus puissant de l'État et qui espère être choisi par les Américains — n'a-t-il pas donné suffisamment de gages — pour mener à bien, une fois la paix signée, la reconstruction de l'Allemagne, lit le télégramme de Bormann en date du 30 avril. Il est facile d'imaginer la déception « d'Oncle Heinrich », sa colère devant tant d'ingratitude. Dönitz ! Le petit amiral ! Un marin pour succéder à Hitler !

Himmler se lève, claque les talons.

— Permettez-moi d'être le second dans votre État.

— Ce n'est pas possible. Dans les circonstances actuelles, nous devons choisir des hommes, des officiers... ou des civils qui sont restés en retrait, qui n'étaient pas en vue et aussi...

— Les Alliés auront besoin de moi. Ils auront besoin des S.S. pour rétablir l'ordre et seuls les S.S. peuvent le faire. Or les S.S. me sont fidèles. Ils n'obéiront que sur mes ordres. Ils n'obéiront qu'à moi. La guerre entre l'Est et l'Ouest s'accentue de jour en jour. Moi seul et les S.S. seront habilités d'ici quelques semaines à jouer les arbitres. C'est primordial.

Pendant deux longues heures Himmler monologuera, s'embourbant dans ses chimères. Paisible, imperturbable, Dönitz répétera inlassablement les mêmes arguments et le raccompagnera dans la cour en lui souhaitant « Bonne chance, mon cher ami ».

La nuit s'efface, Dönitz s'endort sur un canapé.
— ... C'est un nouveau message de la chancellerie.

Berlin 1er mai — 7 h 40
Pour Grand Amiral Dönitz
Très urgent — très secret.
Testament en vigueur. Vous rejoindrai dès que possible.
Jusque-là, suis d'avis retarder annonce publique.
Signé : M. Bormann.

Que s'est-il passé à Berlin ?

Le texte ambigu de Bormann semble confirmer la mort d'Hitler, mais est-ce suffisant ? Dönitz va hésiter toute la matinée puis il décide d'agir. N'est-il pas le nouveau guide désigné, celui qui va prendre en compte le désespoir de la défaite, des vengeances, de l'humiliation et, si Dieu le veut, les fragiles espérances de la paix et du renouveau ? Qu'a-t-il à s'encombrer des conseils d'un secrétaire tel que Bormann qui n'a su tisser autour de lui qu'un enchevêtrement de haines et de mécontentements ? Il faut parler. Tout de suite. Sans attendre qu'une rumeur naisse et s'étende, qu'une « autre » voix s'élève pour annoncer la mort du Führer et, d'une manière sûrement déplaisante, la nomination du successeur qui, en aucun cas, ne saurait être le continuateur disciple.

— Je parlerai ce soir. À Radio-Hambourg. Pour une déclaration capitale. Faites le nécessaire pour que l'on annonce le plus possible l'heure de l'émission.

Après les premières mesures de la 7e symphonie de Brückner, d'une voix blanche que les techniciens forcent pour lui donner des vibrations métalliques, Dönitz lit son premier message de Führer :

— Hommes et femmes du peuple allemand, soldats de la Wehrmacht ! Notre Führer Adolf Hitler est tombé. L'Allemagne s'incline avec le plus grand respect et la plus grande tristesse. Il avait reconnu très tôt l'effroyable danger du bolchevisme et voué son existence à le combattre. À la fin de ce combat, après une vie inflexiblement droite, il a trouvé la mort des héros dans la capitale du Reich allemand. Toute son existence a été consacrée au service de l'Allemagne. En luttant personnellement pour s'opposer à la montée du flot bolchevique, il se battait en outre pour l'Europe et pour la civilisation tout entière. Le Führer m'a désigné pour lui succéder. En pleine connaissance de mes responsabilités, j'assure la direction du peuple allemand en cette heure si lourde du destin. Ma première mission consiste à protéger nos compatriotes contre l'anéantissement par l'ennemi bolchevique. C'est uniquement à cette fin que la lutte militaire se poursuivra. Dans la mesure où les Britanniques et les Américains gêneront l'exécution de cette mission et aussi longtemps qu'ils le feront, nous continuerons à nous défendre par les armes devant eux. À partir de ce moment, ils ne combattent plus pour leur propre pays mais pour l'extension du bolchevisme en Europe.

Les Alliés « non communistes » analyseront ce texte de « politique en gros sabots » sans avoir besoin de loupe. Le discours est clair : il n'y a plus qu'un seul ennemi de l'Allemagne et il vient de l'Est.

DER CHEF IST TOT

Dönitz, l'homme choisi non pour gagner mais pour négocier, devra attendre quarante-huit heures pour connaître les événements qui, dans le froid du bunker, ont précédé sa désignation.

Berlin. Le 29 avril. 0 h 30. Eva Braun souriante appose avec bonheur son paraphe au bas de l'acte de mariage qui fait d'elle l'épouse légale d'Adolf Hitler. Elle écrit Eva puis le B. de Braun, lève les yeux au ciel, éclate de rire, Hitler se penche...

— Il faut rayer...

Eva barre le B... Eva Hitler, née Braun. La « fiancée » cachée, l'invitée de bout de table et des chambres d'amis, la maîtresse officielle, est désormais madame Hitler.

Les noces funèbres de la chancellerie sont accompagnées d'un violent pilonnage d'artillerie soviétique et de petits fours farcis de pâté de ration. Heureusement, il y a du champagne, les éclats des secrétaires, les bulles pétillantes de Gœbbels et les grimaces du clown triste Bormann. La parenthèse est vite fermée. Hitler se retire pour achever la rédaction de son testament politique qu'il voudrait que l'on attribue à un pacifiste poussé à la guerre par l'intolérance des autres, de presque tous les autres.

— Plus de trente années se sont passées depuis que j'ai apporté ma modeste contribution, en tant que volontaire, à la Première Guerre mondiale qui fut imposée au Reich. Durant cette période, seuls mon amour pour mon peuple et ma fidélité envers lui ont guidé mes pensées, mes actes et ma vie. Ils m'ont donné la force de prendre les décisions les plus difficiles qui se fussent imposées au choix d'un être humain.

— Il est faux que j'aie voulu, ou qui que ce soit en Allemagne, ait voulu la guerre de 1939. Elle a été désirée et provoquée exclusivement par des politiciens internationaux de race juive ou travaillant dans l'intérêt des Juifs. Les nombreuses offres de désarmement que j'ai faites sont là pour témoigner devant la postérité que la responsabilité de la guerre ne peut m'être attribuée. J'ai assez répété, après la Première Guerre mondiale, que je ne voulais pas d'un conflit avec la Grande-Bretagne. Je n'en souhaitais pas non plus avec les États-Unis. Dans les siècles à venir, les ruines de nos cités entretiendront la haine contre ceux qui portent la vraie responsabilité de notre martyre : les suppôts de la juiverie internationale...

— Après six ans d'une guerre qui, malgré ses revers, s'inscrira un jour dans l'histoire comme la plus glorieuse et la plus héroïque manifestation du désir de vivre d'une nation, je ne puis abandonner la ville qui est la capitale de notre pays... Je tiens à partager le sort des millions d'êtres qui ont accepté de rester ici. De plus, je ne veux pas tomber aux mains de l'ennemi qui cherche à s'offrir un nouveau spectacle, présenté par les Juifs, dans le seul but de divertir ses masses hystériques. Par conséquent, j'ai décidé de rester à Berlin et d'y choisir volontairement la mort, au moment où je jugerai que la position du Führer et de la chancellerie ne peuvent être tenues plus longtemps. Je meurs la joie au cœur, conscient des accomplissements immenses de notre peuple, paysan et ouvrier, et de l'apport incomparable qu'a fait à l'histoire notre jeunesse qui porte mon nom.

— Avant ma mort, j'exclus du parti l'ex-Reichsmarschall Hermann Gœring et je lui retire tous les droits que lui conférait le décret du 20 juin 1941... À sa place, je nomme l'Amiral Dönitz président du Reich et commandant suprême des forces armées. Avant ma mort, j'exclus du parti et je relève de toutes ses charges l'ex-Reichsführer des S.S. et ministre de l'Intérieur Heinrich Himmler. En plus de leur manque de loyauté envers moi, Gœring et Himmler ont attiré sur la nation toute entière une honte ineffaçable en négociant secrètement avec l'ennemi, à mon insu, et contre ma volonté et aussi en essayant de s'emparer illégalement du pouvoir.

Viennent ensuite les clauses personnelles et les recommandations posthumes :

— Bien que durant des années de lutte je n'aie pu assumer les responsabilités d'un mariage, maintenant — avant la fin de ma vie — j'ai décidé de prendre pour épouse la femme qui, après des années de fidèle amitié, est venue librement me rejoindre dans cette ville déjà presque encerclée, afin de partager mon sort. Elle entrera dans la mort avec moi, selon son propre souhait en tant que ma légitime épouse. Ce sera pour nous une compensation de ce dont nous ont privés les exigences de ma mission au service de mon peuple. Ma femme et moi avons préféré mourir pour échapper à la honte d'une défaite ou d'une capitulation. Nous désirons être incinérés immédiatement à l'endroit même où j'ai accompli la majeure partie de mon œuvre quotidienne, durant les longues années que j'ai passées au service de mon peuple (...)

Bormann, exécuteur testamentaire, et Gœbbels contresignent le document. Il est 4 heures du matin.

— Je crois que je vais dormir un peu. Bormann...

Bormann, dissimulant mal sa joie, reçoit l'ordre, « devant témoins », de rejoindre Dönitz. Sa très grande fidélité n'allant pas jusqu'à envisager le sacrifice de sa vie, il se précipite pour préparer son paquetage de fuite. Plus conséquent, Gœbbels décline l'invitation à des jours meilleurs. Sur le pas de sa chambre, Hitler se retourne :

— Je n'ai pas l'intention de me laisser capturer par les Russes qui m'exhiberaient comme une pièce de musée... Le national-socialisme est mort. Nous avons perdu la partie. Il ne nous reste plus qu'à mourir dignement.

Pendant le sommeil d'Hitler, Gœbbels rédige l'« Appendice au testament politique du Führer » :

— Le Führer m'a donné l'ordre de quitter Berlin. Pour la première fois de ma vie, je suis contraint de désobéir à ses ordres... Si j'agissais autrement, je perdrais le respect de moi-même ainsi que le respect de mes concitoyens. Dans le cauchemar de trahison qui enveloppe le Führer en ces jours sombres quelqu'un doit rester auprès de lui, jusqu'à la mort... Je suis indéfectiblement résolu à ne pas quitter la capitale, même si elle tombe aux mains de l'ennemi et, en ce cas, je suis décidé à mettre fin à mes jours en même temps que le Führer, à sacrifier une vie qui n'aurait plus de valeur pour moi si je ne puis la passer au service du Führer, et ce de son vivant.

Le 29 avril, à midi, Hitler réunit la conférence d'état-major. Malgré l'apparente quotidienneté, le cœur n'y est plus, d'autant que les participants connaissent l'exécution et l'horrible exposition de Mussolini et de Clara Petucci. Hitler en saisit la valeur symbolique et décide de déclencher le processus irréversible de sa fin dont il a minutieusement mis au point les moindres détails espérant, au clair de soi, n'avoir jamais à les réaliser.

Tandis que les secrétaires, avant de trier les archives pour brûler tous les documents confidentiels et en particulier ceux signés Hitler ou Bormann, reçoivent, à leur demande, une ampoule de cyanure (« nous ne voulons pas être violées par les Russes : nous ne les utiliserons que si c'est nécessaire »), le Führer joue une dernière fois — à peine une minute — avec Blondie, le chien berger qui est probablement le seul « être vivant » qu'il ait jamais réellement aimé ; puis il le confie à son ancien chirurgien, le professeur Hasse :

— Qu'il ne souffre pas surtout. Donnez-lui une double dose et, si c'est nécessaire, un coup de grâce...

Dans la soirée, Hitler fit savoir qu'il désirait remercier « les dames » qui étaient encore dans les abris de la chancellerie. Personne ne devait aller se coucher. Une vingtaine d'officiers et de femmes se réunirent dans la salle à manger. Hitler n'apparut qu'à 2 heures du matin : blanc, les yeux voilés... « On pensa qu'il était drogué » dira Frau Junge. Le Führer serre les mains, écoute les compliments, mais ne dit pas un mot. Tous comprirent que cette étrange cérémonie devait être considérée comme les adieux officiels de leur maître.

Un dernier geste de la main. Lèvres closes. La porte se referme. Dans la salle à manger, selon les amitiés, des groupes se forment : « Vous l'avez vu ? », « Il va se suicider maintenant », « Tout est fini ! ». Des bouteilles de champagne sont apportées sur les tables, plusieurs dizaines de bouteilles, et des gâteaux et des boîtes de cigares : « Ce sont les derniers ». Sans que l'on sache par qui il a été mis en marche, un phono diffuse une valse lente : « Si nous dansions ? », « Il faut danser ». Les chaises et les tables sont repoussées, entassées contre le mur du fond. Des couples s'enlacent... Nuit incroyable, imprévue. Des soldats et des ordonnances accourent. Tout se passe alors comme si Hitler était déjà mort, la guerre finie. Cette joie inattendue qui retentit en échos dans le bunker est une sorte de fête de la délivrance. Danse. Chants. Cris. Applaudissements. Un message apporté des appartements du Führer réclame « un peu plus de calme ». Personne n'y porte attention. D'autres disques, d'autres rires, d'autres chants.

— Un tailleur (1), qui avait travaillé au quartier général du Führer et se trouvait emprisonné avec les autres à la chancellerie, fut surpris de voir le brigadeführer Rattenhuber, chef de la garde de police et général S.S., lui frapper cordialement sur l'épaule et lui parler avec une familiarité toute démocratique. Étant donné la stricte hiérarchie observée dans l'abri, le tailleur en fut stupéfait. Ce fut comme s'il était devenu officier de haut grade. « C'était la première fois que j'entendais un général me dire “ Bonsoir ”, dit-il. J'en conclus que l'atmosphère avait complètement changé. » Puis, l'un de ses égaux lui apprit la raison de cette soudaine et inhabituelle familiarité : Hitler avait fait ses adieux et allait se suicider. Peu de choses font autant pour faire disparaître les distinctions entre classes que le danger commun et le salut commun.

Vers midi, se réunirent les officiers pour ce qui sera la dernière conférence d'état-major. La situation ne pourrait être pire. Les Russes sont partout, c'est-à-dire à moins de deux cents mètres du bunker. S'ils débouchaient — à l'instant — dans les escaliers de béton de l'abri, personne ne serait surpris.

— Le souterrain du métro de la Friedrichstrasse vient de tomber entre leurs mains. Ils occupent celui de la Vosstrasse qui est à quelques pas de la chancellerie. La zone du Tiergarten, la Potsdamer Platz, le Weidendammer Brücke sur la Spree sont également occupés.

À la fin de la réunion, Arthur Axmann, chef des Jeunesses hitlériennes, s'approche du Führer :

— Il me reste deux cents hommes bien armés et un char. Laissez-moi tenter de vous faire sortir d'ici.

— Non. C'est inutile. Je dois mourir.

Pendant la conférence, des rations alimentaires ont été distribuées aux gardes du bunker. Ils ont reçu l'ordre de rester à leur place. Personne, sous aucun prétexte, ne peut emprunter le couloir central qui dessert les appartements privés de monsieur et madame Adolf Hitler. Le Sturm-

(1) W.O. Mueller, extrait de : *Les Derniers Jours de Hitler*. Trevor Roper. Calmann-Lévy, 1947.

bannführer chargé des transports, Erich Kempka doit, toutes affaires cessantes, monter dans le jardin de la chancellerie deux cents litres d'essence.

— Mais comment voulez-vous que je trouve deux cents litres ; si je peux en réunir trente ou quarante...

— Il en faut deux cents.

Kempka, aidé de six hommes, regroupera près de la sortie de secours du bunker, cent quatre-vingts litres. Le garde intrigué :

— Qu'est-ce que c'est que ces bidons ?

— C'est pour la ventilation.

— Mais vous êtes fou ! Vous allez tout faire sauter. La machine marche au mazout.

Heinz Linge, le valet de chambre d'Hitler qui surveille les préparatifs, intervient :

— Votre rôle est de monter la garde et de ne pas poser de questions. Vous êtes responsable de ces bidons sur votre vie. C'est votre nouvelle mission.

13 h 45 : Hitler déjeune à la table réservée à sa cuisinière et à ses deux secrétaires. Eva Braun s'est fait servir un plateau dans sa chambre. Conversation banale sans la moindre allusion à la progression des troupes soviétiques, la prise du bunker, à un éventuel suicide. Après le repas, Hitler qui est allé chercher Eva Braun, « improvise » une nouvelle séance d'adieux. Seule madame Gœbbels n'assiste pas à la cérémonie. Pendant ce temps, Linge s'enferme dans l'appartement privé pour mettre un peu d'ordre et déposer près du lit un Walther P.P. 7,65 réservé au Führer et un 6,35 pour Eva Braun. Hitler, vêtu d'un uniforme neuf, a accroché sur sa poitrine l'insigne en or du parti, la Croix de Fer et sa médaille d'ancien combattant de la Première Guerre mondiale.

« Allons, dit-il à sa cuisinière Manzialy, ne pleurez pas. Ça n'en vaut pas la peine. La guerre sera maintenant bientôt finie. Ne restez pas là... »

15 h 25 : un seul coup de feu ; Hitler s'est tiré une balle dans la tempe droite. Il est renversé sur le sofa. Près de lui, Eva Braun qui a choisi le poison. Linge murmure : « Der Chef ist Tot. » Pour les occupants du bunker, Hitler était « Der Chef ». Deux S.S. aident Linge à rouler le corps dans deux couvertures. La tête fracassée est dissimulée mais les pieds et le bas du pantalon noir dépassent. Kempka prend dans ses bras le corps d'Eva Braun.

Dehors, l'artillerie soviétique s'est déchaînée. Les orgues de Staline crachent leurs fusées incendiaires en chapelet pratiquement ininterrompu. Les deux corps sont arrosés d'essence et Guensche enflamme un chiffon imbibé de pétrole. Les assistants se figent au garde-à-vous, saluent bras tendu à l'hitlérienne et disparaissent dans le bunker pour préparer leur sortie à travers les lignes.

Quinze mois plus tard, le 3 juillet 1946, Kempka sera le seul à témoigner devant le tribunal de Nuremberg de la mort « Der Chef » :

QUESTION. — Vous êtes le seul homme qui ait pu témoigner que Hitler fût mort. Est-ce exact, autant que vous sachiez ?

TÉMOIN KEMPKA. — Je peux déclarer que Hitler est mort. Je peux dire qu'il est mort le 30 avril dans l'après-midi, entre 2 heures et 3 heures.

QUESTION. — Je sais, mais vous ne l'avez pas vu mourir non plus, n'est-ce pas ?

TÉMOIN KEMPKA. — Non, je ne l'ai pas vu mourir.

QUESTION. — Et vous avez dit aux interrogateurs que vous croyez avoir transporté son corps en dehors de l'abri et y avoir mis le feu. N'est-ce pas vous qui avez dit cela ?

TÉMOIN KEMPKA. — J'ai porté la femme d'Adolf Hitler au-dehors et j'ai vu Adolf Hitler lui-même, roulé dans une couverture.

QUESTION. — Avez-vous réellement vu Hitler ?

TÉMOIN KEMPKA. — Je ne l'ai plus revu lui-même. La couverture dans laquelle il était roulé était un peu trop courte et je ne voyais que ses jambes qui en sortaient.

LES FUGITIFS

Berlin. 1er mai. 14 h 46
Pour Grand Amiral Dönitz
Personnel. À déchiffrer par un officier.

« Führer décédé hier à 15 h 30. Testament du 29 avril vous attribue fonction de Président du Reich, celle de chancelier au Reichsminister Gœbbels, celle de ministre du parti au Reichsleiter Bormann, celle de ministre des Affaires étrangères au Reichsminister Seyss-Inquart. Par ordre du Führer, ce testament est envoyé à vous et au maréchal Schoerner, troisième exemplaire sera porté en dehors de Berlin pour assurer sécurité de sa publication. Reichsleiter Bormann essaye aujourd'hui même de vous rejoindre pour vous renseigner sur situation. Forme et moment annonce officielle aux troupes et au public laissés à votre discrétion. Accusez réception.

Gœbbels-Bormann. »

— C'est de la folie ! C'est impossible, tout à fait impossible. Quelqu'un d'autre a lu ce message ?

Lüdde Neurath répond à Dönitz que seuls le réceptionniste et l'officier du chiffre ont pris connaissance du radiogramme.

— Qu'ils gardent le silence. C'est un secret d'État.

Speer est dans le bureau. Dönitz le fixe :

— Qu'allons-nous faire si Bormann et Gœbbels arrivent effectivement ? En aucun cas, je ne collaborerai avec eux.

Le 9 mars 1946, Dönitz explique à Nuremberg les difficultés qu'il a rencontrées lors de la succession.

Question. — Le 30 avril 1945, vous êtes devenu chef de l'État en succédant à Adolf Hitler. Le ministère public en conclut que bien avant cette époque vous avez été un grand confident d'Adolf Hitler, car on ne peut confier la succession d'un État qu'à un homme en qui on a une grande confiance. Voulez-vous me dire comment vous expliquez cette succession et si Hitler vous avait déjà entretenu de cette éventualité ?

Accusé Dönitz. — Depuis le 20 juillet 1944, je n'ai jamais vu Hitler en particulier, mais seulement au cours de conférences militaires. Il ne m'a jamais parlé de cette question et n'y a même jamais fait allusion. C'était d'autant plus normal que, d'après la loi, le maréchal du Reich était son successeur ; et le malentendu fâcheux qui surgit entre le Führer et le maréchal du Reich n'a eu lieu que fin avril 1945, c'est-à-dire à une époque où je ne me trouvais plus à Berlin.

Question. — Où étiez-vous ?

Accusé Dönitz. — J'étais dans le Holstein. Je ne soupçonnais donc pas le moins du monde, pas plus d'ailleurs que le Führer, que je devais lui succéder.

Question. — Comment cela s'est-il produit ? À la suite de quels ordres ou de quelles mesures ?

Accusé Dönitz. — Le soir du 30 avril 1945, j'ai reçu un radiogramme du Grand Quartier Général m'avertissant que le Führer me désignait comme son successeur et que j'étais justifié à prendre dès maintenant toutes les mesures que je jugeais nécessaires.

— Le lendemain, c'est-à-dire le 1er mai, je reçus un autre radiogramme, plus détaillé, me disant que je devais être Président du Reich, le ministre Gœbbels chancelier du Reich, monsieur Bormann ministre du Parti et Seyss-Inquart ministre des Affaires étrangères.

Question. — Avez-vous obtempéré à cet ordre ?

Accusé Dönitz. — Ce radiogramme contredisait le premier qui me laissait entièrement libre de faire ce que je voulais. Pour une question de principe, je ne voulais pas adhérer à ses termes car si je devais prendre des responsabilités on ne devait pas m'imposer de conditions.

— En aucun cas, je n'aurais consenti à collaborer avec les personnes mentionnées, à l'exception de monsieur Seyss-Inquart.

— Le matin du 1er mai, de très bonne heure, j'avais déjà eu un entretien avec le ministre des Finances, le comte Schwerin von Krosigk et je le priai de s'occuper des affaires du gouvernement, dans la mesure où l'on pouvait encore employer une pareille expression. Si j'ai procédé ainsi, c'est parce qu'au cours d'un entretien spontané qui avait eu lieu quelques jours auparavant, j'avais découvert que nous partagions le même point de vue, à savoir que le peuple allemand appartenait à l'Occident chrétien et que la base des futures conditions de vie résidait dans la sécurité légalement établie de la personne et de la propriété individuelle.

Bormann et Gœbbels ne poseront aucun obstacle au nouveau chef de l'État. Gœbbels, chancelier du Reich, n'assurera ses fonctions que vingt-quatre heures et son autorité ne débordera d'ailleurs pas les étroites limites du bunker. Dans la soirée, il convoque son adjoint, Guenther Schwaegermann :

— Schwaegermann, voici la pire de toutes les trahisons. Les généraux ont trahi le Führer. Tout est perdu. Je vais mourir avec ma femme et mes enfants. Vous brûlerez mon corps. Pouvez-vous faire cela pour moi ?

Schwaegermann promet et Gœbbels prend sur son bureau le cadre d'argent qui renferme le portrait longuement dédicacé d'Hitler :

— C'est mon bien le plus précieux. Acceptez...

Puis, il rejoint dans la chambre sa femme et leurs six enfants qui ont cessé leurs jeux pour une « séance de vaccination ».

— Nous allons monter. Cela se passera dans le jardin. Tout est prêt. Ils n'auront pas à porter nos corps.

20 h 30, Gœbbels et sa femme passent devant Schwaegermann et le chauffeur Rach (qui a réuni trois bidons d'essence) au pied des escaliers. Trente-sept marches. Un coup de feu, Gœbbels s'effondre sur le corps de Magda qui, comme Eva Braun, a choisi l'ampoule de cyanure. L'ordonnance de Schwaegermann se penche sur les deux corps pour le coup de grâce. Les corps sont aspergés et enflammés et c'est la débandade car il va être 9 heures, dernier délai pour l'abandon général du bunker. Rach a conservé un bidon d'essence qu'il répand dans la salle de conférences. Le brigadeführer Mohnke craquera une allumette dix minutes plus tard. Là-haut, dans le jardin, le feu cesse de ronger les corps des époux Gœbbels. Personne ne s'en soucie. Les Soviétiques, demain, trouveront les cadavres à peine calcinés, parfaitement reconnaissables.

Dignitaires du parti, soldats, secrétaires, la cuisinière... tous sont prêts, nerveux, agités, angoissés : « Il n'y avait plus de commandement, tous couraient de tous les côtés comme des poulets effarouchés », dira W.O. Mueller. Le plan est simple : séparés en cinq ou six groupes, les fugitifs doivent gagner par les couloirs souterrains les caves de la station de métro de la Wilhelmplatz, de là, par le tunnel, en suivant les rails, les quais de la station Friedrichstrasse, remonter à la surface, essayer de trouver l'un ou l'autre point de résistance tenu par les soldats de Mohnke chargés de retarder la progression des Soviétiques vers « le cœur vivant du Reich » (la chancellerie), traverser la Spree et se glisser dans les lignes ennemies. Trois hommes ne participeront pas à cette tentative de percée. Ils choisiront le suicide : le Général Krebs, le Général Burgdorf et l'HaupsturmFührer de la garde du corps S.S. Schedle.

L'historien H.R. Trevor Roper, a pu interroger, après la capitulation, les survivants de cette échappée, le récit qu'il a laissé de cette nuit est un document et le journaliste Jochen Von Lang, qui a permis la découverte des ossements de Martin Bormann en 1972, ne s'y est pas trompé puisqu'il s'est appuyé sur ce témoignage pour mener son enquête :

— Après (1) avoir atteint la station de la Friedrichstrasse, le premier

(1) Trevor Roper, *Les derniers jours* de Hitler, (ouvrage déjà cité).

groupe de fugitifs sortit dans la rue et se trouva devant un spectacle extraordinaire. Les ruines de Berlin semblaient flamber de toutes parts et les obus tombaient de tous les côtés. Le groupe garda néanmoins sa cohésion. Rampant à travers des souterrains écartés, il atteignit la Spree et la traversa sur une passerelle de fer parallèle au Weidendammer Brücke puis, poussant graduellement de l'avant, atteignit l'hôpital de la Charité et s'y arrêta un moment, tandis que les chefs, Mohnke et Guensche, essayaient de savoir ce qu'étaient devenus les groupes qui les suivaient. Mais ce fut en vain. Aucun d'eux n'avait été capable de franchir la Spree.

— Ils étaient également remontés à l'air libre à la bouche de la station de la Friedrichstrasse, mais ils avaient perdu leur cohésion dans la confusion qu'ils y avaient trouvée, et leurs membres avaient fait route individuellement le long de la Friedrichstrasse en flammes, pour gagner le Weidendammer Brücke. À l'extrémité nord de ce pont il y avait un barrage antitank que personne ne put franchir tant le feu russe était nourri. Reculant donc jusqu'à l'ancien palais de l'Amiral, à l'extrémité sud du pont, ils attendirent que l'arrivée de quelques tanks allemands vînt leur offrir un espoir de forcer le passage. Ils repartirent alors en avant, en se groupant autour de ces chars ; il y avait là Bormann, Stumpfegger, Axmann, Kempka, Beetz (deuxième pilote d'Hitler), Naumann, Schwaegermann et Rach. Quelques-uns franchirent le barrage avec le char de tête et atteignirent la Ziegelstrasse, à environ trois cents mètres de là, mais en cet endroit un *Panzerfaust* causa une violente explosion en tombant sur le char. Beetz et Axmann furent blessés, Kempka fut étourdi et momentanément aveuglé, Bormann et Stumpfegger furent jetés à terre, peut-être évanouis, mais non blessés. L'avance se trouva arrêtée net, et le groupe dut revenir une fois de plus jusqu'au pont.

— Déçus dans leur espoir de se sauver en groupe, les divers personnages essayèrent alors de se sauver individuellement. Kempka parvint à franchir la rivière sur une passerelle ; il se cacha toute une journée parmi les femmes yougoslaves, sous un viaduc, tandis que les Russes célébraient au milieu d'elles la chute de Berlin, mais finit par être pris. Il réussit à s'évader, franchit l'Elbe à la nage, mais ce fut pour tomber entre les mains des Américains. On n'entendit plus parler de Beetz ; il mourut probablement ou fut pris par les Russes.

— Les autres, Bormann, Naumann, Schwaegermann, Axmann, Stumpfegger, Rach et un autre restèrent tout d'abord groupés et suivirent les rails du chemin de fer en direction de la Lehrter Bahnhof. Là ils se séparèrent, et tandis que Bormann et Stumpfegger avançaient vers l'Est, le long de l'Invalidenstrasse, en direction de la Stettiner Bahnhof, les autres continuèrent vers l'Ouest en direction d'Alt Moabit. Ils marchèrent séparément et ne tardèrent pas à se disperser. Schwaegermann et Rach échappèrent, le premier étant pris par les Américains ; Naumann se sauva également. Mais Axmann tomba sur une patrouille russe, fit demi-tour et prit la direction qu'avaient prise Bormann et Stumpfegger. Il ne tarda pas à les rattraper. Il les trouva derrière le pont par lequel l'Invalidenstrasse franchit la ligne de chemin de fer, couchés sur le dos, les traits bien éclairés par la lune. Il s'arrêta un moment et constata qu'ils étaient morts, mais le feu russe l'empêcha de le faire très sérieusement. Ils ne portaient aucune blessure apparente, aucune trace indiquant qu'ils avaient été victimes d'une explosion. Ils avaient probablement été tués dans le dos. Axmann poursuivit seul sa route et finit par rejoindre les restes de sa Jeunesse hitlérienne qui survivaient depuis six mois dans un recoin secret des Alpes bavaroises. Mais il fut lui aussi fait prisonnier et raconta l'histoire (1).

— D'après Axmann, le groupe comprenant dix hommes environ était monté à la station Friedrichstrasse sur le remblai de la voie, et avait suivi les rails en direction de l'Ouest. Arrivés au barrage, les hommes arrachèrent leurs insignes d'uniformes et jetèrent leurs armes. Axmann qui avait l'expérience du front — il avait perdu le bras droit à la guerre — remarqua combien Bormann était inquiet. Parfois, il se hâtait pour dépasser le groupe comme s'il ne pouvait pas s'en éloigner assez vite. Bientôt, ils approchèrent de la station de la gare Lehrter et ils s'aperçurent à temps que des soldats de l'Armée rouge se trouvaient sur le quai de la gare. Pour disparaître plus rapidement, le groupe se divisa. Bormann, Naumann, Schwaegermann, Axmann, Weltzin et Stumpfegger sautèrent d'un bond du remblai de la voie sur l'Invalidenstrasse où ils atterrirent directement à côté d'un poste de garde russe. Les Russes, les prenant pour des isolés des milices populaires, leur offrirent des cigarettes et entamèrent avec eux une conversation en « petit nègre » ponctuée de « Hitler Kaputt », tout en contemplant avec surprise la prothèse du bras d'Axmann.

— Tout cela avait infligé à Bormann une trop grande tension nerveuse et, suivi de Stumpfegger, il partit en hâtant de plus en plus le pas en direction de la Charité, à l'Est. Ils n'allèrent pas loin car sur le Sandkrügbrücke (aujourd'hui passage d'un secteur à l'autre), ils se heurtèrent à nouveau à des Russes. Leurs autres compagnons remarquèrent que leur fuite avait éveillé les soupçons des soldats et ils essayèrent de s'échapper vers l'Ouest par l'Invalidenstrasse. Naumann et Schwaegermann disparurent dans les taillis d'un terrain d'exposition. Les führers des Jeunesses hitlériennes ne rebroussèrent chemin que lorsqu'ils entendirent le bruit des chars de combat qui avançaient sur eux. En revenant, ils aperçurent à proximité de la gare Lehrter, dans la faible lumière d'une aube blanchissante, deux corps étendus sur la passerelle qui surplombe la voie de la gare de marchandises de Lehrter. Ils reconnurent aussitôt Bormann et Stumpfegger qui, visiblement, étaient morts mais ne portaient sur eux aucune trace de sang ni de blessure apparente. Comme Axmann savait que les hauts personnages du bunker avaient reçu des ampoules de poison, il supposa qu'ils avaient dû se suicider.

(1) Enquête de Jochen von Lang, *Martin Bormann, l'Éminence grise d'Hitler*, Éditions France-Empire, 1980.

SANS CONDITIONS

Le Grand Amiral Dönitz, Président de l'État, termine sa première conférence d'état-major. Tous les officiers présents ont admis que, comme Hitler, il est le chef suprême des forces armées allemandes et que nul ne saurait douter de la « légitimité juridique » de cette responsabilité. Dönitz a choisi de renoncer aux offensives et de terminer la guerre « sans précipitation », afin de permettre au plus grand nombre d'Allemands, qui sont sur les routes de l'Est, de passer à l'Ouest.

— Le plus tard possible est la seule chance de la nouvelle Allemagne.

« Vider l'Est » sera son obsession, le leitmotiv de toutes les conférences d'état-major et, pour appuyer cette détermination, Dönitz brandit la carte de l'Allemagne que ses services de contre-espionnage (c'est leur dernière grande victoire) ont subtilisée dans le dossier « Éclipse » mis au point et paraphé par Staline, Roosevelt et Churchill à Yalta. Sur ce document, apparaît la ligne de partage entre l'Est et l'Ouest, Berlin compris. Keitel et Jodl ne peuvent qu'approuver ce « plan de sauvetage ». Au procès de Nuremberg, Dönitz déclarera :

ACCUSÉ DÖNITZ. — Au printemps 1945, je n'étais pas chef de l'État, j'étais soldat. Continuer à combattre ou ne pas continuer constituait une décision politique. Le chef de l'État voulait continuer à combattre. Moi, en ma qualité de soldat, j'avais à obéir. Il est impossible dans un État qu'un soldat dise : « Je continue à combattre » et l'autre « Moi, je ne continue pas ». Je ne pouvais pas donner d'autres conseils et ceci pour les raisons suivantes :

— Premièrement, à l'Est, la rupture de notre front à tel ou tel endroit signifiait l'anéantissement du peuple qui vivait derrière la ligne de ce front. Nous le savions par expérience et par les rapports qui nous étaient parvenus. Tout le peuple était convaincu que le soldat à l'Est devait faire son devoir dans ces derniers et pénibles mois de la guerre. C'était particulièrement important car autrement les femmes et les enfants allemands auraient péri. La Marine avait un rôle considérable à jouer à l'Est. Elle disposait de cent mille hommes sur terre et toutes ses unités de surface étaient concentrées dans la Baltique, transportant des troupes, des munitions, des blessés et surtout des réfugiés. L'existence même du peuple allemand dépendait donc, en cette dernière et pénible période, de la ténacité des soldats.

— Deuxièmement, si nous avions capitulé dans les premiers mois de l'année ou bien pendant l'hiver 1945, le pays aurait été, d'après ce que nous savions des intentions de l'ennemi, définies à Yalta, atrocement déchiré et divisé, et le territoire aurait été occupé comme il l'est aujourd'hui.

— Troisièmement, la capitulation signifiait que les soldats devaient rester sur place et seraient faits prisonniers. C'est-à-dire que si nous avions capitulé en janvier ou février 1945, deux millions de soldats seraient tombés à l'Est entre les mains des Russes. Or, il est certain qu'il aurait été impossible de s'occuper de ces hommes au cours de ce rude hiver. Nous en aurions perdu un grand nombre, car même à l'époque de la capitulation, en mai 1945, c'est-à-dire à une époque déjà avancée du printemps, il n'a pas été possible de se charger des nombreux prisonniers à l'Ouest, dans les conditions requises par la Convention de Genève.

— Donc, comme je l'ai déjà dit, puisque l'accord de Yalta aurait été appliqué, nous aurions perdu à l'Est une grande partie des hommes qui n'avaient pas encore été évacués. Lorsque le 1er mai je devins chef de l'État, la situation était différente. Les deux fronts étaient alors si rapprochés qu'en quelques jours les troupes, les civils et les masses de réfugiés pouvaient être transportés de l'Est à l'Ouest. Lorsque le 1er mai je devins chef de l'État, je m'efforçai donc de faire la paix le plus rapidement possible et de capituler, épargnant ainsi le sang allemand, et amenant la population de l'Est à l'Ouest. En conséquence, dès le 2 mai, je fis des propositions de paix au maréchal Montgomery pour le territoire situé en face de son armée, ainsi que pour la Hollande et le Danemark que nous tenions encore solidement. Immédiatement après, je traitai avec le général Eisenhower.

— C'est le même principe fondamental — sauver le peuple allemand — qui me poussa, au cours de l'hiver, à envisager la triste nécessité de continuer la lutte.

— Il était pénible de voir encore nos villes réduites en miettes par les bombardements et les pertes en vies humaines augmenter aussi bien par ces attaques que par la poursuite du combat. Le nombre des victimes a été de trois cent mille à quatre cent mille, dont la plus grande partie a péri au cours de l'attaque aérienne sur Dresde, qui ne présentait aucun intérêt militaire et n'avait jamais été prévue. Cependant, ce chiffre est relativement réduit en comparaison des millions de soldats et de civils que nous aurions perdus à l'Est, si nous avions capitulé au cours de l'hiver.

— Il fallait donc, à mon avis, faire ce que j'ai fait, c'est-à-dire, tant que j'étais encore soldat, inviter mes troupes à continuer la lutte, puis, lorsque je devins chef de l'État, capituler immédiatement. Beaucoup de vies allemandes ont été ainsi épargnées.

Le 1er mai, Dönitz forme son gouvernement « chargé d'expédier les affaires courantes du Reich », présidé par le comte Schwerin-Krosigk, également ministre des Affaires étrangères et des Finances. Speer se voit confier l'Intérieur et l'Instruction publique. Étrange cabinet sans pouvoirs réels sur la situation extérieure qui envisage, un temps, de nommer un ministre d'État chargé des négociations mais n'arrive pas à s'entendre sur le nom d'un titulaire. Dès lors, les événements se précipitent. Film accéléré dont les opérateurs alliés règlent à leur choix le défilement. Montgomery et son groupe d'armée stationnant devant Brême et Hambourg, solidement implanté autour de la tête de pont sur l'Elbe, passent à l'attaque. Dönitz et son gouvernement abandonnent Plön. De la Baltique à l'Elbe, toutes les routes sont coupées. Réfugiés à l'extrême Nord-Ouest, à seulement dix kilomètres de la frontière danoise, les fantômes de Dönitz attendent la chute de Berlin l'orgueilleuse pour « accepter une capitulation sans conditions ». Tous approuveront le dernier message du général, commandant la garnison de la ville :

— Le Führer, en se suicidant le 30 avril, nous a abandonnés, nous qui avions prêté serment de lui rester fidèles. D'après les ordres du Führer, nous, les troupes allemandes, aurions dû nous battre encore pour Berlin, alors que les réserves de munitions sont épuisées et que la situation générale enlève sa signification à toute nouvelle résistance. J'ordonne de cesser immédiatement tout acte de résistance.

Le 3 mai, Hambourg est occupé. Mais ce jour restera à jamais marqué par la plus effroyable « bavure » de la Seconde Guerre mondiale : le bombardement par la R.A.F. de quatre navires allemands bourrés de déportés. Un drame sur lequel les Alliés n'ouvriront aucune enquête, aucune poursuite et que les historiens ont en général oublié, les plus « engagés » en faisant porter la responsabilité à Himmler. On ne prête qu'aux riches.

Neuengamme, c'est le grand camp du nord de l'Allemagne. Installé en 1938 sur la rive droite de l'Elbe, au milieu des marais, à une vingtaine de kilomètres de Hambourg, il dépend tout d'abord de la centrale des camps Oranienburg Sachsenhausen. Devenu un camp autonome le 4 juin 1940, il ne cesse de se développer, essaimant cinquante-huit kommandos de travail qui verront se succéder plus de cent mille déportés dont onze mille français. Au moment de l'évacuation du camp-mère, le comte Bernadotte persuade Himmler de diriger les prisonniers de Neuengamme vers la Suède ; Himmler, qui sait que ce geste humanitaire de bonne volonté lui sera compté, accepte. Huit ou dix mille prisonniers sont embarqués en rade de Lübeck sur le *Cap Arcona*, l'*Athena*, le *Thielbeck* et le *Deutschland*. Ces hommes savent que leur liberté est au bout de quelques heures de navigation paisible à bord de ces paquebots de luxe dont le *Cap Arcona*, avec ses trois cheminées, pourrait rivaliser avec le *Normandie* ou le *Queen Mary*. Comme aucune enquête n'a été ouverte sur la tragédie, il paraît impossible aujourd'hui d'établir les responsabilités de la méprise. Ce que l'on sait : des bombardiers britanniques accompagnés de chasseurs se détournent de leurs objectifs portuaires pour attaquer les quatre navires. L'un d'entre eux, peut-être même deux, hissent le drapeau blanc, le *Thielbeck* semble-t-il, met en panne, les bombes s'abattent. Six ou huit mille déportés coulent avec les navires.

Le même jour, l'amiral von Friedenburg et son escorte parviennent au Quartier Général de Montgomery établi dans la lande de Lunebourg. Les pourparlers s'engagent dans la roulotte P.C. du chef d'état-major britannique. Von Friedenburg propose que les troupes défaites se rendent à Montgomery et non aux Soviétiques :

— Non ! Vous devez rendre les armes aux Russes. Il fallait considérer cette éventualité lorsque vous avez envahi l'Union Soviétique en 1941.

Curieusement, Monty ne réclame pas de reddition générale et ses exigences peuvent être considérées comme mineures : adjonction de la Hollande et du Danemark à la zone nord-ouest, réddition de tous les navires de guerre et de commerce de la zone en question, cessation des hostilités en mer. Von Friedenburg rend compte à Dönitz en présence de Keitel et Jodl. Le chef de l'État accepte les conditions et annule l'ordre « Regenbogen », le sabordage des navires, que Montgomery n'avait pas évoqué !

Revenu au Q.G. britannique, von Friedenburg signe la reddition. Les bombardements et les pilonnages cessent : l'armistice entre en vigueur.

Sur ces journées décisives, les archives allemandes livrent deux documents significatifs : le journal de l'amiral Dönitz et le dernier message du commandement supérieur de la Wehrmacht.

Extrait du journal de l'amiral Dönitz :

— 2 mai 1945.

— Discussion sur des questions de principe.

— La situation militaire est désespérée. Au stade actuel, l'objectif principal du gouvernement doit être de sauver le plus d'Allemands possible de la destruction par le bolchevisme. Dans la mesure où les Anglo-Saxons s'y opposent, le combat doit être poursuivi contre eux.

— 16 heures : situation.

— L'essentiel est la percée des Anglais de Lunebourg vers Lübeck et des Américains de Schwerin vers Wismar. Ces percées ferment la dernière porte qui permettait le repli des Allemands des régions de Mecklembourg et de Poméranie vers celles que nous contrôlons. Une continuation du combat contre les Anglo-Américains dans le secteur nord, qui ne servait jusqu'ici qu'à maintenir cette porte ouverte, n'a plus de sens. D'où la décision de commencer à négocier avec Montgomery le plus vite possible : c'est ce dont est chargé l'amiral von Friedenburg.

— 3 mai 1945.

— 4 heures : pendant la nuit et au cours de la matinée, arrivée d'une série de messages incontrôlables sur une progression rapide des Anglais dans la zone nord-ouest. L'Amiral donne la directive de défendre par tous les moyens le canal de Kiel aussi longtemps que possible pour assurer au gouvernement la liberté d'action et de négociations.

— 9 h 30 : conférence sur la question de Bohême.

— Le protecteur du Reich, le ministre d'état Frank, le ministre des Affaires étrangères, le maréchal Keitel, le général d'armée Jodl, le gauleiter Wegener, le ministre d'État Speer. La Bohême est à la veille de la révolution. A la longue, le protectorat ne peut plus être tenu, ni militairement, ni politiquement. Une solution est cependant peut-être possible avec nous. But principal : sauver le plus d'Allemands possible se trouvant dans le pays.

— 11 heures : conférence sur la Norvège et le Danemark.

— Le plénipotentiaire du Reich pour le Danemark, docteur Best, le général d'armée Lindemann, le commissaire du Reich Terboven, le général Böhme, autres participants comme ci-dessus.

a) Norvège : Situation militaire bonne. Facile à tenir, bien approvisionnée. Le commandant en chef est persuadé de la capacité de résistance de son secteur. Situation politique pour le moment favorable, étant donné que la tendance générale, devant l'effondrement attendu de l'Allemagne et la fin prochaine de la guerre, est de s'en tirer sain et sauf. D'où peu d'enthousiasme pour un soulèvement.

b) Danemark : Situation militaire bien en main. Valeur combative de la troupe intacte, même après la mort du Führer. Les Danois craignent l'état de guerre dans leur propre pays.

— 15 h 30 : question néerlandaise.

— Commissaire du Reich Seyss-Inquart, ministre des Affaires étrangères du Reich, Gauleiter Wegener.

— Le Commissaire du Reich rend compte des négociations menées jusqu'ici avec l'adversaire, qui se sont déroulées de façon satisfaisante, étant donné que toutes parties ont intérêt au maintien de l'ordre pendant la transition. Il juge que la question d'une capitulation partielle est difficile, car il a l'impression que la collaboration continue entre les Alliés. Cependant, la tentative doit être continuée par les voies déjà utilisées. En ce qui concerne notre attitude aux Pays-Bas : remplir la mission militaire, mais pas d'inondations du pays.

— 17 heures : situation en Allemagne du Sud.

— Secrétaire d'État Heilert, ministre des Affaires étrangères, maréchal Keitel, Gauleiter Wegener.

— Kesselring rend compte par message qu'il a dû couvrir de son nom la capitulation du groupe d'armées sud-ouest. Il est d'avis qu'il ne peut plus tenir non plus avec ses troupes et demande par conséquent la permission de traiter indépendamment avec les Orientaux. L'Amiral accorde la permission, étant donné que nous pouvons nous « réjouir » du salut de chaque région occupée par les Américains et non par les Russes. Le souci principal reste l'armée Schoerner. La situation générale en elle-même requiert la capitulation, mais celle-ci est impossible, parce qu'alors Schoerner et son armée tombent aux mains des Russes.

— 23 heures : Amiral von Friedenburg retour du Q.G. de Montgomery. Compte rendu sur le déroulement des négociations.

Dernier communiqué du commandement supérieur de la Wehrmacht :

— « En Prusse orientale, les divisions allemandes ont, mardi encore, défendu jusqu'au bout l'embouchure de la Vistule et la partie orientale de la « Frische Nehrung ». La 7e division d'infanterie s'est distinguée entre toutes. Pour sa conduite exemplaire, le commandant de la division, le général von Saucken, a été décoré de la feuille de chêne avec épée et brillants de la croix de chevalier de la Croix de Fer. Le gros de notre groupe d'armées en Courlande qui, pendant des mois, sous le commandement du général de l'infanterie Hilpert, a résisté à des formations soviétiques d'infanterie et de chars très supérieures et a tenu bon courageusement au cours de six grandes batailles, a conquis une gloire immortelle. Il a refusé toute capitulation prématurée. En un ordre impeccable, les avions décollant vers l'ouest ont évacué les blessés et les pères de famille. Les officiers et les états-majors sont restés avec leurs troupes. A minuit, conformément aux conditions acceptées par nous, les hostilités et tout mouvement ont été suspendus.

— « Les défenseurs de Breslau, qui pendant deux mois, ont défié toutes les attaques soviétiques, ont succombé au dernier moment à la supériorité ennemie après une résistance héroïque.

— « Sur le front de l'est et du sud-est, tous les états-majors des grandes unités jusqu'à Dresde ont reçu l'ordre de suspendre le feu. Le soulèvement des Tchèques dans presque toute la Bohême et la Moravie pourrait gêner l'exécution des conditions de la capitulation et nos liaisons dans cette région. Jusqu'à maintenant, le commandement supérieur n'a reçu aucun compte rendu des groupes d'armées Löhr, Rendulie et Schoerner.

— « Loin de la patrie, les défenseurs des bases de l'Atlantique, les troupes de Norvège et les garnisons des îles de la mer Égée ont, dans l'obéissance et la discipline, défendu l'honneur du soldat allemand.

— « Depuis minuit, les armes se sont tues sur tous les fronts. Sur ordre de l'Amiral, les forces armées ont cessé la lutte devenue sans espoir. C'est ainsi que se termine l'héroïque combat de près de six ans. Il nous a apporté de grandes victoires, mais aussi de lourdes défaites. A la fin, les forces armées allemandes ont succombé dans l'honneur à une énorme supériorité.

— « Fidèle à son serment, dans un engagement total, le soldat allemand a accompli pour son peuple quelque chose qui ne pourra jamais s'oublier. Jusqu'au dernier moment, la patrie l'a soutenu de toutes ses forces, au prix des plus lourds sacrifices. Cet exploit unique du front et de l'arrière trouvera sa consécration définitive ultérieurement, dans un jugement équitable de l'histoire.

— « L'adversaire ne refusera pas non plus son estime aux exploits et aux sacrifices des soldats allemands, sur terre, sur mer et dans les airs. C'est pourquoi chaque soldat peut, droit et fier, déposer les armes et, dans les heures les plus sombres de notre histoire, se mettre au travail avec courage et confiance, pour la vie éternelle de notre peuple. En cette heure, la Wehrmacht n'oublie pas ses camarades tombés devant l'ennemi. Les morts commandent la fidélité sans condition, l'obéissance et la discipline envers la patrie saignant d'innombrables blessures. »

Le 6 mai au matin, le général Kinzel, membre de la délégation conduite par von Friedenburg et Wagner, rend compte à Dönitz des pourparlers engagés avec les Américains : « Pas de capitulation partielle » exige Eisenhower, mais une reddition totale, sur tous les fronts, même ceux de l'Est, cela va de soi. Dönitz, qui juge ces conditions inacceptables, envoie Jodl au secours de Friedenburg à Reims, en lui recommandant de n'accepter « cette capitulation qu'à condition que les soldats allemands puissent se déplacer librement en direction des lignes américaines ». Dans la nuit du 6 au 7 mai, un télégramme de Jodl arrive au Q.G. de Dönitz :

— « Le général Eisenhower insiste pour que nous signions aujourd'hui même. Autrement, les fronts alliés se fermeront même aux personnes qui cherchent à s'y rendre isolément et tous les pourparlers seront rompus. Je ne vois qu'une alternative : le chaos ou la signature. Demande confirmation immédiate, par radio, que j'ai bien tout pouvoir pour signer la capitulation. Elle pourra alors rentrer en vigueur. Les hostilités cesseront le 9 mai, à 0 heure, heure d'été allemande. Signé : Jodl. »

A 1 h 30, il reçoit la réponse qui met fin à la Seconde Guerre mondiale : « Pleins pouvoirs vous sont donnés pour signer par le grand amiral Dönitz. Signé : Keitel. »

Les soldats allemands profiteront de ce délai de quarante-huit heures pour tenter de rejoindre les lignes américaines. Une « mesure de clémence » négociée par Keitel qui n'est pas à mettre à l'actif d'Eisenhower mais plutôt à l'acharnement de son chef d'état-major, le général Bedel-Smith, qui signera lui-même le texte. Ike répugnera à s'engager personnellement, de peur d'être désavoué par les Soviétiques. A 2 h 41, le 7 mai 1945, la capitulation générale est signée dans une école de Reims. Les délégués du gouvernement Dönitz sont l'amiral von Friedenburg, le général Jodl, le major Oremius ; le commandement suprême allié est représenté par le général Bedel-Smith et le général Sousloparov. Quant au commandement français, il est représenté par le général Sevez qui signe, tout à fait en bas de page, à gauche, au titre de témoin. L'acte de capitulation de Reims n'est en fait qu'une simple répétition de la véritable cérémonie qui se déroulera le lendemain à Berlin. Ainsi en a décidé Staline. La « signature » du 7 mai est étouffée, censurée. Un journaliste de l'agence de presse américaine « Associated Press » parvient à déjouer l'interdiction et, violant l'embargo, fait connaître au monde la formidable nouvelle : « La guerre est finie. »

Le 8 mai, le maréchal de Lattre de Tassigny qui, après un certain nombre de difficultés — « Les Français aussi ! » (Keitel) — réussit à contre-signer l'acte « officiel » de capitulation en tant que « premier témoin », ce qui, évidemment, ne veut pas dire grand-chose. De Lattre raconte :

— Il fait un froid humide et la fatigue se fait sentir. Enfin, un jeune officier russe se présente et nous prie de nous rendre à la villa du maréchal Joukov. Quand nous y entrons, le spectacle est éblouissant. Tout est éclairé. Le Maréchal a revêtu la grande tenue et mis toutes ses décorations. Il est entouré d'une foule de généraux et d'officiers. Auprès de leurs uniformes somptueux, nos *battle-dress* semblent bien ternes...

— Les officiers des délégations s'installent aux tables de droite et de gauche, les « Occidentaux » n'occupant que la moitié de cette dernière, le dos tourné à la porte.

— Le long du mur de droite, cinéastes, photographes, journalistes sont massés aux aguets.

— A minuit six exactement — donc le 9 mai — le maréchal Joukov ouvre la séance solennelle par quelques mots de bienvenue adressés aux représentants alliés. Puis il donne l'ordre d'introduire la délégation ennemie.

— Minuit dix. Keitel s'avance et cille sous le feu des projecteurs. Il se redresse dans sa grande tenue à parements rouges où brillent ses deux Croix de Fer. Terriblement prussien d'allure, il claque des talons et salue, hautain, de son bâton de maréchal. Personne ne se lève. Keitel regarde d'abord droit devant lui, et le bâton toujours haut, tourne les yeux de gauche à droite, lentement, jusqu'au moment où sa vue s'arrête sur le drapeau tricolore. Poursuivant son regard circulaire, il m'aperçoit : « *Ach !* grommelle-t-il, il y a aussi des Français ! Il ne manquait plus que cela ! »

— Il jette alors son bâton et sa casquette sur la table et s'assied.

— A sa droite, prend place le général de la *Luftwaffe* Stumpf, successeur de Gœring et, à sa gauche, l'amiral de la flotte von Friedenburg, cadavérique. Six officiers allemands restent debout, au garde-à-vous, derrière leurs chefs assis. Je les examine attentivement : ce sont des hommes magnifiques, qui portent tous la Croix de Fer avec glaives et diamants. Fait curieux, tous les six appartiennent à la marine et à l'aviation, pas un à la *Wehrmacht*. Pense-t-on déjà à l'avenir et veut-on pouvoir dire un jour que celle-ci n'a pas capitulé ?

— Le maréchal Joukov se lève et pose la question sacramentelle à Keitel :

- Avez-vous pris connaissance du protocole de capitulation ?

— Keitel reste assis. Il saisit le dossier posé devant lui et répond brièvement :

« *Ja.*

« Avez-vous les pouvoirs pour signer ?

« *Ja.*

« Montrez-nous vos pouvoirs.

— Keitel les exhibe.

« Avez-vous des observations à formuler sur l'exécution de l'acte de capitulation que vous allez signer ?

— Keitel réclame un délai de vingt-quatre heures pour faire cesser le feu sur tout le front.

— Joukov nous consulte du regard, hausse les épaules et répond :

« Cette demande a déjà été rejetée. Pas de modifications. Avez-vous d'autres observations à présenter ?

« *Nein.*

« Alors, signez. »

— Toutes les questions ont été posées en russe et traduites aussitôt en anglais et en allemand.

— Il est 0 h 16. Keitel se lève, ajuste son monocle et se dirige vers l'extrémité gauche de notre table où les protocoles de capitulation ont été placés dans une chemise bleue.

— Il s'assied près de moi, sur une chaise placée en bout de table et pose sa casquette et son bâton devant moi. Comme je lui fais signe de les mettre ailleurs, le maréchal du Reich ramène à côté de lui les insignes de sa dignité, puis, sous mon regard, il signe. Stumpf et Friedenburg signent après lui.

— A 0 h 28, les Allemands ont paraphé tous les textes et regagnent leur table.

— Les documents sont alors présentés à la signature du maréchal Joukov puis de l'*Air Marshal* Tedder. Quand arrive notre tour, au général Spaatz et à moi-même, nous nous apercevons que nous n'avons ni l'un ni l'autre notre stylo. Nous avons recours à celui du colonel Demetz.

— C'est fini. Keitel se lève, salue de son bâton et sort avec sa suite. Il est 0 h 45.

LA GRANDE BATTUE

Le 9 mai, des éléments de la VIIe armée progressent au Tyrol qui devait être le dernier bastion du Reich : « De là, regroupés, nous pourrons envisager de reprendre les territoires perdus » (Himmler). Près de Salzbourg, dans un large virage de la route de Brück, un auto-moteur allemand, désarmé, arborant un drapeau blanc, attend l'avant-garde de la 36e D.I. Le sergent Treeps, pistolet-mitrailleur à la hanche, couvert par six de ses hommes, s'approche de la portière du véhicule :

— Descendez ! Mains en l'air !

— Je suis le colonel Brendt von Brauschitsch. Je me présente en qualité de parlementaire au nom et pour le Reichsmarshall Hermann Gœring. Ce que ne peuvent savoir le général Dahlquist, commandant la 36e D.I. et son adjoint, le général Stack qui reçoivent l'envoyé spécial de Gœring, c'est que le maréchal de l'Air qui, profitant du passage à Mauternjorf, quatre jours auparavant, d'une unité de la Luftwaffe, s'est fait libérer de ses gardiens S.S. (on sait que Bormann avait ordonné son arrestation après l'échange de télégrammes avec Hitler) est persuadé qu'un commando de parachutistes S.S. a été lancé à sa poursuite pour le « liquider », même après la signature de la capitulation. Von Brauschitsch parlemente. Gœring, impatient, prend la route avec son convoi personnel de dix-sept camions et les douze blindés chargés de sa protection. Une heure plus tard, il arrêtera sa Mercedes blindée près de la minuscule jeep du général Stack. Aussitôt, une ruée de photographes-correspondants de guerre enveloppe les deux hommes, fixant pour l'Histoire la reddition de celui qui fut, tout au long de ces années, le numéro deux du régime. Les cent vingt-neuf kilos de Gœring sont enveloppés d'un uniforme blanc de parade. Il sourit, salue militairement et tend la main à son vainqueur qui n'a pas la présence d'esprit de la refuser. Cette poignée de main empoisonnera Eisenhower pendant une longue semaine. Il publiera communiqués sur communiqués, blâmant et désavouant son subordonné qui sera par ailleurs condamné sans appel par la Chambre des Lords :

« La guerre n'est pas un match amical qui doit se terminer par une poignée de main .» Stack et Dahlquist n'en ont d'ailleurs pas terminé avec les indiscrétions journalistiques : « Que pouvions-nous faire ? Nous avions reçu l'ordre de laisser travailler les reporters. » Au cours de son premier repas de détenu, Gœring avale deux tranches de pâté, une cuisse complète de poulet et deux blancs, de la purée de pommes de terre, des haricots et vide le compotier que lui présente à plusieurs reprises son ordonnance : oranges, pommes, ananas, pamplemousse, avant de déguster un vrai café. Ce « scandale » prend le relais de « la poignée de main ». Eisenhower éructe et publie une mise au point : « Le repas servi le 9 mai au maréchal Gœring était identique à celui servi ce même jour aux soldats de la VIIe armée. »

Le général Quinn, chef du service de renseignements de la VIIe armée, enlève l'encombrant maréchal à ces « stupides gaffeurs » pour le conduire à Kitzbühel où une conférence de presse est improvisée sous une accueillante tonnelle. Bouddha s'affaisse dans un fauteuil :

— Messieurs...

Les photographes passent au dernier rang.

— Je vous écoute.

— Vous étiez le chef suprême de la Luftwaffe. C'est donc vous, cela paraît logique, qui avez ordonné le bombardement de Coventry ?

— Oui... Coventry était un important centre industriel et d'après nos informations, il y avait de nombreuses usines d'aviation.

— Et Canterbury ?

— Canterbury fut bombardé sur des instructions venues de plus haut, en représailles d'une attaque britannique contre l'une de nos villes universitaires.

— Laquelle ?

— Attendez... Je ne me souviens plus.

— A quel moment avez-vous compris que l'Allemagne avait perdu la guerre ?

— Quelques jours après le débarquement en Normandie et la grande percée des Russes.

— A votre avis, quel fut le principal facteur de cette défaite ?

— L'offensive aérienne vingt-quatre heures sur vingt-quatre.

— N'a-t-on jamais essayé de dire à Hitler que la poursuite de la guerre devenait inutile ?

— Si. Plus d'une fois même. Au moins trois ou quatre chefs militaires lui ont démontré que nous risquions d'être battus. Chaque fois, la réaction d'Hitler était négative. Il ne voulait pas en entendre parler. Puis, il fit interdire toute conversation sur ce sujet. En somme, il se refusait à envisager toute éventualité autre que notre victoire.

— Qui porte la responsabilité de la création des camps de concentration et de leur abominable régime ?

— Essentiellement Hitler lui-même. Le personnel de l'administration concentrationnaire, des plus hauts fonctionnaires aux scribes et gardiens S.S., relevait directement de lui. Les organes officiels de l'État étaient tenus à l'écart.

— Comment voyez-vous l'avenir de l'Allemagne ?

— Il appartient aux vainqueurs de trouver des possibilités d'existence et de résurrection pour le peuple allemand. Si les Alliés s'en montrent incapables, l'avenir de l'Allemagne et du monde entier sera très sombre certainement. Évidemment, tout le monde désire la paix, mais toute cette volonté risque d'être insuffisante.

— Le Maréchal n'a-t-il rien à ajouter ? Peut-être une déclaration à titre personnel ?

— Je voudrais lancer un appel à la conscience mondiale : il faut aider le peuple allemand à vivre, à se relever. J'aimerais également exprimer ma gratitude à ce peuple courageux qui a continué à se battre même lorsqu'il savait que tout était perdu.

Un peu plus tard, dans sa « résidence », un journaliste demandera à Gœring : « Savez-vous que votre nom figure sur une liste de criminels de guerre ? »

— Ce n'est pas possible. Je ne vois d'ailleurs pas pourquoi mon nom figurerait sur une telle liste.

Le gouvernement Dönitz dans son bivouac de Flensbourg ne se fait guère d'illusions sur son avenir : « Nous jouons à gouverner » dit le Grand Amiral en recevant Keitel qui sera bientôt arrêté par les Britanniques avec Jodl. De fait, c'est une commission de contrôle inter-Alliés présidée par le général américain Rooks et installée dans les meilleurs appartements du paquebot *Patria* qui prend toutes les décisions, en accord avec les divers commandements militaires. On peut s'interroger sur le maintien en place du « cabinet fantoche ». Il semble que l'illusion ait été voulue par le seul gouvernement américain afin que s'organise le découpage territorial du Reich avec un semblant d'acceptation des représentants de la nation allemande. Cette explication ne satisfait aucun observateur. Peut-être, plus simplement, faut-il voir dans cette période d'hésitations et de contre-ordres, la conséquence logique des luttes politiques que se livrent les vainqueurs, soucieux avant tout d'organiser leur zone d'influence. Ainsi que le fait remarquer Speer : « De la tragédie, on passe à la tragi-comédie ». Une vieille Mercedes d'Hitler — venue d'où ? — conduit Dönitz de l'École navale à sa résidence (cinq cents mètres) et les séances de travail du gouvernement sont organisées avant tout pour répondre aux exigences des journalistes.

Pendant ce temps, la chasse aux criminels de guerre est ouverte. Le 15 mai, le chef des services de sécurité, Ernst Kaltenbrunner, est arrêté. Deux jours plus tard, on découvre dans un groupe de déportés le président de la Reichsbank, Hjalma Schacht ; condamné pour avoir été compromis dans l'attentat contre Hitler du 20 juillet, il a connu Ravensbrück, Flossenburg, Dachau, avant de se retrouver dans une cellule britannique. Les Français, quant à eux, s'emparent du ministre des Affaires étrangères Konstantin von Neurath. Puis, ce sera le tour de

Walter Funk, le chef de la propagande, d'Hans Fritsch, bras droit de Gœbbels et de Wilhem Frick, l'ancien ministre de l'Intérieur. Hans Frank, le « boucher de Cracovie » s'était dissimulé, revêtu d'un uniforme de caporal des transmissions, dans un camp de prisonniers. A l'appel, il s'évanouit. Transporté à l'infirmerie, on trouvera dans sa poche deux capsules de cyanure. Interrogatoire. Aveux. Il rejoint les autres criminels dans le centre d'internement de Montdorf-les-Bains au Luxembourg où le colonel américain Burton Andrus l'accueille par ces mots :

— Vous serez mieux traité ici que l'ont été vos millions de prisonniers. N'ayez crainte, il n'y a pas de chambre à gaz et vous pourrez prendre deux vraies douches par jour.

— Je n'entends rien à l'humour anglais.

— Je suis citoyen des États-Unis.

— C'est la même chose.

Krupp, bien que grabataire, se voit obligé de quitter son château et ses six infirmières dans une ambulance. Sauckel et Robert Ley, l'ex-directeur du Front du Travail, sont appréhendés le 16 mai. Ce dernier s'était réfugié dans un chalet proche de Berchtesgaden. Dénoncé comme suspect par un paysan de la région, il reçoit les parachutistes américains en brandissant une dizaine de pièces d'identité portant le nom d'Ernst Distelmayer. Tout cela est trop beau pour être vrai. Distelmayer est conduit au P.C. de la division où le reçoit Frantz Schwartz, le trésorier payeur du parti national-socialiste par ces mots :

— Vous aussi, docteur Ley !

Ce même 16 mai, les Anglais découvrent à l'hôpital militaire de Flensburg-Murwick, Alfred Rosenberg, le doctrinaire « philosophe », auteur du célèbre Mythe du XXe siècle.

Le lendemain, les Soviétiques s'installent à leur tour à Flensburg. Leur venue marque « la fin de la comédie » car, le soir même, les représentants de la commission inter-alliée prennent acte de « l'impossibilité affirmée par les Soviétiques de collaborer avec des criminels de guerre ». « D'ailleurs, dira Rooks, Eisenhower pense exactement la même chose que nous. »

Le 22 mai, Ludde Neurath annonce au Grand Amiral que les représentants alliés veulent l'entendre le lendemain à bord du *Patria* avec Friedenburg et Jodl. Dönitz a compris. « Ce sera donc le 23 mai la véritable défaite de l'Allemagne, dit-il, rien ne nous aura été épargné. Désormais, nous ne serons que des prisonniers de guerre comme les autres. » Le 23, en effet, dans le bar du navire, les derniers « dignitaires » du Reich agonisant, sous les flashes des photographes, rencontrent Rooks, le général britannique Food et le Soviétique Trouskov. Rooks s'approche d'un micro :

— Messieurs, le général Eisenhower m'a chargé de vous convoquer afin de vous informer que le gouvernement provisoire allemand, ainsi que le haut commandement de la Wehrmacht avec tous leurs membres, seront désormais traités en prisonniers de guerre. Par conséquent, chacun d'entre vous devra, dès à présent, se considérer comme étant en captivité. Vous allez quitter cette pièce sous l'escorte d'un officier allié. Dans vos logements respectifs, vous ferez vos valises et réglerez brièvement vos affaires personnelles.

Se tournant vers Dönitz, il ajoute :

— Avez-vous quelque chose à dire ?

— Toute parole serait superflue.

Au même moment, à l'École navale, les autres collaborateurs du « chef de l'État » sont arrêtés. Il est 10 heures. Les chars de la 2e division blindée britannique envahissent le territoire « protégé » de Flensburg-Murwick, les premières patrouilles reconnaissent rues et quartiers, un bataillon investit le siège du gouvernement, baïonnette au canon. La porte de la salle du conseil est enfoncée. « Haut les mains ! »

Remous.

— Déculottez-vous !

Ils s'exécutent honteusement. Nul ne songe à protester.

— Rangez-vous contre le mur. Gardez les mains au-dessus de la tête.

Profitant de la cohue, von Friedenburg se suicide en écrasant dans sa bouche une ampoule de cyanure. Deux soldats le traînent dans un couloir, recouvrent son corps d'un tapis vert.

Tandis que les photographes fixent ces scènes de dérision — des ministres en caleçon — un détachement s'est rendu dans la petite ville de Glucksbourg où Albert Speer a installé les services de la « production industrielle ». Il sera le dernier ministre en exercice arrêté. Dans l'après-midi, Dönitz et ses collaborateurs grimpent à bord de deux avions cargos. Ils n'ont que leurs valises pour s'asseoir.

Ce 23 mai, le IIIe Reich a vécu.

Dans toute l'Allemagne, la chasse aux criminels de guerre se poursuit (1).

Sur les croupes ensoleillées des Alpes Bavaroises, une jeep patrouille. L'officier aperçoit à flanc de colline, la silhouette d'un homme penché sur un chevalet.

— Arrêtez ! Je vais voir ce que barbouille l'artiste. Il n'a que des vaches autour de lui.

Notre cow-boy se lance dans l'ascension, casque à la main. La conversation s'engage.

— Chez nous, en Amérique...

Le peintre semble terrorisé. Le commandant Blitt examine ce visage

(1) Ainsi que la chasse aux savants. On sait la compétition ouverte entre les quatre puissances pour retrouver les chercheurs allemands, leurs archives, leur matériel. Dans ce domaine, on se demande rarement s'ils étaient ou non criminels de guerre. Un Werner von Braun par exemple, père des fusées américaines, l'homme qui a rendu possible la marche sur la lune, aurait très bien pu être inclus dans la liste des criminels de guerre de « seconde catégorie » car il avait utilisé dans ses usines allemandes et dans le camp de concentration de Dora des milliers de déportés. La prospective technologique et scientifique des vainqueurs en a décidé autrement.

de poire desséchée et aussitôt le reconnaît. Depuis un mois, il consulte chaque matin les portraits des « recherchés pour crime contre l'humanité » sans se douter que le hasard...

— Savez-vous Monsieur que vous ressemblez à Julius Streicher ?

— Comment m'avez-vous reconnu ?

LISTE CLOSE

Heinrich Himmler, Reichsführer des S.S. et de leurs œuvres, celui « sans qui rien n'aurait été possible », « maître suprême et gardien des corps et âmes », croit encore en son destin dans les heures qui suivent la réception d'une lettre cruelle, ingrate, signée Dönitz :

— Étant donnée la situation présente, j'ai décidé de me passer désormais de votre aide en tant que ministre de l'Intérieur du Reich et membre du gouvernement du Reich, en tant que commandant en chef de l'armée de réserve et en tant que chef de la police. Je considère désormais que toutes vos charges sont supprimées. Je vous remercie pour les services que vous avez rendus au Reich.

Pour qui se prend-il, ce marin de bateau-lavoir ? Envoyez cette lettre à Montgomery. Ce qu'il y a dans ces pages ? Tout simplement les projets du nouveau Parti National-Socialiste Réformé. Une chance pour l'Allemagne outragée, un espoir pour le monde, le dernier barrage contre la furie meurtrière et l'idéologie soviétique... Himmler rêve, convoque, réunit, s'emporte. Il fait comme s'il n'avait jamais reçu la lettre de Dönitz, conserve son état-major de cent cinquante personnes, ses secrétaires, ses télexistes, le détachement de radiotélégraphistes et l'unité blindée chargée d'assurer sa protection.

— Avez-vous reçu la réponse de Montgomery ?

Le Reich capitule à Reims et à Berlin. Himmler semble l'ignorer et poursuit la rédaction de ses plans de restructuration de l'Allemagne nouvelle.

— Notre « Parti National-Socialiste Réformé » sera le creuset d'où sortiront les dirigeants sur lesquels devront s'appuyer les Alliés... »

L'illusion naïve se poursuit plus de dix jours. Puis, un soir, Himmler, l'un de ses officiers et son secrétaire prennent la route. Ils ont revêtu une tenue de débâcle, pantalon de l'armée, chemise et veste civiles ; Himmler a rasé sa fine moustache et s'est plaqué un bandeau de capitaine Fracasse sur l'œil droit. Les trois hommes errent quarante-huit heures, allant d'un groupe de fugitifs à l'autre. Pour franchir le pont de Meinstedt, sur l'Oste, affluent de la Weser, ils se mêlent à une vingtaine de fantassins.

— Papiers !

La plupart ont tout perdu dans la débâcle. Les sentinelles britanniques ont l'habitude : elles laissent passer le premier contingent qui ne manquera pas d'être contrôlé deux kilomètres plus loin.

— Papiers !

Himmler tend une carte d'identité neuve, à laquelle ne manque aucun bouton de guêtre. Cachets, signatures en nombre et en surnombre. Les factionnaires n'ont jamais rien examiné de tel.

— C'est vous Heinrich Hitzinger ? Ne bougez pas, je reviens.

Il revient deux minutes plus tard, accompagné d'un officier.

— Voulez-vous bien me suivre ?

Ce goût du travail bien fait, de la perfection et de l'achevé en toutes choses, viennent de perdre Himmler. Les Britanniques sont persuadés que les papiers sont des faux parfaits. Seul un personnage important a eu la possibilité de se les procurer. Hitzinger est conduit dans une sorte de camp de triage où sont réunis les suspects. En attendant la réponse du Service de Renseignements de la IIe Armée britannique à qui l'on vient de transmettre papiers, photos et signalement, il s'endort en se recroquevillant sur deux chaises paillées. En se réveillant, il réclame une entrevue avec le chef de camp.

— Dites-lui simplement qu'Heinrich Himmler est mon véritable nom et que je dois entrer en communication avec le général Montgomery de toute urgence.

Le responsable du centre de regroupement accourt.

— Vous dites que vous êtes...

— Heinrich Himmler.

Et il claque les talons, et il arrache le carré noir qui masque l'œil, et il ajuste ses fines lunettes cerclées de fer.

— Il faut que je puisse m'entretenir le plus rapidement possible avec votre commandant en chef, le général Montgomery.

Himmler est conduit sous double garde dans une cellule spacieuse. Pendant ce temps, le Quartier Général de la IIe armée est en ébullition. Le colonel Murphy décide de se rendre à Lunebourg après avoir examiné les papiers au nom d'Heinrich Hitzinger.

— Il n'y a pas de doute, c'est lui. Ce ne peut être que lui. Il a gardé le même prénom et la même initiale de nom. C'est enfantin ! Que l'on téléphone ! Je veux un expert en graphologie avec moi. En attendant, que là-bas, ils le fassent écrire et signer « Himmler ». Surtout qu'on le fouille. Sans brutalité. Il a sûrement du poison sur lui. Ils en ont tous. Qu'on garde secrète cette arrestation. Qu'on ne lui pose pas de questions. Qu'on lui dise qu'on transmet sa demande à Monty. J'arrive...

Himmler se prête de mauvaise grâce à ce qu'il appelle les « vexations intolérables » de ses gardiens. Déshabillé, fouillé, humilié, l'homme qui fut sans aucun doute le plus puissant du Reich après Hitler, refuse d'endosser un uniforme britannique.

— Je resterai en caleçon et maillot de corps.

On cède en lui rendant son déguisement car, pour la première fois depuis que le prisonnier a décliné sa véritable identité, les officiers du camp respirent : une ampoule de cyanure a été découverte cousue dans le fond d'une poche intérieure de sa veste : « Il ne risque plus de se suicider. »

— Vous n'avez pas de réponse de Montgomery ?

Murphy arrive peu après minuit. Il compare les signatures avant de se rendre dans le cellule.

— C'est bien Himmler. On l'a fouillé.

— Oui. On a trouvé une capsule de poison.

— Où ?

— Dans une poche.

— Vous l'avez fouillé corporellement ?

— ... Euh ! Corporellement ?

— La bouche et... vous voulez un dessin ?

— Non.

— Vous avez des médecins ici ?

Le major et Murphy pénètrent dans la cellule.

— Je dois absolument m'entretenir avec le maréchal Montgomery.

— Mais oui ! Mais oui ! En attendant, le médecin va vous fouiller.

— Mais on m'a déjà fouillé.

— C'est le règlement avec les prisonniers. Déshabillez-vous !

Le colonel Murphy, dans ces premières minutes d'entretien avec Himmler, ne semble pas avoir agi — c'est le moins que l'on puisse dire — en fin psychologue. Peu de détails ont filtré sur cette rencontre. La version officielle affirme — ce qui est sûrement la vérité — que le médecin a essayé de fouiller la cavité buccale du prisonnier et que, lorsqu'il lui a demandé d'ouvrir la bouche, ce dernier a craqué une capsule qu'il dissimulait entre deux molaires. Vomitifs, lavages successifs d'estomac n'y font rien. Le Reichsführer S.S., Heinrich Himmler a réussi son suicide. Murphy aurait-il pu l'empêcher ? En tout cas, il lui sera beaucoup reproché d'avoir privé l'enceinte de Nuremberg de son accusé-vedette. Le surlendemain, quatre sous-officiers des services secrets britanniques prennent livraison du cadavre et vont l'enterrer discrètement dans la lande de Lunebourg. L'emplacement de la fosse ne sera jamais révélé.

La chasse n'est pas encore terminée.

Seyss-Inquart est tout bêtement rentré chez lui. C'est là que les Canadiens le retrouveront, en pantoufles et pull Jacquart, assoupi devant un feu de bois. Au mois de juin, Joachim von Ribbentrop tombe à son tour aux mains des Alliés. Le ministre des Affaires étrangères du Reich, se souvenant qu'il avait débuté dans la vie en représentant de grandes marques de champagnes français et de vins du Rhin, est allé frapper, à

Hambourg, la porte de deux négociants qui, par chance, n'ont pas disparu dans la tourmente.

— Vous me reconnaissez ? Je suis von Ribbentrop, le ministre. Je dois avoir un travail car je suis chargé, pour l'avenir de l'Allemagne, d'une mission importante, capitale...

— Où peut-on vous contacter ?

— Pour ne pas attirer l'attention, j'ai loué une petite chambre sous les toits.

Le lendemain, quatre policiers militaires enfoncent la porte du galetas. Le « ministre » est en galante compagnie...

— Madame n'a rien à voir avec notre affaire...

— Que Madame se rhabille et nous suive.

Dans les poches de la veste de von Ribbentrop, l'inévitable ampoule de cyanure et trois lettres cachetées adressées à Montgomery, Eden et Vincent (sic) Churchill. Étrange étourderie pour un ministre des Affaires étrangères même privé d'exercice du pouvoir.

Autre capture étonnante : celle de von Schirach, le Führer des Jeunesses hitlériennes. Caché sous le nom de Falk, il était parvenu à trouver un emploi d'interprète dans un service de l'U.S. Army. Mais cette clandestinité au grand jour lui devient insupportable : perte de sommeil, d'appétit, hallucinations, vertiges. Il préfère se dénoncer.

— Seul un tribunal saura me rendre justice...

Von Schirach était porté disparu dans la bataille de Berlin. Pour l'autorité militaire, cette résurrection est une « mauvaise plaisanterie ». Il faudra douze heures d'interrogatoire pour que l'officier de Renseignements américain soit convaincu.

Le 23 juin, enfin, les Soviétiques s'emparent de l'amiral Raeder dans la banlieue de Berlin. Il sera stupéfait d'apprendre qu'il est recherché pour crimes de guerre.

La battue est terminée.

Avec Rudolf Hess, détenu depuis 1941 par les Anglais, ce sont vingt et un accusés que les Alliés s'apprêtent à traduire devant le tribunal de l'Histoire, au cours du plus grand procès qui se soit jamais déroulé.

NUREMBERG

Nuremberg est-il le tribunal de l'Histoire ? La vengeance des vainqueurs ? Le procès inutile ? Ou, comme l'écrira Jacques Bernard Herzog, substitut au procureur général français, un « échec fructueux » ?

Je crois que Nuremberg est à la fois cela et autre chose car, à crime absolu, justice d'exception. Et même si la liste est impressionnante des crimes tout court ou des crimes à peu près comparables ou tout au moins approchants qui, en d'autres temps — beaucoup proches de nous — auraient mérité d'être traduits devant un tribunal international permanent de droit pénal (« les juges et les membres du Ministère public de Nuremberg ont demandé que le statut qui les régissait et le jugement qui y a été émis amorcent un effort qui doit être poursuivi »), c'est-à-dire, un tribunal de tous les peuples, de toutes les guerres, le Nuremberg de 1945, malgré les difficultés, les oppositions, le vide juridique parce qu'il a pu se dérouler et conclure reste la jurisprudence sur laquelle, peut-être demain, s'appuieront les Nations-Unies ou d'autres « vainqueurs ». N'oublions pas que l'accord de Londres, qui donnera naissance au tribunal et aux poursuites engagées, n'est pas seulement le fait des quatre grandes puissances de l'époque mais que dix-neuf autres pays adhéreront à l'institution du tribunal. Gœring a beau hurler : « Traîner les chefs d'un État souverain devant un tribunal étranger constitue un acte de présomption unique dans l'histoire ! », il ne trouvera aucun partisan dans les gouvernements de la planète. La question posée, à laquelle on peut apporter — et elles ne manqueront pas — un chapelet de réponses, alimentait depuis l'annonce du procès la plupart des polémiques. Certains, convaincus de la nécessité du tribunal, auraient cependant préféré que le peuple allemand, et lui seul, par l'intermédiaire de ses magistrats, juge les accusés. Mais la justice allemande, compromise, annexée par le parti sera elle-même traînée dans un procès annexe devant les juges internationaux.

— Avec (1) le recul du temps et la disparition progressive des hommes ayant vécu la Seconde Guerre mondiale et les crimes hitlériens, le visage de Nuremberg apparaît mal connu, différemment apprécié. Pour un peu, on en ferait une machine de vengeance, sans garantie de justice.

— Or, ce fut, au contraire, la première fois dans l'histoire des guerres, que des vaincus — ayant, au surplus, commis de tels crimes — ont eu de tels moyens de défense et un tel appareil de justice à leur disposition. Pour une fois, la justice n'était pas « l'éternelle fugitive du camp des vainqueurs », dénoncée par Simone Weil. Les accusés étaient protégés avant d'être jugés.

Nous reviendrons sur ces problèmes de fond.

Depuis vingt ans que je me penche sur les dossiers de la Seconde Guerre mondiale, j'ai été frappé par l'absence des débats du procès de Nuremberg dans la majorité des ouvrages consacrés à cette période. Tout se passe comme si, de Nuremberg, on ne retenait que le contenant sans se soucier du contenu. On peut avancer pour principale excuse que le procès-fleuve, réuni dans les quarante-deux forts volumes de l'I.M.T. (sténographie du procès international de Nuremberg), est d'une approche et d'un maniement difficiles. La continuité, au jour le jour, n'étant pas la continuité historique, la recherche d'un événement abordé, même secondaire, nécessite souvent de reconstituer le puzzle perdu dans une douzaine de volumes. Trouver l'intégrale d'un sujet dans les interrogatoires ou témoignages des accusés, les cinq mille six cent trente-huit documents de l'accusation et de la défense, les trois cent mille déclarations faites sous serment, les sept cent quatre-vingt mille clichés, les interventions des vingt-six avocats et de leurs cinquante-quatre auxiliaires, relève du coureur de marathon. « Le Glaive et les Bourreaux » va tenter de combler cette lacune en abordant tome après tome les principaux « Thèmes » de Nuremberg. Ce procès unique méritait cet effort d'édition. Naissance, mise en place et montée du national-socialisme, cet ouvrage précise les circonstances du crime.

(1) Daniel Meyer, Président de la Ligue des Droits de l'Homme (Comité Action de la Résistance).

LA CONSCIENCE DES PEUPLES

M. François de Menthon (Procureur général français). — La conscience des peuples, hier asservis et torturés dans leur âme et dans leur chair, vous demande de juger et de condamner la plus monstrueuse entreprise de domination et de barbarie de tous les temps, à la fois en la personne de quelques-uns de ses principaux responsables et en la collectivité des groupes et associations qui furent les instruments essentiels de leurs crimes.

— La France, deux fois envahie en trente ans dans des guerres déclenchées l'une et l'autre par l'impérialisme allemand, supporta presque seule, en mai et juin 1940, tout le poids des armements accumulés depuis des années dans une volonté d'agression par l'Allemagne nazie. Momentanément terrassé par la supériorité du nombre, du matériel, de la préparation, jamais mon pays cependant ne renonça au combat pour la liberté, et aucun jour il n'en fut absent. Les engagements pris et la volonté d'indépendance nationale auraient suffi à maintenir la France derrière le général de Gaulle dans le camp des nations démocratiques ; mais si notre combat pour la libération prit figure peu à peu d'un soulèvement populaire, à l'appel des hommes de la résistance, appartenant à toutes les classes sociales, à toutes les confessions, à tous les partis politiques, c'est que, tandis que notre sol et notre âme étaient piétinés par l'envahisseur nazi, notre peuple se refusait non pas seulement à la misère et à l'esclavage, mais plus encore, à l'acceptation des dogmes hitlériens en contradiction absolue avec ses traditions, ses aspirations et sa vocation humaine.

— La France qui fut systématiquement dépouillée et ruinée, la France dont tant des siens furent torturés et assassinés dans les geôles de la Gestapo, ou dans les camps de déportation, la France qui subit l'entreprise plus horrible encore de démoralisation et de retour en barbarie, poursuivie diaboliquement par l'Allemagne nazie, vous demande, au nom plus spécialement des martyrs héroïques de la Résistance qui comptent parmi les plus purs héros de notre épopée nationale, que justice soit faite.

— La France, tant de fois dans l'Histoire, porte-parole et champion de la liberté humaine, de la morale humaine, du progrès humain, se fait également aujourd'hui par ma voix, l'interprète des peuples martyrs de l'Europe occidentale, Norvège, Danemark, Pays-Bas, Belgique, Luxembourg, peuples attachés plus que tous autres à la paix, et peuples parmi les plus nobles de l'Humanité par leurs aspirations et leur culte des valeurs de civilisation, peuples qui ont partagé nos souffrances et se sont refusés comme nous à renoncer à la liberté et à sacrifier leur âme devant l'entreprise de barbarie nazie. La France se fait ici leur interprète pour réclamer que toute la justice soit rendue.

— Le besoin de justice des peuples torturés est le premier fondement de l'instance de la France auprès de votre Haut Tribunal. Il n'est pas le seul, ni peut-être le plus important. Plus que vers le passé, nous sommes tournés vers l'avenir.

— Nous croyons qu'il n'y a de paix durable et de progrès certain pour l'Humanité aujourd'hui encore déchiquetée, souffrante et angoissée, que dans la coopération de tous les peuples et par l'établissement progressif d'une véritable société internationale.

— Les procédés techniques et les aménagements diplomatiques n'y suffiront pas. Il n'y a pas de nation équilibrée et durable· sans un consentement commun aux règles essentielles de la vie en société, sans un comportement analogue devant les exigences de la conscience, sans une adhésion de tous les citoyens à des concepts identiques du bien et du mal, il n'y a pas de droit interne qui ne se fonde, pour qualifier et sanctionner les infractions pénales, sur des critères d'ordre moral acceptés par tous, en un mot, sans une morale commune. Il ne peut y avoir demain de société des nations sans une morale internationale, sans une certaine communauté de civilisation spirituelle, sans une hiérarchie identique des valeurs ; le Droit international sera appelé à reconnaître et à garantir la sanction des manquements les plus graves aux règles morales universellement admises. Cette morale et ce droit pénal international indispensables pour établir enfin la coopération pacifique et le progrès sur des bases durables, nous ne pouvons plus les concevoir aujourd'hui avec l'expérience des siècles écoulés, et plus précisément de ces dernières années, après la masse inouïe et grandiose de sacrifices et de souffrances des hommes de toutes races et de toutes nationalités, que construits sur le respect de la personne humaine, de toute personne humaine, quelle qu'elle soit, ainsi que sur la limitation des souverainetés étatiques.

— Mais, pour que nous puissions espérer fonder progressivement sur cette morale et ce Droit international une société internationale dans la libre coopération des peuples, il est nécessaire qu'après avoir prémédité, préparé, déclenché une guerre d'agression qui provoqua la mort de millions d'hommes et la ruine d'un grand nombre de nations, après avoir ensuite accumulé les crimes les plus odieux au cours des années d'hostilités, l'Allemagne nazie soit déclarée coupable et ses dirigeants et ses principaux responsables, sanctionnés comme tels. Sans cette condamnation et sans ce châtiment, les peuples ne croiraient plus à la justice. Lorsque vous aurez déclaré que le crime est toujours crime, qu'il soit commis par une collectivité nationale à l'égard d'un autre peuple ou par un individu à l'égard d'un autre, vous aurez affirmé par là même qu'il n'est qu'une morale qui s'applique dans les relations internationales aussi bien que dans les rapports individuels et que sur cette morale sont édifiées des prescriptions de droit reconnues par la communauté internationale, alors vous aurez vraiment commencé par là même à instituer une justice internationale.

— Cette œuvre de justice est également indispensable pour l'avenir du peuple allemand. Ce peuple a été intoxiqué pendant des années par le nazisme, certaines de ses apirations éternelles et profondes ont trouvé dans ce régime une expression monstrueuse : sa responsabilité entière a été engagée, non seulement par son acceptation générale, mais par la participation effective d'un très grand nombre aux crimes commis. Sa rééducation est indispensable. Elle se présente comme une entreprise difficile et de longue durée. Les efforts que devront tenter les peuples libres pour intégrer l'Allemagne dans une communauté internationale ne pourront finalement réussir si cette rééducation n'est pas effectivement réalisée. La condamnation préalable de l'Allemagne nazie par votre Haut Tribunal sera un premier enseignement pour ce peuple et constituera le meilleur point de départ du travail de révision des valeurs et de rééducation qui devra être son grand souci dans les années qui viennent. C'est pourquoi la France estime devoir demander au Tribunal de qualifier juridiquement de crimes, et la guerre d'agression elle-même, et les faits contraires à la morale et au droit de tous les pays civilisés, commis par l'Allemagne dans la conduite de la guerre, de condamner ceux qui en sont les grands responsables et de déclarer criminels, les membres des divers groupes et organisations qui furent les principaux exécutants des crimes de l'Allemagne nazie.

— Votre Haut Tribunal institué par les quatre États signataires de l'accord du 8 août 1945, agissant dans l'intérêt de l'ensemble des Nations Unies, est qualifié pour rendre à l'égard de l'Allemagne nazie la justice des peuples libres, la justice de l'Humanité libérée.

— L'institution par nos quatre gouvernements, d'un Tribunal compétent pour juger les crimes commis par les principaux responsables de l'Allemagne nazie, est solidement fondée sur les principes et sur l'usage du Droit international. Un éminent juriste anglais l'a récemment rappelé : la pratique et la doctrine du Droit international ont toujours reconnu aux États belligérants le droit de punir les criminels de guerre ennemis qui tombent en leur pouvoir. C'est une règle immuable de Droit international, qu'aucun auteur n'a jamais contestée. Ce n'est pas une doctrine nouvelle. Elle a pris naissance avec le Droit international, Francisco de

Vittoria et Grotius en ont posé les fondements ; des auteurs allemands du XVIIe et du XVIIIe siècles en ont développé la doctrine.

— C'est ainsi que Johann Jacob Moser, écrivain positiviste du XVIIIe siècle disait : « Des soldats ennemis qui agissent contrairement au Droit international n'ont pas, s'ils tombent entre les mains de leurs adversaires, à être traités comme prisonniers de guerre. Ils peuvent subir le sort des voleurs et des assassins. »

— Les poursuites que les États-Unis, la Grande-Bretagne, l'Union des Républiques Socialistes Soviétiques, la France, exercent aujourd'hui contre les hommes et les organisations qui sont déférés devant votre Haut Tribunal, par l'Acte d'accusation lu à Berlin, le 18 octobre 1945, reposent donc sur un fondement juridique incontestable : le droit universellement reconnu par la doctrine internationale de déférer les criminels de guerre à une juridiction répressive. Ce droit est renforcé par des considérations légales encore plus irréfutables peut-être.

— Le principe de l'application territoriale des lois pénales donne à tout État la faculté de punir les crimes commis sur son territoire. L'application du principe territorial couvre les violations du Droit international dans le territoire soumis à l'occupation militaire ; ces violations sont la source principale des crimes de guerre. Mais les crimes que les accusés ont commis n'ont pas été dirigés contre tel État, dans tel territoire occupé. Les conspirateurs nationaux-socialistes, contre lesquels justice vous est demandée, ont dirigé la politique du IIIe Reich. Tous les États que leurs Forces armées ont occupés et momentanément asservis, ont été à l'égal les victimes, et de la guerre illicite qu'ils ont déclenchée et des méthodes employées par eux dans la conduite de la guerre. Il n'est donc pas un seul de ces États qui puisse légitimement revendiquer le privilège de juger ces criminels. Seul, un Tribunal International, émanation de l'ensemble des Nations Unies hier en guerre avec l'Allemagne, peut y prétendre à juste titre. C'est pourquoi la déclaration sur les atrocités ennemies faite à l'issue de la conférence de Moscou en octobre 1943, avait prévu que les dirigeants de l'Allemagne nationale-socialiste seraient, après la victoire commune des Alliés, déférés devant une juridiction internationale. Il n'y a donc rien de juridiquement nouveau dans le principe de la justice que vous êtes appelés à rendre. Loin d'être seulement une affirmation de puissance de la part des vainqueurs, votre compétence est fondée sur la reconnaissance par le Droit international de la juridiction territoriale des États souverains.

— La remise par ces États de leur pouvoir juridictionnel à une Cour internationale constitue un progrès notable dans la mise en mouvement d'une procédure répressive interétatique, elle n'apporte aucune innovation au fondement légal de la justice que vous êtes appelés à rendre.

— La qualification pénale des faits peut paraître se heurter davantage à des objections juridiques. Cette horrible accumulation et cet enchevêtrement de crimes contre l'Humanité englobent et débordent à la fois les deux notions juridiquement plus précises de crime contre la Paix et de crime de guerre. Mais je pense, et j'y reviendrai par la suite séparément pour le crime contre la Paix et pour le crime de guerre, que cet ensemble de crimes contre l'Humanité ne constitue en définitive rien d'autre que la perpétration à des fins politiques et sous une forme systématique, de crimes de droit commun tels que vols, pillages, mauvais traitements, mise en esclavage, meurtres et assassinats, crimes prévus et sanctionnés par le droit pénal de tous les États civilisés.

— Aucune objection générale d'ordre juridique ne semble donc entraver votre œuvre de justice.

— Au surplus, les inculpés nazis ne seraient pas habilités à arguer d'une prétendue absence de textes écrits pour fonder la qualification pénale que vous donnerez à leurs forfaits. La doctrine juridique du national-socialisme n'avait-elle pas admis qu'en droit pénal interne, même le jugement peut et doit compléter la loi? La loi écrite ne constituait plus la « magna-charta » du malfaiteur. Le juge pouvait punir, lorsque, en l'absence de punition, le sentiment d'équité nationale-socialiste se trouvait gravement offensé.

— Comment le juge du régime nazi devait-il compléter la loi ?

— Dans sa recherche d'une solution quasi légale, il agissait à la manière du législateur. Partant de la base ferme du programme national-socialiste, il cherchait la règle qu'il aurait proclamée s'il était législateur. L'accusé Frank dans son discours au Juristentag en 1936 déclarait : « Dites-vous, à chaque décision que vous devez prendre : comment déciderait le Führer à ma place ? Cette décision peut-elle être mise en accord avec la conscience nationale-socialiste du peuple allemand ? Alors vous aurez une ferme base de conscience qui apportera aussi pour tous les temps dans votre propre sphère de décision, l'autorité du IIIe Reich, puisée dans l'unité du tout populaire national-socialiste et de la reconnaissance de la volonté du Führer Adolf Hitler. »

— À ceux qui demain rendront la justice au nom de la conscience humaine, l'accusé Frank et ses complices seraient mal venus de reprocher une absence de textes écrits assortis de sanctions, alors surtout qu'en dehors de diverses conventions internationales, ces textes s'ils ne sont pas codifiés dans un code pénal interétatique, existent dans le code pénal de tous les pays civilisés...

Toute criminalité organisée et massive, découle de ce que je me permettrais d'appeler un crime contre l'esprit, je veux dire d'une doctrine qui, niant toutes les valeurs spirituelles, rationnelles ou morales, sur lesquelles les peuples ont tenté depuis des millénaires de faire progresser la condition humaine, vise à rejeter l'Humanité dans la barbarie, non plus dans la barbarie naturelle et spontanée des peuples primitifs, mais dans une barbarie démoniaque puisque consciente d'elle-même et utilisant à ses fins tous les moyens matériels mis par la science contemporaine à la disposition de l'homme. Ce péché contre l'esprit, voilà bien la faute originelle du national-socialisme dont tous les crimes découleront.

Pour François de Menthon, comme d'ailleurs pour les autres procureurs, le procès trouve ses racines, non pas dans la vengeance des vainqueurs mais dans l'inéluctable réparation des outrages de la barbarie. Le verdict aura valeur d'exorcisme car la partie plaignante, à la barre du tribunal, « est la Civilisation » (Juge Jackson). « La Civilisation ne pourrait pas survivre si ces crimes devaient à nouveau être commis. »

Et François de Menthon poursuit :

— La Civilisation réclame de vous, après ce déchaînement de barbarie, un verdict qui sera aussi comme un suprême avertissement à l'heure où l'Humanité paraît encore parfois ne s'engager sur la voie de l'organisation pacifique qu'avec appréhension et hésitation.

— Si nous voulons qu'au lendemain du cataclysme de la guerre les souffrances des peuples martyrs, les sacrifices des peuples vainqueurs et également l'expiation des peuples coupables engendrent une Humanité meilleure, la justice doit frapper les responsables de l'entreprise de barbarie à laquelle nous venons d'échapper.

— Le règne de la justice est l'expression la plus précise de la grande espérance humaine.

— Votre jugement peut marquer une étape décisive dans sa poursuite difficile.

— Sans doute aujourd'hui encore, cette justice et ce châtiment ne sont rendu possibles que parce qu'au préalable, les peuples libres sont sortis vainqueurs du conflit. Le lien existe dans les faits entre la force des vainqueurs et l'inculpation des chefs vaincus devant votre Haut Tribunal.

— Mais ce lien ne signifie rien d'autre que cette évidence de la sagesse des nations que la justice, pour s'imposer effectivement et constamment aux individus comme aux nations, doit avoir la force à sa disposition.

— La volonté commune de placer la force au service de la justice anime nos nations et commande toute notre civilisation.

— Cette résolution s'affirme aujourd'hui avec éclat dans une instance judiciaire où les faits sont examinés scrupuleusement sous tous leurs aspects, où la qualification pénale est rigoureusement établie, la compétence du Tribunal incontestable, les droits de la Défense intacts, la publicité totale assurée.

— Votre jugement, intervenant dans ces conditions, pourra servir de base au relèvement moral du peuple allemand, première étape de son intégration dans la communauté des pays libres. Sans votre jugement, l'histoire risquerait de recommencer, le crime deviendrait épopée et l'entreprise nationale-socialiste une dernière tragédie wagnérienne ; et de nombreux pangermanistes diraient bientôt aux Allemands : « Hitler et ses compagnons ont eu tort parce qu'ils ont finalement échoué, mais il faudra bien que nous recommencions un jour sur d'autres bases la prestigieuse aventure du germanisme. »

— Après votre jugement, le national-socialisme s'inscrira définitivement dans l'histoire de ce peuple, si du moins nous savons l'en instruire et veiller à ses premiers pas sur le chemin de la liberté, comme le crime des crimes qui ne pouvait que le conduire à la perdition matérielle et morale, comme la doctrine dont il doit à tout moment s'écarter avec horreur et mépris pour rester fidèle, ou plutôt redevenir fidèle, aux grandes normes de la civilisation commune.

— L'éminent juriste international et le noble Européen que fut Politis, dans son livre posthume intitulé « La Morale Internationale », nous rappelle que, comme toutes les règles morales, celles devant régir les rapports internationaux ne seront mises hors de doute que si tous les peuples arrivent à se convaincre qu'en définitive on a plus d'intérêt à les observer qu'à les transgresser.

— C'est pourquoi votre jugement peut contribuer à éclairer le peuple allemand et l'ensemble des peuples.

— Votre jugement doit s'inscrire comme un acte décisif dans l'histoire du Droit international pour préparer l'établissement d'une véritable société internationale excluant le recours à la guerre et mettant de façon permanente la force au service de la justice des nations ; il sera l'un des fondements de cet ordre pacifique auquel aspirent les peuples au lendemain de l'affreuse tourmente.

— Le besoin de justice des peuples martyrs sera satisfait et leurs souffrances n'auront pas été vaines pour le progrès de la condition humaine.

Dès 1942, les Alliés se mettent d'accord sur le principe de la constitution d'une juridiction internationale pour le châtiment des crimes de guerre nazis. Ces faits sont rappelés à Nuremberg par le procureur français :

— Les gouvernements des Nations Unies ont adressé maints avertissements depuis le début des hostilités.

— Le 25 octobre 1941, monsieur Franklin Roosevelt, président des États-Unis d'Amérique et monsieur Winston Churchill, Premier ministre de Grande-Bretagne, ont annoncé que les criminels de guerre n'échapperaient pas à un juste châtiment. « Les massacres de France », a dit monsieur Churchill, « sont un exemple de ce que les nazis d'Hitler font dans beaucoup d'autres pays sous leur joug. Les atrocités commises en Pologne, en Yougoslavie, en Norvège, en Hollande, en Belgique et surtout à l'arrière du front allemand en Russie, surpassent tout ce qu'on a connu depuis les âges les plus sombres et les plus bestiaux de l'Humanité. Le châtiment de ces crimes doit à présent compter parmi les buts majeurs de la guerre. »

— Au cours de l'automne 1941, les représentants des gouvernements des États occupés se sont réunis à Londres sur l'initiative des gouvernements polonais et tchécoslovaque. Ils ont élaboré une déclaration interalliée qui a été signée le 13 janvier 1942. Je me permets d'en rappeler la teneur au Tribunal.

— « Les soussignés, représentant le gouvernement de Belgique, le gouvernement de la Tchécoslovaquie, le comité national de la France libre, le gouvernement de la Grèce, le gouvernement du Luxembourg, le gouvernement des Pays-Bas, le gouvernement de Pologne et le gouvernement de Yougoslavie :

— « Vu que l'Allemagne, depuis le début du présent conflit provoqué par sa politique d'agression, a institué dans les pays occupés un régime de terreur caractérisé, entre autres, par des emprisonnements, des expulsions massives, des massacres et des exécutions d'otages ;

— « Vu que ces actes de violence sont commis également par les Alliés et Associés du Reich et, dans certains pays, par des citoyens complices de la puissance occupante ;

— « Vu que la solidarité internationale est nécessaire pour éviter que ces violences ne donnent lieu à des actes de vengeance individuelle ou collective, et afin de satisfaire à l'esprit de justice du monde civilisé ;

— « Rappelant que le Droit international, et en particulier la Convention signée à La Haye en 1907, concernant les lois et coutumes de la guerre terrestre, ne permettent pas aux belligérants de commettre, dans les pays occupés, des actes de violence contre les civils, de violer les lois en vigueur ou de renverser les institutions nationales ;

— « 1. Affirment que les actes de violence ainsi commis contre les populations civiles n'ont rien de commun avec la conception de l'acte de guerre, ou du crime politique, telle qu'elle est comprise par les nations civilisées ;

— « 2. Prennent note des déclarations faites à cet égard le 25 octobre 1941 par le président des États-Unis d'Amérique et le Premier ministre britannique ;

— « 3. Placent parmi leurs principaux buts de guerre le châtiment, par le moyen de la justice organisée, des coupables ou des responsables de ces crimes, qu'ils les aient ordonnés, les aient perpétrés, ou y aient participé ;

— « 4. Décident de veiller, dans un esprit de solidarité internationale, à ce que : *a*) Les coupables ou responsables, quelle que soit leur responsabilité, soient recherchés, mis à la disposition de la justice et jugés. *b*) Les sentences prononcées soient exécutées ;

— « En foi de quoi les soussignés, dûment habilités à cet effet, ont signé la présente déclaration. »

— Les dirigeants de l'Allemagne nationale-socialiste ont reçu d'autres avertissements. Je cite le discours du général de Gaulle du 13 janvier 1942, celui de monsieur Churchill du 8 septembre 1942, la note de monsieur Molotov, commissaire du peuple aux Affaires étrangères de l'Union Soviétique du 14 octobre 1942 et la seconde Déclaration interalliée du 17 décembre 1942. Celle-ci a été faite simultanément à Londres, Moscou et Washington, à la suite des informations suivant lesquelles les autorités allemandes s'employaient à exterminer les minorités juives en Europe. Dans cette déclaration, les gouvernements de Belgique, de Tchécoslovaquie, de Grèce, du Luxembourg, des Pays-Bas, de Norvège, de Pologne, des États-Unis d'Amérique, du Royaume-Uni, de l'Union Soviétique, de la Yougoslavie et le comité national français qui représentait la permanence de la France, ont réaffirmé solennellement leur volonté de châtier les criminels de guerre, responsables de cette extermination.

— Les éléments d'une juste répression se trouvent donc réunis. Au moment où ils commettaient leurs crimes, les accusés ont connu la volonté des Nations Unies d'en opérer le châtiment. Les avertissements qui leur ont été donnés représentent l'antériorité de la qualification par rapport à la répression.

— Les accusés ne pouvaient d'ailleurs ignorer la nature criminelle de leurs agissements. Les avertissements des gouvernements alliés traduisaient, en effet, sous une forme politique, les principes fondamentaux du Droit international et du Droit interne qui permettent d'établir le châtiment des criminels de guerre sur des précédents et des règles positives.

Les Soviétiques partisans d'une solution radicale (« Les exécutions sommaires économiseront du temps et de l'argent ») ont tenté vainement de convaincre Churchill à la conférence de Téhéran, le 29 novembre 1943. Il est vrai que le Premier Britannique avait eu un mot malheureux un an auparavant. N'avait-il pas parlé de « vengeance » ?

— Quand sonnera l'heure de la libération en Europe, et elle sonnera, ce sera aussi l'heure de la vengeance. Tous ceux qui se seront rendus coupables d'atrocités auront à en répondre devant les tribunaux des pays où ils les auront commises.

Justice et vengeance sont-elles compatibles ?

Sur cette rencontre de Téhéran, le témoignage de Winston Churchill dans ses « Mémoires » n'est pas sans intérêt :

— « Staline nous reçut à dîner. Nous étions très peu nombreux : Staline et Molotov, le président Roosevelt, Hopkins, Harriman et Clark Kerr, moi-même et Eden, avec nos interprètes. Chacun se détendit après les travaux de la conférence et de nombreux toasts furent portés. À un certain moment, Elliot Roosevelt, qui était venu en avion rejoindre son père, parut à la porte et quelqu'un lui fit signe d'entrer. Il prit donc place à notre table, intervint même dans la conversation, et il a fait, depuis, un récit très coloré et remarquablement fallacieux de ce qu'il entendit.

— « Staline, comme le raconte Hopkins, s'amusa fort à me “ taquiner ”, ce que je pris avec beaucoup de bonne humeur, jusqu'au moment où le maréchal se mit à évoquer sur le mode badin un aspect grave et même mortel du châtiment à infliger aux Allemands. Il déclara qu'il fallait liquider leur grand état-major. La force des armées hitlériennes reposant entièrement sur cinquante mille officiers et techniciens environ, si on les rassemblait pour les fusiller à la fin des hostilités, c'en serait fini de la puissance militaire allemande. Je me crus alors obligé d'intervenir :

— « Le Parlement et l'opinion publique britanniques ne toléreront jamais des exécutions en masse. Même s'ils les laissaient commencer sous l'effet des passions déchaînées par la guerre, ils se retourneraient avec violence contre les responsables dès les premiers massacres. Que les Soviets ne se fassent aucune illusion sur ce point. »

— « Staline, cependant, peut-être seulement par malice, n'abandonna pas le sujet. " Il y en a cinquante mille à fusiller ", dit-il. Je me mis dans une colère violente. " Je préférerais être conduit tout de suite dans le jardin pour y être fusillé moi-même que de souiller l'honneur de mon pays et le mien propre par une telle infamie ! " Sur ce, le président Roosevelt intervint. Il avait un compromis à proposer. On n'en fusillerait pas cinquante mille, mais quarante-neuf mille seulement ! Il espérait ainsi, sans aucun doute, tourner l'affaire au ridicule. Eden me faisait également des signes et des gestes pour m'assurer que c'était une simple plaisanterie.

— « Mais Elliot Roosevelt se leva et, de sa place au bout de la table, fit un discours, déclarant qu'il approuvait de tout cœur le projet du maréchal Staline et que l'Armée américaine, il en était sûr, l'appuierait. Devant cette intrusion, je me levai, quittai la table et passai dans la pièce voisine, plongée dans une demi-obscurité.

— « Je n'y étais pas depuis une minute que des mains s'abattaient, par derrière, sur mes épaules : c'était Staline, avec Molotov à ses côtés. Tous les deux souriaient largement et déclaraient avec chaleur qu'ils voulaient plaisanter, qu'il n'y avait jamais rien eu de sérieux dans leurs propos. Staline sait déployer beaucoup de charme, quand il veut, et jamais je ne le vis en montrer autant qu'en cette occasion. Bien que je ne fusse pas tout à fait convaincu (et je ne le suis pas encore aujourd'hui) qu'il n'y eût là que des propos futiles, sans aucune arrière-pensée sérieuse, je consentis à revenir dans la salle à manger et le reste de la soirée se passa agréablement. »

Les « avertissements » aux dirigeants du Reich ne changeront rien. Hitler n'a que faire de ces arguties. La guerre n'a pas de règle, elle vise même à les détruire pour instituer un ordre nouveau. Les Alliés organiseront donc le châtiment et Robert H. Jackson sera le maître d'œuvre des négociations et du futur procès. Ministre de la Justice des États-Unis, il met en évidence, dès 1941, l'absence de juridiction concernant les crimes de guerre au niveau mondial. Les conférences se succèdent. Roosevelt joue les arbitres entre Churchill et Staline, au moins pendant quelque temps.

Le 20 octobre 1943 est constituée la « Commission des Nations Unies pour les crimes de guerre ». Les premières listes sont établies. Un mois avant le débarquement de Normandie, la commission a déjà organisé la procédure d'arrestation des principaux dignitaires du Reich. Alors que les choses semblent en bonne voie, un conseiller du président Roosevelt, Henry Morgenthau termine la rédaction du « plan de règlement de l'Allemagne vaincue » : outre la transformation du pays en puissance exclusivement agricole, le programme prévoit l'exécution immédiate des responsables de haut niveau et affirme qu'aucune distinction ne saurait être faite entre les dirigeants et le peuple allemand. Pour Churchill et une bonne frange de l'opinion, le plan est inacceptable car il aboutirait à un presque esclavage de l'ensemble de la population. On se souvient que la « mauvaise paix » de 1918, avec ses exigences excessives, conduisit l'Europe dans la crise avant de la précipiter dans la guerre. Le renoncement au plan du président Roosevelt marque, en fait, une date importante vers la constitution d'une Cour de justice internationale. Les États-Unis acceptent définitivement le principe d'un procès exemplaire. Aussitôt, les juristes se mettent au travail, préparant archives, observations, propositions. Ces premiers dossiers préparatoires tiennent difficilement dans trois cantines militaires que Roosevelt emmène dans ses bagages à Yalta. La conférence s'ouvre le 4 février et il est évident que le « Procès » n'est pas au cœur de la consultation. Dans l'entourage du Premier Britannique, on laisse cependant entendre que « c'est lui qui fait perdre le plus de temps parce que personne n'est capable de placer les limites du droit et de la justice face à la plus grande organisation criminelle de notre histoire ». Roosevelt propose :

— Nous pensons qu'il serait plus équitable et plus efficace d'organiser un procès régulier qui fournirait aux générations futures un dossier aussi complet qu'irréfutable des forfaits de la barbarie nazie.

Cet « argument historique » ne crée pas l'unanimité. De plus, l'opinion publique est-elle préparée à un procès ? Les positions s'embourbent. Après la mort de Roosevelt et l'élection de Trumann, la situation se débloque. Le nouveau président est favorable à un procès. Il confirme la mission de Jackson en le nommant « délégué à la préparation et à l'organisation du procès » dans un premier temps puis, quelques semaines plus tard, « procureur général des U.S.A. » au procès des criminels de guerre allemands. La conférence de San Francisco s'achèvera avec l'assentiment de chacune des parties prenantes pour le déroulement d'un grand procès. Jackson rencontre Eisenhower à Paris qui lui confirme l'aide sans réserve de l'armée pour mener à bien « la battue finale ». Jackson sillonne l'Europe en ruine, interrogeant et collationnant.

Le Tribunal militaire international, qui ne comprendra pratiquement que des civils, connaît ses dernières difficultés avec des querelles d'experts à propos de l'acte d'accusation et de ses terminologies « guerre d'agression », « crime contre l'Humanité », « crime contre la Paix », etc. Quant au siège du Tribunal, un compromis est adopté : les Soviétiques, qui veulent imposer Berlin comme lieu géographique du procès, acceptent que Berlin soit érigé en siège officiel où se déroulera la première audience et que la suite des débats se déroule à Nuremberg, choisi pour son palais de justice et sa prison facilement aménageables mais surtout parce que la ville restera pour l'histoire le symbole de la puissance d'Hitler et de son rêve millénaire.

Après tant d'oppositions, de discussions, de réconciliations, les Alliés signent à Londres, le 8 août 1945, un accord définitif. Le 8 août, c'est-à-dire deux jours avant l'explosion au cœur d'Hiroshima de la première bombe atomique. De nombreux commentateurs auront beau jeu d'écrire : « Les criminels de guerre ne sont pas ceux que l'on pense », en tête du « papier » qu'ils consacreront ce jour-là à « la conférence sur la procédure à adopter pour le jugement des criminels de guerre » et au communiqué qu'elle publie :

— *« Les entretiens qui ont eu lieu à Londres entre les représentants du gouvernement provisoire de la République française, des États-Unis, de la Grande-Bretagne et de l'U.R.S.S. au sujet de la procédure de jugement des principaux criminels de guerre des pays européens de l'Axe sont terminés. On est parvenu à l'accord le plus complet.*

— *« Les membres de la conférence étaient : pour la France, monsieur Robert Falco, conseiller à la Cour de cassation et le professeur Gros ; pour les États-Unis, le juge Jackson ; pour la Grande-Bretagne, le lord-chancelier sir David Maxwell Fyfe, sir Thomas Barnes, messieurs M.G. Roberts et R. Clyde ; pour l'U.R.S.S., monsieur Nikitchenko, vice-président de la Cour suprême de l'U.R.S.S., et le professeur Trainin.*

— *« Les représentants de ces quatre puissances ont signé, le mercredi 8 août, un accord établissant un Tribunal militaire international auquel il appartiendra de juger les principaux criminels de guerre des pays de l'Axe en Europe. »*

— Cet accord — conclu après consultation avec le conseil de contrôle en Allemagne — précise que *le Tribunal a pour tâche de juger les criminels de guerre dont les crimes sont sans localisation géographique précise,* qu'ils soient accusés individuellement ou à titre de membres d'organisation ou de groupes, ou à ce double titre.

— Il comprend les points suivants :

— 1. Chacune des quatre puissances nomme un juge et un suppléant. Le Tribunal est composé de ces quatre juges. Les jugements sont prononcés à la majorité des voix.

— 2. Le Tribunal est compétent pour juger :

— *a*) Les crimes contre la Paix (préparation d'une guerre d'agression) ;

— *b*) Les crimes de guerre (violation des lois de la guerre) ;

— *c*) Les crimes contre l'Humanité (assassinats, extermination, réduction à l'esclavage, etc.).

— 3. Les procès seront équitables, les accusés pouvant se faire assister d'un avocat.

— 4. La procédure, que le Tribunal fixera lui-même, sera expéditive.

— 5. Le siège du Tribunal sera à Berlin.

Le premier procès se déroulera toutefois à Nuremberg.

— 6. Le Tribunal pourra prononcer la peine de mort ou tout autre châtiment qu'il estimera être juste. Ses décisions seront exécutées conformément aux ordres du conseil de contrôle en Allemagne, et ce dernier aura le droit de réduire ou de modifier ces décisions, sans pouvoir toutefois en aggraver la sévérité.

— Chaque signataire prendra les mesures nécessaires pour la comparution des criminels de guerre. Tous les gouvernements des Nations Unies peuvent adhérer à cet accord. Aucune de ces dispositions ne porte atteinte à la juridiction des tribunaux nationaux ou des tribunaux d'occupation déjà établis et qui le seront dans les territoires alliés ou en Allemagne pour juger les criminels de guerre. Cet accord restera en vigueur pendant un an à partir de la date de la signature. Tout signataire, avec un préavis d'un mois, peut indiquer son intention d'y mettre fin, mais cette résiliation ne portera pas atteinte aux mesures déjà prises ni aux décisions déjà rendues.

TRIBUNAL INTERNATIONAL

LES JUGES ET JUGES SUPPLÉANTS

Lord Justice LAWRENCE, Juge représentant le Royaume-Uni de Grande-Bretagne et d'Irlande du Nord, Président.

M. Justice BIRKETT, Juge suppléant.

M. Francis BIDDLE, Juge représentant les États-Unis d'Amérique.

M. John J. PARKER, Juge suppléant.

M. le Professeur Henry DONNEDIEU DE VABRES, Juge délégué par le Gouvernement Provisoire de la République Française.

M. le Conseiller Robert FALCO, Juge suppléant.

Major Général I. T. NIKITCHENKO, Juge représentant l'Union des Républiques Socialistes Soviétiques.

Lieutenant-Colonel A. F. VOLCHKOV, Juge suppléant.

LE MINISTÈRE PUBLIC FRANCE

PROCUREURS GÉNÉRAUX :
- M. François de MENTHON.
- M. Auguste CHAMPETIER DE RIBES.

PROCUREURS GÉNÉRAUX ADJOINTS :
- M. Charles DUBOST.
- M. Edgar FAURE.

AVOCATS GÉNÉRAUX (chefs de section) :
- M. Pierre MOUNIER.
- M. Charles GERTHOFFER.
- M. Delphin DEBENEST.

SUBSTITUTS :
- M. Jacques B. HERZOG.
- M. Henry DELPECH.
- M. Serge FUSTER.
- M. Constant QUATRE.
- M. Henri MONNERAY.

ÉTATS-UNIS D'AMÉRIQUE

PROCUREUR GÉNÉRAL :
- M. Justice Robert H. JACKSON.

AVOCATS GÉNÉRAUX :
- Colonel Robert G. STOREY.
- M. Thomas J. DODD.

PROCUREURS ADJOINTS :
- M. Sidney S. ALDERMAN.
- Brigadier Général Telford TAYLOR.
- Colonel John Harlan AMEN.
- M. Ralph G. ALBRECHT.

SUBSTITUTS DU PROCUREUR GÉNÉRAL :
- Colonel Leonard WHEELER, Jr.
- Lieutenant-Colonel William H. BALDWIN.
- Lieutenant-Colonel Smith W. BROCKHART, Jr.
- Commander James BRITT DONOVAN USNR.

DE NUREMBERG

Commandant Frank B. WALLIS.
Commandant William F. WALSH.
Commandant Warren F. FARR.
Capitaine Samuel HARRIS.
Capitaine Drexel A. SPRECHER.
Lieutenant Commander Whitney R. HARRIS USNR.
Lieutenant Thomas F. LAMBERT, Jr USNR.
Lieutenant Henry K. ATHERTON.
Lieutenant Brady H. BRYSON USNR.
Lieutenant (J.G.) Bernard D. MELTZER USNR.
Dr Robert M. KEMPNER.
M. Walter W. BRUDNO.

ROYAUME-UNI DE GRANDE-BRETAGNE ET D'IRLANDE DU NORD

PROCUREUR GÉNÉRAL :
H. M. Attorney General Sir HARTLEY SHAWCROSS, KC, MP.

PROCUREUR GÉNÉRAL ADJOINT :
The Rt. Hon. Sir David MAXWELL-FYFE, PC, KC, MP.

AVOCAT GÉNÉRAL :
M. G. D. ROBERTS, KC, OBE.

SUBSTITUTS DU PROCUREUR :
Lieutenant-Colonel J.M.G. GRIFFITH-JONES, MC, Avocat.
Colonel H.J. PHILLIMORE, OBE, Avocat.
Commandant F. ELWYN JONES, MP, Avocat.
Commandant J. HARCOURT BARRINGTON, Avocat.

UNION DES RÉPUBLIQUES SOCIALISTES SOVIÉTIQUES

PROCUREUR GÉNÉRAL :
Général R. A. RUDENKO.

PROCUREUR GÉNÉRAL ADJOINT :
Colonel Y. V. POKROVSKY.

AVOCATS GÉNÉRAUX :
Conseiller d'État à la Justice (2e classe) L. R. SHENIN.
Conseiller d'État à la Justice (2e classe) M. Y. RAGINSKY.
Conseiller d'État à la Justice (3e classe) N. D. ZORYA.
Conseiller Général à la Justice L. N. SMIRNOV.
Colonel D. S. KAREV.
Lieutenant-Colonel J.A. OZOL.
Capitaine V. V. KUCHIN.

Le procureur général, au nom prédestiné M. Justice Robert H. Jackson, peut être satisfait. Il a, comme il dit, « recollé tous les morceaux », le rideau peut se lever, bientôt, sur le plus grand procès de l'histoire des hommes. Le glaive et les bourreaux sont face à face. Ils vont s'affronter pendant des jours, des semaines, des mois. Le plus grand procès sera également le plus long, mais il ne sera pas la première manifestation d'une « justice politique ».

La parole est au procureur français, François de Menthon :

— La notion de crime de guerre a été pressentie par les fondateurs du Droit international, en particulier par Grotius qui a dégagé le caractère criminel des actes de guerre inutiles. Ce sont les conventions de La Haye, qui, passés plusieurs siècles, ont posé les premières normes impératives du droit de la guerre. Elles ont réglementé la conduite des hostilités et les procédés d'occupation ; elles ont formulé des règles positives afin de limiter le recours à la force et d'accorder les nécessités de la guerre avec les exigences de la conscience humaine. Le crime de guerre recevait ainsi la première qualification sous laquelle il peut être considéré : il devenait une violation des lois et coutumes de la guerre codifiées par la Convention de La Haye.

— Vint la guerre de 1914. L'Allemagne impériale conduit la Première Guerre mondiale avec une brutalité peut-être moins systématique et forcenée que celle du Reich national-socialiste, mais aussi délibérée. La déportation des travailleurs, le pillage des propriétés publiques et privées, la constitution et la mise à mort des otages, la démoralisation des territoires occupés, ont, en 1914 comme en 1939, constitué les méthodes politiques de la guerre allemande.

— Le Traité de Versailles s'est fondé sur les conventions de La Haye pour organiser la répression des crimes de guerre. Sous le titre « Des sanctions », le chapitre VII du Traité de Versailles traite des responsabilités criminelles encourues dans le déclenchement et dans la conduite du conflit qui était alors la Grande Guerre.

— L'article 227 a mis en accusation Guillaume de Hohenzollern, antérieurement Empereur d'Allemagne, pour offense suprême à la moralité internationale et au caractère sacré des traités. L'article 228 a reconnu aux puissances alliées et associées le droit de déférer les personnes coupables d'actes contraires aux lois et coutumes de la guerre devant les tribunaux militaires.

— L'article 229 a prévu que les criminels dont les actes n'avaient pas eu de localisation géographique précise devaient être renvoyés devant les juridictions interalliées. Les dispositions du Traité de Versailles ont été reprises dans les conventions qui furent signées en 1919 et 1920 avec les puissances alliées de l'Allemagne et, en particulier, dans le Traité de Saint-Germain et dans celui de Neuilly. C'est ainsi que la notion du crime de guerre s'est affirmée en Droit international. Les traités de paix de 1919 n'ont pas seulement défini le concept de l'infraction, ils ont formulé les modalités de sa répression.

— Les accusés ne l'ignoraient pas plus qu'ils n'ont ignoré les avertissements des gouvernements des Nations Unies. Sans doute espéraient-ils que le renouvellement des circonstances de fait qui ont entravé la punition des criminels de 1914 leur permettrait d'échapper à un châtiment mérité. Leur présence à ce Tribunal est le symbole du progrès constant que le Droit international réalise en dépit de toutes les entraves.

— La loi internationale avait donné une définition plus précise encore du crime de guerre. Cette définition a été formulée par la commission que la Conférence préliminaire de la paix a nommée le 25 janvier 1919 afin de dégager les diverses responsabilités criminelles encourues au cours de la guerre. C'était la Commission des Quinze dont le rapport du 29 mars 1919 constitue la base historique des articles 227 et suivants du Traité de Versailles. La Commission des Quinze a fondé la recherche des responsabilités pénales sur une analyse des crimes susceptibles de les engager. Un élément matériel entre dans la composition juridique de toute infraction. Sa définition est d'autant plus précise qu'elle comporte une énumération des faits qu'elle englobe. C'est pourquoi la Commission des Quinze a établi une liste de crimes de guerre. Cette liste comprend trente-deux infractions. Ce sont notamment :

— 1. Les meurtres, les massacres, le terrorisme systématique.

— 2. La mise à mort des otages.

— 3. La torture des civils.

— 8. L'internement des civils dans des conditions inhumaines.

— 9. Le travail forcé des civils en rapport avec les opérations militaires de l'ennemi.

— 10. L'usurpation de souveraineté pendant l'occupation des territoires occupés.

— 11. L'enrôlement forcé de soldats parmi les habitants des territoires occupés.

— 12. Les tentatives de dénationalisation des habitants des territoires occupés.

— 13. Le pillage.
— 14. La confiscation de propriété.
— 17. L'imposition d'amendes collectives.
— 18. Les dévastations et les destructions volontaires de propriété.
— 25. La violation des autres règles concernant la Croix-Rouge.
— 29. Les mauvais traitements infligés aux blessés et aux prisonniers de guerre.
— 30. L'emploi de prisonniers de guerre à des travaux non autorisés.

— Cette liste où figurent déjà les griefs retenus par l'Acte d'accusation à la charge des accusés, cette liste, dont nous venons seulement de citer quelques-uns des faits, cette liste est significative parce que les crimes de guerre qu'elle englobe présentent tous un caractère composite. Ce sont à la fois des crimes de Droit international et des crimes de droit interne. Certains de ces crimes constituent des atteintes aux libertés fondamentales et aux droits constitutionnels des peuples et des individus ; ils consistent dans la violation des garanties publiques qui sont reconnues par la charte constitutionnelle des nations dont les territoires ont été occupés : violation des principes de liberté, d'égalité et de fraternité que la France de 1789 a proclamés et dont les États civilisés assurent la pérennité. Ces crimes de guerre sont des violations du Droit public international puisqu'ils expriment une méconnaissance systématique des droits respectifs de la puissance occupante et de la puissance occupée ; mais ils peuvent également s'analyser en violation du Droit public interne parce qu'ils reviennent à transformer par la force, les institutions constitutionnelles des territoires occupés et le statut juridique de leurs habitants.

— Plus nombreux sont les crimes qui constituent des atteintes à l'intégrité de la personne physique et des biens.

— Ils se rattachent à la réglementation du droit de la guerre et comportent violation des lois et coutumes internationales.

— Mais les conventions internationales déterminent davantage les éléments constitutifs d'une infraction qu'elles ne créent à proprement parler cette infraction. Celle-ci préexistait dans l'ensemble des législations internes, elle faisait partie en quelque sorte du patrimoine juridique commun à toutes les nations ; les gouvernements se sont entendus pour en affirmer le caractère international et en préciser le contenu. Le Droit pénal international se superpose ainsi au droit interne qui conserve sa base répressive parce que le crime de guerre reste en définitive un crime de Droit commun. La loi pénale interne en donne la qualification. Tous les actes visés à l'article 6 de la Charte du 8 août 1945, tous les faits englobés par le troisième chef de l'Acte d'accusation du 18 octobre 1945 correspondent à des infractions de Droit commun prévues et punies par la législation pénale interne. La mise à mort des prisonniers de guerre, des otages et des habitants de territoires occupés, tombe, en Droit français, sous le coup des articles 295 et suivants du Code pénal qui qualifient le meurtre et l'assassinat. Les mauvais traitements auxquels l'Acte d'accusation se réfère entrent dans le cadre des blessures et des coups volontaires qui sont définis par les articles 309 et suivants. La déportation s'analyse, indépendamment des meurtres dont elle s'accompagne, en une séquestration arbitraire dont les articles 341 et 344 donnent la qualification. Le pillage de la propriété publique et privée et l'imposition des amendes collectives sont sanctionnés par les articles 221 et suivants de notre Code de justice militaire. L'article 434 du Code pénal punit des destructions volontaires, et la déportation des travailleurs civils s'assimile à l'enrôlement forcé prévu par l'article 92. Le serment d'allégeance équivaut à l'obligation au faux serment de l'article 366 et la germanisation des territoires occupés s'applique au travers de crimes dont le plus manifeste est l'incorporation forcée dans la Wehrmacht en violation de l'article 92. Les mêmes équivalences peuvent être trouvées dans toutes les législations modernes et plus spécialement dans le Droit allemand.

— Les crimes contre les personnes et les biens dont les accusés se sont rendus coupables, ont été prévus par tous les droits internes. Ils présentent un caractère international parce qu'ils ont été commis en plusieurs pays différents ; il en résulte un problème de compétence que la Charte du 8 août 1945 a résolu, comme nous l'avons précédemment exposé ; mais ceci laisse intacte la règle de la qualification.

— Crime de Droit commun, le crime de guerre n'est cependant pas une infraction ordinaire ; il présente un caractère intrinsèque particulier. C'est un crime commis à l'occasion ou sous le prétexte de la guerre. Il doit être châtié parce que, même en temps de guerre, les atteintes à l'intégrité de la personne physique et des biens sont des crimes lorsqu'elles ne sont pas justifiées par les lois et coutumes de la guerre. Le soldat qui, sur le champ de bataille, tue un combattant ennemi, commet un crime, mais ce crime est justifié par le droit de la guerre. Le Droit international intervient donc dans la définition du crime de guerre, non pas pour en donner la qualification essentielle, mais pour en fixer les limites externes.

— Autrement dit, toute infraction commise à l'occasion ou sous le prétexte des hostilités est criminelle si elle n'est pas justifiée par les lois et coutumes de la guerre. Le Droit international applique ici la théorie interne de la légitime défense qui est commune à toutes les législations criminelles. Le combattant est, sur le champ de bataille, en légitime défense ; son action homicide est donc ouverte par un fait justificatif. Que disparaisse le fait justificatif et l'infraction, crime ordinaire ou crime de guerre, subsiste dans son intégralité. Pour que le fait justificatif soit constitué, il faut que l'action criminelle soit nécessaire et proportionnelle à la menace à laquelle elle répond. Les accusés contre lesquels justice vous est demandée ne peuvent pas exciper d'une telle justification.

— Ils ne peuvent pas plus dégager leur responsabilité en arguant de ce qu'ils n'ont pas été les auteurs matériels des crimes. Le crime de guerre met en cause deux responsabilités distinctes et complémentaires : celle de l'exécutant matériel et celle de l'instigateur. Il n'y a rien d'hétérodoxe dans cette conception. Elle est la traduction fidèle de la théorie criminelle de la complicité par instructions. La responsabilité du complice, qu'elle soit indépendante ou complémentaire de celle de l'auteur principal, est incontestable. Les accusés portent l'entière responsabilité des crimes qui ont été commis sur leurs instructions ou sous leur contrôle.

— Enfin, ces crimes ne peuvent pas être justifiés par le prétexte d'un ordre supérieur donné par Hitler aux accusés. La théorie du fait justificatif de l'ordre supérieur est, en droit interne, assortie de limites précises, elle ne couvre pas l'exécution des ordres dont l'illégalité est manifeste. Le Droit allemand, d'ailleurs, ne fait qu'une part restreinte au concept de la justification par l'ordre supérieur. L'article 47 du Code de justice militaire allemand de 1940, tout en parlant de l'idée qu'en principe l'ordre criminel du supérieur supprime la responsabilité de l'exécutant, punit celui-ci comme complice lorsqu'il a agi en connaissance du caractère criminel de l'acte ordonné. Gœbbels a fait un jour de ce concept juridique le thème de sa propagande. Le 28 mai 1944, il a écrit, dans un article du *Völkischer Beobachter* qui vous a été déposé par le ministère public américain, article destiné à justifier l'assassinat de pilotes alliés par la populace allemande :

— « Les pilotes ne peuvent faire valoir qu'ils ont obéi en soldats à un ordre donné. Il n'est prévu dans aucune loi de la guerre qu'un soldat demeurera impuni pour un crime commis en se référant aux ordres de ses supérieurs, si tant est que leurs ordres sont en opposition éclatante avec toute morale humaine et avec toute coutume internationale dans la conduite de la guerre. »

— L'ordre supérieur n'exonère pas la responsabilité de l'agent d'un crime manifeste.

— Toute autre solution serait d'ailleurs inacceptable car elle attesterait de l'impuissance de toute politique répressive.

— A plus forte raison, l'ordre supérieur ne peut-il être le fait justificatif des crimes des accusés. Sir Hartley Shawcross vous a dit avec éloquence que les accusés ne pouvaient prétendre que le crime contre la paix était le fait d'Hitler seul, dont ils se seraient bornés à transmettre les directives générales. Il en est de la criminalité de guerre comme de la volonté d'agression ; elle est l'œuvre commune des accusés ; ils portent la responsabilité conjointe de la politique criminelle issue de la doctrine nationale-socialiste.

— La criminalité de guerre allemande, parce qu'elle a constitué une politique systématique prévue et préparée avant l'ouverture des hostilités et pratiquée sans interruption de 1940 à 1945, engage la responsabilité de tous les accusés, dirigeants politiques ou militaires, ou hauts fonctionnaires de l'Allemagne nationale-socialiste et dirigeants du parti nazi.

LES ACCUSÉS

Gœring

L'accusé Gœring, entre 1932 et 1945, fut membre du parti nazi, chef suprême des S.A., général des S.S., membre et président du Reichstag, ministre de l'Intérieur de Prusse, chef de la Police prussienne et de la Police secrète d'État prussienne, chef du Conseil d'État prussien, directeur du Plan de quatre ans, ministre de l'Air du Reich, commandant en chef des Forces aériennes, président du Conseil des ministres pour la Défense du Reich, membre du Conseil de Cabinet secret, chef du trust industriel Hermann-Gœring, et désigné comme successeur d'Hitler. L'accusé Gœring profita des situations précitées, de son influence personnelle et de ses relations d'étroite amitié avec le Führer de la manière suivante : il favorisa l'accession au pouvoir des conspirateurs nazis et l'affermissement de leur mainmise sur l'Allemagne, ainsi qu'il est exposé, au chef d'accusation n° 1, il favorisa la préparation militaire et économique de la guerre exposée au chef d'accusation n° 1, il participa au plan et aux préparatifs des conspirateurs nazis en vue des guerres d'agression et des guerres faites en violation de traités, accords et engagements internationaux, exposés aux chefs d'accusation n°s 1 et 2, il autorisa et dirigea en y participant, les crimes de guerre exposés au chef d'accusation n° 3, et les crimes contre l'Humanité exposés au chef d'accusation n° 4, notamment une grande variété de crimes contre les personnes et les biens.

Ribbentrop

L'accusé Ribbentrop, entre 1932 et 1945, fut membre du parti nazi, membre du Reichstag nazi, conseiller du Führer en matière de politique étrangère, représentant du parti nazi en matière de politique étrangère, délégué allemand pour les questions de désarmement, ambassadeur extraordinaire, ambassadeur à Londres, organisateur et directeur du Service « Dienststelle Ribbentrop », ministre des Affaires étrangères du Reich, membre du Conseil de Cabinet secret, membre de l'état-major politique du Führer au Grand Quartier général et général des S.S. L'accusé Ribbentrop profita des postes énumérés ci-dessus, de son influence personnelle et de ses relations d'étroite amitié avec le Führer de la manière suivante : il favorisa l'accession au pouvoir des conspirateurs nazis, relatée au chef d'accusation n° 1, il favorisa la préparation de la guerre exposée au chef d'accusation n° 1, il prit part à l'établissement du plan politique et à la préparation par les conspirateurs nazis des guerres d'agression et des guerres qui violèrent les traités, accords et engagements internationaux, comme il est exposé aux chefs d'accusation nos 1 et 2, conformément au « principe du chef » il participa à l'exécution des plans de politique étrangère des conspirateurs nazis mentionnés au chef d'accusation n° 1 et assuma la responsabilité de leur exécution. Il autorisa et dirigea en y participant les crimes de guerre énoncés au chef d'accusation n° 3, et les crimes contre l'Humanité énoncés au chef d'accusation n° 4, tout particulièrement les crimes contre les personnes et les biens en territoires occupés.

Hess

Entre 1921 et 1941 l'accusé Hess fut membre du parti nazi, adjoint du Führer, ministre du Reich sans portefeuille, membre du Reichstag, membre du Conseil des ministres de la Défense du Reich, membre du Conseil de Cabinet secret, successeur désigné du Führer après l'accusé Gœring, général des S.S. et général des S.A. L'accusé Hess a profité des situations précitées, de son influence personnelle et de ses relations d'étroite amitié avec le Führer de la manière suivante : il favorisa l'accession au pouvoir des conspirateurs nazis et la consolidation de leur mainmise sur l'Allemagne dont il est fait mention au chef d'accusation n° 1. Il favorisa la préparation militaire, économique et psychologique de la guerre indiquée au chef d'accusation n° 1. Il participa aux plans et préparations politiques des guerres d'agression et des guerres faites en violation des traités, accords et engagements internationaux, ainsi qu'il est exposé aux chefs d'accusation nos 1 et 2. Il participa aux plans de politique étrangère des conspirateurs nazis, comme il est dit au chef d'accusation n° 1. Il autorisa et dirigea en y participant, les crimes de guerre énoncés au chef d'accusation n° 3 de l'Acte, et les crimes contre l'Humanité exposés au chef d'accusation n° 4, comportant une grande variété de crimes contre les personnes et les biens.

Kaltenbrunner

Entre 1932 et 1945, l'accusé Kaltenbrunner fut membre du parti nazi, général des S.S., membre du Reichstag, général de Police, secrétaire d'État à la Sûreté en Autriche chargé de la Police autrichienne, chef de la Police autrichienne, chef de la Police à Vienne, dans la Basse et la Haute Autriche, chef du Service central de sûreté du Reich et chef de la Police de sûreté et du Service de sécurité. L'accusé Kaltenbrunner exploita ces titres et son influence personnelle de la manière suivante : il favorisa la consolidation du contrôle sur l'Autriche dont s'étaient emparés les conspirateurs nazis, ainsi que l'expose le chef d'accusation n° 1, il autorisa et dirigea, en y participant, les crimes de guerre énoncés au chef d'accusation n° 3 et les crimes contre l'Humanité énoncés au chef d'accusation n° 4, notamment les crimes contre l'Humanité, que constitue le système des camps de concentration.

Rosenberg

Entre 1920 et 1945, l'accusé Rosenberg fut membre du parti nazi, membre du Parti au Reichstag, Reichsleiter dans le parti nazi pour l'idéologie et la politique étrangère, éditeur du journal nazi *Völkischer Beobachter* et des *N.S. Monatshefte*, chef des Services de politique étrangère du parti nazi, délégué spécial pour toute la formation spirituelle et idéologique du parti nazi, ministre du Reich pour les territoires occupés de l'Est, organisateur de « l'Einsatzstab Rosenberg », général des S.S., et général des S.A. L'accusé Rosenberg exploita les titres susmentionnés, son influence personnelle et ses relations d'étroite amitié avec le Führer de la manière suivante : il propagea et exploita les techniques doctrinales des conspirateurs nazis énoncés au chef d'accusation n° 1. Il facilita l'accès au pouvoir des conspirateurs nazis et la consolidation de leur mainmise sur l'Allemagne comme il est dit au chef d'accusation n° 1. Il facilita la préparation psychologique de la guerre, comme l'expose le chef d'accusation n° 1, il participa aux plans et à la préparation des guerres d'agression et des guerres faites en violation des accords et engagements internationaux, ainsi que l'exposent les chefs d'accusation n°s 1 et 2, et il autorisa et dirigea, en y participant, les crimes de guerre énoncés au chef d'accusation n° 3 de l'Acte et les crimes contre l'Humanité énoncés au chef d'accusation n° 4, comportant une grande variété de crimes contre les personnes et les biens.

Frank

Entre 1932 et 1945, l'accusé Frank fut membre du parti nazi, général des S.S., membre du Reichstag, ministre sans portefeuille du Reich, commissaire du Reich pour la coordination de la Justice, président de la Chambre internationale de Droit et de l'Académie allemande de droit, chef de l'Administration civile de Lodz, chef administratif suprême du district militaire de la Prusse occidentale, Poznan, Lodz et Cracovie, et Gouverneur général des territoires polonais occupés. L'accusé Frank exploita ces titres, son influence personnelle et son intimité avec le Führer de la manière suivante : il facilita l'accès au pouvoir des conspirateurs nazis et le renforcement de leur contrôle sur l'Allemagne, comme il est exposé au chef d'accusation n° 1 ; il autorisa et dirigea en y participant les crimes de guerre exposés au chef d'accusation n° 3 et les crimes contre l'Humanité exposés au chef d'accusation n° 4, spécialement les crimes de guerre et crimes contre l'Humanité commis par l'administration des territoires occupés.

Bormann

Entre 1925 et 1945, l'accusé Bormann fut membre du parti nazi, membre du Reichstag, membre de l'état-major du Commandement Suprême des S.A. ; fondateur et chef de la « Hilfskasse der N.S.D.A.P. », Reichsleiter, chef du Cabinet de l'adjoint du Führer, membre du Conseil des ministres pour la Défense du Reich, chef de la chancellerie du parti, secrétaire du Führer, organisateur et chef du Volkssturm, général de S.S. et général de S.A. L'accusé Bormann utilisa ces fonctions, son influence personnelle et ses relations d'étroite amitié avec le Führer de la manière suivante : il favorisa l'accession au pouvoir des conspirateurs nazis et renforça leur mainmise sur l'Allemagne, comme il est indiqué au chef d'accusation n° 1 du présent acte, il favorisa la préparation de la guerre, chef d'accusation n° 1, il favorisa et dirigea en y participant les crimes de guerre visés au chef d'accusation n° 3 et les crimes contre l'Humanité visés au chef d'accusation n° 4, comportant une grande variété de crimes contre les personnes et les biens.

Frick

Entre 1932 et 1945, l'accusé Frick fut membre du parti nazi, Reichsleiter, général des S.S., membre du Reichstag, ministre de l'Intérieur du Reich, ministre de l'Intérieur de Prusse, directeur des Élections pour le Reich, plénipotentiaire général pour l'Administration du Reich, chef du Service central pour la réunion de l'Autriche et du Reich allemand, directeur de l'Office central d'incorporation des Sudètes, de Memel, Dantzig, des territoires annexés de l'Est, d'Eupen, Malmédy et Moresnet, directeur du Bureau central pour le Protectorat de Bohême et de Moravie, du Gouvernement général, de la Styrie inférieure, de la Haute-Carinthie, de la Norvège, de l'Alsace, de la Lorraine et de tous les autres territoires occupés et protecteur du Reich pour la Bohême et la Moravie. L'accusé Frick exploita ces titres, son influence personnelle et son étroite amitié avec le Führer de la manière suivante : il facilita l'accès au pouvoir des conspirateurs nazis et le renforcement de leur contrôle sur l'Allemagne, comme il est exposé au chef d'accusation n° 1 de l'Acte ; il participa à la préparation systématique par les nazis de guerres d'agression et de guerres faites en violation des traités, accords et engagements internationaux dont il est fait mention aux chefs d'accusation n°s 1 et 2 ; il autorisa et dirigea en y participant les crimes de guerre exposés au chef d'accusation n° 3 et les crimes contre l'Humanité exposés au chef d'accusation n° 4 de l'Acte, comportant en particulier les crimes de guerre et les crimes contre l'Humanité commis par l'administration des territoires occupés.

Ley

Entre 1932 et 1945, l'accusé Ley fut membre du parti nazi, Reichsleiter, chef de l'organisation du parti nazi, membre du Reichstag, chef du Front allemand du Travail, général des S.A. et co-organisateur de l'Inspection centrale des services de la main-d'œuvre étrangère. L'accusé Ley profita de ces titres, de son influence personnelle et de son intimité avec le Führer de la manière suivante : il facilita l'accès au pouvoir des conspirateurs nazis et le renforcement de leur contrôle sur l'Allemagne, comme il est exposé au chef d'accusation n° 1 de l'Acte ; il favorisa la préparation à la guerre, chef d'accusation n° 1 ; il autorisa, dirigea et participa aux crimes de guerre exposés au chef d'accusation n° 3 et aux crimes contre l'Humanité exposés au chef d'accusation n° 4 de l'Acte, comportant en particulier les crimes de guerre et crimes contre l'Humanité, résultant de l'utilisation abusive d'êtres humains à des travaux ayant trait à la conduite des guerres d'agression.

Sauckel

Entre 1921 et 1945, l'accusé Sauckel fut membre du parti nazi, Gauleiter et Reichsstatthalter en Thuringe, membre du Reichstag, plénipotentiaire général pour l'emploi de la main-d'œuvre dans le Plan de quatre ans, co-organisateur, avec l'accusé Ley, de l'inspection centrale des services de la main-d'œuvre étrangère, général des S.S., et général des S.A. L'accusé Sauckel utilisa les situations énumérées ci-dessus et son influence personnelle de la manière suivante : il favorisa l'accession au pouvoir des conspirateurs nazis comme l'expose le chef d'accusation n° 1 de l'Acte, il participa à la préparation économique de guerres d'agression et de guerres faites en violation des traités, accords et engagements internationaux, énumérés dans les chefs d'accusation n°s 1 et 2 de l'Acte, il autorisa et dirigea, en y participant, les crimes de guerre énumérés dans le chef d'accusation n° 3 et des crimes contre l'Humanité, énumérés dans le chef d'accusation n° 4, notamment les crimes de guerre et les crimes contre l'Humanité, résultant de la contrainte des habitants des territoires occupés à travailler comme des esclaves dans les territoires occupés et en Allemagne.

Speer

Entre 1932 et 1945, l'accusé Speer fut membre du parti nazi, Reichsleiter, membre du Reichstag, ministre du Reich pour l'armement et les munitions, chef de l'organisation Todt, plénipotentiaire général pour les armements dans le service central du Plan de quatre ans, et président du Conseil de l'Armement. L'accusé Speer utilisa les situations énumérées ci-dessus et son influence personnelle de la manière suivante : il participa au plan militaire et économique et à la préparation par les conspirateurs nazis des guerres d'agression et des guerres faites en violation des traités, accords et engagements internationaux énumérés dans les chefs d'accusation n°s 1 et 2 ; il autorisa et dirigea, en y participant, les crimes de guerre énumérés dans le chef d'accusation n° 3 et les crimes contre l'Humanité énumérés dans le chef d'accusation n° 4 de l'Acte, comprenant, plus particulièrement, l'abus et l'exploitation des êtres humains pour le travail forcé dans la conduite de la guerre d'agression.

Funk

Entre 1932 et 1945, l'accusé Funk fut membre du parti nazi, conseiller économique de Hitler, député national-socialiste du Reichstag, directeur de la presse dans le Gouvernement du Reich, secrétaire d'État du ministère de l'Information et de la Propagande, ministre de l'Économie du Reich, ministre de l'Économie de Prusse, président de la Reichsbank, plénipotentiaire pour l'Économie et membre du Conseil des ministres pour la défense du Reich. L'accusé Funk utilisa les situations énumérées ci-dessus et ses relations étroites avec le Führer de la manière suivante : il favorisa l'accession au pouvoir des conspirateurs nazis et la consolidation de leur contrôle sur l'Allemagne, ainsi que l'expose le chef d'accusation n° 1, il favorisa la préparation à la guerre, exposée dans le chef d'accusation n° 1 ; il participa au plan militaire et économique, et à la préparation par les conspirateurs nazis des guerres d'agression et des guerres faites en violation des traités, accords et engagements internationaux, ainsi que l'exposent les chefs d'accusation n°s 1 et 2. Il autorisa, dirigea en y participant, les crimes de guerre énumérés dans le chef d'accusation n° 4, comportant particulièrement des crimes contre les personnes ou les biens ayant trait à l'exploitation économique des territoires occupés.

Schacht

Entre 1932 et 1945, l'accusé Schacht fut membre du parti nazi, membre du Reichstag, ministre de l'Économie du Reich, ministre sans portefeuille et président de la Reichsbank. L'accusé Schacht utilisa les situations énumérées ci-dessus, son influence personnelle et ses relations avec le Führer de la manière suivante : il favorisa l'accès au pouvoir des conspirateurs nazis et la consolidation de leur mainmise sur l'Allemagne, ainsi qu'il est dit au chef d'accusation n°1 ; il favorisa les préparatifs de guerre dont il est fait mention au chef d'accusation n° 1 et il participa au plan militaire et économique et à la préparation par les conspirateurs nazis des guerres d'agression et des guerres faites en violation de traités, accords et engagements internationaux, chef d'accusation n°s 1 et 2 de l'Acte.

Papen

Entre 1932 et 1945, l'accusé Papen fut membre du parti nazi, membre du Reichstag, chancelier du Reich, vice-chancelier sous Hitler, plénipotentiaire spécial pour la Sarre, négociateur du Concordat avec le Vatican, ambassadeur à Vienne et ambassadeur en Turquie. L'accusé Papen utilisa les situations énumérées ci-dessus, son influence personnelle et ses relations étroites avec le Führer, de la façon suivante : il favorisa l'accession au pouvoir des conspirateurs nazis et participa à la consolidation de leur contrôle sur l'Allemagne, chef d'accusation n° 1 de l'Acte ; il favorisa les préparatifs de guerre, chef d'accusation n° 1 de l'Acte. Il participa au plan politique et à la préparation par les conspirateurs nazis, des guerres d'agression et des guerres faites en violation des traités, accords et engagements internationaux (chef d'accusation n°s 1 et 2 de l'Acte).

Krupp

Entre 1932 et 1945, l'accusé Krupp fut chef de la Société générale Friedrich Krupp A.G., membre du Conseil économique général, président de l'Union nationale des Industriels allemands et chef du groupe de production pour les mines de fer et les métaux, relevant du ministère du Reich. L'accusé Krupp utilisa les situations énumérées ci-dessus, son influence personnelle et ses relations avec le Führer de la manière suivante : il favorisa l'accession au pouvoir des conspirateurs nazis et la consolidation de leur contrôle sur l'Allemagne (chef d'accusation n° 1), il favorisa la préparation à la guerre exposée dans le chef d'accusation n° 1, il participa au plan militaire et économique et à la préparation, par les conspirateurs nazis, des guerres d'agression et des guerres faites en violation des traités, accords et engagements internationaux (chefs d'accusation n°s 1 et 2) ; il autorisa, dirigea, en y participant, les crimes de guerre énumérés au chef d'accusation n° 3, et les crimes contre l'Humanité (chef d'accusation n° 4), comprenant plus particulièrement l'exploitation des êtres humains pour le travail forcé dans la conduite de la guerre d'agression.

Neurath

Entre 1932 et 1945, l'accusé Neurath fut membre du parti nazi, général des S.S., membre du Reichstag, ministre du Reich et ministre des Affaires étrangères du Reich, président du Conseil de Cabinet secret, protecteur du Reich pour la Bohême et la Moravie. L'accusé Neurath utilisa les situations énumérées ci-dessus, son influence personnelle et ses relations étroites avec le Führer de la manière suivante : il favorisa l'accession au pouvoir des conspirateurs nazis (chef d'accusation n° 1), il favorisa la préparation à la guerre (chef d'accusation n° 1), il participa au plan politique et à la préparation, par les conspirateurs nazis, des guerres d'agression et des guerres en violation de traités, accords et engagements internationaux (chefs d'accusation n°s 1 et 2), en application du « Führer-prinzip », il exécuta ou fit exécuter, sous sa responsabilité, les plans de politique étrangère des conspirateurs nazis (chef d'accusation n° 1), il autorisa, dirigea, en y participant, les crimes de guerre énumérés au chef d'accusation n° 3 et les crimes contre l'Humanité énumérés au chef d'accusation n° 4 comportant particulièrement les crimes contre les personnes et la propriété dans les territoires occupés.

Schirach

Entre 1924 et 1945, l'accusé Schirach fut membre du parti nazi, membre du Reichstag, chef de la jeunesse du Reich auprès de l'état-major du commandement suprême des S.A., Reichsleiter du parti nazi pour l'éducation de la jeunesse, chef de la jeunesse allemande du Reich, chef des Jeunesses hitlériennes, commissaire à la Défense du Reich, Reichsstatthalter et Gauleiter de Vienne. L'accusé Schirach utilisa les situations énumérées ci-dessus, son influence personnelle et ses relations étroites avec le Führer, de la manière suivante : il favorisa l'accession au pouvoir des conspirateurs nazis et la consolidation de leur contrôle sur l'Allemagne (chef d'accusation n° 1), il favorisa les préparatifs psychologiques et pédagogiques de la guerre et la militarisation des organisations d'inspiration nazie (chef d'accusation n° 1) et il autorisa et dirigea, en y participant, les crimes contre l'Humanité, énoncés au chef d'accusation n° 4, comportant en particulier des mesures contre les Juifs.

Seyss-Inquart

Entre 1932 et 1945, l'accusé Seyss-Inquart fut membre du parti nazi, général de S.S., conseiller d'État en Autriche, ministre de l'Intérieur et de la Sécurité en Autriche, chancelier d'Autriche, membre du Reichstag, membre du Cabinet du Reich, ministre du Reich sans portefeuille, directeur de l'Administration civile dans la Pologne du Sud, gouverneur général des territoires occupés de la Pologne, et commissaire du Reich pour les Pays-Bas occupés. L'accusé Seyss-Inquart utilisa les situations énumérées ci-dessus et son influence personnelle de la manière suivante : il favorisa la prise de possession et la consolidation du contrôle sur l'Autriche par les conspirateurs nazis (chef d'accusation n° 1), il participa au plan politique et à la préparation, par les conspirateurs nazis, de guerres d'agression et de guerres faites en violation de traités, accords et engagements internationaux (chefs d'accusation n°s 1 et 2), enfin il autorisa et dirigea, en y participant, les crimes de guerre, énumérés au chef d'accusation n° 3 de l'Acte et les crimes contre l'Humanité énumérés au chef d'accusation n° 4 comportant une grande variété de crimes contre les personnes et la propriété.

Streicher

Entre 1932 et 1945, l'accusé Streicher fut membre du parti nazi, membre du Reichstag, général des S.A., Gauleiter de Franconie, éditeur du journal antisémite *Der Stürmer*. L'accusé Streicher utilisa les situations émunérées ci-dessus, son influence personnelle et ses relations étroites avec le Führer de la manière suivante : il favorisa l'accession au pouvoir des conspirateurs nazis et la consolidation de leur contrôle sur l'Allemagne (chef d'accusation n° 1) ; il autorisa et dirigea en y participant les crimes contre l'Humanité énoncés au chef d'accusation n° 4 comportant en particulier l'excitation à la persécution des Juifs (chefs d'accusation n°s 1 et 4).

Keitel

Entre 1938 et 1945, l'accusé Keitel fut chef du Haut Commandement des Forces armées allemandes, membre du Conseil de Cabinet secret, membre du Conseil des ministres pour la défense du Reich et Feldmarschall. L'accusé Keitel utilisa les situations énumérées ci-dessus, son influence personnelle et ses relations étroites avec le Führer, de la manière suivante : il favorisa les préparatifs militaires de la guerre (chef d'accusation n° 1) ; il participa à l'établissement du plan politique et à la préparation par les conspirateurs nazis des guerres d'agression et des guerres faites en violation des traités, accords et engagements internationaux (chefs d'accusation n°s 1 et 2), il participa à l'exécution de ces plans et en assuma la responsabilité ; il autorisa et dirigea, en y participant, les crimes de guerre énumérés au chef d'accusation n° 3 et les crimes contre l'Humanité traités au chef d'accusation n° 4, comportant particulièrement les crimes de guerre et les crimes contre l'Humanité, tels que mauvais traitements des prisonniers de guerre et des populations civiles des territoires occupés.

Jodl

De 1932 à 1945, l'accusé Jodl fut lieutenant-colonel au Service des opérations militaires de la Wehrmacht, colonel, chef du Service des opérations de l'O.K.W., Generalmajor, chef de l'état-major de l'O.K.W., et Generaloberst. L'accusé Jodl utilisa les situations énumérées ci-dessus, son influence personnelle et ses rapports étroits avec le Führer, de la manière suivante : il favorisa l'accession au pouvoir des conspirateurs nazis et la consolidation de leur contrôle sur l'Allemagne (chef d'accusation n° 1), il favorisa la préparation à la guerre (chef d'accusation n° 1), il participa au plan militaire et à la préparation par les conspirateurs nazis des guerres d'agression et des guerres faites en violation des traités, accords et engagements internationaux (chefs d'accusation n°s 1 et 2) ; enfin, il autorisa et dirigea, en y participant, les crimes de guerre énumérés au chef d'accusation n° 3, et les crimes contre l'Humanité énumérés au chef d'accusation n° 4, comportant une grande variété de crimes contre les personnes et la propriété.

Raeder

L'accusé Raeder fut, entre 1928 et 1945, commandant en chef de la Flotte allemande, Generaladmiral, grand amiral, amiral inspecteur de la Flotte allemande et membre du Conseil de Cabinet secret. L'accusé Raeder utilisa les situations énumérées ci-dessus et son influence personnelle de la manière suivante : il favorisa la préparation à la guerre (chef d'accusation n° 1), il participa à l'établissement des plans politiques et à la préparation par les conspirateurs nazis de guerres d'agression et de guerres faites en violation des traités, accords et engagements internationaux (chefs d'accusation n°s 1 et 2) ; il participa à l'exécution de ces plans et en assuma la responsabilité. Enfin, il autorisa et dirigea en y participant les crimes de guerre énumérés au chef d'accusation n° 3 comportant particulièrement les crimes de guerre résultant de la conduite de la guerre sur mer.

Dönitz

L'accusé Dönitz fut, entre 1932 et 1945, commandant de la flotille de sous-marins Weddigen, commandant en chef de l'armée sous-marine, vice-amiral, amiral, grand-amiral et commandant en chef de la Marine allemande, conseiller de Hitler et successeur de Hitler à la tête du gouvernement allemand. L'accusé Dönitz utilisa les situations énumérées ci-dessus, son influence personnelle et ses rapports étroits avec le Führer de la manière suivante : il favorisa la préparation de la guerre (chef d'accusation n° 1), il participa à l'établissement des plans militaires et à la préparation, par les conspirateurs nazis, de guerres d'agression et de guerres faites en violation de traités, accords et engagements internationaux (chefs d'accusation n°s 1 et 2), enfin il autorisa et dirigea en y participant les crimes de guerre énumérés au chef d'accusation n° 3, comprenant particulièrement les crimes contre les personnes et les biens en haute mer.

Fritzsche

Entre 1933 et 1945, l'accusé Fritzsche fut membre du parti nazi, directeur de l'agence de presse officielle allemande (Deutsches Nachrichten Büro), chef du service de l'information radiophonique et du Service de la presse métropolitaine au ministère de la Propagande du Reich, directeur au ministère de la Propagande du Reich, chef de la division de la Radio au département de la propagande du parti, et chargé des pleins pouvoirs pour l'organisation politique de la Radio de la Grande Allemagne. L'accusé Fritzsche utilisa les situations énumérées ci-dessus et son influence personnelle pour répandre et exploiter les principales doctrines des conspirateurs nazis, énoncées au chef d'accusation n° 1, pour conseiller, encourager et provoquer l'exécution des crimes de guerre énumérés au chef d'accusation n° 3 et des crimes contre l'Humanité énumérés au chef d'accusation n° 4 comportant particulièrement des mesures anti-juives et l'exploitation impitoyable des territoires occupés.

SONT ÉGALEMENT ACCUSÉS
(dans leur ensemble)

Die Reichsregierung
(Cabinet du Reich).

La « Reichsregierung » (cabinet du Reich) à laquelle se réfère l'Acte d'accusation se compose des personnes qui furent :

1. Membres du Cabinet ordinaire après le 30 janvier 1933, date à laquelle Hitler devint chancelier de la République allemande. Le terme « Cabinet ordinaire » qui est employé ici, désigne les ministres du Reich, c'est-à-dire les chefs des départements du Gouvernement central, les ministres sans portefeuille, les ministres d'État agissant comme ministres du Reich, et les autres fonctionnaires habilités à prendre part aux réunions de ce cabinet.

2. Les membres du « Ministerrat für die Reichsverteidigung » (Conseil de ministres pour la Défense du Reich).

3. Les membres du « Geheimer Kabinettsrat » (Conseil de Cabinet secret).

Au-dessous du Führer, ces personnages dans les fonctions désignées ci-après, possédaient et exerçaient individuellement ou collectivement des attributions législatives, exécutives, administratives et politiques d'une très haute importance dans le système gouvernemental allemand. En conséquence, ils portent la responsabilité de la politique adoptée et appliquée par le gouvernement y compris celle qui comportait l'exécution des crimes mentionnés aux chefs d'accusation n°s 1, 2, 3 et 4.

Das Korps der politischen Leiter der
Nationalsozialistischen Deutschen Arbeiterpartei
(Corps des chefs politiques du parti nazi).

Le « Korps der politischen Leiter der nationalsozialistischen Deutschen Arbeiterpartei » (Corps des chefs politiques du parti nazi) mentionné dans l'Acte d'accusation se compose de personnes qui furent, à un moment quelconque suivant la terminologie nazie « Politische Leiter » (chefs politiques) de tout grade ou de tout rang.

Les « Politische Leiter » comprenaient les chefs des différents services essentiels du Parti (par exemple, la Reichsleitung ou Directoire du Parti pour le Reich, et la Gauleitung ou « Directoire du

Parti pour le Gau », aussi bien que les chefs territoriaux du Parti (par exemple : le Gauleiter).

Les « Politische Leiter » constituaient un groupe d'élite distinct à l'intérieur du parti nazi proprement dit, et comme tels, étaient investis de prérogatives spéciales. Ils étaient organisés suivant le « Führerprinzip » et chargés de concevoir les plans, de développer et d'imposer à leurs partisans la politique du parti nazi. Ainsi entre eux, les chefs territoriaux étaient appelés Hoheitsträger, c'est-à-dire investis de souveraineté, et étaient habilités à mobiliser et à utiliser les différentes formations du Parti quand l'exécution de la politique du parti le nécessitait.

Il y a lieu de se référer ici aux allégations du chef d'accusation n° 1 de l'Acte démontrant que le parti nazi était le noyau central du plan concerté ou complot dont l'existence a été établie. Le Politische Leiter, en tant qu'autorité majeure au sein du parti nazi remplissant les fonctions décrites ci-dessus et, d'une façon collective en tant que groupement ont participé au plan concerté ou complot prenant en conséquence leur part dans la responsabilité des crimes exposés aux chefs d'accusation nos 1, 2, 3 et 4 de l'Acte.

Le ministère public se réserve expressément le droit de requérir à tout moment jusqu'au prononcé du jugement, contre les Politische Leiter de grades inférieurs ou de catégories différentes, qui seront précisés, ne figurant pas au procès actuel, sans préjudice d'autres poursuites ou actions à intenter contre eux.

Die Schutzstaffeln der Nationalsozialistischen Deutschen Arbeiterpartei (dénommées communément S.S.) y compris der Sicherheitsdienst (dénommé communément S.D.).

Les « Schutzstaffeln der Nationalsozialistischen Deutschen Arbeiterpartei » (communément dénommées S.S.), comprenant le Sicherheitsdienst (dénommé communément S.D.) mentionné dans l'Acte d'accusation, sont constituées par le corps entier des S.S. et de tous les offices, départements, services, agences, ramifications, formations, organisations et groupes qui les ont composées à l'origine ou ont été intégrés à un moment quelconque, y compris les Allgemeine S.S., les Waffen-S.S., les S.S.-Totenkopf Verbände, les S.S. Polizei Regimente, et le Sicherheitsdienst des Reichsführers S.S. (communément dénommé S.D.), sans que cette énumération soit limitative.

Les S.S., établies à l'origine par Hitler en 1925, comme une section d'élite de S.A. pour fournir une garde de protection au Führer et aux chefs du parti nazi, devinrent une formation indépendante du parti nazi en 1934, sous la direction du Reichsführer S.S. Heinrich Himmler. Elles se composaient de membres volontaires choisis suivant les théories biologique, raciale et politique nazies, profondément pénétrés de l'idéologie nazie et tenus à une obéissance absolue au Führer. Après l'accession au pouvoir des conspirateurs nazis, les S.S. créèrent de nombreux départements, agences, formations et ramifications et étendirent leur influence et leur contrôle à de nombreux secteurs des activités du gouvernement et du parti. Sous l'action de Heinrich Himmler, Reichsführer S.S., et chef de la Police allemande, des agences et des unités S.S. se joignirent à celles du Reich pour former, en vue de leurs opérations, une force de police répressive unifiée. Le Service de sécurité du Reichsführer S.S. (dénommé communément S.D.), section des S.S., fut développé en un vaste réseau d'espionnage et de contre-espionnage, travaillant en liaison avec la Gestapo et la Police criminelle pour la recherche, la suppression et l'élimination de tendances, de groupes ou d'individus jugés hostiles ou susceptibles d'être hostiles au parti nazi, à ses chefs, à ses principes et à ses objectifs. Ce service fut finalement fondu avec la Gestapo et la Police criminelle en un seul département de Police de sûreté : le Service principal de sécurité du Reich.

D'autres branches des S.S. se transformèrent en une force armée et servirent dans les guerres d'agression visées sous les chefs d'accusation n°s 1 et 2 de l'Acte. Par l'intermédiaire d'autres services et ramifications, les S.S. contrôlèrent l'administration des camps de concentration et l'application de la politique nazie raciale, biologique et de colonisation des nazis. Par leurs nombreuses fonctions et activités, elles servirent d'instrument à l'établissement de la domination de l'idéologie nazie, à la protection et à l'extension du régime nazi en Allemagne et dans les territoires occupés. Elles participèrent ainsi aux crimes visés par les chefs d'accusation n°s 1, 2, 3 et 4 de l'Acte et en sont responsables.

Die Geheime Staatspolizei (Police secrète d'État, dénommée communément « Gestapo »).

La « Geheime Staatspolizei » (Police secrète d'État, dénommée communément Gestapo), visée dans l'Acte d'accusation, comprend l'état-major, les services, bureaux, branches et toutes les forces et le personnel de la Geheime Staatspolizei, organisés ou existant après le 30 janvier 1933, y compris la Geheime Staatspolizei de Prusse et les forces de police secrètes ou politiques équivalentes du Reich avec les groupements qui en font partie.

La Gestapo fut créée par les conspirateurs nazis immédiatement après leur accession au pouvoir, tout d'abord en Prusse par l'accusé Gœring et, peu après, dans tous les autres États du Reich. Ces forces autonomes de police secrètes et politiques furent transformées en une organisation centralisée et uniforme opérant par l'intermédiaire d'un état-major central et au moyen d'un réseau de bureaux régionaux en Allemagne et dans les territoires occupés ; ses fonctionnaires et agents furent choisis sur la base d'une adhésion inconditionnelle : l'idéologie nazie. Ils furent largement recrutés parmi les membres des S.S. et formés dans les écoles de S.S. et de S.D. La Gestapo a travaillé à supprimer et à éliminer les tendances, les groupes et les individus supposés hostiles ou susceptibles d'être hostiles au parti nazi, à ses chefs, à ses principes, à ses buts. Elle réprima la résistance et la possibilité de résistance au contrôle allemand dans les territoires occupés. Dans l'accomplissement de ces fonctions, elle opéra, libre de tout contrôle légal, prenant toutes les mesures qui lui semblèrent nécessaires à l'accomplissement de ses missions.

Sa participation aux crimes visés aux chefs d'accusation n°s 1, 2, 3 et 4 de l'Acte d'accusation et sa responsabilité résultent de ses buts, de ses activités et des moyens par elle utilisés.

Die Sturmabteilungen der Nationalsozialistischen Deutschen Arbeiter Partei (dénommées communément S.A.).

Les « Sturmabteilungen der Nationalsozialistischen Deutschen Arbeiter Partei » (dénommées communément S.A.) visées par l'Acte d'accusation furent une formation du parti nazi dépendant directement du Führer, organisée en formation militaire et composée de volontaires servant comme soldats politiques du Parti. C'était une des plus anciennes formations du parti nazi et la première garde du mouvement national-socialiste. Fondée en 1921, en tant que formation de militants volontaires, elle fut érigée par les conspirateurs nazis avant leur accession au pouvoir en une vaste armée privée, utilisée pour créer le désordre, terroriser et éliminer les adversaires politiques. Elle continua à servir d'instrument de formation physique, idéologique et militaire aux membres du Parti et de réserve aux Forces armées allemandes. Après le déclenchement des guerres d'agression, visées aux chefs d'accusation n°s 1 et 2 de l'Acte les S.A. servirent non seulement d'organisation d'entraînement militaire, mais formèrent une police auxiliaire et des forces de sécurité dans les territoires occupés, gardèrent les camps de prisonniers de guerre et les camps de concentration, surveillèrent et contrôlèrent les personnes contraintes au travail en Allemagne et dans les territoires occupés.

Leur participation aux crimes, visés aux chefs n°s 1, 2, 3 et 4 de l'Acte d'accusation et leur responsabilité, résultent de leurs buts, de leurs activités et des moyens utilisés par elles.

Ils mangent. Ils dorment. Ils répondent ou ne répondent pas aux interrogatoires. « Ils » ont été installés — en attendant Nuremberg — dans un palace de Mondorf au Luxembourg. Ils sont « les criminels de guerre » et ne l'acceptent pas. Surveillés par un véritable régiment de gardiens, de médecins, de psychiatres — jour et nuit — ils savent qu'ils vont jouer leur vie au terme des débats. Ils pensent que leur sort a été réglé par avance et que l'instruction et le procès ne seront qu'un simulacre. Les vainqueurs peuvent-ils rendre sérieusement la justice ?

Gœring, qui a subi une cure de désintoxication, n'est plus qu'un convalescent pâle et flasque, flottant dans une peau et une vareuse trop larges. Il refuse les plats et poursuit, poings et mâchoires serrés, le régime amaigrissant qui lui fera retrouver son poids de forme ; car il a besoin d'oublier ce corps qui mangeait depuis tant d'années toute son énergie. Gœring se veut le chef, le guide de ses co-inculpés. N'était-il pas le numéro deux de l'État ? Et aujourd'hui qu'Hitler s'est envolé en fumée dans les ruines de sa capitale !... Le jour où sur la balance de l'infirmerie l'aiguille indique qu'il a perdu trente-cinq kilos, son visage creusé par la faim et le manque de sommeil, s'illumine :

— Nous y sommes !

Oubliés les cent onze flacons de parfum de sa salle de bains, ses poudres, crèmes et talc anglais, ses deux cents pyjamas et robes de chambre de soie, ses trois bagues portant rubis, émeraude et diamant bleu, ses quatre montres serties de diamants, ses milliers de statues, tapisseries, toiles, pillées aux quatre coins de l'Europe, ses sept résidences, ses chevaux, ses... Il est soudainement redevenu le Gœring des débuts du national-socialisme, celui sur qui l'on peut compter — même pour les coups de main et les bagarres d'arrière bistrot. Ils vont voir que je ne suis pas ce qu'ils croient. Ils m'ont traité de grosse femme maquillée, de Néron, Sardanapale... Je suis Gœring, Hermann Gœring, maréchal de l'Air, héros du Reich et je vais leur rendre coup pour coup, les écraser. Je serai pendu. Mais je dois rester dans l'histoire de l'Allemagne comme un grand homme. Il sera difficile de convaincre le tribunal qui tient déjà son jugement prêt, mais le peuple allemand me gardera sa confiance. Tout ce que j'ai fait, je l'ai fait pour lui, pour le Reich, le grand Reich. Plus tard, dans cinquante ans, on déposera mes ossements dans le marbre du tombeau, j'aurai des rues qui porteront mon nom, des avenues, des places. J'aurai des statues dans toutes les villes de l'Allemagne.

Ce discours, il le tiendra des dizaines de fois, devant les autres accusés. Certains seront convaincus, d'autres hausseront les épaules mais il est certain qu'au fil des jours Gœring les dominera, imposant à beaucoup son système de défense que l'on peut résumer ainsi : mes hautes fonctions, les titres, les responsabilités que j'ai exercées dans un état souverain me désignent pour discuter d'égal à égal avec les vainqueurs qui seront eux-mêmes condamnés, dans un avenir proche, pour avoir osé juger des représentants légitimes d'un État souverain. Le génocide, les déportations, les camps, les expérimentations humaines, les massacres, tout cela était du domaine réservé d'Himmler. Moi, nous, ne pouvons que condamner de tels crimes. Ce que nous avons fait, c'est servir l'Allemagne, le peuple allemand. J'ai toujours voulu la paix. Si la guerre nous a été imposée, nous ne pouvons être tenus responsables d'avoir voulu vaincre. Nous avons servi Hitler mais il serait lâche de nous retrancher derrière les ordres reçus, comme il serait lâche et inconséquent de nous charger mutuellement en nous renvoyant la balle.

Ils dorment grâce aux somnifères, à plat dos, les mains au-dessus de la couverture réglementaire, le visage tourné vers la lucarne ouverte dans la porte de la cellule où brille l'œil d'un gardien. Une lampe veille au plafond. Andrus, l'intraitable Andrus, a reçu pour mission de surveiller, c'est-à-dire avant tout, de protéger la vie. Est-il sûr, Andrus, le chef de la Sécurité qui les suivra à Nuremberg, qu'il ne reste aucune ampoule de cyanure disponible ?

— Tout le monde dans le couloir !

Et l'on fouille. Et l'on interroge.

— Cela fait vingt fois que vous posez la même question.

— Je vous écoute.

Peu à peu, l'instruction prend forme. Les officiers alliés sont presque aussi méticuleux que ces fonctionnaires d'un Reich dévoré, après deux ou trois ans d'expérience, par l'administration la plus administrative de la terre. Bénie soit l'administration et ses dévoués fonctionnaires. Regardez ces tonnes de documents. En double, en triple exemplaires. Papier glacé, pelures, carbones. Tout est là. Ou à peu près. « Brûlez tout » a-t-on ordonné dans les derniers jours de la défaite. Et l'on a tout brûlé, archives S.S. en tête, et regardez, admirez ce qui reste ! Incroyable !

— Auprès (1) des armées américaines avançant en Allemagne, dit-il,

(1) Colonel Storev. Documents de Nuremberg.

il y avait une organisation spécialisée, rattachée à chaque armée, et qui avait pour objet de se saisir de toute information ennemie sous forme de documents, archives, rapports et fiches, et de les réunir.

— Les Allemands avaient des fichiers énormes, qui ont été découverts dans les quartiers généraux des armées allemandes, dans les immeubles gouvernementaux, dans les mines de sel ou enfouis en terre, ou encore cachés derrière des murs spécialement édifiés. Ainsi, la correspondance de l'accusé Rosenberg, y compris sa correspondance avec d'autres membres du parti nazi, a été trouvée derrière un faux mur, dans un vieux château dans l'est de la Bavière.

— Les archives du Quartier Général de la Luftwaffe furent découvertes en divers points des Alpes bavaroises, puis réunies par les autorités américaines à Berchtesgaden.

— Tout ce matériel fut trié et catalogué.

— À la suite d'une demande du procureur américain Jackson, ils ont été centralisés ensuite à Nuremberg, en particulier les documents qui présentaient le plus grand intérêt pour le procès. À Nuremberg même, ils furent à nouveau examinés par des experts et traduits. Ainsi plus de deux mille cinq cents documents sont classés et photographiés au palais de justice. Quelques centaines seulement seront présentées comme preuves à la cour. Un cahier de documents comprenant des traductions certifiées conformes, est soumis au Tribunal, ainsi que les originaux en allemand. La défense pourra en prendre connaissance dès que ces documents seront déposés au greffe. Des photocopies seront mises à sa disposition.

Plusieurs semaines avant le procès, les accusés quittent Mondorf pour la prison centrale de Nuremberg. Là, tout va commencer vraiment. C'est d'abord la rencontre des avocats et de leur « client ».

LES ACCUSÉS ET LEURS DÉFENSEURS

ACCUSÉS	AVOCATS
GŒRING, Hermann Wilhelm	Dr Otto Stahmer.
HESS, Rudolf	Dr Günther von Rohrscheidt (Jusqu'au 5 février 1946). Dr Alfred Seidl (À partir du 5 février 1946).
Von RIBBENTROP, Joachim	Dr Fritz Sauter (Jusqu'au 5 janvier 1946). Dr Martin Horn (À partir du 5 janvier 1946).
KEITEL, Wilhelm	Dr Otto Nelte.
KALTENBRUNNER, Ernst......	Dr Kurt Kauffmann.
ROSENBERG, Alfred.............	Dr Alfred Thoma.
FRANK, Hans	Dr Alfred Seidl.
FRICK, Wilhelm	Dr Otto Pannenbecker.
STREICHER, Julius	Dr Hanns Marx.
FUNK, Walter	Dr Fritz Sauter.
SCHACHT, Hjalmar...............	Dr Rudolf Dix. Professeur Dr Herbert Kraus (Assistant).
DÖNITZ, Karl.........................	Flottenrichter Otto Kranzbuehler.
RAEDER, Erich	Dr Walter Siemers.
Von SCHIRACH, Baldur	Dr Fritz Sauter.
SAUCKEL, Fritz.....................	Dr Robert Servatius.
JODL, Alfred	Professeur Dr Franz Exner. Professeur Dr Hermann Jahreiss (Assistant).
Von PAPEN, Franz..................	Dr Egon Kubuschok.
SEYSS-INQUART, Arthur	Dr Gustav Steinbauer.
SPEER, Albert.........................	Dr Hans Flächsner.
Von NEURATH, Constantin	Dr Otto Freiherr von Lüdinghausen.
FRITZSCHE, Hans..................	Dr Heinz Fritz. Dr Alfred Schilf (Assistant).

— Ils auraient mieux fait de nous assassiner. L'un après l'autre. Ou tous ensemble. Toute cette torture est inutile. Injuste.

Et Robert Ley, dans la nuit du 25 au 26 octobre, se pend dans sa cellule en utilisant la chasse d'eau des W.C. Sa bouche est bourrée de charpie. Pour étouffer les râles.

Le procès s'ouvre enfin le 20 novembre 1945. Paul Bodin est l'envoyé spécial de *Combat.*

— Temps gris ruines grises. Le grand forum nazi, l'asile des congrès et des parades hitlériennes, est détruit. Mais le palais de justice est intact. C'est une usine : des kilomètres de couloirs, des soldats armés auxquels on se heurte ; des hommes soucieux y passent et disparaissent. C'est l'atmosphère du procès de Kafka. Et, partout, les signes d'une installation formidable. Un tunnel mène de la prison au palais. Un ascenseur montera les accusés du tunnel au tribunal. La salle d'audience est pourvue de centaines de sièges confortables, avec casques à écouteurs permettant de suivre les débats à son gré dans une des quatre langues : l'allemand, le russe, le français, l'anglais. Des interprètes traduisent les débats au fur et à mesure qu'ils se déroulent.

— Ce matin, le procès va s'ouvrir. Hier a été la journée des coups de théâtre. Dans une atmosphère de fièvre, les journalistes de toutes les nations se sont rués dans les couloirs, à la recherche d'informations sensationnelles.

— Jusqu'au soir, on était à peu près certain que le procès n'aurait pas lieu. Dans une petite salle du palais, une vive discussion opposait les Alliés. Le procureur russe Rudenko, malade, ne pouvant assister aux débats avant une quinzaine de jours, les Russes demandaient que le procès fût remis. La délégation française, soutenue par les Russes, demandait que le fils Krupp fût inculpé à la place de son père, empêché. Il était impossible de faire un procès de criminels de guerre sans un représentant du capitalisme allemand au banc des accusés. Les Anglais s'opposaient à l'inculpation d'Alfred Krupp pour une question de procédure. Tout inculpé ayant un mois pour préparer sa défense, les magistrats britanniques se montraient intransigeants sur cette règle de procédure.

— Il était donc à peu près sûr que ce procès serait remis, une fois de plus. L'insistance des Américains, désirant, par-dessus tout, tenir leurs promesses devant l'opinion mondiale, a eu raison de toutes les difficultés.

— Le colonel Pokrovsky remplacera donc le général Rudenko comme procureur général. L'affaire Krupp est également réglée. Le cas d'Alfred Krupp sera dissocié et fera l'objet d'un autre procès.

— Comment se présente donc ce fameux procès ? Il semble bien que seuls les Anglais aient achevé l'instruction des affaires en cause, ni les Français ni les Russes ni les Américains ne sont complètement prêts. On compte qu'ils pourront, au cours même du procès, rattraper le temps perdu pendant l'instruction...

— Du côté des criminels de guerre, tout va à peu près normalement. Dix-huit accusés se présenteront demain. Kaltenbrunner, qui fut le bourreau de l'Autriche, manque à l'appel. Atteint d'une hémorragie cérébrale, il a quand même pu dire : « Je suis désolé de ne pas assister aux débats. »

— Streicher doit subir, lui aussi, un examen mental. Ley s'est suicidé. Bormann disparu. Hess est atteint de troubles de mémoire. Monsieur Gœring, qui fait le beau joueur et qui a maigri, est en bonne condition quand même. Il fait le poids, comme disent les gardiens.

— Keitel a des difficultés avec ses pieds. L'absence d'exercice lui donne les pieds plats, dit-il. Dönitz, que les Américains appellent « Doughnuts » (petit gâteau), Frank, Raeder et Rosenberg sont en forme aussi. Tous sont en civil, habillés en gris sombre avec cravate noire. Seul Raeder a réclamé une cravate rouge.

— Aujourd'hui ils sont prêts et ils marchent dans leur cellule, nerveusement. Tout à l'heure, ils vont s'asseoir face aux juges.

— Leur cellule est étroite : trois mètres sur quatre. Leur repas est simple : haricots, pain, café.

— La surveillance est incessante. Des précautions extraordinaires ont été prises. La rumeur publique veut que quatre mille cinq cents S.S., porteurs d'uniformes américains, se dissimulent dans la ville, prêts à un attentat. Hier encore, deux soldats américains ont été retrouvés émasculés. Mais la surveillance autour du palais est renforcée. Deux divisions blindées veillent sur la sécurité des débats.

— Quant à l'homme de la rue, il semble impassible. Quand on lui demande son avis, il répond : « Ils ont semé. Il faut bien qu'ils récoltent. »

Alexis Danan, pour *France-Soir,* s'intéresse plus particulièrement à quatre accusés et au prétoire :

— Cette salle de justice, où s'affairaient encore ce matin, une heure avant l'ouverture des débats, une équipe d'ébénistes, d'électriciens et de tapissiers allemands, tient, pour moitié, de la Chambre civile ou correctionnelle du type classique, et, pour l'autre moitié, du petit cinéma de banlieue, avec ses fauteuils rouges disposés en gradins. De cette seconde partie, il n'y a rien à dire, hormis que sur le dossier de chaque fauteuil, un casque acoustique est posé, et, sur l'accoudoir, la petite boîte magique qui permet au spectateur de suivre les débats dans l'idiome de son choix. La machine a de ces astuces, qui rendent tout aisé, tout simple. Voilà pour la partie de la salle réservée aux modestes délégués de l'histoire que nous sommes ici, au nombre d'environ deux cents, Anglais, Américains, Soviétiques, Français, Tchèques, Yougoslaves. Au demeurant, nulle cohue. Nous avons chacun notre fauteuil d'orchestre et l'ouvreuse américaine, je veux dire le bureau de la presse, nous a, ne laissant rigoureusement rien au hasard, pourvus chacun de notre billet. Mais, défense, sous peine d'exclusion définitive, de quitter son siège, fût-ce une minute.

— Devant nous, l'appareil de justice proprement dit. À droite, les juges et les procureurs. À gauche, le box, qui, jamais autant qu'aujourd'hui, n'aura mérité d'être dit d'infamie. Entre la tribune des juges et le box, les tables autour desquelles prendront place les délégations de toutes les nations du système allié. Disons la multiple partie civile du procès. Une décoration sobre, accordée à l'historique solennité du débat. La grandeur, on pourrait dire le grandiose, est dans la sobriété classique de l'ordonnance. Ce qui est excessif et qui choque, dans cette salle propice à la légende, l'architecture allemande et elle seule, en porte la responsabilité.

— Un peu avant 10 heures, un soudain mouvement de sensation fige dans l'air les paroles. Les accusés pénètrent dans l'enceinte.

— À peine se sont-ils assis que des noms fusent de toutes parts, et la vérité oblige à dire qu'il y a, dans l'énoncé de ces noms, plus de curiosité passionnée que de dégoût. Le crime célèbre confère une sorte de malsain prestige à quoi il y a peu d'exemples que le spectateur le plus maître de soi résiste.

— Sur le premier personnage du premier rang, en partant de la gauche, face à la Cour, pas de contestation. C'est Hermann Gœring, moins corpulent que sa légende, vêtu d'une veste beige clair à deux rangées de boutons dorés. Son visage est glabre, durci jusqu'à la grimace par une crispation qui ne le quittera pas, toute l'audience durant. On le sent en proie à un malaise où s'exprime probablement une humiliation torturante plus qu'une conscience en voie de réveil. De lourds soupirs enflent sa poitrine, sur laquelle (on ne lui verra presque pas d'autre geste), il croise et décroise les bras sans interruption. Il est pâle et l'on voit à sa lèvre supérieure un perpétuel tremblement.

— Près de lui, grêle de s'opposer à la carrure demeurée puissante de l'ancien maître de la Luftwaffe, Rudolf Hess, brun, au regard creux et fixe, le visage immobile. L'aliéné, au sens littéral du mot, est un être étranger à la réalité du monde sensible. À ce compte, Rudolf Hess est fou, c'est à peu près sûr. Je dis à peu près, car je l'ai surpris deux ou trois fois échangeant des observations, à sa droite avec Gœring, à sa gauche avec Joachim von Ribbentrop, qui, tous deux, lui donnaient la réplique. J'ai vu Ribbentrop l'interpellant sur quelque détail, et j'ai vu Hess lui répondre.

— À la gauche de Hess, je l'ai dit, la silhouette glaciale de Ribbentrop, correct jusqu'à la caricature du diplomate des gravures. Son profil est anguleux et pensif. Il écoute, observe, circule les bras croisés, mais, quant à lui, sans soupirs de la sorte romantique.

— Et puis, vêtu du vert détesté qui, si longtemps, irrita les yeux, et non pas seulement les yeux de France, le maréchal Keitel, face rude et rose de paysan placide, qui, tour à tour, écoute et s'absente, militaire que le spectacle des civils et de leurs mœurs ridiculement mesurées laisse froid. Il ceint son crâne carré du casque multilingue, l'ôte, soupire, mais quant à lui, à coup sûr, il s'ennuie. Von Papen, face longue, coiffé de gris argent, l'orbite simiesque. Les deux amiraux, Dönitz et Raeder, insignifiants, froids, vêtus de noir comme des pasteurs de village, et le maréchal Jodl, et von Neurath qui rêve, et Schacht qui mâchonne on ne sait quoi, et tous les autres, Julius Streicher l'antisémite, Sauckel le négrier, von Schirach le chef de la jeunesse nazie, Seyss-Inquart le bourreau, vingt-deux criminels en tout, que l'acte d'accusation appelle les conspirateurs du plus grand complot qui ait été ourdi dans les temps contre la paix du monde et la tranquillité des hommes.

PREMIÈRE JOURNÉE

Mardi 20 novembre 1945

Audience du matin (1)

LE PRÉSIDENT. — Avant que les accusés soient appelés à dire s'ils plaident coupable ou non coupable, aux termes de l'acte d'accusation qui leur a été remis et d'après lequel il sont accusés de crimes contre la Paix, de crimes de guerre, de crimes contre l'Humanité et d'un plan concerté ou complot en vue de commettre ces crimes, le Tribunal désire que je fasse en son nom une courte déclaration.

— Le Tribunal militaire international a été créé à la suite de l'accord de Londres, en date du 8 août 1945, et conformément au statut qui y est annexé ; ce Tribunal a été créé d'après l'article 1 du statut, en vue du jugement équitable et rapide et du châtiment des grands criminels de guerre de l'Axe européen.

— Les signataires de l'accord et du statut sont le gouvernement du Royaume-Uni de Grande-Bretagne et d'Irlande du Nord, le gouvernement des États-Unis d'Amérique, le gouvernement provisoire de la République française et le gouvernement de l'Union des Républiques Socialistes Soviétiques.

— La commission des procureurs généraux, formée par les quatre signataires, a désigné les criminels de guerre devant être jugés par ce Tribunal, et approuvé l'acte d'accusation inculpant les accusés ici présents.

— Le mardi 18 octobre 1945, l'acte d'accusation a été lu à Berlin et remis au Tribunal. Une copie en langue allemande de cet acte a été donnée à chacun des accusés, lesquels l'ont eue entre les mains pendant plus de trente jours.

— Tous les accusés sont représentés par un avocat. Dans presque

(1) Dans cet ouvrage, premier tome du « Glaive et les Bourreaux » nous nous bornerons à la lecture de l'acte d'accusation concernant la montée du nazisme (1921-1933).

tous les cas l'avocat a été choisi par l'accusé lui-même, mais dans les cas où l'avocat n'a pu être trouvé, le Tribunal en a désigné un d'office, avec le consentement de l'accusé.

— Le Tribunal a appris avec satisfaction les mesures prises par les procureurs généraux pour permettre aux avocats de prendre connaissance des documents sur lesquels est basée l'accusation, afin que les accusés aient toute facilité pour se défendre équitablement.

— Le procès qui va commencer est unique dans les annales du droit mondial et d'une importance extrême pour des millions de personnes du monde entier. Pour ces raisons, à tous ceux prenant une part à ce procès, incombe la grande responsabilité d'accomplir leur devoir sans crainte et sans partialité, selon les principes sacrés du Droit et de la Justice.

— Les quatre signataires ayant invoqué ce moyen de procédure, le devoir de tous est d'agir en sorte que le procès ne s'écarte en aucune façon de ces principes et traditions, qui seuls, donnent à la justice son autorité et la place qu'elle doit occuper dans les affaires de tous les États civilisés.

— Ce procès est un procès public dans toute l'acception du mot. Je dois donc rappeler au public que le Tribunal insiste pour que l'ordre et la dignité soient toujours maintenus et que les mesures nécessaires les plus sévères soient prises dans ce but.

— Il me reste seulement à demander, selon les dispositions du statut, qu'il soit procédé à la lecture de l'acte d'accusation.

MONSIEUR SIDNEY S. ALDERMAN (Procureur adjoint pour les États-Unis d'Amérique). — Plaise au Tribunal.

— I. Les États-Unis d'Amérique, la République française, le Royaume-Uni de Grande-Bretagne et d'Irlande du Nord et l'Union des Républiques Socialistes Soviétiques, agissant par les soussignés Robert H. Jackson, François de Menthon, Hartley Shawcross et R. A. Rudenko, dûment désignés pour représenter leurs gouvernements respectifs dans l'examen des chefs d'accusation contre les grands criminels de guerre et dans la poursuite de ces derniers, conformément à l'accord de Londres en date du 8 août 1945 et du statut de ce Tribunal annexe audit accord, accusent par les présentes, pour les motifs exposés ci-après, comme coupables de crimes contre la Paix, de crimes de guerre, de crimes contre l'Humanité, et d'un plan concerté ou complot en vue de commettre ces crimes définis dans le statut du Tribunal, et, en conséquence, désignent comme accusés dans ce cas et comme inculpés par les chefs d'accusation ci-après spécifiés :

— Hermann Wilhelm Gœring, Rudolf Hess, Joachim von Ribbentrop, Robert Ley, Wilhelm Keitel, Ernst Kaltenbrunner, Alfred Rosenberg, Hans Frank, Wilhelm Frick, Julius Streicher, Walter Funk, Hjalmar Schacht, Gustav Krupp von Bohlen und Halbach, Karl Dönitz, Erich Raeder, Baldur von Schirach, Fritz Sauckel, Alfred Jodl, Martin Bormann (1), Franz von Papen, Arthur Seyss-Inquart, Albert Speer,

(1) À l'ouverture du procès la mort de Bormann n'était pas certaine.

Constantin von Neurath et Hans Fritzsche, individuellement et en tant que membres de tous les groupements ou organisations désignés ci-après.

— II. Sont déclarés criminels en raison des buts poursuivis et des moyens utilisés pour les atteindre, les groupements ou organisations (depuis lors dissous) désignés ci-après et en rapport avec la condamnation des accusés sus-nommés qui en étaient membres :

— Die Reichsregierung (gouvernement du Reich), das Korps der Politischen Leiter der Nationalsozialistischen Deutschen Arbeiterpartei (corps des chefs politiques du parti nazi), die Schutzstaffeln der Nationalsozialistischen Deutschen Arbeiterpartei (généralement dénommée S.S.), et comprenant le Sicherheitsdienst (généralement dénommé S.D.), die Geheime Staatspolizei (police secrète d'État généralement dénommée Gestapo), die Sturmabteilungen der N.S.D.A.P. (généralement dénommée S.A.) et l'état-major général ainsi que le haut commandement des forces armées allemandes, tels qu'ils sont définis à l'appendice B, ci-après.

CHEF D'ACCUSATION N° 1
PLAN CONCERTÉ OU COMPLOT

Référence : le statut, article 6, spécialement article 6, *a*

— III. *Qualification de l'infraction.*

— Tous les accusés, de concert avec diverses autres personnes, ont, pendant un certain nombre d'années antérieurement au 8 mai 1945, participé en qualité de chefs, d'organisateurs, d'instigateurs ou de complices, à la conception ou à l'exécution d'un plan concerté ou complot ayant pour objet de commettre des crimes contre la Paix, des crimes de guerre et des crimes contre l'Humanité, tels qu'ils sont définis dans le statut de ce Tribunal ; ils sont, aux termes de ce statut, individuellement responsables de leurs propres actes et de tous les actes commis par des personnes quelconques dans l'exécution d'un tel plan et complot.

— Le plan concerté ou complot a entraîné la perpétration de crimes contre la Paix, du fait que les accusés conçurent, préparèrent, déclenchèrent et menèrent des guerres d'agression qui furent aussi des guerres faites en violation de traités, d'accords ou d'engagements internationaux. Le développement et la mise à exécution du plan concerté ou complot entraînèrent la perpétration de crimes de guerre, du fait qu'ils impliquaient des guerres sans merci contre les pays et les populations, et du fait que les accusés les décidèrent et les menèrent en violation des règles et coutumes de la guerre ; ces guerres furent caractérisées par l'emploi systématique de moyens tels que l'assassinat, les mauvais traitements, la déportation en vue d'un travail obligatoire et autres buts des populations civiles des territoires occupés, l'assassinat et les mauvais traitements infligés aux prisonniers de guerre et à des personnes en haute mer, la prise d'otages et leur exécution, le pillage de biens publics et privés, la destruction sans raison de villes, bourgades et villages et les dévastations non justifiées par les nécessités militaires.

— Le plan concerté ou complot pour la préparation et la poursuite des guerres injustes d'agression, envisageait et comporta, en fait, l'emploi systématique de crimes contre l'Humanité, que les accusés décidèrent et commirent à la fois à l'intérieur de l'Allemagne et dans les territoires occupés, notamment l'assassinat, l'extermination, l'asservissement, la déportation et autres actes inhumains commis contre les populations civiles, avant et pendant la guerre, et les persécutions pour des motifs politiques, raciaux ou religieux en exécution du plan pour la préparation et le déclenchement des guerres d'agression ou illégales. Beaucoup de ces actes et de ces persécutions constituent des violations de lois internes des pays où ils ont été perpétrés.

— IV. *Détails de la nature et du développement du plan concerté ou complot.*

A. *Le parti nazi, noyau central du plan concerté ou complot.*

— En 1921, Adolf Hitler devint le chef suprême ou Führer de la Nationalsozialistische Deutsche Arbeiterpartei (parti ouvrier national-socialiste allemand), connue sous le nom de parti nazi, lequel avait été fondé en Allemagne en 1920. Il l'est demeuré pendant toute la période visée par le présent acte d'accusation. Le parti nazi avec certaines de ses organisations annexes, devint l'instrument de liaison entre les accusés et les co-conspirateurs ainsi qu'un instrument pour la réalisation des buts et desseins de leur complot. Chacun des accusés devint un membre du parti nazi et du complot, en pleine connaissance de ses buts et desseins, ou bien, avec la même connaissance, il en devint le complice au cours de l'une des phases du développement du complot.

B. *Objectifs et méthodes générales du complot.*

— Le parti nazi, les accusés et d'autres personnes associées à diverses reprises au parti nazi en tant que chefs, membres, partisans, ou adhérents (dénommés ci-après collectivement « conspirateurs nazis »), avaient ou en sont arrivés à avoir pour buts et desseins d'obtenir par tous moyens jugés opportuns, y compris des moyens illégaux et, en dernier ressort, la menace, l'emploi de la force, ou la guerre d'agression, les résultats suivants :

— 1. Abrogation et destruction du traité de Versailles et des restrictions qu'il comportait quant à l'armement et à l'activité militaire de l'Allemagne.

— 2. Acquisition des territoires perdus par l'Allemagne à la suite de la guerre mondiale de 1914-1918, ainsi que d'autres territoires en Europe, dont les conspirateurs nazis affirmaient qu'ils étaient occupés principalement par des prétendus « Allemands de race ».

— 3. Acquisition encore en Europe continentale et ailleurs, aux dépens des pays voisins ou autres, de nouveaux territoires que les conspirateurs nazis réclamaient comme nécessaires aux « Allemands de race » en tant que « Lebensraum » ou espace vital. Les buts et desseins des conspirateurs nazis n'étaient pas fixés ou immuables, mais ils ont évolué et se sont élargis à mesure que s'accroissaient leur puissance et leur capacité de réaliser leurs menaces de contrainte ou de guerre d'agression. Leurs buts et desseins prirent finalement une telle ampleur qu'ils suscitèrent une résistance qui ne pouvait plus être brisée que par la force armée et la guerre d'agression, et non plus simplement par l'application des méthodes variant selon les circonstances, qui avaient été jusque-là employées, telles que le vol, la duplicité, les menaces, l'intimidation, les activités de la cinquième colonne et la propagande ; les conspirateurs nazis conçurent délibérément, décidèrent et déclenchèrent leurs guerres d'agression et leurs guerres faites en violation des traités, accords et engagements internationaux, en passant par les étapes et degrés précisés ci-après.

C. *Utilisation de la doctrine au service du plan concerté ou complot.*

— Pour inciter d'autres personnes à se joindre au plan concerté ou complot et afin d'assurer aux conspirateurs nazis le maximum de contrôle sur la communauté allemande, les nazis créèrent, diffusèrent et exploitèrent certaines doctrines parmi lesquelles se trouvent les suivantes :

— 1. Les personnes de prétendu « sang allemand » (tel qu'il est défini par les conspirateurs nazis) constituent une « race de seigneurs », et sont par conséquent en droit de subjuguer, de dominer ou d'exterminer d'autres « races » et peuples.

— 2. Le peuple allemand doit être gouverné en vertu du « Führerprinzip » (principe du chef) selon lequel le pouvoir est aux mains d'un Führer dont les subordonnés doivent tirer leur autorité par ordre hiérarchique, chacun d'eux devant obéissance, sans condition, à son supérieur immédiat, mais étant investi d'un pouvoir absolu dans son propre ressort. Le pouvoir des chefs doit être illimité et s'étendre à tous les aspects de la vie publique et privée.

— 3. La guerre constitue pour l'Allemand une activité noble et nécessaire.

— 4. La haute direction du parti nazi, seule dépositaire des doctrines du parti précitées ou autres, a le droit de modeler la structure, la politique et les actes de l'État allemand et de toutes les institutions y afférentes, de diriger et de surveiller les agissements de tous les individus dans le cadre de l'État, et de détruire tous les opposants.

D. *Acquisition du contrôle totalitaire de l'Allemagne au point de vue politique.*

1. *Premiers pas dans l'acquisition du contrôle des rouages de l'État.*

— Afin de réaliser leurs buts et desseins, les conspirateurs nazis se préparèrent à saisir le contrôle totalitaire de l'Allemagne, de façon à rendre impossible la naissance d'une résistance efficace contre eux à l'intérieur de l'Allemagne même. Après l'échec du putsch de Munich en 1923, qui visait à renverser la République de Weimar par l'action directe, les conspirateurs nazis s'appliquèrent, par le truchement du parti nazi, à miner le gouvernement allemand et à s'en emparer par des formes « légales » en s'appuyant sur le terrorisme. Ils créèrent et utilisèrent comme une formation du parti les Sturmabteilungen (S.A.), une organisation semi-militaire et volontaire de jeunes gens qui étaient entraînés à se servir de la violence et s'étaient engagés à y recourir, et dont la mission était de rendre le parti maître des rues.

2. *Le contrôle est acquis.*

— Le 30 janvier 1933, Hitler devint chancelier de la République allemande. Après l'incendie du Reichstag, le 28 février 1933, les articles de la Constitution de Weimar qui garantissaient la liberté individuelle, la liberté de la parole, de la presse, d'association et de réunion, furent suspendus. Les conspirateurs nazis s'assurèrent du vote par le Reichstag d'une « loi pour la protection du peuple et du Reich », qui donnait à Hitler et à son cabinet d'alors les pleins pouvoirs législatifs. Les conspirateurs gardèrent ces pouvoirs après avoir changé la composition du cabinet. Ils firent interdire tous les partis politiques, excepté le parti nazi. Ils firent de ce dernier une organisation paragouvernementale jouissant de privilèges étendus et extraordinaires.

3. *Consolidation du contrôle.*

— S'étant ainsi emparé des rouages de l'État allemand, les conspirateurs nazis se mirent en devoir de consolider leur puissance à l'intérieur de l'Allemagne, en étouffant toute velléité de résistance intérieure et en militarisant la nation allemande.

— *a*) Les conspirateurs nazis réduisirent le Reichtag à une assemblée de leurs créatures et ils portèrent atteinte à la liberté des élections populaires dans l'ensemble du pays. Ils transformèrent les divers États, provinces et municipalités, investis auparavant de pouvoirs semi-autonomes, en organes qui n'étaient guère plus que des rouages administratifs du gouvernement central. Ils réunirent les fonctions de président et de chancelier dans la personne d'Hitler ; ils procédèrent à une large épuration du corps des fonctionnaires ; ils restreignirent sévèrement l'indépendance du pouvoir judiciaire et le mirent au service des buts nazis. Les conspirateurs étendirent largement les organisations déjà existantes de l'État et du parti et en établirent de nouvelles ; ils « coordonnèrent » les organismes de l'État avec le parti nazi, ses ramifications et ses filiales. En conséquence, la vie allemande fut dominée par la doctrine et les pratiques nazies et ainsi progressivement mobilisée en vue de l'accomplissement des buts nazis.

— *b*) Afin de protéger leur pouvoir contre toute attaque et de semer la crainte dans le cœur du peuple allemand, les conspirateurs nazis établirent et étendirent un système de terreur à l'égard de ceux qui s'opposaient au régime et de ceux que l'on soupçonnait de s'y opposer. Ils emprisonnèrent lesdites personnes, sans procédure judiciaire, les plaçant en « détention de protection » et dans des camps de concentration ; ils les soumirent à des persécutions en les avilissant, en les dépouillant, en les asservissant, en les torturant et en les assassinant. Ces camps de concentration, créés au début de 1933 sous la direction de l'accusé Gœring, prirent de plus en plus d'importance et devinrent comme un aspect permanent de la politique et des méthodes terroristes des conspirateurs. Ils s'en servirent pour commettre les crimes contre l'Humanité qui leur sont ci-dessous imputés. Parmi les principaux organismes utilisés pour la perpétration de ces crimes se trouvent les S.S. et la Gestapo qui, avec d'autres services ou organismes privilégiés de l'État et du parti, étaient habilités à opérer, sans aucun contrôle légal.

— *c*) Les conspirateurs nazis pensèrent qu'outre la suppression d'une opposition politique proprement dite, il était nécessaire de supprimer ou d'exterminer certains autres mouvements ou groupements qu'ils regardaient comme les obstacles à l'exercice continu de leur contrôle total en Allemagne et aux desseins agressifs du complot hors d'Allemagne.

— En conséquence :

— 1° Les conspirateurs nazis détruisirent en Allemagne les syndicats libres en confisquant leurs biens, meubles et immeubles, en poursuivant leurs chefs, en interdisant leur activité et en les supplantant par des organisations affiliées au parti. Le principe du Führer fut introduit dans les relations industrielles, le chef d'entreprise devenant le chef que suivent les travailleurs. Ainsi, toute velléité de résistance de la part des travailleurs se trouva étouffée, et toute la capacité de travail productif de la nation allemande fut placée sous le contrôle effectif des conspirateurs.

— 2° Les conspirateurs nazis, en encourageant des croyances et des pratiques incompatibles avec l'enseignement chrétien, tentèrent de saper l'influence des églises sur le peuple et en particulier sur la jeunesse d'Allemagne. Ils avouèrent leur dessein d'éliminer les églises chrétiennes d'Allemagne et de tenter d'y substituer les institutions et les croyances nazies, et ils poursuivirent un programme de persécution des prêtres, du clergé et des membres des ordres monastiques, qu'ils considéraient comme opposés à leurs desseins. Ils confisquèrent les biens ecclésiastiques.

— 3° La persécution par les conspirateurs nazis des groupes pacifistes, y compris les mouvements religieux pacifistes, fut particulièrement implacable et cruelle.

— *d*) Mettant en pratique leur politique de la « race des seigneurs », les conspirateurs nazis exécutèrent en commun un programme de persécution implacable des Juifs, afin de les exterminer. L'anéantissement des Juifs devint une politique d'État officielle, réalisée à la fois par des mesures légales et par l'appel à l'émeute et à la violence individuelle. Les conspirateurs avouèrent ouvertement leur but. L'accusé Rosenberg déclarait, par exemple :

— « L'antisémitisme est l'élément d'unification de la reconstruction allemande. »

— À une autre occasion, il déclarait également :

— « L'Allemagne considérera la question juive comme résolue le jour où le dernier des Juifs aura quitté l'espace vital de la " Plus Grande Allemagne "... L'Europe ne résoudra la question juive que le jour où le dernier Juif aura quitté le continent. »

— L'accusé Ley déclarait :

— « Nous jurons que nous n'abandonnerons pas la lutte jusqu'à ce que le dernier Juif en Europe ait été exterminé et soit bien mort. Il ne suffit pas d'isoler l'ennemi juif du reste de l'Humanité, il faut exterminer le Juif. »

— À une autre occasion, il déclarait encore :

— « La seconde arme secrète allemande, c'est l'antisémitisme ; en effet, si l'Allemagne poursuit cette politique de façon constante, l'antisémitisme deviendra un problème universel dont toutes les nations seront forcées de tenir compte. »

— L'accusé Streicher déclarait :

— « Le soleil ne brillera pas sur les nations du monde tant que le dernier Juif ne sera pas mort. »

— Ces aveux et ces excitations sont caractéristiques des déclarations faites par les conspirateurs nazis, pendant toute la durée de leur complot. Le programme d'action contre les Juifs comprenait la perte du droit de vote, la mise à l'index, le refus des droits civils, l'exercice de la violence contre leur personne et leurs biens, la déportation, l'asservissement, le travail forcé, la famine, l'assassinat et l'extermination en masse. On ne peut préciser exactement dans quelle mesure le plan général des conspirateurs nazis a réussi, mais l'anéantissement fut à peu près total dans beaucoup de localités de l'Europe. Sur les neuf millions six cent mille Juifs qui vivaient dans les régions d'Europe placées sous la domination nazie, des évaluations modérées indiquent que cinq millions sept cent mille ont disparu, dont la plupart ont été délibérément mis à mort par les conspirateurs nazis. Il ne subsiste que des vestiges de la population juive de l'Europe.

— *e*) Afin de faire accepter leur volonté par le peuple allemand et pour le préparer psychologiquement à la guerre, les conspirateurs nazis donnèrent une forme nouvelle au système d'éducation et particulièrement à la formation et à l'entraînement de la jeunesse allemande. Le principe du Führer fut introduit dans les écoles, le parti ainsi que les organisations affiliées reçurent de larges pouvoirs de contrôle sur l'éducation. Les conspirateurs nazis imposèrent une surveillance de toutes les activités culturelles, contrôlèrent à la fois la diffusion des informations et l'expression de l'opinion à l'intérieur de l'Allemagne, ainsi que l'échange des nouvelles de toute espèce en provenance et à destination de l'Allemagne ; ils créèrent une énorme machine de propagande.

— *f*) Les conspirateurs nazis militarisèrent progressivement un nombre considérable des organisations qu'ils contrôlaient, en vue de leur rapide transformation et de leur emploi comme instrument de guerre en cas de nécessité.

E. *Acquisition du contrôle totalitaire en Allemagne dans le domaine économique, et plan économique de mobilisation en vue d'une guerre d'agression.*

— Ayant obtenu le pouvoir politique, les conspirateurs organisèrent l'économie allemande de façon à réaliser leurs desseins politiques :

— 1. Afin d'éliminer la possibilité d'une résistance sur le plan économique, ils enlevèrent aux travailleurs le droit de libre association professionnelle et politique, ainsi qu'il est dit au paragraphe D 3, *c*, 1, des présentes :

— 2. Ils employèrent des organisations commerciales allemandes comme instruments d'une mobilisation économique en vue de la guerre.

— 3. Ils orientèrent l'économie allemande vers la préparation et l'équipement de la machine de guerre. C'est vers ce but qu'ils orientèrent la finance, le placement des capitaux et le commerce extérieur.

— 4. Les conspirateurs nazis et plus particulièrement parmi eux, les industriels, entreprirent la réalisation d'un très vaste programme de réarmement et se mirent à organiser et à développer la production d'énormes quantités de matériel de guerre de façon à créer un puissant potentiel militaire.

— 5. Afin de mener à bien la préparation à la guerre, les conspirateurs nazis créèrent une série d'organismes et d'autorités d'ordre administratif. En 1936, par exemple, ils créèrent dans ce but, avec l'accusé Gœring comme plénipotentiaire, l'office du plan de quatre ans qui était investi d'un contrôle absolu sur toute l'économie allemande. De plus, le 28 août 1939, immédiatement avant leur agression contre la Pologne, ils nommèrent l'accusé Funk plénipotentiaire pour l'économie. Le 30 août 1939, ils créèrent le conseil des ministres pour la défense du Reich, appelé à jouer le rôle de cabinet de guerre.

F. *Utilisation du contrôle nazi en vue de l'agression contre l'étranger.*

— 1. *État du complot vers le milieu de l'année 1933 et projets existants.*

— Vers le milieu de l'année 1933, les conspirateurs nazis ayant conquis le contrôle gouvernemental sur l'Allemagne, étaient à même d'établir des plans plus détaillés en ce qui concernait la politique étrangère. Leur dessein était de réarmer, puis de réoccuper et de fortifier la Rhénanie en violation du Traité de Versailles et d'autres traités, de façon à acquérir la puissance militaire et la possibilité de marchandages politiques à l'égard d'autres nations.

— 2. Les conspirateurs nazis décidèrent que, pour réaliser leurs desseins, le traité de Versailles devait être définitivement abrogé et ils établirent des plans appropriés qu'ils mirent en application à partir du 7 mars 1936. Ces plans préparaient les futures agressions de grand style énumérées ci-dessous. Au cours de l'exécution de cette phase du complot, les conspirateurs nazis accomplirent les actes suivants :

— *a*) Ils entraînèrent l'Allemagne dans une politique de réarmement secret de 1933 à mars 1935 comprenant notamment l'entraînement du personnel militaire, la production de munitions de guerre et la création d'une force aérienne.

— *b*) Le 14 octobre 1933, ils provoquèrent le retrait de l'Allemagne de la Conférence internationale du désarmement et de la Société des nations.

— *c*) Le 10 mars 1935, l'accusé Gœring annonça que l'Allemagne créait une force aérienne militaire.

— *d*) Le 16 mars 1935, les conspirateurs nazis promulguèrent une loi instituant le service militaire obligatoire ; il fut précisé par eux que l'effectif de l'Armée allemande en temps de Paix serait fixé à cinq cent mille hommes.

— *e*) Le 21 mai 1935, ils déclarèrent fallacieusement au monde dans le but de le tromper et d'endormir ses craintes au sujet de leurs intentions d'agression, qu'ils respecteraient les limites territoriales arrêtées par le traité de Versailles et se conformeraient aux stipulations du pacte de Locarno.

— *f*) Le 7 mars 1936, ils réoccupèrent et fortifièrent la Rhénanie, en violation du Traité de Versailles et du pacte rhénan de Locarno du 16 octobre 1925, et annoncèrent fallacieusement au monde : « Nous n'avons pas de demandes territoriales à présenter en Europe. »

« Les avocats, télégraphie l'agence A.P., se sont déclaré satisfaits des débats de cette première journée du procès ; mais ils ont indiqué qu'ils demanderaient au Tribunal qu'un délai leur soit accordé pour préparer leur défense lorsque le ministère public aura présenté son réquisitoire.

Le docteur W. Siemers, qui a été chargé d'assurer la défense du grand amiral Raeder, a déclaré : " L'accusation a disposé de cinq à six mois et d'un nombreux personnel international pour instruire le procès, mais nous n'avons été désignés qu'en octobre, après la notification des actes d'accusation. Je pense qu'il serait équitable de nous accorder des délais supplémentaires. " »

Et la population allemande, comment juge-t-elle ? *Le Monde* répond :

— J'ai interrogé, au hasard, une quinzaine de personnes. Celles de quarante ans et plus se prononcent sans hésitation pour la condamnation à mort de tous les accusés. Certains même déclarent que la mort est trop douce et qu'il convient de les faire souffrir comme ils ont fait souffrir tant d'êtres humains. Chez les jeunes, les réactions sont plus variées. Un gamin de quatorze ans, après avoir reconnu qu'il avait fait partie des Jeunesses hitlériennes, a nettement refusé de parler du procès. Un autre, de dix-huit ans environ, m'a répondu : « Croyez-moi si vous voulez, mais j'ignorais tout des camps de concentration. Depuis que je sais, c'est fini, fini, je ne peux plus admirer ceux qui nous ont conduits là, et je souhaite leur mort. »

— Un troisième enfin a dit très honnêtement qu'il restait attaché à la doctrine nationale-socialiste et qu'il en voulait précisément à ceux des dirigeants qui l'avaient « déshonorée ».

— Mais d'une manière générale, il semble que la population allemande ne s'intéresse guère au procès. La ville est en ruine, l'hiver est là, le ravitaillement est difficile. Comment, dans ces conditions, se passionner, même pour le plus grand procès de l'Histoire ?

Lors de la deuxième journée, les accusés prennent la parole pour quelques courts instants. Plaideront-ils coupable ou non coupable ?

LE PRÉSIDENT. — Je vais maintenant demander aux accusés de déclarer s'ils entendent plaider coupable ou non coupable. Ils viendront à tour de rôle devant le microphone.

— Hermann Wilhelm Gœring.

HERMANN WILHELM GŒRING. — Avant de répondre à la question du Tribunal si oui ou non je suis coupable...

LE PRÉSIDENT. — J'ai annoncé que les accusés n'étaient pas autorisés à faire une déclaration. Vous devez plaider coupable ou non coupable.

GŒRING. — Au sens de l'acte d'accusation je me déclare non coupable.

LE PRÉSIDENT. — Rudolf Hess.

RUDOLF HESS. — Non.

LE PRÉSIDENT. — Cette réponse sera considérée comme une déclaration de non-culpabilité. *(Rires.)*

LE PRÉSIDENT. — Je préviens les perturbateurs que, s'ils persistent à troubler l'audience, ils seront expulsés.

JOACHIM VON RIBBENTROP. — Au sens de l'acte d'accusation je me déclare non coupable.

LE PRÉSIDENT. — Wilhelm Keitel.

WILHELM KEITEL. — Je me déclare non coupable.

LE PRÉSIDENT. — En l'absence d'Ernst Kaltenbrunner, les débats seront poursuivis contre lui, mais il aura la possibilité de se défendre quand il sera suffisamment rétabli pour être ramené devant le Tribunal.

LE PRÉSIDENT. — Alfred Rosenberg.

ALFRED ROSENBERG. — Au sens de l'acte d'accusation je me déclare non coupable.

LE PRÉSIDENT. — Hans Frank.

HANS FRANK. — Je me déclare non coupable.

LE PRÉSIDENT. — Wilhelm Frick.

WILHELM FRICK. — Non coupable.

LE PRÉSIDENT. — Julius Streicher.

JULIUS STREICHER. — Non coupable.

LE PRÉSIDENT. — Walter Funk.

WALTER FUNK. — Je me déclare non coupable.

LE PRÉSIDENT. — Hjalmar Schacht.

HJALMAR SCHACHT. — Je ne suis coupable en aucun cas.

LE PRÉSIDENT. — Karl Dönitz.

KARL DÖNITZ. — Non coupable.

LE PRÉSIDENT. — Erich Raeder.

ERICH RAEDER. — Je me déclare non coupable.

LE PRÉSIDENT. — Baldur von Schirach.

BALDUR VON SCHIRACH. — Au sens de l'acte d'accusation je me déclare non coupable.

LE PRÉSIDENT. — Fritz Sauckel.

FRITZ SAUCKEL. — Au sens de l'acte d'accusation, devant Dieu et devant le monde et particulièrement devant mon peuple, je me déclare non coupable.

LE PRÉSIDENT. — Alfred Jodl.

ALFRED JODL. — Non coupable. Pour ce que j'ai fait ou eu à faire, j'ai une conscience pure devant Dieu, devant l'Histoire et devant mon peuple.

LE PRÉSIDENT. — Franz von Papen.

FRANZ VON PAPEN. — Je me déclare non coupable en quelque sens que ce soit.

LE PRÉSIDENT. — Arthur Seyss-Inquart.

ARTHUR SEYSS-INQUART. — Je me déclare non coupable.

LE PRÉSIDENT. — Albert Speer.

ALBERT SPEER. — Non coupable.

LE PRÉSIDENT. — Constantin von Neurath.

CONSTANTIN VON NEURATH. — Je réponds par la négative à cette question.

LE PRÉSIDENT. — Hans Fritzsche.

HANS FRITZSCHE. — Au sens de l'acte d'accusation, non coupable.

— J'ai (1) eu cette curiosité, ce matin, de surprendre le réveil de la salle d'audience. Je suis venu m'asseoir à mon siège quelque trente minutes avant l'heure de l'ouverture des débats. On avait à peine donné la lumière. La partie de la salle réservée à la presse était parfaitement déserte. Mais, quoi ! il faut bien un premier.

(1) Témoignage et récit Alexis DANAN, *Libération*, 22 novembre 1945.

— Bien entendu, le service d'ordre était à pied d'œuvre. Dans le box, Gœring et Hess avaient déjà pris place. Derrière eux, les grands amiraux, et, contre les hauts lambris de chêne, deux M.P., casque et ceinture blancs, hiératiques, les mains croisées derrière le dos.

— La petite porte, à la gauche de l'amiral Raeder, s'ouvrit et je vis pénétrer, précédés et suivis de leurs anges gardiens, Baldur von Schirach et von Ribbentrop. Tous deux s'inclinèrent cérémonieusement devant Gœring, qui leur tendit avec condescendance une main molle.

— Puis, entra Keitel, uniforme vert fané, face claire, cheveux blonds en brosse. Claquements de talons. Révérence. Gœring offrit ses doigts au vieux Maréchal. Et parut, haut de charpente et mâchonnant à son ordinaire, le financier Schacht. Avec lui, le rite d'obédience s'interrompit. Le sévère vieillard fit comme s'il n'avait remarqué personne. Il tourna ses pas vers la gauche et fut s'asseoir vivement à sa place, qui est à l'extrémité du box, au premier rang. Le petit clan de droite affecta de ne pas même l'avoir vu.

— Funk, Streicher, Rosenberg, Neurath, saluèrent et s'assirent, Rosenberg, toutefois, avec une déférence moins démonstrative. Le maréchal Jodl fit de même. Mais von Papen, raide et le menton dressé, obliqua vers la gauche, comme avait fait l'ancien directeur général de la Reichsbank. Seyss-Inquart, qui a l'air d'un jeune instituteur roux à bésicles, étant assis entre eux, une conversation animée s'institua. Mais le maître d'école avait présenté ses devoirs aux chefs.

— Il est bien clair que le bloc des conspirateurs n'est plus un granit sans faille. Retenons bien ceci. Nous pourrions, dans cette salle où n'ont depuis mardi retenti que des voix aux modulations académiques, avoir à prendre avant peu la mesure de divorces dont seuls peut-être, jusqu'ici, les plus avisés des M.P. du service d'ordre ont surpris quelque chose.

— 10 h 08. L'appariteur lance son cri. Et chacun se dresse, se donnant cette satisfaction jamais rassasiée de voir se dresser, de même, devant la justice des peuples, ces vingt hommes désormais réduits à leur chétive mesure, qui comptèrent quatre ans parmi les maîtres du monde.

— Les survivants de la « conspiration nazie » vont de découverte en découverte. Ils ont vu naguère les Américains, ces grands garçons sans hérédité militaire ni dispositions visibles au pas rythmé, capables d'enrayer en pleine marche la minutieuse machine de guerre allemande, et qu'il ait suffi d'une improvisation de quelques mois pour les porter jusqu'à la limite de l'intelligible. Les voici qui maintenant prennent en eux la mesure d'une sorte de génie de l'exégèse juridique d'une aisance dans la manipulation des textes, qu'ils croyaient bien leur être rigoureusement propres. Il n'y a, en vérité, que dans la faiblesse de présumer de soi que l'Allemagne soit à jamais imbattable.

— Le ministère public des États-Unis, depuis deux jours, développe son réquisitoire contre les entreprises de la bande nazie, et le fait avec une rigueur dans l'ordonnance des griefs qui émerveille, outre les messieurs docteurs au crâne en coupole, jusqu'à ce frivole public de journalistes pourtant attiré là par l'appât d'émotions plus directes. Les graphiques, les cartes murales, les schémas de toute nature, ont été multipliés à l'infini, pour aider à l'intelligence des exposés oraux, et cela est net, ingénieux, sans pédantisme agressif, fait pour parler vite à l'esprit ou, d'une manière plus spéciale à la mémoire, plutôt que pour étonner le simple. On a de surcroît dressé un écran au fond du prétoire, le cinéma étant le moins récusable des témoins.

— Nous verrons donc le crime en mouvement, et telles de ces voix atroces qui nous labouraient les entrailles quand la radio des soirs de 39 nous les faisait endurer dans la tempête des « heils » fanatiques, nous les entendrons de nouveau, mais non plus abstraites et lointaines, vivantes désormais, et tordant jusqu'à la grimace les bouches qui les proféraient. Ce sera Rosenberg et ce sera Gœring, ce sera Hess, ce cadavre assis devant nous, depuis mardi, par on ne sait quel prodige d'équilibre, ou bien ce sera ce dérisoire Streicher, qui plaide dément lui aussi, le malheureux, en cela sans doute plus véridique qu'il ne croit, hélas !

— Le principe est qu'il convient de juger les chefs de la conspiration nazie sur des faits qui échappent à l'interprétation suggérée. Il y a eu, prétend l'accusation, complot en Allemagne même, contre la classe ouvrière et ses syndicats, contre les églises et leurs prêtres, contre les adversaires de toutes couleurs du national-socialisme, contre la race juive qu'il s'agissait à tout prix d'atteindre, suivant Julius Streicher, jusqu'à sa dernière expression vivante dans un être.

— Il y a eu complot délibéré contre la paix du monde, complot contre l'indépendance des peuples, complot contre l'aspiration universelle des hommes, des hommes qui ne sont pas allemands, complot contre le travail pacifique, créateur d'abondance et de joies où l'être n'ait pas nécessairement à se raidir à l'aigre appel des trompettes.

— Mais y a-t-il bien eu ces complots ? Les Américains répondent : « Nous en avons la preuve, signée des chefs eux-mêmes de la conspiration et nous l'avons trouvée dans les tonnes d'archives, de rapports, d'ordres, de comptes rendus bouleversants de perversité cynique que nos armées ont saisis durant leur avance victorieuse. »

— C'est ce déballage sans pitié, mais non pas certes sans méthode, que les froids juristes de l'université d'Harward ont commencé.

— Ce sera tout le procès de Nuremberg.

LE PRINCIPE DE LA FORTERESSE

Le « Diktat » de Versailles, signé le 28 juin 1919, porte les racines du mal qui va naître et prospérer. De l'humiliation à la revanche, il n'y a qu'un pas à franchir. Les Alliés imposent quatre cent quarante articles aux vaincus. L'Allemagne rend à la France l'Alsace et la Lorraine, le Schleswig du nord au Danemark, la Poznanie à la Pologne. Dantzig et Memel deviennent villes libres. La Sarre est placée sous l'administration de la Société des Nations, et la France s'octroie les mines sarroises. La rive du Rhin sera occupée pour quinze ans avec évacuation progressive tous les cinq ans. L'Allemagne perd ses colonies au profit de la Grande-Bretagne, de la Belgique, de l'Australie, du Japon et de la France. La réunion de l'Allemagne et de l'Autriche, l'Anschluss, est prohibée. Foch impose des « garanties militaires ». Tout l'armement devra être livré. L'état-major est dissous. Seule est tolérée une armée de métier de cent mille hommes qui rend inutile le service militaire obligatoire. Aviation supprimée. Pas de chars. Plus d'artillerie lourde.

Le 21 juin 1920, la conférence de Boulogne fixe la dette allemande : deux cent neuf milliards de marks-or, payables sur quarante-deux années.

Accusé von Neurath. — Il faut chercher dans les stipulations insensées et impossibles du Traité de Versailles qui ont eu pour effet d'amener le désordre dans l'économie du monde entier, les racines du national-socialisme et également les origines de la Deuxième Guerre mondiale. Du fait qu'on avait lié ce Traité de Versailles à la Société des Nations et chargé celle-ci du maintien des prescriptions du Traité, le but fondamental de la Société des Nations, c'est-à-dire la fraternité des peuples et le maintien de la paix, devenait illusoire. Certes, le Statut prévoyait la possibilité d'une révision, mais l'Assemblée de la Société des Nations ne l'a pas utilisée. Après que les États-Unis eurent retiré leur participation, que la Russie et, plus tard, le Japon, furent demeurés en dehors de son activité, cette prétendue Société des Nations se composait seulement dans son écrasante majorité d'une assemblée intéressée au maintien du *statu quo*, tel qu'il avait été créé par le Traité de Versailles. Au lieu d'essayer d'éliminer petit à petit les tensions qui croissaient sans cesse, l'assemblée des Nations ne tendit à rien d'autre qu'à ne rien vouloir changer à l'état existant. Or, un grand peuple qui avait le sens de l'honneur se trouvait mis en état d'infériorité par le Traité de Versailles : il ne pouvait le tolérer plus longtemps. Tout homme d'État avisé devait le reconnaître. Non seulement en Allemagne, mais même à l'étranger, bien des gens disaient que tout cela finirait mal, mais à Genève — le rendez-vous de politiciens éloquents et vaniteux — on ne tenait aucun compte de ces discours.

DOCTEUR DIX. — Vous auriez été un adversaire du Traité de Versailles. Voulez-vous faire une déclaration à ce sujet ?

ACCUSÉ SCHACHT. — J'ai été assez étonné de m'entendre faire ce reproche par un représentant du ministère public américain. Le lieutenant qui parla de cette question est peut-être un peu trop jeune pour l'avoir vécue lui-même, mais il peut l'avoir appris : en tout cas, pour nous qui avons vécu cette époque, nous avons considéré comme un événement des plus importants le fait que le Traité de Versailles n'ait pas été agréé par l'Amérique, et cela, si je ne me trompe pas, avec l'appui de l'immense majorité du peuple américain, pour les motifs mêmes qui faisaient que je le désapprouvais moi-même ; en effet il était en contradiction avec les quatorze points de Wilson, sur lesquels s'était fait un accord solennel, et comportait dans le domaine économique des absurdités qui ne pouvaient manifestement pas jouer en faveur de l'économie mondiale. Ce n'est cependant pas une raison pour laquelle j'accuserais le peuple américain d'avoir adhéré à l'idéologie nazie.

Que la paix de Versailles soit une mauvaise paix, plus personne n'en doute. Même dans les milieux politiques et financiers français. Le temps de la réflexion venu, il est trop tard. Et la France se satisfait de son merveilleux isolement — le Sénat américain refuse de ratifier et de reconnaître la Société des Nations dont les Russes sont absents — en admettant que, comme les guerres, les paix peuvent se perdre. En 1926, l'Allemagne entre à la S.D.N.

Trois ans plus tard, le monde entier s'épuise dans la crise. On sait l'effondrement industriel et commercial, l'effritement des monnaies ; on sait les trente millions de chômeurs, le chaos qui va servir le fascisme et la prise du pouvoir d'Adolf Hitler. Hitler, le grand absent de Nuremberg. En lisant et en relisant les débats, j'en ai toujours voulu à cette « institution » pour son manque de curiosité. Le tribunal, en voulant servir l'Histoire par la justice, a oublié souvent l'Histoire tout court. Combien de fois, lorsqu'un accusé ou un témoin se lance dans une digression personnelle qui va enfin apporter des révélations, la voix métallique du président se fait entendre :

— Répondez à la question posée.

— Mais...

— Seulement la question.

Un tel procès aurait mérité qu'un conseiller historique puisse intervenir par la voix d'un juge. Peut-être alors aurions-nous mieux compris toutes les facettes du national-socialisme, de ses maîtres et de ses serviteurs.

Revenons à Hitler que le docteur Schacht présente ainsi :

Accusé Schacht. — Il n'avait pas une instruction suffisante, mais il avait énormément lu, avait acquis des connaissances étendues et jonglait avec elles avec une extraordinaire adresse dans tous les débats et les discussions. Il n'y a aucun doute qu'à certains égards il était un homme de génie. Il lui venait des idées que personne d'autre n'aurait eues, et qui parfois permettaient de surmonter de grandes difficultés avec la plus étonnante simplicité, et parfois aussi la plus étonnante brutalité. Il possédait un génie vraiment diabolique de la psychologie des masses. Alors que ni moi, ni certains autres — par exemple le général von Witzleben qui m'en a parlé un jour — ne nous y laissions prendre au cours de nos conversations particulières avec lui, il exerçait sur d'autres une influence extraordinaire ; et il était, en particulier, malgré sa voix au timbre désagréable, capable d'exalter jusqu'à la frénésie, des foules énormes massées dans une salle.

— Je crois qu'à l'origine il n'avait pas de mauvaises tendances ; il croyait sans aucun doute vouloir le bien, mais peu à peu il devint la victime de ce charme qu'il exerçait sur les foules, car celui qui s'aventure à séduire la foule est en fin de compte mené et séduit par elle, et c'est cette influence réciproque entre chef et disciples qui, à mon avis, contribua à l'entraîner sur la mauvaise voie des instincts de la foule, que devraient toujours éviter les chefs politiques.

— Il y avait chez Hitler autre chose d'admirable. C'était un homme d'une énergie indomptable, d'une volonté qui surmontait tous les obstacles. Ce n'est à mon avis que grâce à ces deux traits de caractère : psychologie des masses et force de volonté, qu'il dut le fait que près de 40 % et plus tard presque 50 % de tout le peuple allemand l'ait suivi. Que puis-je ajouter d'autre ?

Adolf Hitler naît à Braunau en Autriche, le 20 avril 1889, dans une auberge des bords de l'Inn. Il est le troisième enfant du troisième mariage d'Aloïs Hitler, inspecteur supérieur adjoint des douanes avec Klara Pölzl. Aloïs est âgé de 52 ans, Klara a 29 ans. Le milieu est modeste mais pas aussi miséreux qu'Hitler voudrait le faire croire dans les pages de *Mein Kampf* se rapportant à son enfance. Lorsque son père meurt, Adolf a 13 ans. Ses jeunes années ont été marquées par deux réelles passions : la lecture et le dessin. Passions désordonnées mais dévorantes : il lit tout et dessine n'importe quoi. Deux compensations évidentes à son manque d'intérêt pour les études traditionnelles, sanctionnées en permanence par de très médiocres résultats. A 16 ans, c'est décidé, il sera « artistepeintre ». Il quitte l'école. Deux ans plus tard, en 1907, il se présente à l'Académie Viennoise des Beaux-Arts qui le refuse. Cet échec le blessera profondément. Vivant d'une pension que lui verse sa mère, il connaîtra jusqu'à son engagement de 1914 une vie précaire mais aussi studieuse autour de ces deux pôles qui ont déjà marqué son enfance, la lecture et le dessin, auxquels il ajoute l'opéra et son dieu Wagner.

Grâce à de nombreuses biographies-monuments sur Adolf Hitler, tous les cheminements de sa vie sont connus. Retrouvons-le donc, au lendemain de la Première Guerre mondiale, militant au sein du parti travailliste allemand qui sera le tremplin de sa carrière politique. Nuremberg n'ignora point cet engagement et ses conséquences.

— Le 5 janvier 1919, moins de deux mois après la signature de l'armistice qui mit fin à la Première Guerre mondiale et six mois avant la signature des traités de paix à Versailles, un petit parti politique, dénommé le parti travailliste allemand, naquit en Allemagne. Le 16 septembre, Adolf Hitler devint membre de ce parti et, lors de la première réunion qui eut lieu à Munich, le 24 février 1920, il en exposa le programme. Ce dernier, qui resta inchangé jusqu'à la dissolution du parti en 1945, comprenait vingt-cinq points, dont les cinq suivants présentent en la cause un intérêt particulier :

— « 1er point. — Nous demandons la réunion de tous les Allemands dans la « Plus Grande Allemagne », en accord avec le principe du droit des peuples à disposer d'eux-mêmes ;

— « 2e point. — Nous demandons l'égalité de droits pour le peuple allemand vis-à-vis des autres nations ; l'abrogation des traités de Paix de Versailles et de Saint-Germain ;

— « 3e point. — Nous demandons de la terre et des territoires pour nourrir notre peuple et la possibilité d'employer à la colonisation l'excédent de notre population ;

— « 4e point. — Peut seul être citoyen un membre de la race. Est membre de la race celui-là seul qui est de sang allemand, sans considération de croyance. Aucun Juif ne peut être membre de la race ;

— « 22e point. — Nous demandons l'abolition de l'armée de métier et la création d'une armée nationale. »

— Celui de ces buts que le parti nazi semble avoir considéré comme le plus important, et dont presque tous les discours publics faisaient mention, était d'effacer la « honte » de l'Armistice et de supprimer les restrictions imposées par les traités de paix de Versailles et de Saint-Germain. C'est ainsi que, dans un discours caractéristique prononcé à Munich, le 13 avril 1923, Hitler déclara, au sujet du Traité de Versailles :

— « Le Traité a été conclu en vue de conduire à la mort vingt millions d'Allemands et de ruiner la nation allemande... Au moment de sa création, notre mouvement formula trois demandes :

— « 1. Abolition du traité de paix ;

— « 2. Unification de tous les Allemands ;

— « 3. Espace et terres pour nourrir notre nation. »

— La demande d'unification de tous les Allemands dans la « Plus Grande Allemagne » devait jouer un rôle important dans les événements qui précédèrent l'annexion de l'Autriche et de la Tchécoslovaquie ; l'abrogation du Traité de Versailles devait servir de prétendue justification à la politique allemande ; les revendications territoriales allaient servir de prétexte à l'acquisition d'« espace vital » au détriment des autres nations ; l'exclusion des Juifs de la race allemande devait conduire aux atrocités dont furent victimes les populations juives et la demande visant à obtenir une armée nationale devait avoir pour conséquence des mesures de réarmement intensif et, finalement, la guerre.

— Le 29 juillet 1921, le parti, qui avait pris le nom de « National-Sozialistische Deutsche Arbeiterpartei » (N.S.D.A.P.) fut réorganisé et Hitler en devint le premier « président ». Ce fut au cours de cette année que les Sturmabteilungen, ou S.A., furent fondées et placées sous le commandement de Hitler. Le but était de constituer une force paramilitaire qui protégeait les chefs nazis contre les attaques des partis politiques rivaux et qui maintiendrait l'ordre dans les réunions du parti national-socialiste.

Le principal but du N.S.D.A.P. est donc la « revanche », génératrice de la renaissance de la Grande Allemagne. Mais le N.S.D.A.P. n'a pas seul l'apanage d'un tel idéal :

MONSIEUR GEORG BÖHM (avocat des S.A.). — Témoin, vous avez déclaré hier que vous avez été membre du Stahlhelm. De quelle date à quelle date ?

TÉMOIN GISEVIUS [1]. — Je crois que je suis rentré au Stahlhelm en 1929 et que je l'ai quitté en 1933.

MONSIEUR BÖHM. — Vous connaissez l'esprit des membres du Stahlhelm. Vous savez qu'il comprenait à peu près exclusivement des gens qui avaient fait la Première Guerre mondiale et je voudrais vous demander si les buts de politique intérieure et extérieure du Stahlhelm étaient partagés par ses membres, s'ils voulaient les atteindre par des voies légales ou révolutionnaires ?

TÉMOIN GISEVIUS. — Autant que je sache, le Stahlhelm a toujours prôné la voie légale.

MONSIEUR BÖHM. — Très bien. Est-ce que la lutte que le Stahlhelm dirigeait contre le traité de paix de Versailles et qu'avaient faite leur toutes les organisations à tendance nationale, était menée avec des moyens légaux ou avec des moyens révolutionnaires, en particulier le recours à la violence ?

TÉMOIN GISEVIUS. — Il m'est naturellement très difficile de

(1) Hans Bernd Gisevius, ancien conseiller au ministère de l'Intérieur.

m'exprimer pour l'ensemble du Stahlhelm, mais je puis vous dire que les membres de cet organisme avec lesquels j'étais en relations, voulaient poursuivre des buts absolument légaux.

MONSIEUR BÖHM. — Est-il exact qu'en 1932 et 1933, des centaines de milliers de gens, sans distinction de parti et de race, sont entrés dans le Stahlhelm ?

TÉMOIN GISEVIUS. — C'est exact. Plus la situation devient aiguë en Allemagne, plus on va à droite. Et comme j'ai vécu moi-même ce développement du Stahlhelm en ma qualité d'orateur de réunion de 1929 à 1933, je puis déclarer que ceux qui ne voulaient pas aller à la N.S.D.A.P. ou aux S.A. venaient délibérément au Stahlhelm, afin de faire contrepoids, dans ce mouvement allemand de droite, à la poussée brune sans cesse grandissante. C'était à ce moment le leitmotiv de notre propagande pour le Stahlhelm.

Versailles ! Versailles ! Hitler reviendra sans cesse sur ce nom maudit. En 1941, il déclarera :

— J'ai fixé le programme suivant : abolition du Traité de Versailles. Le reste du monde commet une absurdité lorsqu'il prétend que je n'ai dévoilé mon programme qu'en 1933, 1935 ou 1937. Au lieu d'écouter le stupide bavardage des émigrés, ces messieurs auraient été bien plus avisés de lire ce que j'ai écrit des milliers de fois. Aucun être humain n'a, plus que moi, proclamé ou écrit ses intentions. Et sans cesse j'ai écrit ces mots : « Abolition du Traité de Versailles ».

Mais était-il possible d'abolir ou de réviser le Traité de Versailles ?

ACCUSÉ VON RIBBENTROP. — Je dois dire que les nombreux voyages d'affaires que j'ai faits à l'étranger de 1920 à 1932, m'ont prouvé combien il était ou devait être difficile, dans le système de l'époque, d'arriver par voie de négociations à une révision du Traité de Versailles. J'ai senti malgré tout combien, d'année en année, s'élargissaient en Angleterre et en France les milieux qui étaient convaincus qu'il fallait, d'une façon ou d'une autre, venir en aide à l'Allemagne. Pendant ces années, j'ai eu beaucoup de relations avec des hommes du monde commercial et politique, des arts et des sciences, surtout des universitaires, en Angleterre et en France. Je pus ainsi connaître l'attitude des Français et des Anglais. Je voudrais déclarer ici que, tout de suite après Versailles, j'étais convaincu qu'on ne pourrait obtenir révision de ce Traité que par une entente avec la France et avec l'Angleterre. Je croyais également que par là, la situation internationale ne pourrait qu'être améliorée et que les graves sujets de conflits qui s'étaient accumulés après la Première Guerre mondiale pourraient être éliminés. Il était donc clair qu'une révision de Versailles n'était possible que par une entente des puissances de l'Ouest ; l'Angleterre et la France. Dès cette époque, je sentais nettement qu'une telle entente pouvait, seule, maintenir la paix en Europe. Nous, jeunes officiers, avions vécu trop de choses. Je songe au corps franc de Silésie, aux affaires de la Baltique, etc. Je voudrais ajouter, et je le dis ouvertement, que dès le premier jour, après avoir lu le Traité de Versailles, je me sentis obligé, en tant qu'Allemand, de prendre position contre ce Traité et à tenter tout ce qui était en mon pouvoir pour le faire remplacer par quelque chose de meilleur. C'est justement la position d'Adolf Hitler contre le traité de Versailles qui me rapprocha d'abord de lui et du parti national-socialiste.

ACCUSÉ GŒRING. — Un jour, c'était un dimanche d'octobre ou de novembre 1922, les demandes d'extradition de nos chefs militaires ayant été formulées à nouveau par l'Entente, je me suis rendu à une manifestation de protestation à Munich. Je n'ai assisté à cette manifestation que comme témoin oculaire, sans y prendre part réellement. Un certain nombre de représentants de partis et d'organisations ont pris la parole. A la fin, on réclama aussi Hitler. J'avais déjà entendu prononcer quelquefois le nom de Hitler et je désirais entendre ce qu'il avait à dire, mais il refusa de parler. C'est tout à fait par hasard que je me trouvais à proximité et que j'entendis les raisons pour lesquelles il refusait de prendre la parole. Il ne voulait pas troubler le caractère d'unité de cette démonstration, il ne se sentait pas en mesure de prendre la parole, après ces tirades bourgeoises tout à fait « apprivoisées », comme il disait. Il disait qu'il était inutile de faire des protestations qui n'auraient aucun effet. Cela me fit une forte impression parce que j'étais du même avis. Je me suis renseigné et j'ai appris que le lundi suivant, je pourrais entendre Hitler, au cours de la réunion publique qu'il tenait tous les lundis soirs. Je m'y rendis. Hitler parla de la démonstration précédente et fit allusion au Traité de Versailles, au Diktat de Versailles et à son rejet. Il dit que les protestations vides de sens, comme celles du dimanche précédent, n'étaient pas indiquées. Il dit qu'une protestation ne pouvait être utile que si, derrière elle, il y avait la puissance capable de lui donner du poids ; tant que l'Allemagne ne serait pas forte, les protestations de ce genre n'auraient aucun sens. Ces conceptions correspondaient point par point à mon intime conviction.

— Dans les jours qui suivirent, je me rendis au bureau de la N.S.D.A.P. A ce moment-là, je ne connaissais rien du programme de la N.S.D.A.P. et je ne savais rien de plus, sinon que c'était un petit parti. J'avais également envisagé d'autres partis. Lorsque l'Assemblée Nationale avait été élue, j'avais, dans mon attitude totalement apolitique, voté démocrate, mais lorsque j'ai vu qui j'avais élu, je ne me suis plus occupé de politique. Je voyais enfin un homme qui avait devant lui un but déterminé et solide. Je voulais d'abord lui demander simplement si j'étais susceptible de lui apporter une aide quelconque. Il me reçut immédiatement. Quand je me fus présenté, il me dit que c'était le destin qui nous avait rapprochés. Nous parlâmes tout de suite de ce qui nous préoccupait le plus tous les deux, la misère de notre patrie et l'impossibilité de nous en tenir à la résignation. Le thème principal de cette conversation fut également le Traité de Versailles. Je lui dis qu'il pouvait disposer entièrement de ma personne et de mes biens, parce que mon esprit n'avait en vue qu'un résultat décisif : la lutte contre le Diktat de Versailles.

— La deuxième chose qui me frappa très fortement à ce moment et que j'ai ressentie très profondément et considérée comme une condition primordiale était le fait, qu'il m'expliqua tout au long, qu'il n'était pas possible, dans les conditions actuelles, de s'allier seulement avec tous ceux qui se rangeaient sous l'étiquette nationale, qu'il s'agît des partis soi-disant nationalistes ou de ceux qui s'appelaient eux-mêmes nationaux, ou des sociétés existantes : organisation de combat, corps francs, etc. Il n'était pas possible de procéder à une réorganisation dans le sens d'une forte volonté nationale populaire avec le seul secours de ces gens car la masse des ouvriers allemands s'opposait à cette idée. On ne pourrait redresser l'Allemagne qu'avec l'appui de la classe ouvrière allemande, si l'on était porté par la volonté populaire à se libérer des entraves intolérables du Traité de Versailles. Cela ne pouvait être réalisé qu'en unissant la conception nationale aux buts sociaux.

— On me donnait pour la première fois une admirable et profonde explication du concept national-socialiste ; de l'unification de ces deux conceptions : nationalisme et socialisme. Il me dit que nous devions être les porteurs à la fois du socialisme et du nationalisme, le nationalisme du monde bourgeois, si l'on peut dire, et le socialisme du monde marxiste. Nous devions réunir ces conceptions dans une seule idée et créer une nouvelle idéologie, support de ces nouvelles pensées.

— Nous passâmes aux questions pratiques et il me pria de lui donner immédiatement mon aide sur un point particulier. Il me dit qu'à l'intérieur du parti, si petit qu'il fût, il avait fait un choix de ceux des membres qui étaient ses disciples les plus convaincus, prêts à tous moments à engager leur personne sans la moindre restriction pour la diffusion de nos idées. Il me dit que je savais moi-même quel degré avait atteint partout l'influence du marxisme et du communisme, et qu'il n'avait pu réussir à se faire entendre dans les manifestations politiques que lorsqu'il avait réussi à s'opposer par la force à la force qu'on employait pour l'empêcher de parler. C'est dans ce but qu'il avait créé les S.A. Les chefs du moment étaient trop jeunes et il s'était efforcé d'en trouver un ; mais il lui fallait un jeune qui se fût distingué pendant la guerre qui venait de finir afin qu'il eût l'autorité nécessaire. Il avait pensé que le mieux serait de trouver un aviateur décoré de l'ordre « Pour le Mérite » ou un marin décoré du même ordre ; et il avait l'impression que c'était vraiment le destin qui lui avait envoyé le dernier commandant de l'escadrille Richthofen.

— Je lui répondis qu'il n'était pas très agréable pour moi d'occuper dès le début un poste de commandement, parce qu'on pourrait croire que je ne venais là que pour le poste qui m'était offert. C'est pour cette raison que nous sommes tombés d'accord pour que pendant un ou deux mois je reste officiellement à l'arrière-plan, pour n'assurer le commandement qu'après ce délai ; mais en fait, je devais exercer mon influence dès le début. Je lui promis d'agir ainsi.

MONSIEUR JUSTICE JACKSON. — Lorsque vous avez rencontré Hitler, si j'ai bien compris le sens de votre déposition, vous vous êtes trouvé en présence d'un homme qui avait un but grave et précis, comme vous le dites, parce qu'il n'acceptait pas la défaite de l'Allemagne dans la guerre précédente et voulait abolir le Traité de Versailles.

ACCUSÉ GŒRING. — Je crois que vous ne m'avez pas très bien compris, car je ne me suis pas exprimé de cette manière. J'ai dit que j'avais remarqué que Hitler avait une conception très nette sur la futilité de certaines protestations ; que, d'autre part, il estimait que l'Allemagne devait être libérée du Diktat de Versailles. Mais cela n'était pas l'avis d'Adolf Hitler seul. Tout patriote allemand partageait les mêmes sentiments et, parce que j'étais moi-même un patriote enflammé et que je ressentais amèrement la honte de ce Traité de Versailles, je me suis lié à l'homme qui, selon moi, avait reconnu le plus clairement les conséquences de ce Diktat et qui serait probablement celui qui trouverait peut-être le moyen d'annuler ses effets. Tout ce qui se disait en dehors de cela au sein du parti au sujet de Versailles — pardonnez-moi l'expression — était de pures sornettes.

MONSIEUR JUSTICE JACKSON. — Si je vous ai bien compris, dès le début, publiquement et de façon notoire, on affirmait au sein du parti nazi que le Traité de Versailles devait être aboli et que des protestations dans ce but étaient parfaitement vaines ?

ACCUSÉ GŒRING. — Dès le début, Adolf Hitler et son parti n'eurent d'autre but que de libérer l'Allemagne des lourdes entraves du Traité de Versailles, non pas d'abolir l'ensemble du traité, mais ses clauses qui nuisaient à l'avenir de l'Allemagne.

MONSIEUR JUSTICE JACKSON. — Et de l'obtenir par la guerre, si c'était nécessaire ?

ACCUSÉ GŒRING. — On ne discutait pas alors de cet aspect de la question. On discutait seulement de la condition primordiale : celle d'obtenir pour l'Allemagne une autre structure politique qui serait seule capable de lui permettre d'élever des protestations contre ce Diktat ; tout le monde l'appelait la Paix, mais nous, en Allemagne, nous l'appelions toujours le « Diktat ». Non seulement des protestations formelles, mais des protestations dont on aurait à tenir compte.

MONSIEUR JUSTICE JACKSON. — C'était là le moyen : la réorganisation de l'État allemand. Mais votre but était de vous débarrasser de ce que vous appeliez le Diktat de Versailles ?

ACCUSÉ GŒRING. — La libération des dispositions du Traité de Versailles qui rendaient impossible, à la longue, la vie du peuple allemand : c'étaient notre but et notre intention. Mais nous ne disions pas à ce moment-là que nous voulions déclencher la guerre et vaincre nos ennemis. Le but que nous nous fixions était plutôt d'adapter nos méthodes à la situation politique. C'étaient là nos considérations fondamentales.

MONSIEUR JUSTICE JACKSON. — Et c'était à ces fins que vous, et tous les autres individus qui devinrent membres du parti nazi, donnèrent à

Hitler tous les pouvoirs de décider pour eux et tombèrent d'accord pour lui prêter un serment de loyauté et d'obéissance absolue ?

ACCUSÉ GŒRING. — Voilà de nouveau plusieurs questions. Voyons la première : la lutte contre le Diktat de Versailles était pour moi le facteur le plus important, la raison primordiale pour laquelle j'ai adhéré au parti. Il se peut que, pour certains, d'autres points du programme ou de l'idéologie ou d'autres conceptions, semblant peut-être plus importantes, puissent avoir été plus décisives.

— Donner au Führer pleins pouvoirs n'était pas la nécessité fondamentale en vue de nous débarrasser du Traité de Versailles, mais devait lui permettre de donner suite à notre conception du principe du chef. Lui prêter serment avant qu'il ne devînt chef de l'État était une chose toute naturelle, dans les conditions qui régnaient alors, pour nous qui étions membres de son corps spécial des dirigeants. Je ne saurais dire exactement dans quelles circonstances on procédait à cette prestation de serment, avant la prise du pouvoir. Je ne peux vous indiquer que ce que j'ai fait moi-même ; après un certain moment de réflexion, lorsque j'eus acquis une connaissance plus approfondie de la personnalité du Führer, je lui ai donné la main et lui ai dit : « Je lie mon destin au vôtre, quoi qu'il arrive, dans le succès ou dans l'adversité, pour le meilleur ou pour le pire ; je m'engage à vous suivre même au péril de ma vie. » Pour moi, ce serment est encore valable aujourd'hui.

MONSIEUR JUSTICE JACKSON. — Si vous vouliez répondre à trois ou quatre de mes questions par oui ou non, je vous laisserais alors volontiers donner votre version complète de la chose. Vous vouliez d'abord un État allemand puissant pour vaincre les conditions imposées par Versailles ?

ACCUSÉ GŒRING. — Nous voulions un État fort, complètement indépendant de Versailles ; mais pour se défaire des conditions de Versailles, il fallait en premier lieu devenir un État puissant, car on n'écoute jamais un État faible, nous l'avions appris par expérience.

MONSIEUR JUSTICE JACKSON. — Et ce but, l'un de ceux du parti nazi, tendant à modifier les conditions du Traité de Versailles, était public et notoire, et un but auquel s'associaient la plupart des gens. C'était, en fait, l'un de vos meilleurs moyens pour gagner des adhérents au parti, n'est-ce pas ?

ACCUSÉ GŒRING. — Le Diktat de Versailles était de nature à engager, me semble-t-il, tout Allemand à être en faveur d'une modification, et l'on peut admettre que c'était l'une des raisons majeures qui attiraient les gens vers notre mouvement.

DOCTEUR STAHMER. — Avez-vous pris part à l'élaboration du programme du parti ?

ACCUSÉ GŒRING. — Non. Le programme du parti avait déjà été établi et rendu public quand j'entendis parler du mouvement pour la première fois et que je manifestai l'intention d'y adhérer.

DOCTEUR STAHMER. — Quelle est votre position à l'égard des points de ce programme ?

Accusé Gœring. — Objective dans l'ensemble. C'est l'évidence même qu'un homme ayant le sens politique, admette et accepte rarement tous les points du programme d'un parti politique.

Le docteur Stahmer ne posera pas la question que tout le monde attendait :

— Acceptez-vous le quatrième point du programme ? Je vous le lis : « Seul peut être citoyen celui qui appartient au peuple allemand, celui qui est de sang allemand, sans préjudice de sa confession. Par conséquent, aucun Juif ne peut être citoyen. »

Car le national-socialisme est avant tout raciste, comme le démontre l'accusation :

— Cette doctrine monstrueuse est celle du racisme ; la race allemande, composée en principe d'aryens, serait une donnée primitive et naturelle. Les individus allemands n'existent et ne peuvent justifier leur existence que dans la mesure où ils appartiennent à la race, au Volkstum, à la masse populaire qui représente et concrétise tous les Allemands. La race est la matrice du peuple allemand, procédant d'elle ce peuple vit et se développe comme un corps organisé. L'Allemand n'a le droit de se considérer que comme un membre sain et vigoureux de ce corps, accomplissant au sein de la collectivité une fonction technique déterminée, son activité et son utilité sont la mesure et la justification exacte de sa liberté. Ce corps national, il s'agit de le « mettre en forme », de le préparer à la lutte permanente.

— Les idées et les symboles corporels du racisme font partie intégrante de son système politique ; c'est ce qu'on appelle le biologisme autoritaire ou dictatorial.

— L'individu n'a pas de valeur en soi et n'a d'importance que comme élément de la race. Cette affirmation est logique si l'on admet que non seulement les caractères physiques et psychologiques, mais encore les opinions et les tendances sont liées non pas à l'individu mais à la nation. Celui qui a des opinions différentes de la doctrine officielle est asocial ou malsain. Il est malsain parce que dans la doctrine nazie, la nation équivaut à la race. Or les caractères de la race sont fixés. Une exception à la formation au point de vue spirituel ou moral constitue une malformation au même titre qu'un pied-bot ou qu'un bec-de-lièvre.

— Doctrine totalitaire qui réduit l'individu à n'exister que par la race et pour la race, sans aucune démarche autonome et sans aucune fin propre. Doctrine totalitaire qui exclut tout autre concept, toute autre aspiration ou exigence que ceux qui se trouvent liés à la race, doctrine totalitaire qui élimine chez l'individu toute autre préoccupation que celle de l'intérêt de la race.

— Le national-socialisme aboutit à absorber la personnalité du citoyen dans celle de l'État et à nier toute valeur propre de la personne humaine.

— La mystique communautaire raciale est née de la crise spirituelle et morale traversée au XIXe siècle par l'Allemagne, renouvelée brusquement dans sa structure économique et sociale par une industrialisation particulièrement rapide. Le national-socialisme est en réalité l'un des sommets de la crise morale et spirituelle de l'Humanité moderne, bouleversée par l'industrialisation et par le progrès technique.

— L'antiquité classique ne sera plus considérée sous ses aspects de raison ordonnée ou de rayonnante beauté. On n'y verra que des civilisations violemment éprises de la lutte et de rivalités, reliées surtout à l'Allemagne par leur origine soi-disant germanique.

— On condamne le judaïsme sacerdotal et le christianisme sous toutes ses formes, comme religion d'honneur et de fraternité, bien faite pour tuer en l'homme les vertus de la force brutale. On s'élèvera contre l'idéalisme démocratique de l'ère moderne, puis contre toutes les internationales.

— Sur un peuple en cet état de crise spirituelle et de négation des valeurs traditionnelles, la dernière philosophie de Nietzsche devait exercer une influence dominante. En prenant comme point de départ la volonté de puissance, Nietzsche a prêché, non certes l'inhumanité mais la surhumanité. S'il n'y a pas de cause finale dans l'univers, l'homme dont le corps est matière à la fois émotive et pensante, peut pétrir le monde à sa guise en choisissant pour guide une biologie combative. Si la fin suprême de l'Humanité est un sentiment de plénitude victorieuse à la fois matérielle et spirituelle, il n'y a plus alors qu'à assurer la sélection des forts, la nouvelle aristocratie des maîtres.

— Pour Nietzsche, l'évolution industrielle entraîne nécessairement le gouvernement des masses, l'automatisme et la mise en forme des multitudes laborieuses ; l'État ne dure que grâce à une élite de vigoureuses personnalités qui, usant des méthodes si admirablement définies par Machiavel, seules conformes aux lois de la vie, mènera les hommes simultanément par la force et la ruse, car les hommes sont et restent méchants et pervers.

— Nous voyons surgir le moderne barbare, supérieur par l'intelligence et l'énergie volontaire, dégagé de toute morale conventionnelle, capable d'imposer aux foules obéissance et fidélité en lui faisant croire à la dignité et à la beauté du travail, en leur assurant le bien-être médiocre dont elles se contentent si aisément. Une seule et même force se manifestera donc chez les maîtres par l'harmonie entre les passions élémentaires et la lucidité de leur raison organisatrice, dans les masses par l'équilibre entre les instincts obscurs ou violents et l'activité réfléchie imposée par une implacable discipline.

— Sans doute ne s'agit-il en aucune manière de confondre la dernière philosophie de Nietzsche avec le simplisme brutal du national-socialisme. Mais Nietzsche n'en compte pas moins parmi les ancêtres que revendiquait le national-socialisme, et à juste titre parce que d'une part, il a été le premier à formuler de manière cohérente la critique des valeurs traditionnelles de l'humanisme et parce que, d'autre part, sa vision du gouvernement des masses par des maîtres agissant sans aucune entrave, annonce déjà le régime nazi. Au surplus Nietzsche croyait à la race souveraine et accordait la primauté à l'Allemagne à qui il reconnaissait une âme jeune et des réserves inépuisables.

— Le mythe de la communauté raciale, surgi des profondeurs de l'âme allemande désaxée par les crises morales et spirituelles de l'Humanité moderne, rejoignait les thèses pangermanistes traditionnelles. Déjà les discours à la nation allemande de Fichte, exaltant la germanicité, mettaient en pleine lumière l'une des idées maîtresses du pangermanisme, à savoir que l'Allemagne pense et organise le monde comme il doit être pensé et organisé.

Le principal doctrinaire du racisme allemand s'appelle Alfred Rosenberg :

ACCUSÉ ROSENBERG. — Je suis né le 12 janvier 1893 à Reval en Estonie. Après être sorti de l'Oberrealschule, j'ai commencé à l'automne 1910 des études d'architecture à l'école supérieure technique de Riga. En 1915, lorsque le front germano-russe se rapprocha, l'école fut évacuée à Moscou avec professeurs et étudiants et j'ai poursuivi mes études dans la capitale russe. J'obtins, fin janvier ou début février 1918, le diplôme d'ingénieur architecte et je retournai dans mon pays. Lorsque les troupes allemandes entrèrent à Reval, je m'engageai volontairement dans l'Armée allemande mais, faute de recommandations, je ne fus pas accepté car j'étais habitant d'un pays occupé. Soucieux de mon avenir, je ne voulais pas rester entre deux grands États et j'essayai de passer en Allemagne. Pour les Allemands de la Baltique, quelle que fût leur loyauté à l'égard de l'État russe, la culture allemande était une sorte de patrie spirituelle, et ce que j'avais vu et vécu en Russie m'amena à faire tout ce qui était en mon pouvoir pour empêcher le glissement politique de l'Allemagne vers le bolchevisme. Je croyais qu'en Allemagne, étant donné la structure si sensible de l'Empire allemand, ce mouvement aurait été une immense catastrophe.

— À la fin de novembre 1918, je pus aller à Berlin et, de là, à Munich. Je pensais réellement reprendre ma profession d'architecte, mais au lieu de cela je rencontrai à Munich des personnalités qui pensaient comme moi et je devins collaborateur d'un hebdomadaire qui avait été fondé à cette époque à Munich. J'ai travaillé à cette revue depuis janvier 1918 et, depuis cette époque, j'ai toujours été journaliste. C'est à Munich que j'assistai à l'évolution du mouvement politique jusqu'à la république en 1919 et jusqu'à sa chute.

DOCTEUR THOMA. — Vous avez dit que l'Allemagne était votre patrie spirituelle. Voulez-vous dire au Tribunal quelles études et quels maîtres vous ont orienté vers l'Allemagne ?

ACCUSÉ ROSENBERG. — En plus de l'intérêt que j'ai porté dès ma jeunesse à l'art et à la peinture, j'ai également étudié la philosophie et me suis senti très près de Gœthe, Herder et Fichte. Ils ont été le point de départ de mon évolution spirituelle. En même temps, j'étais sensible aux idées sociales de Dickens, de Carlyle et de l'Américain Emerson. À Riga, j'ai poursuivi ces études de front avec Kant et Schopenhauer évidemment et, par-dessus tout, j'étais attiré par la philosophie indienne et les courants de pensées qui s'y rattachent. Plus tard, naturellement, j'étudiai les historiens et philosophes européens et, finalement, à Munich, je suivis de près les nouvelles recherches historiques.

DOCTEUR THOMA. — Vous avez parlé de la « forme de l'idée ». Avez-vous subi là l'influence de Gœthe ?

ACCUSÉ ROSENBERG. — Oui, il est bien évident que l'idée de considérer le monde comme quelque chose de cohérent est de Gœthe.

LE PRÉSIDENT. — Docteur Thoma, si vous interrogez l'accusé sur des questions philosophiques, le Tribunal désire que vous vous borniez à sa philosophie et que vous ne vous perdiez pas dans ses origines et ses sources.

DOCTEUR THOMA. — À la suite de quelles circonstances avez-vous adhéré à Munich à la N.S.D.A.P. et avez-vous adopté les idées d'Hitler ?

ACCUSÉ ROSENBERG. — En mai 1919, l'éditeur de la revue dont j'ai parlé reçut la visite d'un certain Anton Drexler, qui se présenta comme le président d'un nouveau parti ouvrier allemand. Il déclara que ses idées étaient conformes à celles que défendait cette revue. C'est depuis cette visite que je fus en relations avec un petit groupe d'ouvriers allemands qui s'était formé à Munich. J'y ai rencontré Adolf Hitler en automne 1919.

DOCTEUR THOMA. — Quand vous êtes-vous joint à Hitler ?

ACCUSÉ ROSENBERG. — J'ai eu à ce moment mon premier entretien avec Hitler et je fus frappé par la manière compréhensive et large dont il envisageait le problème européen. Il me dit que l'Europe d'aujourd'hui subissait la crise sociale et politique la plus aiguë qu'elle ait vue depuis la chute de l'Empire romain, que des foyers d'agitation existaient partout et qu'il essayait de rendre la santé à l'Allemagne à la lumière de cette conception. J'ai entendu Hitler parler de cela à de petites réunions de 40 à 50 personnes et je croyais que si quelqu'un avait le droit à la parole, c'était bien un soldat qui avait accompli silencieusement son devoir de combattant pendant quatre ans et demi. À la fin de 1919, je suis entré au parti, pas avant Hitler, comme on l'a prétendu ici, mais plus tard. Je reçus le numéro 625 ; je n'ai pas participé à l'élaboration du programme mais j'étais présent quand ce programme fut lu publiquement par Hitler et proclamé le 24 février 1920.

DOCTEUR THOMA. — Vous avez alors donné une justification de ce programme et vous vouliez vous occuper de certains problèmes sociaux en rapport avec cette crise. Quelle solution pensiez-vous y apporter ?

ACCUSÉ ROSENBERG. — En réponse à différentes questions concernant les vingt-cinq points du programme, j'écrivis, à la fin de 1922, un commentaire dont certains passages ont été déposés devant le Tribunal. Voici en peu de mots l'attitude que nous avions adoptée.

— L'évolution technique du XIXe siècle a eu certaines conséquences sociales et intellectuelles. Le rationalisme et l'économie devinrent les maîtres de la vie, engendrèrent l'État industriel, sorte d'internationalisme des affaires avec toutes ses séquelles et éloignèrent de plus en plus l'homme de sa nature et de son histoire. Au début du siècle, de nombreuses forces tentèrent de s'opposer à cette évolution unilatérale et de reconquérir la Patrie et l'Histoire. Ce sont les mouvements de jeunesse de cette époque qui remirent en honneur la tradition, les chants populaires, le passé dont on ne peut faire table rase et les créations artistiques. De nombreux écrivains, dont le professeur Schulze-Naumburg, donnèrent une expression à ces diverses tendances et le national-socialisme conscient de ce qu'il faisait, tenta de donner une forme moderne à ce mouvement qui se contentait jusqu'alors de rêver sur le passé. Il s'inspira des efforts du mouvement social de Stoecker et du parti national de Schönerer en Autriche ; sans pour cela les prendre pour exemple ; je crois d'ailleurs que la formule « national-socialisme » vient du pays des Sudètes ; c'est ce nom qu'a choisi le petit parti ouvrier allemand.

— Nous étions tous conscients de la signification profonde de ce mot « national-socialisme » et, si l'on me le permet, je ferai remarquer qu'au cours de trois mois de débats, l'Accusation nous a reproché bien des choses abominables mais n'a pas parlé une seule fois du national-socialisme.

— À cette époque, l'Allemagne était divisée en deux camps ennemis qui se partageaient des millions d'honnêtes gens, et le problème consistait pour nous à trouver un commun dénominateur, premier jalon de l'unité nationale, à déceler les facteurs de division. Étroitement unis dans notre volonté d'aboutir, nous avons expliqué à maintes reprises comment, même du point de vue du prolétaire, la lutte des classes, réalité sociale et politique était cependant, lorsqu'on en fait un postulat doctrinal et un mot d'ordre permanent, un facteur de division nationale. Cet obstacle à l'apaisement social, cette lutte sociale pourrais-je même dire, constituait le second fait décisif, interdisant tout compromis. Le prolétariat avait raison et était dans son droit lorsqu'il réclamait la justice sociale. Du point de vue bourgeois, nous pouvions affirmer que la morgue de certains réactionnaires privilégiés avait de désastreuses conséquences ; deuxièmement, que la représentation des intérêts nationaux ne devait pas être le monopole héréditaire de certaines classes, mais qu'au contraire, le véritable rôle de la bourgeoisie consistait à contribuer à l'unité nationale, et à une équitable représentation de la nation. Pour Adolf Hitler, le mot d'ordre était donc...

LE PRÉSIDENT. — Docteur Thoma, voulez-vous essayer de circonscrire la déposition de l'accusé aux faits qui lui sont reprochés. On ne reproche pas aux accusés d'avoir tenté le relèvement de l'Allemagne ; mais d'avoir fait de ce relèvement la condition d'une agression contre d'autres races et d'autres peuples.

Parmi les dogmes de la « philosophie raciste », celui de la « race des seigneurs » que définit ainsi l'accusation :

— Les personnes de prétendu « sang allemand » (tel qu'il est défini par les conspirateurs nazis) constituent « une race de seigneurs » et sont, par conséquent, en droit de subjuguer, de dominer ou d'exterminer d'autres « races » et peuples ;

— Cette doctrine de la race des seigneurs prenait ainsi l'apparence d'une nouvelle religion ; la religion du sang, remplaçant dans l'allégeance individuelle toute autre religion et institution. L'accusé Rosenberg et l'accusé Streicher jouèrent un rôle particulièrement éminent dans la propagation de cette doctrine. Une bonne partie des preuves que nous présenterons au cours de ce procès, illustrera l'utilisation continuelle que l'exploitation des conspirateurs nazis a faite de cette doctrine de la race des seigneurs.

— Cette doctrine se proposait d'éliminer tout ce qui était « non-allemand » c'est-à-dire juif ; ce seul qualificatif vous donnait le droit, et vous faisait un devoir de le supprimer. En fait, l'épuration ne se borna pas aux frontières raciales, mais alla bien au-delà.

Accusé Schacht. — J'ai toujours considéré comme très déplaisantes les idées telles que celle de « peuple élu » ou de « God's own country » ou autres. Chrétien convaincu, je me place sur le plan de l'amour chrétien du prochain, sans distinction de race ni de confession. Je voudrais également faire remarquer que ces histoires de race des seigneurs dont certains membres du parti se sont emparés ont été largement ridiculisées par l'opinion publique allemande. Ce n'est d'ailleurs pas étonnant, car la plupart des chefs du parti hitlérien n'étaient pas absolument des types idéaux de la race nordique et je sais, par exemple, que quand on discutait de ces choses dans le peuple, le petit Gœbbels était qualifié de « germain racorni ». Il n'y avait qu'une chose — et je veux le dire ici pour être équitable — que la plupart des chefs du parti eussent en commun avec les anciens Germains : l'amour de la boisson ; l'ivrognerie était un des éléments fondamentaux de l'idéologie nazie.

Accusé Gœring. — Personnellement, je n'y entends rien, car ce mot vous ne le trouverez dans aucun de mes discours, dans aucun de mes écrits. Je pense, si l'on est un seigneur, qu'on n'a pas besoin de le faire remarquer.

ACCUSÉ ROSENBERG. — Je sais que ce problème est la charnière de l'accusation et je comprends que, vu l'importance des terribles événements actuels, on en cherche involontairement les causes dans le passé et spécialement dans cette théorie dite de la « race des seigneurs ».

— Cependant, si l'on veut porter un jugement sur tout cela, il est de première importance de savoir dans quelle situation nous nous trouvions.

— Je n'ai jamais entendu employer l'expression « race des seigneurs » aussi souvent que dans cette salle d'audience. Je ne l'ai ni écrite, ni prononcée ; en relisant mes papiers, je ne l'ai pas trouvée. Je n'ai parlé qu'une seule fois d'une « Humanité dirigeante » mentionnée par Homère, et j'ai un jour cité un écrivain anglais qui, retraçant la vie de Lord Kitchener, déclara que ce dernier s'était révélé être un « chef ». J'ai rencontré ensuite les mots « race des seigneurs » sous la plume de l'Américain Madison Grant, spécialiste de l'étude des races, et de l'ethnologue français Lapouge.

— Je dois avouer, et j'insiste sur ce fait, que le mot « Herrenmenschen » (caste dirigeante), que j'ai entendu prononcer par des fonctionnaires lorsque j'étais ministre pour les territoires de l'Est, m'a désagréablement frappé. Je pourrais peut-être donner quelques détails sur cette question de l'Est et dire comment j'ai réagi en entendant de telles paroles. En principe, j'étais convaincu que l'étude des races n'était pas une invention du national-socialisme, mais une découverte biologique venant après quatre siècles de recherches faites en Europe ; que les lois de l'hérédité, découvertes vers 1860 et remises en honneur quelque dix ans plus tard, jetaient dans l'histoire de l'Humanité une lumière qu'aucune des autres théories n'avait pu donner.

Bien évidemment, la théorie de la « race des seigneurs » inclut la persécution et l'élimination des Juifs :

DOCTEUR THOMAS. — À votre avis, la question juive n'aurait été résolue en Europe que le jour où le dernier Juif aurait quitté le continent européen. Vous avez dit qu'il n'était pas de grande importance d'échelonner un tel programme sur cinq, dix ou vingt ans ; que ce n'était qu'une question de transport, et vous estimiez profitable de soumettre ce problème à un comité international. Comment en êtes-vous arrivé à cette conviction, comment voyiez-vous la question résolue si le dernier Juif quittait l'Europe ?

ACCUSÉ ROSENBERG. — Cette conviction, acquise par l'étude de l'Histoire, ne découle pas de la lecture d'ouvrages antisémites, mais de celle des historiens juifs eux-mêmes. Il me semblait qu'après l'émancipation généreuse des mouvements nationaux du XIXe siècle, le peuple juif, lui aussi, se reprenait à méditer sur ses traditions et ses particularismes, et qu'il se détachait de plus en plus consciemment des peuples au sein desquels il avait trouvé refuge. Ce problème avait été traité au cours de nombreux congrès internationaux, et l'un de plus intelligents parmi les dirigeants juifs européens, Buber, déclara qu'il fallait retourner en Asie, où le peuple juif retrouverait son sol et les racines de sa race.

— Si j'ai adopté une attitude politique plus sévère, c'est que les observations que j'ai pu faire en Russie et les événements qui se sont déroulés en Allemagne m'ont paru confirmer cette incompatibilité. Je ne pouvais pas concevoir que des soldats allemands revenant du front s'entendissent dire par un professeur d'université juif que leurs camarades étaient tombés au champ du déshonneur. Je ne pouvais concevoir que ce manque de pudeur allât si loin, et s'il s'était agi d'un seul cas on aurait pu parler de défaillance. Au cours de ces quatorze années, une autre volonté s'est affirmée ouvertement.

DOCTEUR THOMA. — Monsieur Rosenberg, parlons d'autre chose. Ne croyez-vous pas que certaines déclarations de presse du côté national-socialiste, ont amené des répliques de l'autre côté, creusant ainsi le fossé ?

ACCUSÉ ROSENBERG. — Les autres déclarations qui parurent constamment au cours de ces quatorze années ont commencé avant le national-socialisme. La Räterepublik de Munich et de Hongrie existait bien avant le national-socialisme.

DOCTEUR THOMA. — Monsieur Rosenberg, comment expliquez-vous le fait que, pendant la Première Guerre mondiale, douze mille soldats juifs moururent au front ?

ACCUSÉ ROSENBERG. — Je savais bien que les Juifs allemands avaient acquis quelque chose du milieu dans lequel ils vivaient et que ceci rendait cette évolution tragique, et qu'il fallait évidemment faire montre de compréhension ; mais ces cas particuliers ne comptaient pas dans l'ensemble de la vie politique et sociale, d'autant plus que les organismes compétents de ce qu'on appelait les partis démocratiques proposaient une émigration vers les colonies françaises, en Argentine et en Chine. Des Juifs haut placés et le président du parti démocrate proposèrent à trois reprises, devant le chômage croissant, la déportation d'Allemands en Afrique et en Asie et finalement on chassa de Pologne en quatorze ans autant d'Allemands qu'il y avait de Juifs en Allemagne sans que la Société des Nations ait entrepris la moindre démarche contre cette infraction au Pacte sur les minorités.

Pour l'accusation Alfred Rosenberg reste « le premier inspirateur » du Racisme.

— La carrière politique de l'accusé Rosenberg embrasse toute l'histoire du national-socialisme et reparaît dans presque toutes les phases de la conspiration dont nous nous occupons ici. Afin d'avoir une conception pleine et entière de son influence et de son rôle dans la conspiration, il est nécessaire de passer rapidement en revue son histoire politique et d'examiner chacune de ses activités politiques dans son lien avec la trame de la conspiration qui s'étend de la naissance du parti en 1919 à la défaite de l'Allemagne en 1945.

— Il est à la fois intéressant et révélateur de remarquer que Rosenberg « inaugura le 30 novembre 1918 son activité politique par une conférence sur le problème juif ».

— Rosenberg écrivit abondamment et prit une part active à tous les points divers du programme national-socialiste. Le premier ouvrage qu'il publia fut : « La nature, les principes fondamentaux et les buts de la N.S.D.A.P. ». Cette édition date de 1922.

— « À cette époque » — c'est-à-dire pendant les premiers temps du parti — « j'ai écrit une thèse qui, pour être courte, n'en est pas moins significative dans l'histoire de la N.S.D.A.P. » — C'est Rosenberg qui parle — « On demandait constamment quels étaient les différents points du programme de la N.S.D.A.P. et comment il fallait les interpréter. C'est pourquoi j'ai écrit « La nature, les principes fondamentaux et les buts de la N.S.D.A.P. », ouvrage qui a établi le premier contact permanent entre Munich, les organisations locales en cours de formation et les amis de la N.S.D.A.P. à l'intérieur du Reich. »

— Ainsi, comme nous voyons, l'accusé Rosenberg fut le premier inspirateur et propagateur du programme du parti. Sans vouloir embrasser tout le programme idéologique exposé par l'accusé Rosenberg dans ses différents écrits et discours, qui sont très nombreux, je voudrais présenter ici certaines de ses déclarations, destinées à illustrer la nature et la vaste portée du programme idéologique qu'il prêchait. On verra qu'il n'y avait pas un seul principe fondamental de la philosophie nazie qu'il n'exprimât avec autorité. Rosenberg est l'auteur du « Mythe du XXe siècle », publié en 1930. Rosenberg écrivait sur la question raciale :

— « L'essence de la révolution mondiale contemporaine consiste dans l'éveil du type racial, non seulement en Europe mais dans le monde entier. Cet éveil est la réaction organique contre les derniers restes chaotiques de l'impérialisme économique libéral, dont les victimes sont tombées par désespoir dans le piège du marxisme bolcheviste, afin d'achever ce que la démocratie avait commencé, c'est-à-dire l'extirpation de la conscience raciale et nationale. »

— « Mais le national-socialisme persiste à croire que ses principes et son idéologie, bien qu'adoptant des méthodes de lutte différentes suivant les conditions propres aux différents peuples, serviront de directives bien au-delà des frontières de l'Allemagne, dans les inévitables combats pour le pouvoir qui se livrent dans les autres pays d'Europe et d'Amérique. Il faut là encore clairement tracer une ligne de conduite et entreprendre une lutte raciale et nationale contre l'internationalisme marxiste et le système capitaliste de crédits qui sont partout les mêmes. Le national-socialisme croit qu'après la grande bataille mondiale, après l'abolition de l'époque actuelle, un jour viendra où la croix gammée figurera sur les bannières des peuples germaniques comme le symbole aryen du renouveau. »

Autre doctrinaire « propagateur », Julius Streicher.

ACCUSÉ STREICHER. — Je suis né le 12 février 1885 dans un petit village de Souabe bavaroise. Je suis le dernier de neuf enfants. Mon père était instituteur, et j'ai été moi aussi instituteur. Après avoir passé quelques années en qualité d'instituteur dans mon village natal en Souabe bavaroise, je fus nommé en 1909 à l'école municipale de Nuremberg, où j'eus l'occasion d'entrer en contact avec les familles des enfants d'ouvriers des banlieues et je pus ainsi constater les contrastes sociaux ; ces constatations m'ont amené en 1911 à faire de la politique. Je devins membre du parti démocrate. En 1912, j'ai parlé au nom du parti démocrate au cours de la campagne électorale pour les élections au Reichstag. L'automobile qui était mise à ma disposition avait été payée par la banque Kohn. Je tiens à dire que j'ai eu alors beaucoup d'occasions de fréquenter des Juifs, à l'intérieur même du parti démocrate. Il fallait vraiment que je fusse prédestiné pour devenir plus tard un écrivain et un orateur raciste. Puis vint la guerre mondiale. Je fus moi aussi mobilisé comme caporal dans un régiment d'infanterie. Je devins officier dans un groupe de mitrailleuses. Je revins au pays avec deux croix de fer, l'ordre bavarois et la croix du mérite autrichien, pour faits de bravoure. Lorsque je fus rentré au pays, je ne désirais pas reprendre mon activité politique. Mon seul désir était de me retirer et de remplir mes fonctions d'instituteur. Mais alors je vis en Allemagne les affiches rouge sang de la révolution et je me trouvai pour la première fois au milieu des masses agitées de cette époque. Au cours d'une réunion je demandai la parole après l'orateur. J'étais inconnu, mais une voix intérieure m'avait poussé sur l'estrade et je parlai. J'entrai dans la discussion et je parlai des récents événements en Allemagne. Lors de la révolution de novembre 1918, les Juifs et leurs amis s'étaient emparés du pouvoir politique. Il y avait des Juifs au gouvernement du Reich et même dans tous les gouvernements des pays. Dans ma petite patrie, la Bavière, le président du conseil était un Juif polonais, un certain Eisner-Kosmanovsky. La réaction de la bourgeoisie allemande se manifesta par la création d'une association, le « Schutz und Trutzbund ». Dans toutes les grandes villes d'Allemagne furent créés des groupes locaux du « Schutz und Trutzbund ». Le destin voulut que j'assistasse une autre fois à une réunion où je pris la parole comme contradicteur. Un citoyen s'approcha de moi et me demanda de me rendre au Kultur-Verein, dans la « salle dorée », pour entendre ce qu'on avait à dire.

— C'est ainsi, Messieurs, que j'entrai dans la voie qui m'a conduit jusqu'ici. C'est le destin qui a fait de moi l'homme qu'une propagande internationale croyait avoir fait elle-même. On m'a traité de chien sanglant, de tsar sanglant de Franconie. On a porté atteinte à mon honneur. On a payé trois cents Mark un criminel, qui devait prêter serment dans cette salle même, pour déclarer m'avoir vu pendant la guerre, alors que j'étais officier en France, violer une madame Duquesne, femme d'un instituteur d'Athis près de Péronne. Il fallut deux ans pour qu'une trahison dévoilât la vérité. Ici dans cette salle, Messieurs, on a présenté le reçu de ces trois cents Mark. Pour trois cents Mark, on a voulu m'enlever mon honneur ! Je mentionne cette affaire, Messieurs, parce que mon cas est spécial, et si l'on veut le juger selon la justice, je dois pouvoir faire à l'occasion une remarque comme celle-là. Puis-je encore ajouter, Messieurs, que ce n'est pas par hasard que la première question que m'a posée l'officier soviétique qui m'a interrogé a été celle-ci : « Avez-vous commis des attentats à la pudeur ? »

— Messieurs, j'ai indiqué de quelle façon providentielle je suis entré dans le « Schutz und Trutzbund » pour indiquer la voie au peuple. J'ai dit quelles étaient alors les circonstances en Allemagne. Il était par conséquent tout naturel que je n'aille plus dans les centres révolutionnaires pour participer aux discussions. Je me sentais appelé à faire mes propres réunions et je pris la parole, je puis le dire, pendant quinze ans, presque tous les vendredis, devant cinq mille à six mille personnes. Pendant vingt ans, je le reconnais ouvertement, j'ai pris la parole dans les plus grandes villes d'Allemagne, parfois devant des assemblées réunies dans des stades ou sur des places publiques devant cent cinquante mille à deux cent mille personnes. Je l'ai fait pendant vingt ans et je déclare ici : je n'ai pas été payé par le parti. Le ministère public ne peut pas, même en faisant une proclamation, amener dans cette salle quelqu'un qui puisse prouver que j'étais payé. J'avais un traitement modeste qu'on m'avait encore laissé après que j'eusse été relevé de mes fonctions en 1924. Néanmoins, je suis le seul Gauleiter du mouvement qui n'ait jamais reçu un sou. Que plus tard mon activité d'écrivain m'ait nourri, moi et mes collaborateurs, c'était tout naturel.

— Maintenant, Messieurs, en 1921 — je reviens à cette époque — je me rendis à Munich. J'étais curieux. Quelqu'un m'avait dit : « Vous devriez entendre un jour Adolf Hitler. » Là, le destin intervient encore. On ne peut comprendre ce drame que si l'on perçoit les ondes supérieures qui ne sont pas encore amorties.

— Je me rendis donc à Munich au Bürgerbräukeller. Hitler parla. Je ne le connaissais que de nom. Je n'avais encore jamais vu cet homme. J'étais là, un inconnu parmi des inconnus. Je vis cet homme après un discours de trois heures, peu avant minuit, baigné de sueur, rayonnant. Un de mes voisins croyait voir une auréole autour de cette tête ; et moi j'éprouvais quelque chose d'indéfinissable. Messieurs, c'était un spectacle qu'on ne voyait pas tous les jours. Lorsqu'il eut terminé son discours, une voix intérieure m'ordonna de me lever. Je me rendis sur l'estrade. Quand Adolf Hitler en descendit, j'allai à lui et lui dis mon nom. Le ministère public a présenté au Tribunal un document qui rappelle ce moment. Adolf Hitler a écrit dans son livre *Mein Kampf* que j'avais dû vraiment faire un effort sur moi-même pour remettre entre ses mains ce mouvement que j'avais créé à Nuremberg.

— Je mentionne cela parce que le ministère public a cru devoir présenter ce détail qui est contenu dans le livre d'Hitler, *Mein Kampf*, pour en faire état contre moi. Oui, j'en suis fier ; je me suis contraint et j'ai remis moi-même entre les mains d'Hitler le mouvement que j'avais créé en Franconie. Grâce à ce mouvement franconien, le mouvement qu'Adolf Hitler avait fondé à Munich et dans le sud de la Bavière put jeter un pont vers l'Allemagne du Nord. C'était aussi mon œuvre.

DOCTEUR MARX. — Comment envisageait-on, dans les débuts du parti, la solution de la question juive ?

ACCUSÉ STREICHER. — Dans les débuts du parti, on ne parlait absolument pas de résoudre la question juive, de même qu'il n'était pas question non plus de la façon dont on pourrait abolir le Diktat de Versailles. Il faut se représenter le chaos qui régnait alors en Allemagne.

DOCTEUR MARX. — On prétend que vous avez entretenu des relations particulièrement étroites avec Hitler et que vous auriez exercé une influence appréciable sur les décisions de cet homme. Je voudrais donc vous demander de définir vos rapports avec Adolf Hitler.

ACCUSÉ STREICHER. — Quiconque a eu l'occasion de connaître de près Hitler sait combien ce que je dis est exact. Quiconque croyait pouvoir se frayer une voie pour devenir un jour un ami personnel d'Hitler, se faisait des illusions. Adolf Hitler était un être exceptionnel à tous égards et je crois pouvoir dire qu'il n'avait pas de relations d'amitié avec d'autres hommes, au moins d'amitié intime. Il était difficile de s'approcher d'Adolf Hitler et celui qui voulait le faire ne le pouvait que par une action énergique. Puisque vous me le demandez — je sais à quoi tend cette question — je peux répondre ceci : avant 1933, Adolf Hitler n'avait pas confiance en moi, bien que j'eusse spontanément remis tout mon mouvement entre ses mains. Il envoya après quelque temps, le futur maréchal Hermann Gœring à Nuremberg. C'était alors un jeune Führer des S.A., je crois ; il venait examiner si c'était moi ou mes dénonciateurs qui avaient raison. Ce n'est pas une accusation, mais une simple constatation. Peu après, il envoya encore un enquêteur puis un troisième. Ainsi, jusqu'en 1933, Adolf Hitler n'eut pas confiance en moi.

Pour donner des exemples de l'antisémitisme de Streicher, l'accusation n'avait que l'embarras du choix. Elle retint particulièrement ce discours en 1922 :

— Je vous supplie et particulièrement ceux d'entre vous dans le pays qui portez la croix, de devenir plus sérieux quand je parlerai de l'ennemi du peuple allemand ; j'ai nommé le Juif. Ce n'est pas sans avoir conscience de ce que je fais et par plaisanterie, que je combats l'ennemi juif, mais parce que je porte en moi la connaissance que tout le malheur a été uniquement apporté à l'Allemagne par le Juif.

— Je vous demande une fois de plus : qu'est-ce qui est en jeu aujourd'hui ? Le Juif cherche la domination non seulement du peuple allemand, mais de tous les peuples. Les communistes lui frayent le chemin : ne savez-vous pas que le dieu de l'Ancien Testament ordonne aux Juifs d'absorber et de réduire en esclavage les peuples de la terre ? Le gouvernement permet au Juif de faire ce qui lui plaît mais le peuple espère qu'une action sera entreprise. Vous pouvez penser ce que vous voulez d'Adolf Hitler, mais il y a une chose que vous devez admettre ; il a eu le courage de tenter de libérer le peuple allemand du Juif par une révolution nationale. Voilà qui est agir.

— Vous devez réaliser que le Juif veut la disparition de notre peuple ; c'est pourquoi vous devez vous joindre à nous et abandonner ceux qui ne vous ont apporté que la guerre, l'inflation et la discorde. Depuis des milliers d'années, le Juif détruit les nations.

— Commencez aujourd'hui une nouvelle tâche, afin de pouvoir annihiler les Juifs.

— Nous savons que le Juif, qu'il soit baptisé protestant ou catholique, reste juif. Pourquoi ne vous en rendez-vous pas compte, vous, pasteurs protestants, vous, prêtres catholiques ? Vous êtes aveugles et vous servez le dieu des Juifs qui n'est pas un dieu d'amour, mais un dieu de haine. Pourquoi n'écoutez-vous pas le Christ qui a dit aux Juifs : « Vous êtes les enfants du diable » ?

Deux autres dogmes au cœur de la « philosophie nazie » : le Lebensraum, l'espace vital, et le principe du chef. Le procureur français de Menthon expose le problème de l'espace vital en tant qu'expression d'une politique intérieure autoritaire et d'une politique étrangère agressive.

— La théorie de l'espace vital apparaît dès le début du XIXe siècle. Démonstration d'ordre géographique et historique bien connu, que les Ratzel, les Arthur Dix et les Lamprecht reprendront plus tard, assimilant les conflits entre les peuples à une lutte forcenée entre conceptions et réalisations spatiales, et déclarant que l'histoire entière s'oriente vers l'hégémonie allemande.

— Le totalitarisme étatique a également en Allemagne des racines anciennes. L'absorption des individus par l'État est souhaitée par Hegel qui écrivait : « Les individus disparaissent en présence de la substance universelle (esprit du peuple ou État) et celle-ci forme par elle-même des individus que ces propres buts exigent d'elle. »

— Le national-socialisme n'apparaît donc en aucune façon dans l'Allemagne contemporaine, ni comme une éclosion spontanée qui serait due aux conséquences de la défaite de 1918, ni comme la simple invention d'un groupe d'hommes résolus à prendre le pouvoir.

— Le national-socialisme est l'aboutissement de toute une longue évolution doctrinale, l'exploitation par un groupe d'hommes de l'un des aspects les plus profonds et les plus tragiques de l'âme allemande. Mais le crime d'Hitler et de ses compagnons, sera précisément d'exploiter et de déchaîner cette force de barbarie latente existant avant lui dans le peuple allemand, et cela jusqu'aux dernières conséquences.

— Le régime dictatorial institué par Hitler et ses compagnons entraîne pour tous les Allemands le « soldatisme », à savoir : un genre et un système de vie totalement différents de ceux que pratiquent le monde bourgeois de l'Ouest et l'Est prolétarien. Il s'agissait d'une mobilisation permanente et complète des énergies individuelles et collectives. Cette militarisation intégrale supposait un conformisme absolu des pensées et des actes, militarisation conforme à la tradition disciplinaire prussienne. La propagande communique aux masses la foi, l'élan, l'ivresse et la grandeur communautaire. Dans le racisme, dans une exaltation communautaire mystique, ces masses consentantes trouvent un dérivatif artificiel à leur angoisse morale, à leurs inquiétudes matérielles ; les âmes hier dispersées et dévastées se trouvent rassemblées dans un moule commun.

— La pédagogie nazie forme des générations nouvelles chez lesquelles ne subsiste plus rien des thèmes moraux traditionnels remplacés par le culte de la race et le culte de la force.

— Le mythe racial tend à devenir une véritable religion nationale. Beaucoup de publicistes rêvent, se substituant à la dualité des confessions religieuses, d'un œcuménisme de formule allemande qui serait simplement la religion de la race allemande en tant que race.

— Au milieu du XXe siècle, l'Allemagne retourne volontairement par-delà le christianisme et la civilisation à la barbarie de la Germanie primitive ; elle rompt délibérément avec toutes les conceptions universalistes des nations modernes. La doctrine nationale-socialiste qui élève l'inhumanité au rang d'un principe, constitue véritablement une doctrine de désintégration de la société moderne.

— Cette doctrine entraînait nécessairement l'Allemagne à la guerre d'agression et à l'emploi systématique de la criminalité dans la conduite de la guerre.

— Le primat absolu de la race allemande, la négation de toute règle internationale, le culte de la force, l'exacerbation de la mystique communautaire, lui faisaient considérer comme logique et justifié le recours à la guerre dans l'intérêt de la race allemande. Celle-ci a le droit strict de grandir aux dépens des nations jugées décadentes. L'Allemagne va recommencer en plein XXe siècle, les grandes invasions barbares. Et tout naturellement et logiquement, elle mènera sa guerre à la mode barbare, non seulement parce que l'éthique nationale-socialiste est indifférente sur le choix des moyens, mais parce que la guerre doit être totale dans ses moyens et dans son but.

— Qu'il s'agisse du crime contre la Paix ou des crimes de guerre, nous ne nous trouvons donc pas en face d'une criminalité accidentelle, occasionnelle, que les événements pourraient certes non pas justifier, mais expliquer, nous nous trouvons bien devant une criminalité systématique découlant directement et nécessairement d'une doctrine monstrueuse, servie avec une volonté délibérée par les dirigeants de l'Allemagne nazie.

— De la doctrine nationale-socialiste découle directement la perpétration immédiatement poursuivie du crime contre la Paix. Dès février 1920, dans le premier programme du parti national-socialiste, Adolf Hitler avait déjà esquissé les bases de la future politique extérieure allemande.

— La politique extérieure du Reich doit avoir pour premier objectif de rendre à l'Allemagne « son indépendance et sa souveraineté effective », claire allusion aux clauses du Traité de Versailles, relatives au désarmement et à la démilitarisation de la Rhénanie. Elle doit ensuite s'appliquer à reconquérir les « territoires perdus » en 1919, la question d'Alsace et de Lorraine, quinze ans avant le début de la Seconde Guerre mondiale, est nettement posée. Elle doit enfin chercher à agrandir en Europe même les territoires allemands ; les frontières de 1914 étaient « insuffisantes », il est indispensable de les étendre en englobant dans le Reich « tous les Allemands » à commencer par les Allemands d'Autriche.

— Après avoir reconstitué la Grande Allemagne, le national-socialisme fera en sorte « d'assurer les moyens d'existence » sur cette planète de la race que groupe l'État en établissant « un rapport sain » entre le chiffre de la population et l'étendue du territoire. Par « rapport sain », il faut entendre une situation telle que l'alimentation du peuple soit assurée par les seules ressources de son propre territoire. « Seul, un espace suffisant sur cette terre assure à un peuple la liberté d'existence. Mais ce n'est encore qu'une étape. » Quand un peuple voit sa subsistance garantie par l'étendue de son territoire, il est encore nécessaire néanmoins de songer à assurer la sécurité de ce territoire car la puissance d'un État est directement fonction de la valeur militaire de sa situation géographique.

— Ces buts, ajoute Hitler, ne peuvent pas être atteints sans guerre. Il serait impossible d'obtenir le rétablissement des frontières de 1914 « sans verser le sang ». À plus forte raison serait-il impossible d'acquérir l'espace vital si l'on ne se prépare pas à une « passe d'armes ».

— « C'est dans l'Europe de l'Est, aux dépens de la Russie et des pays limitrophes que l'Allemagne doit chercher de nouveaux territoires. Nous arrêtons l'éternelle marche des Germains, vers le sud et vers l'ouest de l'Europe et nous jetons nos regards vers l'Est. » Mais auparavant, déclare Hitler, il est nécessaire d'annihiler les tendances de la France à l'hégémonie et d'avoir avec cet « ennemi mortel » une « explication définitive ». « L'anéantissement de la France permettra à l'Allemagne d'acquérir ensuite des territoires à l'Est. » Le « règlement de comptes » à l'Ouest n'est qu'une préface. On ne saurait l'interpréter que comme une couverture de nos arrières pour l'extension en Europe de notre habitat.

— À l'avenir d'ailleurs, l'Allemagne devra empêcher l'existence à proximité de son territoire d'une « puissance militaire » qui puisse rivaliser avec elle, s'opposer « par tous les moyens » à la constitution d'un État qui serait susceptible d'acquérir une telle puissance et s'il existe déjà, le « détruire ». C'est pour les Allemands non seulement un droit mais un devoir. « Ne permettez jamais » — recommande Hitler à ses concitoyens, dans un passage qu'il présente comme son testament politique — « que se forment en Europe des puissances continentales. Dans cette tentative pour organiser aux frontières de l'Allemagne une deuxième puissance militaire, ne fût-ce que sous la forme d'un État susceptible d'acquérir une telle puissance, voyez une attaque contre l'Allemagne. »

— Guerre pour reconquérir les territoires perdus en 1919, guerre pour anéantir la puissance française, guerre pour acquérir dans l'Europe de l'Est l'espace vital, guerre enfin contre tout État qui serait ou qui pourrait devenir un contrepoids à l'hégémonie du Reich.

Accusé Funk. — Le problème vital n'est pas un slogan, c'était un problème réel à cette époque pour le peuple allemand. Par Lebensproblem...

Docteur Sauter. — Vous voulez dire Lebensraum ?

Accusé Funk. — Ou espace vital, je n'entendais certainement pas alors la conquête de pays étrangers ; la pensée de la guerre était alors bien lointaine pour moi, comme elle l'était probablement pour la plupart des Allemands. Par espace vital, j'entendais le libre accès des intérêts vitaux de l'Allemagne au commerce mondial, c'est-à-dire la participation du peuple allemand à l'utilisation des richesses du monde, qui existent à profusion. Je ne me suis pas alors préoccupé de savoir si le résultat s'obtiendrait par des colonies, par des concessions ou par des accords commerciaux.

— Le développement de l'Allemagne, avant la Première Guerre mondiale, avait été pour moi le facteur décisif qui me détermina à devenir journaliste économique. La participation de l'Allemagne à l'industrie pétrolifère roumaine, la concession du chemin de fer de Bagdad, l'influence grandissante de l'Allemagne en Amérique du Sud, en Chine et surtout en Extrême-Orient, tout cela m'avait beaucoup enthousiasmé. À cette époque, j'avais fait la connaissance d'hommes tels que Franz Günther de la Banque d'escompte, Arthur von Gwinner de la Deutsche Bank, Karl Helfferich, le grand importateur hambourgeois, Witthöft et beaucoup d'autres pionniers de l'économie allemande et je m'engageai dans mon métier avec tout l'enthousiasme du jeune journaliste.

— L'espace vital représentait donc pour moi, à ce moment-là, la réalisation de ces exigences économiques, la participation économique de l'Allemagne aux richesses mondiales, la suppression des entraves qui nous étaient opposées de tous côtés, car c'était un non-sens absolu que, d'un côté, l'Allemagne eût à payer des réparations et des dettes, et, de l'autre côté, que les pays créanciers se refusassent à accepter le seul paiement possible, c'est-à-dire le paiement en nature, en marchandises ou en services. À cette époque, déferla sur le monde une grande vague de protectionnisme. Je rappelle ici la politique économique américaine, les accords d'Ottawa ; cette politique mondiale erronée fut la cause de la crise économique mondiale de 1929-1930, qui eut aussi des répercussions graves en Allemagne.

Dernière théorie exposée : le « Führerprinzip », principe du chef :

— Le peuple allemand doit être gouverné en vertu du « Führerprinzip » (principe du chef), selon lequel le pouvoir est aux mains d'un « Führer » dont des subordonnés doivent tirer leur autorité par ordre hiérarchique, chacun d'eux devant obéissance, sans conditions, à son supérieur immédiat, mais étant investi d'un pouvoir absolu dans son propre ressort. Le pouvoir des chefs doit être illimité et s'étendre à tous les aspects de la vie publique et privée.

— La doctrine importante qui imprègne le complot tout entier, et qui constitue un facteur de poids dans l'établissement de la culpabilité de chacun de ces accusés, est la doctrine ou concept du « Führerprinzip » ou principe du chef. Cette doctrine imprégnait le parti nazi et toutes ses formations et organismes affiliés et, en définitive, elle imprégna l'État nazi, et toutes les institutions qui y étaient rattachées. Elle est d'une telle importance, que j'aimerais m'y attarder pendant quelques instants et essayer d'expliquer les idées qu'elle renferme.

— Le principe du chef entraîne deux conceptions politiques importantes.

1. Le principe d'autorité ;
2. Le principe totalitaire.

— Le principe d'autorité implique ce qui suit : Toute l'autorité est concentrée au sommet et remise entre les mains d'une seule personne, le Führer. Cela signifie, en outre, que le Führer est infaillible comme il est tout puissant. Le manuel du parti déclare : « Commandements du national-socialiste : le Führer a toujours raison... »

— De même, il n'y a aucune limite légale ou politique à l'autorité du Führer. Toute autorité exercée par d'autres, découle de celle du Führer. De plus, dans la sphère de compétence qui lui est impartie, chaque personne désignée par le Führer, exerce son pouvoir d'une façon également illimitée, subordonnée seulement aux ordres de ses supérieurs hiérarchiques. Chaque personne nommée doit une obéissance absolue et sans conditions au Führer et aux chefs du parti qui lui sont supérieurs dans la hiérarchie.

— Chaque chef politique était tenu chaque année à une prestation de serment. D'après le manuel du parti, qui sera déposé comme preuve, les termes du serment étaient les suivants :

— « Je jure fidélité éternelle à Adolf Hitler. Je m'engage à lui obéir sans réserve, ainsi qu'au chef qu'il désigne. »

— Le manuel du parti déclare également que « le chef politique est inséparablement lié à l'idéologie et à l'organisation de la N.S.D.A.P. Il n'est délié de son serment que par la mort ou par son expulsion de la communauté nationale-socialiste ».

— Comme l'accusé Hans Frank l'a déclaré dans l'une de ses allocutions, « le principe du chef, dans l'administration, signifie : remplacer toujours la décision de la majorité par une décision prise par une seule personne désignée, ayant des pouvoirs clairement délimités, et seule responsable devant ceux qui sont au-dessus d'elle, en lui laissant la responsabilité de faire exécuter les décisions par ses subordonnés ».

— Et finalement, le concept d'autorité contenu dans le « Führerprinzip » implique que l'autorité du Führer s'étend à toutes les sphères de la vie publique et privée.

— Le second grand concept du principe du chef est le principe totalitaire qui entraîne les conséquences suivantes : l'autorité du Führer, des personnes qu'il désigne, et par leur intermédiaire, de l'ensemble du parti, s'étend à toutes les sphères de la vie publique et privée : Le parti domine l'État ; le parti domine l'armée ; le parti domine tous les individus dans l'État ; le parti élimine toutes les institutions, les groupes et les individus qui se refusent à accepter la direction de leur Führer.

— Le manuel du parti déclare :

— « Seules ont le droit de se réclamer de l'institution du principe du chef et de la conception nationale-socialiste de l'État et du peuple, dans le sens national-socialiste du terme, les organisations... qui ont été intégrées, surveillées et formées par le parti et qui, à l'avenir, continueront à l'être. »

— Le manuel poursuit :

— « Toutes les autres organisations qui mènent une vie qui leur est propre doivent être rejetées comme étrangères, et devront, ou bien s'adapter, ou disparaître de la vie publique. »

Le « Führerprinzip » vu par le n° 2 du parti nazi, Hermann Gœring :

MONSIEUR JUSTICE JACKSON. — Vous avez introduit le Führerprinzip que vous nous avez décrit comme clef de voûte d'un système dans lequel l'autorité venait d'en haut, était transmise aux échelons inférieurs et exercée à l'encontre du peuple. Est-ce exact ?

ACCUSÉ GŒRING. — Afin d'éviter tout malentendu, j'aimerais une fois de plus exposer très brièvement comment j'entends la question.

— Dans le défunt système parlementaire allemand, la responsabilité incombait aux échelons supérieurs, responsables de la réalisation des désirs anonymes de majorités, qui exerçaient donc l'autorité. Avec le Führerprinzip, nous avons entrepris de renverser la vapeur. L'autorité s'exerçait de haut en bas tandis que l'échelon inférieur était responsable devant son supérieur.

MONSIEUR JUSTICE JACKSON. — En d'autres termes, vous n'imaginez pas et n'avez pas autorisé un gouvernement qui, comme nous disons, gouverne avec le consentement du peuple et dans lequel le peuple, par l'intermédiaire de ses représentants, est à la source du pouvoir et de l'autorité ?

ACCUSÉ GŒRING. — Ce n'est pas entièrement exact. Nous avons demandé au peuple à plusieurs reprises de se prononcer sans équivoque et clairement sur notre système. Mais ces consultations se déroulèrent différemment de ce qui se faisait précédemment et peut-être ainsi dans d'autres pays. Nous dirigions dans le sens des décisions populaires. Nous étions également d'avis qu'avec le Führerprinzip un gouvernement ne peut à la longue subsister que s'il jouit de quelque façon que ce soit de la confiance populaire. S'il n'en avait plus été ainsi le gouvernement aurait dû gouverner sous la protection des baïonnettes. Et le Führer a toujours été d'avis qu'il était à la longue impossible de gouverner contre la volonté du peuple.

MONSIEUR JUSTICE JACKSON. — Mais vous n'avez pas permis que soient choisies par voie électorale les personnes qui auraient dû être mandatées par le peuple. Elles étaient toujours nommées par l'échelon supérieur, n'est-ce pas ?

ACCUSÉ GŒRING. — C'est exact. Le peuple avait simplement à reconduire l'autorité du Führer, ou disons, à se déclarer d'accord avec le Führer. Lorsqu'il avait donné sa confiance au Führer, il lui appartenait alors d'exercer les autres fonctions. Ce n'était donc pas quelques individus qui étaient choisis selon les désirs du peuple mais uniquement les dirigeants.

MONSIEUR JUSTICE JACKSON. — Ce principe avait donc été adopté définitivement par vous en Allemagne. L'a-t-il été parce que vous pensiez qu'aucun peuple n'est capable de se gouverner lui-même ou bien parce que vous pensiez que si quelques-uns en étaient peut-être capables, le peuple allemand, lui, ne l'était pas. Sans considération de savoir si quelques-uns d'entre nous sont capables de gouverner d'après nos conceptions, celles-ci ne devaient pas être autorisées en Allemagne ?

ACCUSÉ GŒRING. — Je vous demande pardon, mais je n'ai pas très bien saisi le sens de la fin de cette dernière question. Je pourrais peut-être répondre de la façon suivante :

— J'ai considéré le Führerprinzip nécessaire car le régime précédent, que nous appelions parlementaire ou démocratique, avait amené l'Allemagne au bord de l'abîme. À ce propos, pourrais-je vous rappeler que votre propre président Roosevelt déclarait, autant que je m'en souvienne — je ne le citerai pas mot à mot — que certains peuples en Europe avaient déserté la démocratie, non pas parce qu'ils ne la désiraient pas comme telle mais parce que la démocratie avait engendré des dirigeants trop faibles pour donner au peuple du travail et du pain et pour le satisfaire. C'est pourquoi les peuples ont abandonné ce système et ses hommes. Cette déclaration contient beaucoup de vérité. Ce système avait apporté la ruine et, j'en suis convaincu, seule une organisation forte et hiérarchisée et clairement définie pouvait à nouveau rétablir l'ordre. Bien entendu non pas contre la volonté du peuple, mais seulement après que ce dernier, à la suite de plusieurs votes échelonnés, eut de plus en plus clairement exprimé son désir de confier sa destinée à un gouvernement national-socialiste.

DOCTEUR STAHMER. — Quelle est votre proposition sur le « principe du chef » ?

ACCUSÉ GŒRING. — J'étais partisan de ce principe et je le suis encore positivement en toute conscience. On ne doit pas faire l'erreur d'oublier que la structure politique dans les divers pays a des origines différentes et se modifie de différentes manières. Ce qui convient parfaitement à un pays peut échouer complètement dans un autre. L'Allemagne, au cours de longs siècles de régime monarchique, a toujours connu ce principe du chef. Le régime démocratique apparut en Allemagne à une époque où elle était en mauvaise posture et se trouvait au fond de l'abîme. J'ai expliqué hier le manque total d'unité qui existait en Allemagne, le nombre de partis, l'insécurité continuelle causée par les élections. À ce sujet, il s'était produit une altération totale des concepts d'autorité et de responsabilité qui avaient été complètement invertis. L'autorité était aux mains de la masse et la responsabilité aux mains du chef, contrairement à la normale. Je suis encore d'avis que le salut de l'Allemagne, particulièrement à ce moment-là de son déclin, alors qu'il était nécessaire que toutes ses forces fussent efficacement groupées, résidait dans le principe du chef ; c'est-à-dire l'autorité s'exerçant de haut en bas et la responsabilité assumée depuis le bas jusqu'en haut. Je comprends parfaitement que, là encore, un principe parfaitement sain en lui-même puisse conduire à des excès. J'aimerais faire quelques comparaisons. L'édifice de l'Église catholique repose maintenant, comme autrefois, manifestement sur le principe du chef et de la hiérarchie. Et je pense pouvoir dire aussi que la Russie n'aurait pas pu, sans le principe du chef, survivre à la pénible épreuve qui lui a été imposée par cette guerre.

L'analyse de Walter Funk rejoint celle de Gœring qui voit dans le principe du chef une logique irréprochable de la vie politique allemande. Si le peuple a toujours obéi, pourquoi ne continuerait-il pas ? Et Funk de rajouter, ironique malgré lui : « Le principe démocratique n'a pas obtenu de succès en Allemagne. »

ACCUSÉ FUNK. — On ne peut jamais dire à priori d'un principe de gouvernement, et c'est vrai pour le principe du chef, qu'il est bon ou mauvais ; cela dépend des circonstances données ; et, avant tout, de ceux qui gouvernent. Le principe démocratique et parlementaire n'avait pas obtenu de succès en Allemagne. L'Allemagne n'avait pas de traditions parlementaires et démocratiques comme certains autres pays. En fin de compte, lors des décisions gouvernementales, les quelques voix du parti de l'économie, qui était prépondérantes, avaient été achetées. Il fallait donc introduire un nouveau principe. Et dans un régime autoritaire, le gouvernement est bon si les gens qui détiennent l'autorité et la responsabilité le sont. À mon avis, le principe du chef signifiait que les meilleurs et le meilleur devaient gouverner, et qu'alors l'autorité s'exercerait de haut en bas et la responsabilité de bas en haut. Et au cours des conversations que j'ai eues en 1931 avec Hitler et d'autres personnalités dirigeantes du parti, et, comme je l'ai dit aussi, en voyant l'enthousiasme et la foi qu'apportait le peuple allemand à ce mouvement politique, j'acquis la conviction que ce parti devait arriver au pouvoir et que de lui seul pouvait nous venir le salut. Je voulais moi-même mettre en pratique mes propres idées économiques au sein de ce parti.

Dernier point de vue, celui du docteur Schacht :

ACCUSÉ SCHACHT. — Sur le fait que le principe du chef soit ou non criminel, les opinions ont été très partagées dans l'Histoire. Si nous nous reportons à l'Histoire romaine, nous y voyons que, de temps en temps, dans les périodes de grande détresse, on choisissait un chef auquel tout était subordonné ; et si je lis aujourd'hui le livre de Henderson *Failure of a mission* (« Échec d'une mission »), j'y trouve des phrases comme celle-ci : « En Angleterre on oublie parfois, et on ne se rend pas compte, que même les dictateurs peuvent, jusqu'à un certain point, être nécessaires pendant une certaine période, et peuvent même être d'un grand secours à une nation. »

— Et, à un autre passage du même livre : « Les dictateurs ne sont pas toujours des maux. »

— En d'autres termes, tout dépend des pouvoirs qui sont confiés à ce chef, de ceux qui lui ont fait confiance et pour combien de temps. Bien entendu, il est absolument impossible à quiconque d'assumer la direction d'un pays, sans donner de temps à autre la possibilité au peuple de dire s'il désire conserver son chef.

— L'élection d'Hitler au poste de Führer n'a pas été en elle-même une erreur politique. On pouvait, à mon avis, l'accompagner d'une qualité de limitations qui eussent évité le danger dont vous venez de parler. Malheureusement, cela n'a pas été fait, et ce fut là l'erreur grave. Mais on pouvait peut-être espérer que, de temps en temps, interviendrait un vote qui permît au peuple d'exprimer sa volonté et corrigeât ainsi la politique du Führer ; car un chef dont la politique ne peut pas être modifiée devient un danger. J'avais très bien vu ce danger, je le craignais et j'ai essayé d'y faire face.

— Je dirai autre chose encore : la propagande outrancière du parti a tenté d'introduire l'idée de chef comme un principe dans la politique, c'est-à-dire comme un principe permanent. C'est évidemment un non-sens absolu, et j'ai saisi l'occasion, comme je le faisais toujours quand c'était possible, de faire connaître publiquement mon opinion personnelle. J'ai donc, au cours d'une conférence devant l'Académie allemande de droit, qui ne comptait pas que des nazis mais des juristes appartenant à toutes les classes, fait un exposé sur le principe du chef dans l'économie, et à cette occasion j'ai dit, d'une manière ironique et satirique, comme c'est malheureusement mon habitude, qu'il n'était pas utile d'avoir un Führer dans n'importe quelle manufacture de chaussettes, que ce principe n'en était pas un, mais ne constituait qu'une règle d'exception qu'on devait appliquer avec beaucoup de précautions.

1923 sera une grande année pour l'histoire du national-socialisme. Hermann Gœring accède à la tête des S.A., organisation paramilitaire créée en 1921. Le chef des S.A. a déjà derrière lui une belle carrière dans les armes.

ACCUSÉ GŒRING. — Je suis né le 12 janvier 1893 à Rosenheim en Bavière.

DOCTEUR STAHMER. — Veuillez faire au Tribunal une courte description de votre vie, jusqu'au début de la Première Guerre mondiale, mais une description très brève.

ACCUSÉ GŒRING. — Éducation normale, d'abord à la maison ; ensuite je suis entré au corps des Cadets, puis je suis devenu officier d'active. Quelques indications importantes pour la suite : mon père a été premier gouverneur de l'Afrique du Sud ; il a eu à ce moment-là des relations avec deux hommes d'État britanniques : Cecil Rhodes et l'aîné des Chamberlain. Je dois aussi dire que mon père était très attaché à Bismarck. En ce qui concerne ma jeunesse, j'ai vécu en partie en Autriche et j'ai eu des relations d'affection très étroites avec ce peuple frère. Au début de la Première Guerre mondiale, j'étais lieutenant dans un régiment d'infanterie.

DOCTEUR STAHMER. — En quelle qualité avez-vous participé à la Première Guerre mondiale ?

ACCUSÉ GŒRING. — D'abord comme lieutenant dans un régiment d'infanterie, lors de la bataille dite des frontières ; à partir d'octobre 1914, je devins observateur en avion. En juin 1915, je pilotai d'abord des avions de reconnaissance puis, pendant une courte période, des bombardiers : en automne 1915, je devins chasseur. Puis, je fus grièvement blessé au cours d'un combat aérien ; après mon rétablissement, je devins commandant d'une escadrille de chasse et, après la mort de Richthofen, commandant de l'escadrille Richthofen qui était bien connue.

DOCTEUR STAHMER. — Quelles sont vos décorations militaires ?

ACCUSÉ GŒRING. — Je reçus d'abord la Croix de Fer de 2e classe, puis la Croix de Fer de 1re classe, le Lion de Zähringen avec épée, l'ordre de

Karl Friedrich, l'ordre Hohenzollern de 3e classe avec épée et enfin l'ordre suprême « pour le Mérite », qui était la plus haute décoration.

MONSIEUR BÖHM. — Témoin, est-il exact, ainsi que l'avance le ministère public, que vous étiez Reichsführer des S.A. ?

ACCUSÉ GŒRING. — Je n'ai pas été Reichsführer des S.A. Ce titre n'a d'ailleurs jamais existé. En 1923, le 9 novembre, j'étais commandant des S.A. qui, à cette époque-là, n'existaient qu'en Bavière et sur une petite échelle, en Wurtemberg.

MONSIEUR BÖHM. — Pendant combien de temps avez-vous ensuite été commandant des S.A. ?

ACCUSÉ GŒRING. — Je viens de vous le dire, jusqu'en novembre 1923.

MONSIEUR BÖHM. — À partir de 1921 ?

ACCUSÉ GŒRING. — Du début de 1923.

MONSIEUR BÖHM. — Quelle a été votre participation à la direction des S.A., à l'endoctrinement des S.A. et à la diffusion des ordres avant 1923 ou plutôt après 1923 ?

ACCUSÉ GŒRING. — Du début de 1923 jusqu'au 9 novembre 1923, mon pouvoir a été absolu, c'est-à-dire que je commandais directement les S.A. à cette époque. Après 1923, je n'avais plus rien à voir aux S.A. et, d'ailleurs, je ne m'en suis plus occupé.

Pour Hitler, les S.A. ne sont qu'un instrument :

— « Je souhaite que les S.A. deviennent un élément solide et sûr du mouvement national-socialiste. Dressées à une obéissance et à une discipline aveugles, les S.A. doivent aider à créer et à former le nouveau type de l'Allemand. »

L'accusation les présente ainsi :

— Les S.A. furent la première organisation créée par les nazis pour servir leurs funestes desseins et elles jouèrent un grand rôle dans la conspiration. Contrairement aux fonctions de certaines organisations, celles des S.A. n'étaient pas nettement définies ; c'était un organisme qui devait s'adapter à des situations très différentes dans des buts divers. Son rôle, au cours du complot, a changé de temps à autre, mais fut toujours en corrélation avec l'évolution de ce dernier, dont le but final était la suppression du Traité de Versailles et l'acquisition de territoires appartenant à d'autres nations. Si nous comparons ce complot à un puzzle dont les différentes parties s'adaptent exactement les unes aux autres, nous voyons que les S.A. sont une des pièces essentielles pour la constitution et la forme de l'ensemble.

— Le S.A. était très bien entraîné, selon la doctrine, l'attitude et l'activité qu'on attendait de lui, qu'il devait adopter et dont il devait faire montre dans la vie courante. L'uniformité d'action et l'unité de pensée en la matière étaient en partie obtenues par la publication d'un hebdomadaire qui s'appelait *Der S.A.-Mann* (Le S.A.). Ce périodique avait pour but de créer et de diffuser les différentes doctrines nazies adoptées par la plupart des conspirateurs. Cet hebdomadaire officiel, appelé *Der S.A.-Mann*, publié à Munich, se vendait dans les kiosques ; il était diffusé dans toute l'Allemagne et dans tous les pays occupés. De plus, c'était un journal d'information, donnant des comptes rendus sur l'activité de toute l'organisation S.A. et des différents groupements qui la composaient.

— L'organisation générale et la structure des S.A. seront exposées au Tribunal par des documents que nous présenterons comme preuves. Vous y verrez, à l'origine des S.A., quelques bandes de voyous des rues qui finirent par s'organiser en unité militaire, d'après des principes militaires, avec un entraînement militaire et des fonctions militaires aussi, avec surtout un esprit agressif, militarisé et belliqueux. L'organisation s'étendit sur tout le territoire du Reich et sur le plan vertical, les S.A. furent organisées en groupes et en subdivisions locales. Horizontalement, elles comprenaient des unités spécialisées, y compris des unités de cavalerie, de transmission, du génie et des services sanitaires. Je présenterai un peu plus tard un tableau synoptique de cette organisation. La coordination et la liaison entre ces différents groupes était assurée par le Quartier Général S.A. et les services d'état-major qui se trouvaient à Munich.

— J'en arrive aux relations entre les S.A. et la N.S.D.A.P.

— Les accusations portées contre les S.A. sont très graves ; leur principal fondement repose sur les relations spéciales et caractéristiques de cette organisation avec le parti nazi et les principaux conspirateurs. Une association entre conspirateurs prouve de façon convaincante qu'ils ont tous participé à l'établissement d'un complot. Ce principe trouve ici une application particulière, car la liaison entre les S.A. et les chefs nazis fut constamment maintenue pour permettre à ces mêmes conspirateurs de faire servir les S.A. en vue d'un but ou d'une activité qui pût leur paraître nécessaire à la réalisation des fins de leur complot.

— Nous voyons ainsi que c'est Hitler lui-même qui a conçu l'idée de cette organisation et qui l'a réalisée en 1921, tout à fait au début du complot. Il est resté chef des S.A. pendant toute la période du complot, et a délégué ses pouvoirs de commandement à un chef d'état-major. Dans toute l'Allemagne, en fait, Hitler était connu comme O.S.A.F. ou « Oberster S.A. Führer », c'est-à-dire chef suprême des S.A.

— L'accusé Gœring fut l'un des tout premiers membres des S.A. et resta en relation étroite avec elles pendant tout le complot. L'accusé Hess participa à de nombreuses batailles dans les rangs des S.A. ; il était chef d'un groupement S.A. à Munich. Les accusés Frank, Streicher, von Schirach et Sauckel étaient tous Obergruppenführer des S.A., ce qui correspondait au rang de général. L'accusé Bormann était membre de l'état-major du haut commandement S.A.

Un ancien S.A. témoigne :

LE PRÉSIDENT. — Témoin, indiquez, je vous prie, votre nom en entier.

TÉMOIN FRANZ BOCK. — Franz Bock.

LE PRÉSIDENT. — Voulez-vous répéter après moi cette formule de serment : « Je jure devant Dieu tout-puissant et omniscient que je dirai la pure vérité et que je ne célerai ni n'ajouterai rien. »

(Le témoin répète le serment.)

LE PRÉSIDENT. — Vous pouvez vous asseoir.

MONSIEUR BÖHM. — Témoin, quand êtes-vous venu dans les S.A. ?

TÉMOIN BOCK. — Je suis entré dans les S.A. en 1922.

MONSIEUR BÖHM. — Et quelle était votre profession à ce moment-là ?

TÉMOIN BOCK. — Employé de commerce.

MONSIEUR BÖHM. — Quelles étaient vos tâches dans les S.A. ?

TÉMOIN BOCK. — De 1922 à 1929, j'étais homme de troupe. De 1929 à 1932, j'ai eu les grades suivants : Truppführer jusque vers 1930, Sturmführer jusqu'à 1931 et Sturmbannführer jusqu'en 1932. Quand, à ce moment-là je devins chômeur, je rejoignis les S.A. comme adjudant de métier à l'état-major du groupe Ouest. En 1933, je fus transféré comme Stabsführer au groupe S.A. « Bayerische Ostmark » en Bavière. En 1934, je fus envoyé comme Standartenführer à Traustein. De 1935 à 1937, je fus Brigadeführer. En 1937, je devins chef de section, et plus tard chef de service à l'état-major de la direction suprême des S.A. En 1940 je fis mon service militaire et, à la fin de l'année 1942, je fus envoyé comme chef du groupe Niederrhein à Düsseldorf, où je suis resté jusqu'à l'effondrement en 1945.

MONSIEUR BÖHM. — Vous êtes donc l'un des plus vieux chefs S.A. et vous pouvez nous dire pourquoi les S.A. furent créées et comment elles étaient organisées.

TÉMOIN BOCK. — Les S.A. furent créées primitivement en 1920 comme groupe de gymnastique et de sport et, peu de temps après, ce devint un groupe pour le maintien de l'ordre, une organisation pour l'ordre dans les salles et la protection des réunions. Les S.A. se composaient alors de jeunes idéalistes et des soldats du front de la Première Guerre mondiale ; jusqu'en 1923, les S.A. ne furent pas particulièrement organisées. Les S.A. se créaient selon les nécessités locales et d'après les besoins du parti.

MONSIEUR BÖHM. — Vous venez de parler d'organisation d'auto-protection pour les réunions. Quel but voulait-on atteindre ainsi ?

TÉMOIN BOCK. — La diffusion des idées nationales-socialistes rencontrait alors partout une dure résistance chez les adversaires politiques. On voulait combattre le jeune parti par tous les moyens, même ceux de la terreur. C'est ainsi que fut créée cette organisation d'auto-protection, ou de ce qu'on appelait protection des salles.

MONSIEUR BÖHM. — Pourquoi les S.A. répandaient-elles cette idée que leur principale tâche était la lutte contre tout ce qui s'opposait à leur mouvement et aux grands buts de leur mouvement ?

TÉMOIN BOCK. — Tout instinct de conservation exige la lutte. La réalisation de l'idée nationale-socialiste avec, comme but, l'arrivée un jour au pouvoir dans l'État, exigeait dans la mêlée politique la lutte et le combat. Mais les moyens de notre combat étaient les armes intellectuelles, la propagande orale, la parole, les manifestations.

ACCUSATION. — C'est ainsi qu'aux premiers jours du mouvement, pour que les nazis puissent mieux répandre leur idéologie fanatique, les S.A. furent employées comme groupe terroriste chargé de conquérir pour les nazis la maîtrise et le contrôle des rues. Cela revient à dire qu'une des tâches des S.A. fut d'attaquer et de terroriser tous leurs adversaires politiques. L'importance de ce rôle apparaît dans le document rédigé par le S.A.-Sturmführer Bayer sur les ordres de l'état-major S.A.

— « La maîtrise des rues constitue la clé du pouvoir dans l'État. Pour cette raison, les S.A. sont entrées en action et ont combattu. Le public n'aurait jamais eu connaissance des discours révolutionnaires et de la propagande de la petite faction du Reichstag ni des désirs et des buts du parti, si le pas cadencé et les chants guerriers des compagnies de S.A. n'avaient pas retenti dans les rues pour orchestrer la critique implacable du régime alors en vigueur. On voulait passer le jeune mouvement sous silence. La presse ne parlait pas du travail des nationaux-socialistes, encore moins des buts fondamentaux de leur programme. On voulait tout simplement qu'aucun intérêt ne s'éveillât à leur sujet. Mais, grâce au pas martial des S.A., les citoyens même les plus endormis durent constater, pour le moins, l'existence d'une troupe combative. »

MONSIEUR BÖHM. — Je désirerais maintenant continuer en vous demandant quelle a été votre attitude aux S.A. envers le Traité de Versailles ? Leur avez-vous dit que le Traité de Versailles devait être aboli par la voie diplomatique ou au moyen d'une guerre ?

ACCUSÉ GŒRING. — Il est extrêmement difficile de répondre à cette question. Lorsqu'en 1923 je m'adressais à mes S.A., je ne pouvais pas leur parler beaucoup de diplomatie. Ils n'y auraient rien compris. La question était très simple : « À bas Versailles. » Le S.A. moyen ne cherchait pas le pourquoi et le comment de la chose. C'était l'affaire des dirigeants. D'un côté, je ne leur ai pas promis qu'ils n'auraient jamais la guerre, je ne leur ai pas dit que nous étions une organisation pacifiste et que de simples protestations débarrasseraient le monde du Traité de Versailles. Je ne leur ai pas dit non plus que dans les années à venir nous attaquerions et nous ferions la guerre. Au fond je ne leur ai rien dit du tout. Je leur ai dit qu'ils devaient obéir et avoir confiance dans leurs chefs, qu'ils devaient s'en remettre à eux de ce qu'ils faisaient. Que cette façon de penser fût juste et fondamentale, chaque adhérent des S.A. le savait par le programme du parti, par nos discours. Le plus cher des vœux de l'opinion publique et de chaque Allemand honnête, je l'espère, était de se débarrasser du Traité de Versailles. À bas Versailles !

MONSIEUR BÖHM. — À votre connaissance et en dehors de la période de 1923, les S.A. ont-elles été avisées, entre 1921 et 1945 — aussi bien les chefs S.A. que chaque adhérent à cette organisation — que la N.S.D.A.P. avait l'intention, après la prise du pouvoir, de s'emparer d'autres États, en entreprenant une guerre et en la conduisant, si c'était nécessaire, en violation des lois de la guerre et des exigences de l'Humanité ?

ACCUSÉ GŒRING. — Oui, je ne sais pas si l'on se fait une idée exacte de la direction des S.A. et de l'organisation S.A. en général. Il m'est impossible d'envisager qu'un individu quelconque aille annoncer : « Écoutez : 1° Nous voulons soumettre, asservir et dominer tous les autres Etats ; 2° Nous voulons faire la guerre en permanence ; 3° Nous voulons tout détruire et nous comporter de la manière la plus inhumaine possible et 4° Nous ne voulons, ce faisant, respecter aucune des lois de la guerre, à aucun prix. »

— Je ne peux m'imaginer que quelqu'un, si ce n'est un dément, se soit exprimé ainsi devant les S.A. ou qui que ce soit. Les S.A. ne furent jamais, d'aucune manière, endoctrinés politiquement. On leur disait : « Demain, il y a une manifestation », « Après-demain on distribue des tracts », etc., ce que j'ai déjà expliqué en détail.

1923, c'est aussi l'année du putsch manqué de Munich, tournant décisif pour l'histoire du national-socialisme. Hermann Gœring raconte « l'avant-Munich » :

DOCTEUR STAHMER. — Quelles sont les fonctions que vous confia Hitler jusqu'en novembre 1923 ?

ACCUSÉ GŒRING. — Les fonctions découlaient de ma situation de chef des S.A. Il s'agissait d'abord de coordonner, de discipliner cette organisation et d'en faire une unité absolument sûre qui exécutât les ordres d'Hitler et les miens. Elles n'avaient été jusque-là que des groupes qui avaient été très actifs mais qui n'avaient ni les formes ni la discipline nécessaires.

— Dès le début, je me suis efforcé de faire entrer dans les S.A. les membres du parti national-socialiste qui étaient assez jeunes et qui avaient assez d'idéalisme pour leur sacrifier leurs loisirs et leurs énergies entières. Ä cette époque, c'était très difficile pour ces hommes courageux ; nous étions très peu nombreux, mais nos adversaires étaient de loin supérieurs en nombre. Nous étions exposés à de nombreux désagréments et à souffrir toutes sortes de mécomptes.

— En second lieu, j'ai essayé de pratiquer mon recrutement dans la classe ouvrière. Il est certain que je m'efforçai surtout de faire entrer dans les S.A. des membres de la classe ouvrière. Naturellement, il nous fallait en même temps veiller à ce que les réunions du parti, en général restreintes, qui avaient lieu à Munich, dans l'Oberland bavarois et en Franconie, puissent se dérouler sans incidents. Le plus souvent nos efforts étaient couronnés de succès mais parfois nos adversaires provoquaient de puissantes contre-manifestations.

— D'un côté comme de l'autre on exhibait des armes qui avaient été conservées après la guerre, ce qui amenait des situations critiques : il nous arrivait d'envoyer des S.A. en renfort dans d'autres localités.

— Pendant l'année 1923, l'opposition entre la Bavière et le Reich s'affirma de plus en plus. On s'aperçut que le gouvernement bavarois de l'époque était décidé à suivre un autre chemin, différent de celui du Reich. Le gouvernement du Reich était fortement influencé par le marxisme ; le gouvernement bavarois était dégagé de cette influence, il était bourgeois.

— C'est sur ces entrefaites que le gouvernement bavarois prit soudain une forme entièrement nouvelle : un gouverneur général, ou quelque autorité semblable, fut institué. Il s'agissait de vom Kahr qui se trouvait à la tête du gouvernement bavarois et tenait de lui tous ses pouvoirs. Très peu de temps après, se place le conflit de la Reichswehr. La 7e division de la Reichswehr, qui était stationnée en Bavière, fut dégagée du serment de fidélité qu'elle avait prêté à la constitution du Reich et on lui fit prêter serment au nouveau gouvernement bavarois dont j'ai oublié le titre exact, c'est-à-dire en réalité à vom Kahr. Ce fait entraîna le conflit entre les généraux von Seeckt et Lossow. Il en fut de même avec la police bavaroise. En même temps, le gouvernement bavarois s'efforça de rallier ce qu'on appelait les associations nationales qui étaient à l'époque organisées sur le modèle militaire ou semi-militaire et possédaient des armes. Tout cela était dirigé contre Berlin, contre ce que nous appelions « la République de Novembre ». Jusque-là nous avons suivi.

— Le dimanche précédent le 9 novembre, une grande manifestation eut lieu à Munich. Tout le gouvernement était là. La Reichswehr, la police, les unions patriotiques défilaient comme nous-mêmes. Nous nous aperçûmes tout à coup, à cette occasion, que la personnalité la plus importante n'était pas M. vom Kahr, mais le prince héritier Rupprecht de Bavière. Ce fut pour nous un étonnement extraordinaire. Nous conçûmes le soupçon que la Bavière voulait entrer dans des voies nouvelles qui risquaient éventuellement d'affaiblir les liens unissant la Bavière au Reich. Nous étions bien décidés à ne pas le tolérer. Nous voulions un Reich puissant et unifié. Nous voulions le voir purifié et débarrassé des partis et des autorités qui le dirigeaient, à ce moment-là.

— Nous étions devenus circonspects et méfiants quant à la soi-disant marche sur Berlin. Lorsque M. vom Kahr eut annoncé la célèbre réunion de la Bürgerbräu, nous vîmes qu'il était grand temps d'empêcher la réalisation de ces plans et que c'était une occasion de tout orienter dans le sens de la Plus Grande Allemagne. Cela nous amena rapidement aux événements du 9 novembre 1923.

Le commandant Wallis du ministère public américain :

— Le 9 novembre 1923 marqua la fin d'une époque et le début d'une autre. Le 9 novembre se produisit un fait historique, connu communément sous le nom de putsch hitlérien. Pendant la nuit du 8 au 9 novembre, lors d'une réunion tenue à Munich, Hitler soutenu par les S.A., sous la direction de l'accusé Gœring, proclama la révolution nationale et sa dictature sur l'Allemagne et se nomma lui-même chancelier du Reich. Le lendemain matin, les autorités normalement constituées de l'État, après quelques effusions de sang à Munich, mirent fin à cette tentative illégale de prise du pouvoir. Hitler et quelques-uns de ses partisans furent arrêtés, jugés et condamnés à l'emprisonnement.

HERMANN GŒRING. — En ce qui me concerne personnellement, j'étais prêt dès le début, et je ne m'en suis jamais caché, à participer à toute révolution contre la République de Novembre, quels qu'en fussent les auteurs, sauf s'ils étaient de gauche et pour cette tâche j'avais toujours offert mes services. Je crois que les événements sont connus : j'ai été grièvement blessé à la Feldherrnhalle.

DOCTEUR STAHMER. — Après cet événement, à quel moment êtes-vous entré à nouveau en relations avec Hitler ?

ACCUSÉ GŒRING. — J'ai d'abord fait un séjour à l'hôpital en Autriche. C'est à cette époque que se place devant le Tribunal populaire bavarois le procès sur les événements du 9 novembre.

DOCTEUR STAHMER. — Quels étaient les accusés ?

ACCUSÉ GŒRING. — En premier lieu, Hitler, et naturellement ceux qui étaient présents et avaient été arrêtés. Grièvement blessé, j'avais séjourné quelque temps en Bavière du Nord ; j'y avais été arrêté et la police bavaroise m'avait alors transféré dans une autre localité. Je fis demander à Hitler, à ce moment-là, si je devais me rendre au procès. Il me pria d'urgence de n'en rien faire, ce qui était très bien car, de cette façon, le procès ne pouvait pas avoir lieu à huis-clos, car j'avais déclaré que si cette éventualité devait se produire, je publierais, de mon côté, toutes informations utiles sur cette affaire.

Les S.A. ne prirent aucune part au « putsch de la brasserie ». Néanmoins, voici un article de l'édition de Franconie du *S.A.-Mann*, daté du 30 octobre 1937, intitulé : *Le 9 novembre 1923 à Nuremberg* :

— Nous avons passé la nuit au Colosseum. (Il s'agit de Nuremberg.) Puis, le matin, nous avons appris ce qui s'était passé à Munich. « C'est à Nuremberg maintenant qu'une révolution doit être faite ! », avons-nous dit. Tout d'un coup arrivèrent les policiers du poste de la Maxtor qui nous dirent qu'il vaudrait mieux rentrer chez nous, que le « putsch » avait échoué à Munich. Nous ne l'avons pas cru et nous ne sommes pas rentrés chez nous. Alors intervint la Police d'État, baïonnette au canon, qui nous fit évacuer la salle. L'un de nous cria : « Allons au café Habsbourg. » Mais le temps que nous y parvenions, la police l'avait déjà entièrement encerclé. Quelques-uns crièrent alors : « Détruisons ce local juif ! Les Juifs à la porte ! » La police commença alors à nous happer. Nous nous sommes alors partagés en petits groupes et avons rodé à travers la ville et partout où nous pouvions attraper un rouge ou un Juif que nous reconnaissions, les coups se mettaient à pleuvoir.

— Le soir, malgré l'interdiction de la police, nous nous rendîmes à une réunion à Fürth. Sur la promenade Hornschuch, la police tenta à nouveau de nous arrêter. Nous n'en avons d'abord pas tenu compte. Puis, tout de suite après, dans notre colère, nous avons attaqué la police et l'avons contrainte à la fuite. Nous nous dirigeâmes vers la salle Geissmann. Là aussi, ils essayèrent de nous barrer la route. Mais les hommes du Landsturm, qui se trouvaient également là, attaquèrent comme des possédés les policiers et les chassèrent des rues. Après la réunion, nous nous sommes séparés et sommes allés aux abords de la ville d'où, en colonnes serrées, nous avons repris la direction de Nuremberg. Dans la Willstrasse, près du Plärrer, la police intervint à nouveau. Nous l'avons simplement écartée de notre route. Elle n'osait pas nous attaquer, car cela aurait signifié un bain de sang. Nous étions décidés à ne pas nous laisser faire. A Fürth, on avait déjà remarqué que « cela sentait le roussi ». Une foule considérable nous accompagnait dans notre marche. Nous avancions avec nos drapeaux déployés et faisions résonner les rues de nos chants :

— Camarade, tends-moi la main. Notre désir est de rester unis. Même si l'on nous méconnaît, l'esprit ne doit pas mourir. La croix gammée sur le casque d'acier, le brassard noir-blanc-rouge, nous sommes les Sections d'Assaut d'Hitler.

Hitler, condamné par le tribunal populaire Bavarois à cinq ans d'emprisonnement (les nationaux-socialistes ont leur martyr), profite de cet isolement forcé dans une cellule de la forteresse de Landsberg pour rédiger, aidé par Hess, *Mein Kampf.* De 1925 à 1932, quatre cent cinquante mille exemplaires seront vendus. En 1933, *Mein Kampf* franchira le million.

A Nuremberg, le commandant Elwyn Jones présente au Tribunal le « livre du nazisme » :

COMMANDANT ELWYN JONES (substitut du procureur général britannique). — Plaise au Tribunal. La tâche m'incombe maintenant d'attirer l'attention du Tribunal sur un document qui est devenu la profession de foi de ces accusés. Je veux parler de *Mein Kampf* d'Hitler. Il est peut-être opportun d'aborder ce sujet à cette phase des débats, juste avant que le ministère public ne produise devant le Tribunal les preuves relevées contre chacun des accusés sous les chefs d'accusation 1 et 2, car ce livre *Mein Kampf* donna aux accusés une connaissance préalable suffisante des buts illégaux du chef nazi. Ce ne fut pas seulement le testament politique d'Hitler ; par adoption, il devint le leur.

— On peut considérer *Mein Kampf* comme l'esquisse de l'agression nazie. Sa teneur et son contenu tout entiers appuient la thèse du ministère public, selon laquelle la poursuite par les nazis des desseins agressifs ne fut pas un simple accident consécutif à la situation politique immédiate, telle qu'elle se présenta en Europe et dans le monde, durant la période où les nazis détinrent le pouvoir. *Mein Kampf* établit sans équivoque que l'utilisation de la guerre d'agression pour servir leurs buts en politique étrangère faisait partie du credo même du parti nazi.

— Un grand philosophe allemand a dit : « Les idées ont des mains et des pieds. » De propos délibéré, les accusés devaient faire en sorte que les idées, les doctrines et la politique de *Mein Kampf* constituassent désormais un article de foi important et un guide d'action pour la nation allemande, et particulièrement pour sa malléable jeunesse. Comme mes collègues américains l'ont déjà exposé devant le tribunal, de 1933 à 1939, les idées de *Mein Kampf* furent l'objet d'une propagation intensive tant dans les écoles et universités d'Allemagne, que dans la Jeunesse hitlérienne, sous la direction de l'accusé Baldur von Schirach, chez les S.A. et S.S. et parmi l'ensemble du peuple allemand, par les services de l'accusé Rosenberg. Une copie de *Mein Kampf* était officiellement donnée à tous les nouveaux couples d'Allemands, et je présente maintenant au tribunal un exemplaire de ce cadeau de mariage offert par les nazis aux jeunes mariés d'Allemagne. Le Tribunal verra que la dédicace apposée sur la page de garde de cet exemplaire se lit : « Au couple nouvellement uni, Friedrich Rosebrock et Else née Zum Beck, avec les meilleurs vœux pour un mariage heureux et fécond. Offert par le conseil municipal à l'occasion de leur mariage, le 14 novembre 1940. Pour le maire, l'officier d'état-civil. » Le Tribunal verra au bas de la page qui fait face à la table des matières, que cette édition de *Mein Kampf* qui fut l'édition de 1940, fut tirée à six millions deux cent cinquante mille exemplaires. Ce fait montre l'échelle sur laquelle se fit la diffusion de ce livre. On l'avait appelé par blasphème : « La Bible du peuple allemand. » Les efforts des accusés et de leurs complices eurent pour résultat que ce livre empoisonna une génération et déforma la vision de tout un peuple. Comme le général des S.S. von Dem Bach Zelewsky l'indiquait hier, si vous prêchez pendant dix longues années que les peuples slaves constituent une race inférieure et que les Juifs sont des sous-hommes, il s'ensuivra logiquement qu'on acceptera comme un phénomène naturel le fait de tuer des millions de ces êtres humains. De *Mein Kampf*, le chemin conduit directement aux fournaises d'Auschwitz et aux chambres à gaz de Maidanek.

— Je vais essayer de montrer au Tribunal en quoi consistaient les commandements de *Mein Kampf*, en citant des passages dont des extraits sont maintenant, je crois, sous les yeux du Tribunal. Ils sont rangés dans l'ordre dans lequel, avec la permission du Tribunal, je compte m'y référer.

— Ces extraits se classent en deux catégories principales. La première renferme l'expression générale de la croyance d'Hitler en la nécessité de la force comme moyen de résoudre les questions internationales. La deuxième catégorie contient les déclarations plus explicites d'Hitler sur la politique à suivre par l'Allemagne. La plupart des citations de la deuxième catégorie proviennent des trois derniers chapitres, 13, 14 et 15 de la deuxième partie de *Mein Kampf*, dans laquelle sont exposées les vues d'Hitler sur la politique étrangère. Le Tribunal comprendra la signification de ce fait, s'il consulte l'édition allemande de *Mein Kampf*. Il verra que la deuxième partie de *Mein Kampf* fut publiée pour la première fois en 1927, c'est-à-dire moins de deux ans après le Pacte de Locarno et dans les quelques mois qui suivirent l'entrée de l'Allemagne dans la Société des Nations. La date de la publication de ces passages les fait, par conséquent, considérer comme une répudiation de la politique de coopération internationale entreprise par Stresemann et comme un défi délibéré à la tentative d'instaurer, par le moyen de la Société des Nations, la règle de droit dans les relations internationales.

— Je présente d'abord au Tribunal quelques citations, montrant les vues d'ensemble soutenues par Hitler, adoptées et propagées par les accusés, sur la guerre et l'agression en général. Voici la première citation, page 556 de *Mein Kampf* :

— « Le sol sur lequel nous vivons maintenant ne fut pas un cadeau fait par le ciel à nos ancêtres. Ils ont dû le conquérir en risquant leurs vies. Ainsi, à l'avenir, notre peuple n'obtiendra pas de territoire, et par conséquent de moyens d'existence de la faveur de quelque autre peuple, mais il devra les gagner par la puissance d'une épée victorieuse. »

— A la page 145, Hitler révéla son attitude personnelle vis-à-vis de la guerre. Des années de paix précédant 1914 il écrit :

— « J'avais donc pris l'habitude de considérer comme un coup immérité du mauvais destin le fait d'être arrivé trop tard sur ce globe terrestre et j'étais très contrarié à l'idée que ma vie devrait se dérouler suivant un cours pacifique et ordonné. Étant enfant, j'étais tout, sauf un pacifiste, et toutes les tentatives pour m'amener à le devenir furent inutiles. » Hitler s'exprimait généralement sur la guerre en ces termes. Page 162 nous trouvons :

— « En ce qui concerne le rôle joué par les sentiments humains, Moltke disait qu'en temps de guerre l'essentiel est d'obtenir une décision aussi rapidement que possible et que les méthodes de combat les plus cruelles sont en même temps les plus humaines. Quand des gens essaient de répliquer à ce raisonnement par des considérations grandiloquentes sur l'esthétique, etc., il n'y a qu'une seule réponse à donner : c'est que les questions vitales en jeu dans la lutte d'une nation pour son existence ne doivent être subordonnées à aucune considération esthétique. »

— Le ministère public prouvera au cours de ces débats avec quelle fidélité les accusés ont suivi ces préceptes de cruauté.

— Le postulat d'Hitler de la loi inévitable de la lutte pour la vie s'allie au chapitre 11 du premier livre de *Mein Kampf*, à la doctrine de la supériorité des Aryens sur les autres races, et au droit des Allemands, en vertu de cette supériorité, de dominer et d'exploiter les autres peuples pour réaliser leurs propres fins. Tout le chapitre 11 de *Mein Kampf* est consacré à cette théorie de la race des seigneurs, et en vérité, nombre de discours postérieurs d'Hitler, de ses adresses à ses généraux, etc., ne furent que la répétition du chapitre 11.

— Si le tribunal veut bien se reporter à l'extrait de la page 256, il pourra lire :

— « S'il ne leur avait pas été possible d'utiliser les éléments des races inférieures qu'ils avaient soumises, les Aryens n'auraient jamais été à même de faire les premiers pas sur la route qui les conduisit à un stade de civilisation plus évolué, de même que, sans l'aide de certains animaux appropriés qu'ils purent apprivoiser, ils ne seraient jamais parvenus à découvrir la puissance mécanique qui leur a permis par la suite de se passer de ces animaux.

— « Les membres des races inférieures constituèrent l'une des conditions préalables les plus essentielles à la création de types supérieurs de civilisation. »

— Et, plus loin, dans un autre passage de *Mein Kampf*, à la page 344, Hitler fait application de ces idées générales à l'Allemagne :

— « Si au cours de son développement historique, le peuple allemand avait joui de l'unité de l'instinct grégaire dont d'autres peuples ont tiré tant de profit, le Reich allemand serait sans doute en ce moment le maître de la terre. L'histoire du monde aurait pris un autre cours, et dans ce cas, aucun homme ne peut dire si ce que les pacifistes aveugles espèrent atteindre par des pétitions, des gémissements et des pleurs, n'aurait pu être obtenu dans cette voie : à savoir une paix qui ne serait pas fondée sur le fait de brandir des rameaux d'olivier ou sur des marchandages sordides et larmoyants de vieilles femmes pacifistes, mais une paix qui serait garantie par l'épée victorieuse d'un peuple doué de la puissance de dominer le monde et de l'administrer au service d'une civilisation supérieure. »

— Dans ces extraits que je viens de citer, le tribunal aura remarqué l'amour d'Hitler pour la guerre, et son mépris pour ceux qu'il appelait les pacifistes. Le message fondamental de l'ensemble du livre, qui reparaît à chaque instant, est en premier lieu que la lutte pour l'existence nécessite l'organisation et l'usage de la force, en second lieu que l'Aryen allemand est supérieur aux autres races et a le droit de les subjuguer et de les régir, en troisième lieu que toutes les doctrines qui prêchent la solution pacifique des problèmes internationaux représentent une désastreuse faiblesse de la part de la nation qui les adopte.

— Implicite dans l'ensemble de ce raisonnement se rencontre une négation catégorique et arrogante de toute possibilité d'existence de la règle de droit dans les relations internationales. C'est à la lumière des doctrines d'ensemble de *Mein Kampf* que j'invite le tribunal à considérer les passages plus précis dans lesquels Hitler traite des problèmes spécifiques de la politique étrangère allemande. Les toutes premières pages du livre contiennent un remarquable aperçu d'avenir de la politique nazie. Je lis page 1, colonne 1 :

— « L'Autriche allemande doit être rendue à la grande patrie allemande ; et cela, en vérité, ne doit pas se faire pour un quelconque motif de caractère économique. Même si l'union était une question sans incidence économique, et même si elle devait être désavantageuse de ce point de vue, il faudrait cependant la réaliser. Les gens du même sang devraient être réunis dans le même Reich. Le peuple allemand n'a pas le droit de s'engager dans une politique coloniale, tant qu'il n'aura pas rassemblé tous ses enfants en un seul État. Quand le territoire du Reich comprendra tous les Allemands et se révèlera incapable de leur assurer leur subsistance, à ce moment seulement pourra surgir, né des besoins du peuple, le droit moral d'acquérir des territoires étrangers. La charrue sera alors l'épée ; et les larmes de la guerre produiront le pain quotidien des générations à venir. »

— Hitler, dans ce livre, déclare aussi franchement que le retour pur et simple aux frontières allemandes de 1914, serait totalement insuffisant pour ses desseins. A la page 553, il écrit :

— « En ce qui concerne ce sujet, j'aimerais faire la déclaration suivante : demander le rétablissement des frontières de 1914 est une absurdité politique criante, chargée de conséquences susceptibles de faire apparaître la demande elle-même comme criminelle. Les limites du Reich telles qu'elles étaient tracées en 1914 étaient complètement illogiques parce qu'elles n'étaient pas vraiment satisfaisantes, du point de vue du rassemblement de tous les membres de la nation allemande. Elles n'étaient pas raisonnables non plus sous l'angle des exigences géographiques de la défense militaire. Elles n'étaient pas les conséquences d'un plan politique bien étudié et bien exécuté ; c'étaient des frontières temporaires établies à la suite d'une lutte politique qui n'avait pas été menée à son terme ; en vérité, elles étaient en partie le résultat hasardeux des circonstances. »

— En poussant plus avant l'élaboration de la politique nazie, Hitler ne fait pas que dénoncer le traité de Versailles ; il désire voir l'Allemagne puissance mondiale, dotée de territoires suffisants pour un futur peuple allemand, dont il ne définit pas la grandeur. Dans la citation suivante, à la page 554, on lit à la première phrase : « Pour l'avenir de la nation allemande, les frontières de 1914 n'ont aucune signification. » Et dans le troisième paragraphe le tribunal peut voir :

— « Nous, nationaux-socialistes, devons nous attacher fermement au but que nous avons fixé à notre politique étrangère, c'est-à-dire assurer au peuple allemand l'espace territorial nécessaire à son existence sur cette terre. Et ce n'est que pour une telle action, entreprise dans un tel dessein, qu'il peut être légitime aux yeux de Dieu et de notre postérité allemande de laisser encore une fois verser le sang de notre peuple ; aux yeux de Dieu, parce que nous sommes envoyés en ce monde avec la mission de lutter pour notre pain quotidien, comme des créatures à qui rien n'a été donné et qui doivent être capables d'établir et de maintenir leur position de seigneurs de la terre rien que par leur intelligence et par leur courage.

— « Et cette justification doit également être faite devant notre postérité allemande, pour cette raison que pour chaque homme qui verse son sang, mille autres auront la vie assurée dans l'avenir. Le territoire sur lequel nos paysans allemands pourront un jour élever et nourrir leurs fils robustes, justifiera le sang des fils de paysans qui doit être versé aujourd'hui. Et les hommes d'État qui ont décidé ce sacrifice peuvent être persécutés par leurs contemporains, mais la postérité les absoudra pleinement d'avoir exigé cette offrande de leur peuple. »

— Dans un autre passage, Hitler écrit à la page 557 :

— « L'Allemagne sera une puissance mondiale ou ne sera pas. Mais pour devenir une puissance mondiale, elle a besoin d'un espace territorial qui lui donne dès aujourd'hui l'importance nécessaire, et assure l'existence de ses citoyens. »

— Et finalement, il écrit :

— « Nous devons régler notre position d'après les principes que j'ai déjà exposés sur la politique étrangère, c'est-à-dire en se basant sur la nécessité d'amener notre espace territorial à des proportions correspondant suffisamment au chiffre de notre population. Du passé, nous n'avons qu'une leçon à retenir, c'est que le but à poursuivre dans la conduite de notre politique doit être double : 1° L'Acquisition de territoires comme objectif de notre politique étrangère ; 2° L'établissement d'un ordre nouveau et uniforme comme objectif de notre politique étrangère, en conformité avec notre doctrine du nationalisme. »

— Ces passages de *Mein Kampf* soulèvent la question de savoir où Hitler espérait trouver un territoire étendu au-delà des frontières de l'Allemagne de 1914. La réponse d'Hitler à cette question est suffisamment claire. Passant en revue l'histoire de l'Empire allemand de 1871 à 1918, il écrivait, dans un des premiers passages de *Mein Kampf*, à la page 132 :

— « Donc, la seule possibilité qu'avait l'Allemagne de mener à bien une saine politique territoriale était d'acquérir des territoires en Europe même. Des colonies ne peuvent répondre à ce but dès l'instant qu'elles ne sont pas propices à l'installation en masse des Européens. Au XIXe siècle, il n'était plus possible d'acquérir de telles colonies par des moyens pacifiques. C'est pourquoi toute tentative d'expansion coloniale de ce genre aurait entraîné un immense conflit armé. En conséquence, il aurait été plus logique d'entreprendre ce conflit armé pour de nouveaux territoires en Europe, plutôt que de faire la guerre pour l'acquisition de possessions d'Outre-mer. Une telle décision exigeait évidemment que les énergies coalisées de la nation y fussent consacrées. Une politique de ce genre, qui demande pour sa réalisation chaque parcelle d'énergie disponible de la part de chacun, ne peut être menée à bien par des demi-mesures ou d'une manière hésitante. La politique de l'Empire allemand aurait donc dû être uniquement orientée vers ce but. Aucune mesure politique n'aurait dû être prise, en vue d'une autre considération que cette tâche et les moyens de l'accomplir. L'Allemagne aurait dû avoir présent à l'esprit le fait qu'un tel but n'aurait pu être atteint que par la guerre, et la perspective d'une guerre aurait dû être envisagée avec calme, réflexion et détermination. Tout le système des alliances aurait dû être envisagé et apprécié de ce point de vue. »

— Et voici maintenant la phrase capitale :

— « S'il eût fallu acquérir de nouveaux territoires en Europe, c'eût été principalement aux dépens de la Russie, et de nouveau, le nouvel Empire allemand aurait repris sa marche sur la même route qui fut foulée dans le passé par les chevaliers teutoniques, mais cette fois pour obtenir un sol pour la charrue allemande et par l'épée allemande, et pour assurer ainsi le pain quotidien de la Nation. »

— Hitler revint encore sur ce programme d'expansion à l'Est, à la fin de *Mein Kampf.* Après avoir discuté de l'insuffisance des frontières allemandes d'avant-guerre, il montre à nouveau la route de l'Est et déclare que le « Drang nach Osten », la poussée vers l'Est, doit être reprise ; et il écrit :

— « En conséquence, nous, nationaux-socialistes, avons délibérément tiré un trait sur la ligne de conduite suivie par l'Allemagne d'avant-guerre en politique étrangère. Nous mettons fin à la marche perpétuelle de l'Allemagne vers le Sud et l'Ouest de l'Europe, et tournons nos regards vers les terres de l'Est. Nous mettons un point final à la politique coloniale et commerciale d'avant-guerre et nous passons à la politique territoriale de l'avenir. Mais lorsque nous parlons aujourd'hui de nouveaux territoires en Europe, il nous faut penser principalement à la Russie et aux États vassaux limitrophes. »

— Hitler était assez subtil pour voir que ses plans d'agression à l'Est pouvaient être compromis par une alliance défensive entre la Russie, la France et l'Angleterre. Sa politique étrangère, telle qu'elle est esquissée dans *Mein Kampf,* consista à détacher l'Angleterre et l'Italie de la France et de la Russie, et de transformer l'attitude de l'Allemagne envers la France, de défensive en offensive.

— La dernière citation de *Mein Kampf* provient de la page 570 :

— « Tant que le conflit éternel entre la France et l'Allemagne ne se présentera que sous la forme d'une défense allemande contre l'attaque française, ce conflit ne pourra jamais se terminer de façon décisive, et de siècle en siècle l'Allemagne perdra ses positions l'une après l'autre. Si nous étudions les changements qui se sont produits depuis le XIIe siècle jusqu'à nos jours, à l'intérieur des frontières de langue allemande, nous ne pouvons guère espérer qu'une réussite puisse provenir de l'acceptation et du développement d'une ligne de conduite qui n'a cessé jusqu'ici de nous être préjudiciable. Ce n'est que lorsque les Allemands en auront pleinement pris conscience qu'ils cesseront de permettre à la volonté de vivre de la nation, de s'user dans une défense simplement passive et qu'ils se rassembleront pour un dernier combat décisif contre la France. Et dans cette lutte, c'est l'objectif essentiel de la nation allemande qui sera l'enjeu. Ce n'est qu'alors qu'il sera possible de mettre fin à l'éternel conflit franco-allemand qui s'est jusqu'ici révélé tellement stérile.

— « Naturellement il faut présumer ici que l'Allemagne ne voit dans la suppression de la France rien de plus qu'un moyen de rendre possible à notre peuple son expansion définitive dans une autre direction. Aujourd'hui, il y a quatre-vingt-millions d'Allemands en Europe. Et notre politique étrangère ne sera jugée comme bien conduite que lorsque après cent ans environ, il y aura deux cent cinquante millions d'Allemands vivant sur ce continent ; non pas entassés les uns sur les autres, comme les coolies dans les usines d'un autre continent, mais en qualité de cultivateurs et d'ouvriers dont le travail constituera une assurance mutuelle pour leur existence. »

— J'affirme donc, tout à fait indépendamment des preuves déjà soumises au tribunal, que *Mein Kampf*, considéré conjointement avec les faits qui caractérisèrent la conduite ultérieure de l'Allemagne nazie envers les autres pays, constitue la preuve que, dès qu'ils eurent pris le pouvoir et même bien auparavant, Hitler et ses complices, les accusés actuels, s'engagèrent dans la conception et la préparation de guerres d'agression, ainsi qu'il est retenu contre eux à l'Acte d'accusation.

— Les événements ont prouvé, dans le sang et la misère de millions d'hommes, de femmes et d'enfants, que *Mein Kampf* n'était pas un exercice littéraire susceptible d'être traité avec légèreté et indifférence, comme il le fut malheureusement avant guerre, par ceux qu'il mettait en péril, mais que c'était l'expression d'une foi fanatique en la force et le mensonge comme instruments de la domination nazie en Europe, sinon dans le monde entier. Le ministère public affirme que, en acceptant et en propageant la philosophie de la jungle contenue dans *Mein Kampf*, les complices nazis qui sont accusés ici ont délibérément poussé notre civilisation vers le précipice de la guerre.

Pour le docteur Schacht, *Mein Kampf* n'est pas le chef-d'œuvre qu'il attendait.

— En ce qui concerne *Mein Kampf*, j'ai dès l'origine été du même avis qu'aujourd'hui : c'est un livre écrit dans un très mauvais allemand, et l'œuvre de propagande d'un homme qui s'intéresserait vivement à la politique, pour ne pas dire d'un primaire fanatisé, tel qu'il s'est révélé par la suite. Il y avait dans *Mein Kampf* et, en partie aussi dans le programme du parti, un point qui me donna beaucoup à réfléchir ; c'était le manque complet de compréhension de tous les problèmes économiques. Le programme du parti contenait quelques préceptes de propagande comme : « Le bien public passe avant l'intérêt privé », ou des expressions comme « L'abolition de la tyrannie financière » ou autres phrases qui n'avaient pas grand sens. De telles expressions revenaient aussi dans *Mein Kampf* qui manque totalement d'intérêt au point de vue politique économique et, par conséquent, manque d'intérêt pour moi.

— D'autre part, du point de vue de la politique extérieure, *Mein Kampf* comportait, à mon avis, une erreur majeure : il jouait toujours sur l'idée que l'Allemagne devait accroître son espace vital en Europe. Si ces déclarations ne m'ont pas empêché de travailler plus tard avec un chancelier national-socialiste, c'est pour la simple raison que l'accroissement de l'espace vital à l'Est dépendait, c'est explicitement formulé dans *Mein Kampf*, du consentement du gouvernement anglais. C'était donc une utopie pour moi, qui croyais très bien connaître la politique anglaise, et il n'était pas dangereux de considérer ces élucubrations théoriques d'Hitler un peu plus sérieusement que je ne le faisais.

— Je savais fort bien que toute modification territoriale par la force, en Europe, était une impossibilité pour l'Allemagne et que les autres nations n'y donneraient pas leur accord. D'ailleurs, si *Mein Kampf* exposait des idées extravagantes et diffuses, il en contenait aussi de fort raisonnables. Deux choses en particulier, je voudrais le signaler, me plurent : l'une était que si quelqu'un était, sur des questions politiques, d'un autre avis que le gouvernement, il avait le devoir d'exprimer son opinion devant le gouvernement ; l'autre était que le gouvernement démocratique ou, disons mieux, le gouvernement parlementaire, devait être remplacé par le gouvernement d'un chef ; mais ce chef ne pourrait rester en fonctions qu'avec le consentement du peuple entier et, autrement dit, dépendrait d'élections de nature démocratique.

LA PRISE DU POUVOIR

A sa sortie de prison, Adolf Hitler retrouve ses activités politiques. Mais l'expérience de Munich l'a assagi : le pouvoir ne saurait être pris en dehors des voies légales.

DOCTEUR STAHMER. — En dehors des points du programme du parti qui sont généralement connus, y avait-il d'autres buts tenus secrets ?

ACCUSÉ GŒRING. — Non.

DOCTEUR STAHMER. — Ces buts devaient-ils être atteints par tous les moyens, même illégaux ?

ACCUSÉ GŒRING. — Évidemment, ils devaient être atteints par tous les moyens. Il convient sans doute d'éclaircir le sens du mot « illégaux ». Si mon but est une révolution, il s'agit bien alors d'une action illégale pour l'État existant à cette époque. Si je réussis, cette action devient un fait qui a par conséquent une existence légale et juridique. Jusqu'en 1923 et jusqu'aux événements du 9 novembre, nous étions tous, moi y compris, décidés à parvenir à notre but, au besoin par des moyens révolutionnaires. Quand cette méthode se révéla une erreur, le Führer, après son retour de forteresse, décida que nous devrions à l'avenir agir légalement en utilisant les moyens de la lutte politique comme l'avaient fait les autres partis, et le Führer interdit toute action illégale afin d'éviter tout ralentissement dans l'activité du parti.

Cheval de Troie dans l'État, les nationaux-socialistes atteindront le pouvoir par le biais du vote démocratique. Le voilà, le principe de la forteresse : l'ennemi n'est pas aux pieds des murailles, pataugeant dans les fossés avant de se lancer à l'assaut. Il est dans les murs. « Poisson dans l'eau » avant la lettre.

Docteur Stahmer. — Une expression qui revient fréquemment est celle de « prise du pouvoir ».

Accusé Gœring. — Je tiens à dire que « prise du pouvoir » est un terme technique. Nous aurions pu tout aussi bien employer un autre terme mais, en fait, celui-ci exprime aussi nettement que possible ce qui s'est effectivement passé ; nous avons bel et bien pris le pouvoir.

Accusation. — L'ère nouvelle du mouvement national-socialiste commença avec les mots d'ordre lancés par Hitler, de sa prison, en décembre 1924. Avec le retour de son chef, le parti reprit une fois de plus sa lutte pour le pouvoir. Les interdictions prononcées par le gouvernement contre le parti nazi, à l'époque du putsch de Munich, furent graduellement supprimées, et Hitler, chef du parti, annonça officiellement qu'en cherchant à réaliser ses buts pour renverser le gouvernement de Weimar, le parti n'aurait recours qu'à des moyens légaux. On peut, à juste titre, tirer de ces faits la conclusion que le recours par le parti nazi à la légalité était le seul moyen qui lui restait de continuer ses activités dans un État démocratique. Mais en accord avec son recours officiel à la légalité, le parti participa aux élections du peuple allemand, et de façon générale, prit part à la vie politique. En même temps, il se plongea dans une activité fiévreuse pour multiplier le nombre de ses adhérents et étendre le cadre de son organisation et de ses activités. Les S.A. et les S.S. recrutèrent de nombreux adhérents nouveaux. *Mein Kampf*, écrit par Hitler, parut en 1925. La Jeunesse hitlérienne fut créée. Des journaux furent publiés, parmi lesquels le *Völkischer Beobachter* dont l'accusé Rosenberg était le rédacteur en chef, et *Der Angriff*, publié par Gœbbels, qui devint plus tard le célèbre ministre de la Propagande et de l'Information.

La voie royale du pouvoir est ouverte. Les industriels, comme Krupp et Thyssen (dont le premier versement est de cent mille marks-or), ne s'y trompent pas. Les militaires qu'Hitler saura rassurer suivront bientôt. En France, Aristide Briand rêve des États-Unis d'Europe et veut persuader le monde politique que le temps n'est plus à l'application rigoureuse des traités.

Accusation. — Quand l'activité du parti nazi reprit en 1925, les S.A. étaient encore interdites. Pour les remplacer et servir de police personnelle à Hitler, de petits groupes mobiles furent constitués sous le nom de détachements de protection (Schutzstaffeln). Telle fut, en 1925, l'origine des S.S. Quand les S.A. furent reconstituées, en 1926, les S.S. cessèrent, pendant les quelques années qui suivirent, de jouer un rôle de premier plan. Mais elles continuèrent à exister en tant qu'organisation incorporée aux S.A., mais avec néanmoins leur propre chef, le Reichsführer S.S.

— Dès 1929, les conspirateurs ont reconnu que pour réaliser leurs plans, il leur fallait une organisation dans laquelle les principes essentiels du système nazi, en particulier les principes raciaux, fussent non seulement jalousement respectés mais poussés à l'extrême, au point d'inspirer crainte et terreur au reste de la population, une organisation dans laquelle une liberté complète fût accordée aux chefs et une obéissance aveugle exigée des membres. Les S.S. furent créées pour répondre à ce besoin. Je cite maintenant le livre d'Alquen, *Die S.S.*

— « Le 6 janvier 1929, Adolf Hitler nomma Heinrich Himmler, un camarade qu'il avait éprouvé depuis longtemps, Reichsführer S.S. Heinrich Himmler fut chargé de la direction de toute la « Schutzstaffel », qui, à ce moment-là, groupait deux cent quatre-vingts hommes, avec mandat exprès et spécial du Führer de former avec cette organisation une troupe d'élite pour le parti, une troupe sur laquelle on pourrait compter en toutes circonstances.

— « C'est ce jour-là que commence la véritable histoire des S.S., telles qu'elles nous apparaissent aujourd'hui avec leurs traits essentiels, fermement accrochées au mouvement national-socialiste. Car les S.S. et leur Reichsführer, Heinrich Himmler, premier des S.S., sont devenus inséparables au cours de ces années de lutte. »

— Obéissant aux directives de Hitler, Himmler s'efforça de constituer avec ce petit groupe d'hommes une organisation d'élite composée, pour employer les termes d'Alquen, « des hommes physiquement les meilleurs, les plus sûrs, les plus fidèles du mouvement nazi... »

DOCTEUR STAHMER. — A quel moment et dans quels buts les S.S. ont-elles été créées ?

ACCUSÉ GŒRING. — Les S.S. ont été créées alors que j'étais à l'étranger ; je crois que c'était en 1926 ou 1927. Elles avaient pour but, autant que je m'en souvienne, en premier lieu de former, à l'intérieur du mouvement, un corps de troupes spécialement recrutées pour la protection de la personne du Führer. A l'origine, cette formation était très réduite.

DOCTEUR STAHMER. — Avez-vous appartenu, à un moment donné, aux S.S. ?

ACCUSÉ GŒRING. — Je n'ai jamais et à aucun moment appartenu aux S.S., ni activement, ni à titre honorifique.

DOCTEUR STAHMER. — Il est donc faux de prétendre que vous étiez général dans les S.S.

ACCUSÉ GŒRING. — Oui, absolument faux. Après mon rétablissement, j'ai passé un an environ en Italie et à l'étranger. En 1926, ou 1927, on décréta une amnistie générale pour toutes les activités illégales des différents partis, pas seulement pour les incidents que nous avions soulevés, mais aussi pour les activités des gens de gauche et des paysans. Je pus retourner en Allemagne.

— Je rencontrai à nouveau Adolf Hitler en 1927, lors d'une entrevue de courte durée, à Berlin où il se trouvait à ce moment-là. Je n'avais pas d'activité dans le parti à cette époque, mais je m'efforçais à nouveau de me créer une situation indépendante. Puis je n'eus pas de contact avec Hitler pendant plusieurs mois. Peu de temps avant les élections au Reichstag de mai 1928, Hitler me fit venir pour me dire qu'il voulait me présenter comme candidat aux élections du Reichstag. Il me demanda si j'étais d'accord. Je lui répondis affirmativement et lui dis que mon activité dans le parti...

DOCTEUR STAHMER. — Une question : Étiez-vous, entre-temps, revenu aux S.A. ?

ACCUSÉ GŒRING. — Non, je n'avais plus rien à faire avec les S.A. Entre-temps, elles avaient été réorganisées et leur nouveau chef, von Pfeffer, tenait naturellement à garder sa situation et n'aurait pas aimé me voir entretenir des relations plus intimes avec les S.A.

DOCTEUR STAHMER. — Donc, après 1923, vous n'aviez plus aucune fonction dans les S.A. ?

ACCUSÉ GŒRING. — Mes fonctions actives dans les S.A. ont cessé en 1923. Ce n'est qu'après la prise du pouvoir, au moment où l'on créa ce qu'on a appelé les fonctions honorifiques, que j'obtins le grade le plus élevé dans les S.A., à titre honorifique uniquement.

— Mais je reviens en 1928. Je fus élu au Reichstag et à partir de ce moment, je me mis à parler dans le pays en qualité d'orateur du parti.

— Les S.A. avaient été reconstituées, je ne sais plus en quelle année ; elles n'étaient plus limitées à la Bavière mais s'étendaient sur tout le Reich.

DOCTEUR STAHMER. — Avaient-elles été interdites après 1923 ?

ACCUSÉ GŒRING. — Oui, depuis 1923, les S.A. étaient interdites.

DOCTEUR STAHMER. — Quand l'interdiction a-t-elle été levée ?

ACCUSÉ GŒRING. — Je ne sais pas, en tout cas à un moment où je n'étais pas encore retourné en Allemagne. De toute façon, les S.A. s'étaient étendues sur toute l'Allemagne ; elles étaient devenues absolument nécessaires, car les grands partis de cette époque avaient ce qu'on appelait des groupes de combat. Je me souviens de l'activité particulière exercée par le Front Rouge, réunion des groupes de combat communistes, notre ennemi le plus acharné, avec lequel nous avions continuellement des rencontres et qui, très souvent, essayait de disperser nos réunions. Il y avait aussi le Reichsbanner, organisation de la sociale-démocratie du parti démocrate. Il y avait le Stahlhelm, organisation de droite à tendance nationale et il y avait enfin nos S.A. qu'il faut citer en même temps. Je voudrais insister sur le fait qu'à cette époque-là les S.A. ont été très durement éprouvées. La plupart des membres des S.A. venaient de la masse ; c'étaient de petits employés ou des ouvriers, des hommes venus chez nous par idéalisme, qui assuraient leur service le soir, la nuit, sans aucune rétribution. Le seul mobile de leur activité était leur foi, leur amour de la patrie. Ils étaient souvent grièvement blessés. Un certain nombre d'entre eux fut abattu dans les rencontres. Ils étaient poursuivis par le gouvernement. Ils ne pouvaient pas devenir fonctionnaires et un fonctionnaire ne pouvait pas être S.A. Ils étaient l'objet de pressions considérables. Je voudrais particulièrement insister sur le fait que j'ai toujours eu le plus grand respect et la plus grande affection pour les hommes des S.A., ces hommes qui n'étaient pas — ainsi qu'on l'a prétendu ici — décidés à faire quelque chose de cruel, mais qui étaient volontaires par idéalisme pour s'exposer eux-mêmes aux tâches les plus difficiles et aux vexations de toutes sortes et renonçaient à beaucoup d'avantages pour réaliser leur idéal.

Autre pilier du parti : les Jeunesses hitlériennes de Baldur von Schirach :

— Nous allons montrer maintenant que Schirach a apporté une aide active au parti et à ses organisations de jeunesse, avant que les nazis ne s'emparent du pouvoir. Schirach fut un ami et un disciple fidèle d'Hitler depuis 1925. Au cours de cette année, à peine âgé de 18 ans, Schirach se joignit aux conspirateurs nazis et adhéra au parti. Sur la demande expresse d'Hitler, il se rendit à Munich pour se familiariser avec la doctrine du parti et fit auprès des étudiants de la propagande nationale-socialiste. Ce fut le début de la participation de Schirach au complot, qu'il soutint pendant vingt ans dans un esprit d'inébranlable loyauté envers Hitler et les principes nationaux-socialistes. Les attentions personnelles d'Hitler pour cet accusé profitèrent aux conspirateurs et au cours de ces premières années, son influence dans le parti grandit rapidement.

DOCTEUR SAUTER. — Témoin, il m'intéresserait de savoir si vos méthodes d'éducation s'inspiraient pour l'essentiel de principes et de directives reçus d'Hitler, de quelque service du parti ou bien d'une quelconque administration d'État ou si vos méthodes d'éducation ont été déterminées par les expériences que vous aviez accumulées pendant votre jeunesse, vous et les chefs de mouvements de jeunes qui vous entouraient alors ?

ACCUSÉ VON SCHIRACH. — C'est votre dernière assertion qui est exacte. Bien entendu, l'éducation de la Jeunesse hitlérienne était basée sur l'idée nationale-socialiste. Mais les principes à proprement parler éducatifs ne venaient pas d'Hitler. Ils n'avaient pas non plus été conçus par d'autres chefs du parti. C'est la jeunesse elle-même qui les avait imaginés, mes collaborateurs et moi.

DOCTEUR SAUTER. — Voudriez-vous exposer au Tribunal peut-être plus en détail, comment vous en êtes arrivé vous-même à ces principes et à ce système d'éducation de la jeunesse, d'après l'éducation que vous aviez reçue vous-même, votre évolution personnelle, etc.

ACCUSÉ VON SCHIRACH. — Je crois que le plus simple est de nous esquisser l'histoire de ma propre jeunesse très brièvement et en même temps de vous dépeindre les organisations de jeunesse avec lesquelles j'entrais en contact. J'économiserai ainsi un temps considérable lors de mes déclarations ultérieures.

— Mon père servait en qualité d'officier d'active dans le régiment des cuirassiers de la garde impériale. Je suis né à Berlin. Un an plus tard, mon père prenait sa retraite et partait pour Weimar où il prenait la direction du théâtre de la Cour, plus tard « théâtre national de Weimar ». C'est ainsi que j'ai grandi à Weimar et cette ville qui, dans un certain sens, est la patrie de chaque Allemand, c'est elle que je considérais comme ma ville natale. Mon père avait quelque fortune. La maison de mes parents était riche de vie intellectuelle et artistique, de littérature et de musique surtout. Mais à côté et au-dessus de ces possibilités éducatives de la maison familiale, l'ambiance de la ville même, l'ambiance du Weimar classique et post-classique a beaucoup influé sur mon développement intellectuel.

— C'est avant tout pourtant le *genius loci*, le génie du lieu, Gœthe, qui, très tôt, exerça en moi ses sortilèges. À Weimar n'avait pas seulement lieu le congrès culturel annuel du Reich : l'assemblée des chefs de la Jeunesse hitlérienne y tenait aussi ses assises chaque année. De même s'y déroulaient les cérémonies que nous appelions les représentations solennelles de la jeunesse allemande à Weimar. Ce qui importe dans la circonstance, c'est que, dans ce discours, j'ai cité un mot de Gœthe qui fut pour ainsi dire le leitmotiv de tout mon travail éducatif : « La jeunesse ne cesse de se façonner au contact de la jeunesse. » Même mon adversaire le plus acharné ne peut pas passer sous silence le fait qu'auprès de la jeune génération allemande j'ai toujours été le propagandiste de Gœthe à côté d'un propagandiste du national-socialisme.

— Un certain monsieur Ziemer a produit contre moi un volumineux affidavit dans lequel il se prononce sur l'éducation que je donnais à la jeunesse, dont j'étais responsable. Je crois que monsieur Ziemer a légèrement bâclé sa tâche. Il aurait du moins pu envisager dans son exposé du système d'éducation nationale allemande, l'activité que j'ai déployée dans le domaine éducatif pour amener la jeunesse à assimiler l'œuvre de Gœthe.

— J'avais 10 ans lorsque j'entrai pour la première fois dans une organisation de jeunesse. J'avais donc juste l'âge auquel les garçons et les filles ont été, plus tard, admis dans le Jungvolk. Il s'agissait, comme on l'appelait, du « Jungdeutschlandbund », une organisation que le comte von der Goltz avait fondée, une sorte d'organisation scoute. Le comte von der Goltz et Hæseler, s'inspirant du mouvement boy-scout britannique, avaient créé en Allemagne des mouvements éclaireurs et l'une de ces organisations était précisément ce « Jungdeutschlandbund » dont je viens de parler. Il joua un rôle important dans l'éducation de la jeunesse jusqu'aux environs de 1918-1919.

— Beaucoup plus important cependant pour mon évolution fut le stage que je fis dans un « Waldpædagogium ». C'était un établissement d'éducation dirigé à la campagne par un collaborateur du pédagogue bien connu Hermann Lietz. Là, je fus initié à des disciplines psychologiques que, plus tard, sur une base différente...

LE PRÉSIDENT. — Docteur Sauter, pensez-vous que l'éducation reçue par l'accusé soit matière dont doive être entretenu le Tribunal ? C'est l'éducation dont il a été le promoteur qui nous importe, ce qu'il a appris aux autres et non pas ce qu'il a appris lui-même.

DOCTEUR SAUTER. — Bien entendu, nous tiendrons compte de vos désirs, Monsieur le Président. *(A l'accusé.)* Monsieur von Schirach, voudriez-vous résumer vos déclarations de façon à ce qu'elles soient les plus brèves possible.

ACCUSÉ VON SCHIRACH. — Je peux le faire très brièvement.

DOCTEUR SAUTER. — Oui, je vous en prie.

ACCUSÉ VON SCHIRACH. — L'idée de Lietz était de donner à la jeunesse une éducation telle que, dès l'école, on lui enseignât ce qu'était l'État. Sa communauté scolaire était un État en miniature et, dans cette communauté scolaire, on en arrivait à ce que les jeunes se régissent par eux-mêmes. J'indiquerai simplement que Lietz développa aussi des idées déjà exposées longtemps avant lui par Pestalozzi et le grand Jean-Jacques. Toutes ces méthodes modernes d'éducation remontent en quelque sorte à Rousseau, qu'il s'agisse d'Hermann Lietz, des boys-scouts, du mouvement éclaireur ou du « Wandervogelbund » allemand. En tout cas, cette idée de laisser se régir dans une communauté scolaire les jeunes gens par eux-mêmes est à l'origine de mon idée, que la jeunesse devait se diriger elle-même. Ma pensée était d'inculquer dès l'école à la jeune génération les idées que, quatre-vingts ans plus tôt, Fröbel avait prônées. Lietz voulait aussi, dès l'école, prendre en main la jeune génération.

— Je puis peut-être encore indiquer très brièvement qu'en 1898 Lietz commença son travail éducatif et que la même année, dans une ville sud-africaine, le major britannique Baden-Powell, se voyant bloqué par des rebelles, entraîna des jeunes à partir en éclaireurs dans les forêts, ce qui fut à l'origine de son propre mouvement scout, qu'en la même année 1898, Karl Fischer fondait le mouvement du « Wandervogel » à Berlin-Steglitz.

DOCTEUR SAUTER. — Témoin, je pense que nous pouvons, accédant ainsi au désir de monsieur le Président, en terminer avec ce chapitre qui n'a qu'un caractère préliminaire. Si je vous ai bien compris, vous avez dit que les principes que vous avez appliqués plus tard, après être devenu Reichsjugendführer, vous les avez découverts par vous-même et par les mouvements de jeunesse d'alors. Est-ce exact ?

ACCUSÉ VON SCHIRACH. — Oui, essentiellement. Les bases de mon activité ultérieure doivent être cherchées là.

DOCTEUR SAUTER. — A ce point de vue, il m'intéresserait encore de savoir une chose : est-ce que cette éducation, à l'époque, avait quelque tendance politique ou antisémite ? Comment aussi en êtes-vous venu à vous occuper de questions politiques ?

ACCUSÉ VON SCHIRACH. — Non, cette éducation n'était d'aucune tendance politique et aucunement antisémite, car Lietz appartenait à l'entourage du démocrate Naumann, à celui de Damaschke.

DOCTEUR SAUTER. — Comment en êtes-vous alors arrivé à la politique ?

ACCUSÉ VON SCHIRACH. — Entre-temps la révolution avait éclaté. Mon père...

DOCTEUR SAUTER. — Vous parlez de la révolution de 1918-1919 ?

ACCUSÉ VON SCHIRACH. — Oui, de la révolution de 1918-1919. Mon père avait été chassé de son poste par les rouges. L'assemblée nationale de Weimar avait été réunie, la République de Weimar établie. Nous avions un système parlementaire, nous avions une démocratie ou ce que nous considérions tout au moins comme tel en Allemagne, car je doute que c'en eût été une véritable. C'était l'époque de 1923. Je me trouvais au domicile paternel. C'était une période d'insécurité générale, de misère et de mécontentement. Nombre de familles estimées avaient, avec l'inflation, été réduites à la mendicité. Les économies de l'ouvrier et du bourgeois avaient fondu complètement. Le nom d'Hitler commençait à percer, après les événements du 9 novembre 1923. On ne savait, à l'époque, rien de précis sur son compte et il était impossible de se renseigner. Ce n'est qu'avec ce procès que mes compatriotes et moi avons appris quelles avaient été les intentions d'Hitler.

— Je n'étais pas national-socialiste à l'époque et, avec quelques jeunes gens de mon âge, j'entrai dans un mouvement de jeunesse qui portait le nom de « Knappenschaft ». Cette organisation avait certaines attaches avec le bloc populaire, mais n'était liée à aucun parti. Ses mots d'ordre, très simples, étaient camaraderie, patriotisme et contrôle de soi. Nous étions environ une centaine de jeunes gens dans ma ville natale qui, dans le cadre de cette organisation de jeunesse, combattions la mollesse de la jeune génération d'après-guerre, et aussi la démoralisation, la dissipation des adolescents. J'avais alors seize ans et, pour la première fois, je rencontrais le socialisme. Dans ce milieu se rencontraient des jeunes gens de toutes les professions, des ouvriers, des artisans, des fils de paysans, de jeunes employés. Il y avait aussi des gens plus âgés parmi nous qui occupaient déjà un poste dans la vie, et aussi quelques-uns qui avaient fait la guerre mondiale. Par les conversations que j'eus avec ces camarades, j'appris à mesurer alors dans toute leur ampleur les conséquences du Traité de Versailles.

— La situation de la jeunesse était alors la suivante : l'étudiant pouvait espérer se tirer d'affaire en travaillant et y arriver tant bien que mal. Mais après, selon toute probabilité, il irait rejoindre le prolétariat des diplômés, car aucun espoir pour lui d'exercer sa profession. Le jeune ouvrier avait peu de chances de trouver une place d'apprenti. Pour lui il ne restait comme perspective rien d'autre que la sordide misère des gens en chômage. C'était une génération à laquelle personne ne viendrait en aide, si elle ne se tirait d'affaire elle-même.

DOCTEUR SAUTER. — Ce milieu dont vous faisiez partie, lorsque vous aviez seize ans, comment a-t-il été amené petit à petit au national-socialisme ?

ACCUSÉ VON SCHIRACH. — Une certaine agitation régnait en Allemagne centrale. Je n'ai qu'à rappeler le nom de Max Hölz, le chef de bande communiste, pour évoquer la situation d'alors. Même après que l'ordre eut apparemment été rétabli, la situation était telle qu'il nous était impossible de tenir des réunions entre Allemands, réunions que les communistes s'employaient à disperser. C'est ainsi qu'on fit appel à nous, jeunes gens, pour assurer la protection des réunions patriotiques. Nous l'avons fait. Nous avons d'ailleurs eu des blessés. Un de nous, un certain Garschar, fut abattu par les communistes, mais de cette façon nous avons rendu possible de nombreuses réunions nationalistes qui n'auraient pu se tenir autrement sous la République de Weimar. Nous devions protéger aussi les réunions nationales-socialistes, en nombre croissant d'ailleurs, car c'est tout particulièrement contre elles que la terreur communiste était dirigée.

— Au cours de ces activités, je fis la connaissance de hautes personnalités nationales-socialistes. Mais, je n'étais pas encore connu personnellement comme orateur. J'entendis le comte Reventlow. Je crois que j'entendis aussi Rosenberg. J'ai entendu parler Streicher et j'ai assisté aux tout premiers débuts oratoires de Sauckel, qui devait d'ailleurs, peu de temps après, être nommé Gauleiter du parti national-socialiste en Thuringe. C'est de cette façon...

LE PRÉSIDENT. — De quelle époque parle-t-il en ce moment ?

DOCTEUR SAUTER. — Il s'agit de l'année 1924, c'est-à-dire un an après le putsch hitlérien. *(À l'accusé.)* C'est de cette façon donc, témoin, que le milieu auquel vous apparteniez s'est vu entraîner vers le parti national-socialiste. Est-ce que des lectures n'eurent pas leur rôle à jouer, certaines lectures d'inspiration nationale-socialiste par exemple ?

ACCUSÉ VON SCHIRACH. — Je ne sais naturellement pas ce que mes camarades lisaient, à l'exception cependant d'un livre que j'indiquerai tout de suite. Je sais simplement ce que j'ai moi-même lu. Je lisais les écrits du penseur de Bayreuth, Chamberlain, je lus aussi « Fondements du XIXe siècle », les écrits d'Adolf Bartels, son « Histoire mondiale de la Littérature » et son « Histoire de la Littérature nationale allemande ». C'étaient là des œuvres...

LE PRÉSIDENT. — Docteur Sauter, je vous ai déjà dit que nous ne désirions pas connaître l'histoire complète de l'éducation de l'accusé. Il nous cite maintenant toute une série de livres qu'il a lus. Mais cela ne nous intéresse pas.

DOCTEUR SAUTER. — Oui, Monsieur le Président.

ACCUSÉ VON SCHIRACH. — Je voudrais simplement faire remarquer, en une phrase, que ces œuvres n'étaient pas particulièrement antisémites mais que tout de même la question de l'antisémitisme revenait perpétuellement tout au long de ces œuvres. Le livre antisémite que je lus à l'époque qui fit pencher la balance et qui influença fortement aussi mes camarades...

DOCTEUR SAUTER. — S'il vous plaît...

ACCUSÉ VON SCHIRACH. — ... était le livre de Henry Ford, « Le Juif international ». Je l'ai lu, je suis devenu antisémite. Ce livre avait eu à l'époque, sur moi et sur mes amis, une influence considérable parce que nous considérions Henry Ford comme le symbole de la réussite et également le représentant d'une politique sociale progressiste. Dans cette pauvre et pitoyable Allemagne d'alors, la jeunesse regardait vers l'Amérique. Et, outre ce grand bienfaiteur, Herbert Hoover, c'était Henry Ford qui représentait l'Amérique pour nous.

DOCTEUR SAUTER. — Témoin, quand avez-vous alors fait la connaissance d'Hitler et comment en êtes-vous venu à entrer dans le parti ?

ACCUSÉ VON SCHIRACH. — Il me faut dire que ce n'est pas à cause de mon antisémitisme que je suis devenu national-socialiste, mais à cause du socialisme. Je connaissais déjà Hitler en 1925. Il venait de quitter Landsberg am Lech. Son temps de forteresse était terminé. Il vint à Weimar et parla. À cette occasion, je lui fus même présenté. Le programme de communauté nationale qu'il développa me plut énormément, car j'y retrouvais en grand ce dont nous avions, avec nos camarades, fait l'expérience au sein de notre organisation de jeunesse. Il m'apparut comme l'homme qui ouvrirait la voix à notre génération. Je croyais qu'avec lui la nouvelle génération pouvait espérer du travail, des moyens d'existence, du bonheur. Je voyais en lui l'homme qui nous libérerait des chaînes du Traité de Versailles. Je suis persuadé que, sans Versailles, jamais Hitler n'aurait connu une telle ascension. Le Diktat amena la dictature.

DOCTEUR SAUTER. — Témoin, quand avez-vous adhéré au parti ?

ACCUSÉ VON SCHIRACH. — C'est en 1925 que je devins membre du parti. Simultanément, j'entrais en même temps que tous mes camarades dans les S.A.

DOCTEUR SAUTER. — Vous aviez dix-huit ans alors ?

ACCUSÉ VON SCHIRACH. — Oui.

DOCTEUR SAUTER. — Pourquoi êtes-vous entré dans les S.A. ?

ACCUSÉ VON SCHIRACH. — Les S.A. assuraient la sécurité des réunions et au sein des S.A. nous ne faisions que continuer à exercer, dans le cadre du parti, une activité que nous exercions auparavant dans le cadre de notre organisation de jeunesse.

DOCTEUR SAUTER. — En 1926, témoin, alors que vous aviez dix-neuf ans, il y eut une journée nationale du parti à Weimar ?

ACCUSÉ VON SCHIRACH. — Oui.

DOCTEUR SAUTER. — À cette occasion, vous avez, à ma connaissance, parlé personnellement à Hitler. Est-ce exact ?

ACCUSÉ VON SCHIRACH. — Oui. J'avais déjà parlé à Hitler un an auparavant. Je le rencontrai à nouveau. Il prit la parole à Weimar à l'occasion de diverses manifestations de masse. Il revint encore à Weimar au cours de la même année mais, cette fois, pour s'adresser à un petit comité. Il rendit avec Rudolf Hess une visite à ma famille et, à cette occasion, suggéra que je pourrais peut-être aller étudier à Munich.

DOCTEUR SAUTER. — Pourquoi ?

ACCUSÉ VON SCHIRACH. — Il pensait que je devais connaître la centrale du parti, me familiariser avec ses méthodes de travail. Mais je voudrais tout de suite remarquer que je n'avais nullement à l'époque l'intention d'entrer dans la politique. Cependant, j'étais, bien entendu, très intéressé par cette enquête sur le mouvement, au lieu même où il avait été fondé.

DOCTEUR SAUTER. — Vous êtes alors parti pour Munich et vous êtes livré à ces études ?

ACCUSÉ VON SCHIRACH. — Oui, je suis parti pour Munich mais tout d'abord je ne me suis pas soucié du parti. Je m'occupais d'études germaniques, historiques, d'histoire de l'art, j'écrivais aussi et j'entrais en contact à Munich avec beaucoup de gens qui n'étaient pas directement des nationaux-socialistes mais qui appartenaient, si je puis m'exprimer ainsi, à la périphérie du mouvement national-socialiste. J'habitais alors dans la maison de mon ami, l'éditeur Bruckmann, qui...

DOCTEUR SAUTER. — En 1929, vous êtes devenu chef du mouvement de l'enseignement supérieur. Je crois que vous avez été élu, non pas nommé, mais élu ?

ACCUSÉ VON SCHIRACH. — Les choses commencèrent ainsi : j'assistais à Munich aux réunions du parti. Je rencontrais aussi dans le salon de Bruckmann, Hitler, Rosenberg et beaucoup d'autres qui, plus tard, jouèrent un rôle en Allemagne. À l'université j'adhérai au groupe de l'enseignement supérieur de l'Union des étudiants nationaux-socialistes.

DOCTEUR SAUTER. — Continuez, Monsieur von Schirach. Vous venez de nous déclarer avoir appartenu à ce groupe de l'enseignement supérieur à Munich. Voulez-vous poursuivre ?

ACCUSÉ VON SCHIRACH. — Et je commençai à m'occuper activement de ce groupement. Je parlai d'abord à mes camarades de mes propres travaux dans le domaine littéraire. Ensuite, je me mis même à faire des conférences aux étudiants sur le mouvement national-socialiste. J'organisai des réunions d'étudiants hitlériens à l'université de Munich. Je fus choisi pour ce que l'on appelait l'A.S.T.A. (Allgemeiner Studentenausschuss), le comité général étudiant de l'université. Du fait de ces activités à l'université, j'avais de plus en plus de contacts avec la direction du parti.

— En 1929, le Reichsführer de l'Union des étudiants nationaux-socialistes se retira et alors se posa la question de savoir qui prendrait la direction de toute l'organisation pour l'enseignement supérieur. À l'époque, Rudolf Hess, sur l'ordre du Führer, posa la question aux différents groupes de l'enseignement supérieur qui appartenait au mouvement national-socialiste de l'enseignement supérieur et la plupart de ces groupes demandèrent que je sois élu chef de l'Union des étudiants nationaux-socialistes. Fait curieux, je fus le seul des chefs de la direction du parti qui ait été élu. C'est un événement qui ne s'est jamais reproduit dans l'histoire du parti.

DOCTEUR SAUTER. — Vous voulez préciser par là que tous les autres ont été nommés et que vous seul avez été élu ?

ACCUSÉ VON SCHIRACH. — J'ai été élu et cette élection confirmée... La Jeunesse hitlérienne, avant la prise du pouvoir en 1932, était déjà le plus grand mouvement de jeunesse de l'Allemagne. Mais je désirerais encore ajouter que ces différentes organisations de jeunesse nationales-socialistes que je trouvai à mon entrée en fonctions, je les ai réunies en un seul grand mouvement de jeunesse. Ce mouvement de jeunesse était le plus important d'Allemagne, bien avant que nous ne prenions le pouvoir.

Les nationaux-socialistes progressent « légalement » aux élections législatives. De 1928 à 1932, quatre consultations ont lieu. Mais, au-delà des pourcentages des scrutins, se dessine la volonté du peuple allemand :

DOCTEUR STAHMER. — Quelle a été votre position dans le parti, entre 1928 et la prise du pouvoir par Hitler ?

ACCUSÉ GŒRING. — Je n'exerçais aucune fonction dans le parti. Je n'ai jamais été dirigeant politique, ce qui est peut-être curieux, ni fait partie de la Reichsleitung ou autre organisme similaire. Au début, j'étais membre du Reichstag, donc membre de la fraction du parti au Reichstag. En même temps, j'étais orateur du parti, c'est-à-dire que j'allais de ville en ville et j'essayais de faire tout ce que je pouvais pour répandre ses idées, le renforcer, gagner de nouveaux membres, les convaincre et, en particulier, j'essayais d'attirer chez nous les adhérents du marxisme et du communisme, de créer ainsi une assise populaire solide et non pas seulement de recruter des gens dans les milieux de droite, qui d'eux-mêmes étaient nationalistes.

ACCUSATION. — Les réunions des autres partis politiques furent troublées et interrompues par des actes de violence et il y eut énormément de désordres dans les rues.

— Les tentatives « légales » du parti pour s'emparer du pouvoir politique n'eurent pendant un certain nombre d'années que peu de succès, malgré ses efforts assidus. Au cours de trente élections auxquelles participèrent les nationaux-socialistes, de 1925 à 1930, pour obtenir des sièges au Reichstag et aux Landtage ou aux conseils municipaux dans les divers États allemands, les nazis ne reçurent de mandat que dans seize cas et n'obtinrent aucun siège à chacune des quatorze autres élections. Les voix nationales-socialistes, au cours des élections de 1927, ne dépassèrent pas quatre pour cent du nombre total des suffrages. L'année 1929 marque le premier modeste succès aux urnes dans l'État de Thuringe. Les nazis reçurent plus de onze pour cent des suffrages populaires et firent élire six représentants, sur un total de cinquante-trois députés au Landtag, et l'accusé Frick devint ministre de l'Intérieur de Thuringe ; il fut le premier national-socialiste investi de fonctions ministérielles.

— Avec un tel encouragement et de telles preuves du succès de ses méthodes électorales, le parti nazi redoubla ses efforts traditionnels (moyens de terreur et de coercition). Il se heurta à quelque résistance de la part du Reich et de divers États allemands. La Prusse exigea que ses fonctionnaires ne fussent plus membres adhérents du parti nazi et leur interdit le port des chemises brunes que revêtaient les S.A. du parti. L'État de Baden publia également un décret contre le port des chemises brunes, et la Bavière interdit le port d'uniforme par les organisations politiques. De nouveaux écrits nationaux-socialistes parurent en Allemagne. Les nouveaux « Cahiers mensuels nationaux-socialistes » firent leur apparition, avec l'accusé Rosenberg comme rédacteur en chef, et peu de temps après, en juin 1930, fut publié le « Mythe du XXe siècle » de Rosenberg.

— C'est dans cette atmosphère — le président von Hindenburg ayant, entre-temps, prononcé la dissolution du Reichstag, le chancelier Brüning n'ayant pu réussir à obtenir un vote de confiance — que l'Allemagne se rend une fois de plus aux urnes, le 14 septembre 1930. Après cette élection, la représentation nazie au Reichstag passa de 12 sièges à 107, sur un total de 577.

— Le nouveau Reichstag se réunit, et 107 nazis pénétrèrent dans la salle des séances vêtus de chemises brunes. Une opposition bruyante se manifesta aussitôt, cherchant à obtenir la chute du cabinet Brüning. Profitant des problèmes soulevés par la crise économique qui était alors générale, les nazis cherchaient à obtenir un vote de défiance et la dissolution du Reichstag. Devant l'échec de cette tactique d'obstruction, les nazis quittèrent le Reichstag.

ACCUSÉ SCHACHT. — Après les élections de septembre 1930, le parti d'Hitler obtint soudainement, et à la surprise générale, 107 sièges, je m'intéressai à ce phénomène, et sur le paquebot qui m'emmenait en Amérique, je lus *Mein Kampf* et, bien entendu, le programme du parti. À mon arrivée là-bas, la première question qui me fut posée porta sur ce que je pensais d'Hitler et du parti, car, à cette époque, on parlait partout de ces événements d'Allemagne. Ma première déclaration, une interview, consista dans une mise en garde non équivoque, et je déclarai : « Si vous autres, étrangers, ne changez pas de politique vis-à-vis de l'Allemagne, il y aura bientôt beaucoup plus de partisans d'Hitler en Allemagne qu'il n'y en a maintenant. » Au cours de ces deux mois entiers, je pris la parole une cinquantaine de fois dans les réunions publiques et je trouvai toujours beaucoup de compréhension sur les questions de réparations, sur les erreurs du Traité de Versailles et sur les difficultés économiques de l'Allemagne. Je revins avec l'impression que toute l'opinion américaine, l'opinion du peuple américain à notre égard était, en fait, assez amicale. C'est tout à fait par hasard et non pas de mon propre mouvement, que j'entrai en contact avec des partisans du mouvement national-socialiste. Un directeur de banque de mes amis m'invita au début du mois de décembre 1930 à dîner chez lui en compagnie de Hermann Gœring. Je m'y rendis et ne tirai pas de l'attitude et des déclarations de Hermann Gœring une impression décisive ; il se tenait sur la réserve, fit preuve de modestie et de bonne tenue et m'invita à faire un jour chez lui la connaissance d'Hitler. Au début de janvier, j'allai donc dîner un soir avec ma femme chez Gœring ; Fritz Thyssen était invité et Hitler devait également venir ce soir-là, pour nous parler. Je ferai remarquer en passant que l'allure générale de l'appartement de Gœring était très modeste et très simple. Il y avait à dîner un simple potage aux pois avec du lard et la première femme de Gœring me fit une impression absolument remarquable.

— Après le dîner, Hitler fit son apparition et une conversation s'engagea, à laquelle nous participâmes, disons à 5 %, et Hitler à 95 %. Ce qu'il dit avait trait à des questions nationales sur lesquelles il était complètement d'accord avec nous. Il ne formula aucune exigence extravagante, mais, d'autre part, insista d'une manière positive sur les nécessités nationales de l'Allemagne. Au point de vue social, Hitler avait de nombreuses idées intéressantes, qui tendaient en particulier à la suppression de la lutte des classes, à éviter les grèves, les lock-out et les conflits sur les salaires, par l'intervention décisive de l'État dans le domaine du travail et dans la direction de l'économie. Il ne demandait pas l'abolition de l'économie privée, mais simplement qu'une certaine influence fût exercée sur la direction et il nous parut que ces idées étaient parfaitement raisonnables et acceptables. Il se révéla d'ailleurs comme n'ayant, dans le domaine économique et dans celui de la politique financière, autant dire aucune connaissance et de fait, il ne prétendit pas, ce soir-là, y connaître quoi que ce fût. Il nous demanda simplement d'avoir, en tant qu'économistes, quelque compréhension pour ses idées et de lui donner notre avis sur la question. Tel était le but de cette soirée.

DOCTEUR DIX. — Je reviendrai plus tard à ce premier entretien avec Adolf Hitler, mais je voudrais d'abord revenir à la question que je vous ai posée tout à l'heure, sur ce que vous pensiez du programme du parti, de l'idéologie développée dans *Mein Kampf*, et cela pour la raison suivante : vous avez pu entendre ici même les représentants du ministère public défendre l'opinion suivant laquelle, non seulement certains points du programme du parti, mais encore certaines parties de *Mein Kampf* auraient un caractère criminel ; le caractère criminel de cette publication aurait été reconnaissable dès sa parution. Aussi vous demanderai-je d'indiquer avec précision quelle était votre attitude à cette époque, et quelle est votre attitude aujourd'hui, vis-à-vis du programme du parti et de l'idéologie nationale-socialiste, telle qu'elle apparaît dans *Mein Kampf.*

ACCUSÉ SCHACHT. — Les débats qui se sont jusqu'à présent déroulés ne m'ont pas donné l'impression que l'opinion du ministère public sur le caractère criminel du programme du parti fût unanime. Je ne trouve, dans le programme du parti, rien qui soit le signe d'une intention criminelle.

— L'union de tous les Allemands, qui y joua un grand rôle, n'y est jamais revendiquée que sur la base du droit des peuples à disposer d'eux-mêmes. Sur le plan de la politique internationale, on n'y demande, pour le peuple allemand, que l'égalité des droits avec les autres nations ; que, par là, les discriminations imposées au peuple allemand par le Traité de Versailles dussent être abolies, est tout à fait évident.

— On demandait des terres pour nourrir notre peuple et y établir l'excédent de notre population ; je ne puis y voir aucun crime car on a expressément ajouté, entre parenthèses, derrière le mot « terres » : colonies. J'ai toujours considéré cela comme une revendication coloniale que j'avais défendue moi-même, bien longtemps avant l'apparition du national-socialisme. Ce qui me paraissait plus déconcertant et, à mon avis, dépassait les limites, c'étaient les dispositions retirant aux Juifs leurs droits de citoyens ; mais ce qui était rassurant d'un autre côté, c'était qu'on devait appliquer aux Juifs le statut des étrangers, c'est-à-dire qu'ils devaient être soumis à la même législation que les étrangers résidant en Allemagne. J'avais souhaité, et j'ai toujours demandé, que cette protection légale fût en toutes circonstances accordée aux Juifs. Malheureusement, cela n'a pas été fait. En outre, on insistait sur le fait que tous les citoyens devaient avoir les mêmes droits et les mêmes devoirs.

— Le développement de l'éducation publique était signalé comme nécessaire, les sports et l'athlétisme étaient réclamés pour l'amélioration de la santé publique. On réclamait la lutte contre le mensonge politique délibéré, lutte qui fut, par la suite, menée avec vigueur par le docteur Gœbbels. Et avant tout, on y réclamait la liberté de toutes les confessions religieuses et le principe d'un christianisme positif.

— Tel est l'essentiel du contenu du programme du parti national-socialiste. Je n'y trouve rien qui soit de caractère criminel et il serait d'ailleurs assez curieux que le monde ai maintenu des relations politiques et culturelles avec l'Allemagne pendant vingt ans, et avec les nationaux-socialistes pendant dix ans, si le programme de ce parti avait été criminel.

DOCTEUR DIX. — Docteur Schacht, vous avez décrit l'impression que vous avait laissée votre premier entretien avec Adolf Hitler, ainsi que l'étude du programme du parti et de *Mein Kampf.* Pensiez-vous pouvoir travailler avec Adolf Hitler et quelles conclusions avez-vous tirées de ce premier entretien avec Hitler ?

ACCUSÉ SCHACHT. — Je ne considérais absolument pas la possibilité d'une collaboration avec Hitler, car j'étais un homme privé, et ne m'intéressais pas à la politique de parti ; aussi ne fis-je, à la suite de cet entretien, pas la moindre chose pour me créer des relations avec les milieux hitlériens ; je suis tranquillement retourné dans ma propriété et j'y ai repris mon existence privée. Je n'en ai donc tiré pour moi personnellement, aucune conséquence. Mais j'en ai tiré une autre : j'ai déjà dit que je me sentais, bien entendu, solidaire du destin de mon pays ; après cet entretien, j'ai demandé à plusieurs reprises, au chancelier Brüning, et de la façon la plus pressante, de prendre les nationaux-socialistes dans le cabinet qu'il allait diriger, car je croyais que le fait de les mettre en face de problèmes pratiques du gouvernement serait le seul moyen de briser l'élan et de faire échec au fanatisme formidable que j'avais remarqué chez Hitler. Il ne fallait pas les laisser dans l'opposition où ils pouvaient toujours être dangereux, mais au contraire les prendre au gouvernement, voir ce qu'ils étaient capables d'y faire et s'ils n'allaient pas s'y user. Telles furent la proposition et la prière pressante que j'adressais à Brüning ; j'avais remarqué qu'à cette époque, Hitler y était absolument prêt, mais je ne pus pas persuader Brüning de pratiquer une telle politique. Ce fut sa perte.

Après les élections législatives de 1930, les nationaux-socialistes s'apprêtent à engager la bataille des présidentielles de 1932. Reste à régler le problème de la nationalité d'Hitler, né en Autriche.

DOCTEUR KEMPNER. — Je mentionne qu'Adolf Hitler, à l'époque où Frick était ministre de l'Intérieur dans l'État de Thuringe, était un étranger indésirable et non un citoyen allemand. Comme ministre de Thuringe, l'accusé Frick commença ses manœuvres en donnant à Adolf Hitler, cet étranger indésirable, un état civil allemand, ce qui était essentiel à la réalisation du complot nazi. Le fait qu'Hitler n'était pas allemand nuisait beaucoup au parti nazi, car en tant qu'étranger, il ne pouvait être candidat à la présidence du Reich en Allemagne.

— L'accusé Frick résolut ce problème par une manœuvre administrative. Nous déposons maintenant le document PS-3564 (USA-709). Ce document est un affidavit d'Otto Meissmer, en date du 27 décembre 1945. Meissmer, ancien secrétaire d'État et chef de la chancellerie présidentielle d'Hitler, déclare dans les deux dernières phrases de ce témoignage :

— « Frick, lui aussi, en collaboration avec Klagges, ministre de Brunswick, réussit à faire naturaliser Hitler citoyen allemand en 1932, en le faisant nommer Regierungsrat dans le gouvernement de Brunswick. Cela afin qu'il puisse se présenter comme candidat au poste de président du Reich. »

Hitler va affronter le vieux président sortant Hindenburg et deux candidats qui ne se font guère d'illusion sur le nombre de leurs électeurs : Ernst Thälmann, communiste, et Théodore Duesterberg, représentant l'aile droite des nationalistes. La campagne est brutale, sans élégance.

Hitler et Gœbbels veulent ridiculiser Hindenburg : ils le présentent comme le « porte-parole des déserteurs », insistent sur sa sénilité et son incompréhension affligeante des réalités politiques. Le 13 mars, les résultats sont connus : Hindenburg 18 651 497 voix, soit 49,6 %, Hitler 11 339 446, soit 30,1 % ; les deux autres prétendants réunissent tout de même 20 % des voix. Hitler, qui craignait un score « ridicule », peut être satisfait. Il a mobilisé sur son nom et son programme un véritable courant. Sera-t-il suffisant pour lui assurer la victoire au second tour car, Hindenburg n'ayant pas obtenu la majorité absolue, une seconde consultation se déroulera le 10 avril ? Hitler progresse plus qu'Hindenburg mais, avec ses 36,8 %, il est encore loin du « rassurant » vieux Maréchal et de ses 53 %.

Franz von Papen chancelier, Hitler n'ayant plus à démontrer la puissance de son parti, demande au Maréchal les postes de chancelier et de Premier ministre de Prusse. Hindenburg lui offre la charge de vice-chancelier qu'Hitler, indigné, refuse.

DOCTEUR KUBUSCHOK. — Témoin, voudriez-vous expliquer au Tribunal quelle était la situation en Allemagne lorsque Hindenburg vous appela, le 1er juin 1932, pour former un cabinet ?

ACCUSÉ VON PAPEN. — Avant de répondre à cette question, je demande que l'on permette à l'un des derniers chanceliers du Reich, de faire une brève déclaration sur le gouvernement présidé par lui. Si et dans quelle mesure la charte du Tribunal est compatible avec la souveraineté du Reich et de ses divers gouvernements, cette question sera exposée plus tard par l'un des avocats. Si le ministère public traite de mon activité de chancelier du Reich en 1932, je suppose qu'il veut ainsi tracer un tableau conforme à la vérité historique et juger de ma personnalité dans son ensemble. Pour cette raison je me propose de me prononcer sur ce chef d'accusation. Toutefois, je dois déclarer ici de la façon la plus catégorique que ce cabinet de 1932 a, selon sa conscience et avec la meilleure foi du monde, gouverné conformément à la Constitution et en vertu des droits dévolus au président du Reich en cas de nécessité, à une époque de grave crise intérieure et économique.

— C'est un fait historique que l'activité gouvernementale de mon cabinet ne serait même pas justifiable du moinde soupçon d'agissement criminel, comme cela est défini dans la charte du Tribunal.

— Cette constatation, Monsieur le Président, je crois devoir la faire pour défendre l'intégrité de mes collègues ministres, et avant tout celle du président du Reich, le Feldmarschall von Hindenburg, cette dernière grande figure historique qu'ait eue l'Allemagne. En ce qui concerne votre question, le docteur Brüning, mon prédécesseur à ces fonctions, était très estimé de nous tous, et nous l'avions accueilli avec beaucoup d'espoir. Mais à l'époque où il entra en fonction, survint la grande crise économique, l'érection, pour des raisons politiques, de barrières douanières par l'étranger, l'interruption presque totale de la production et du commerce, pas de devises pour se procurer les matières premières nécessaires, chômage grandissant, la jeunesse est dans la rue, et la crise de l'économie mondiale aboutit à la faillite des banques. Gouverner, ce n'est plus possible que par décrets-lois, c'est-à-dire par le moyen d'actes législatifs unilatéraux du président du Reich. Les allocations de chômage vident les caisses, ce sont des dépenses improductives, qui ne constituent pas la solution du problème. A la suite de l'étendue du chômage, les partis radicaux s'accroissent. La division politique du peuple allemand atteint son paroxysme. Aux dernières élections pour le Reichstag se présentent trente-deux partis.

— Bien sûr, nous avions tous espéré après la guerre, pouvoir édifier en Allemagne, une démocratie classique. La démocratie britannique nous avait servi de modèle. Mais la Constitution de Weimar avait donné au peuple allemand une foule de droits qui ne correspondaient pas à sa maturité politique. En 1932, il était depuis longtemps évident que la Constitution de Weimar commettait l'erreur de ne conférer au gouvernement qu'une autorité bien trop restreinte. Je rappelle que la constitution des gouvernements durait pendant des semaines entières, parce que tous les partis voulaient y participer.

— En Prusse, depuis 1919, la sociale-démocratie était au pouvoir. Elle se partageait en Prusse, avec le centre, les postes de direction. Un dualisme entre la Prusse, la plus importante des provinces, et le Reich d'autre part, s'affirmait de plus en plus. Mon vœu de voir Brüning revenir à la vieille structure bismarckienne, de le voir à la fois chancelier du Reich et président du conseil de Prusse, de façon à ce que la politique de la plus grande des provinces fût coordonnée avec celle du Reich, fut décliné par Brüning.

— Pendant toutes ces dernières années, rien ne fut fait pour canaliser le mouvement grandissant du national-socialisme c'est-à-dire pour endiguer le mouvement dans un lit de responsabilité politique. Tout ce chaos politique et la constatation qu'il fallait faire quelque chose pour permettre au gouvernement du Reich de gouverner, et rendre le gouvernement plus indépendant, amena Hindenburg à décider la création d'un cabinet présidentiel indépendant des divers partis, un cabinet dirigé par des techniciens. Les membres de son cabinet étaient tous des techniciens. Von Neurath était un vieux diplomate, le ministre de l'Intérieur, Gayl, un vieux fonctionnaire de l'Administration, le ministre de l'Agriculture était directeur général de grosses coopératives agricoles, le ministre des Finances était directeur ministériel de son ministère, le directeur des Chemins de fer, Eltz, avait été président d'une compagnie de Chemins de fer et tout à l'avenant.

DOCTEUR KUBUSCHOK. — Est-ce que l'intention de constituer un gouvernement autoritaire incita les partis à lutter contre cette décision ?

ACCUSÉ VON PAPEN. — Le maréchal Hindenburg avait eu une très grande confiance en Brüning ; mais il ne lui a pas pardonné de n'avoir pas réussi, au moment de la réélection de Hindenburg au poste de président du Reich en 1932, à gagner les partis de droite, partis qui en 1925 avaient élu Hindenburg pour la première fois. À cette époque, en effet, Hindenburg avait été élu malgré l'opposition passionnée du centre et de la gauche. Cette fois-ci, en 1932, il devait être élu précisément par les partis de gauche qui l'avaient combattu et malgré la droite. À ce vieux grand soldat de la guerre mondiale, on avait opposé un soldat inconnu du Stahlhelm. Il va sans dire que cela a beaucoup peiné le Feldmarschall.

— Pourquoi le choix du Feldmarschall s'est porté sur moi comme chancelier du Reich, je l'ignore. Je puis dire seulement que je n'ai pas bougé le petit doigt pour obtenir cette nomination. Les événements furent les suivants : je rapporte ces faits, Monsieur le Président, simplement pour m'opposer au ministère public, qui considère la formation de ce cabinet comme le début d'une intrigue de la « Conspiracy ».

— Le 26 mai 1932, je me trouvais sur mes terres dans la Sarre. Là, monsieur von Schleicher, le ministre de la Défense, me fit appeler et me pria de venir à Berlin. Le 27 au soir, j'arrive à Berlin ; le 28 je vais voir monsieur von Schleicher. Monsieur von Schleicher me dit : « Il y a crise ministérielle, nous cherchons un chancelier. » Il parle avec moi de diverses personnalités, enfin il me dit : « Le président du Reich voudrait que ce soit vous. »

— Stupéfait, je réponds : « Comment, pourquoi ? » et demande le temps de réfléchir. Le lendemain je discute de la chose avec mes amis.

— Le 30, je me rends à nouveau auprès de monsieur von Schleicher, et lui dis : « Je me suis décidé, je n'accepte pas le poste. » Monsieur von Schleicher me dit : « Il n'y a rien à faire, le président du Reich le souhaite en tout état de cause. » Je réponds à monsieur von Schleicher : « Le président du Reich se fait probablement une idée fausse des forces politiques que je pourrais lui rallier, en vue de la constitution de ce gouvernement. Il croit probablement que le centre me soutiendrait dans ma politique. Il ne saurait en être question. »

— Dans l'après-midi, ce même jour, je vais voir le chef du parti du centre ; je lui demande ce qu'il compte faire. Il me dit : « Monsieur von Papen, n'acceptez pas ce poste car le parti entrerait immédiatement en opposition avec vous. » Je lui réponds : « Je vous remercie, c'est bien ce que je pensais. » Là-dessus, je demande audience à Hindenburg, je lui expose la situation. Hindenburg se lève et me dit : « Je ne vous ai pas appelé pour me gagner avec vous l'appui d'un parti politique quelconque, je vous ai appelé parce que j'entends former un cabinet d'hommes indépendants. » Alors, il me rappela mes devoirs vis-à-vis de ma patrie, et comme je continuais à protester, il me dit : « Vous ne pouvez pas me laisser en plan, moi vieux soldat, lorsque j'ai besoin de vous. » Et je répondis : « Dans ces conditions, je ne vous abandonnerai pas et j'accepte. »

DOCTEUR KUBUSCHOK. — Avez-vous parlé au préalable à Hitler du gouvernement que vous alliez fonder ?

ACCUSÉ VON PAPEN. — Non. C'est là une supposition absolument erronée de la part du ministère public. *L'histoire de la N.S.D.A.P.*, par Volz, qui l'affirme, est un travail purement personnel et vraisemblablement prescrit par Gœbbels et son ministre. Je précise que sur le vœu du président du Reich la constitution de mon gouvernement devait s'imposer comme un fait accompli sans aucun pourparler avec un parti quelconque ou avec un chef de parti quelconque.

DOCTEUR KUBUSCHOK. — N'avez-vous pas promis au préalable à Hitler la dissolution du Reichstag ?

ACCUSÉ VON PAPEN. — Voilà également une assertion du ministère public qui ne correspond pas à la vérité. Je n'ai pas discuté au préalable la dissolution du Reichstag avec Hitler car le Reichstag fut dissout le 4 juin et je n'ai vu Hitler pour la première fois de ma vie que cinq ou six jours plus tard. La dissolution du Reichstag était en soi normale car le nouveau gouvernement souhaitait pouvoir connaître l'opinion des électeurs sur le cours pris par les événements et sur le programme du gouvernement.

DOCTEUR KUBUSCHOK. — Quels étaient les buts politiques de votre cabinet ? Veuillez nous l'indiquer simplement à grands traits.

ACCUSÉ VON PAPEN. — Le problème au centre de nos préoccupations était la question économique. La grande misère économique et le million et demi de jeunes chômeurs, les six millions à sept millions de chômeurs totaux, les douze millions à treize millions de chômeurs partiels, tous les efforts des prédécesseurs pour remédier à ces problèmes, avec des solutions purement gouvernementales, étaient absolument insuffisants. Cela grevait les finances et sans donner de résultats. Le but de mon gouvernement fut de ce fait de mettre en jeu l'économie privée pour arriver à une solution de ces problèmes. Nous voulions remettre en mouvement l'appareil de production. Avec un budget de deux milliards deux cents millions de marks et en plus, au cours de l'année, arriver à occuper avec ce processus un million sept cent cinquante mille ouvriers. Un tel programme n'aurait pu être discuté avec les partis. Le but politique que nous poursuivions était, en même temps que la réorganisation de l'économie, d'obtenir la collaboration pratique du plus fort des partis d'opposition, à savoir le parti national-socialiste.

— Tel était le problème principal de la politique intérieure allemande. Et il en résultait à la vérité qu'avec les gouvernements nationaux-socialistes de Thuringe, de Brunswick et d'Oldenbourg, on pouvait procéder à cette tentative sans risquer des menées révolutionnaires. Je pouvais donc espérer, grâce à mon programme national et social, obtenir l'acceptation du Reichstag. Je crois que dans aucun pays au monde le problème des rapports du capital et du travail ne s'est posé avec une telle acuité que chez nous, à la suite de l'industrialisation à outrance et de l'aliénation du sol. Les raisons en sont connues ; je n'ai pas besoin d'en parler. Mais l'une de ces raisons que l'on ignore généralement était l'inflation allemande, inflation qui avait détruit toutes les valeurs mobilières en Allemagne. Cette inflation avait enlevé leurs économies et leurs biens à la classe moyenne et à la classe ouvrière, la force vive de la nation et avait prolétarisé les ouvriers, les artisans, la classe moyenne.

— Parallèlement à cette transformation sociale qui avait lieu en Allemagne, chez notre grand voisin, un nouvel ordre social était né, avec une société sans classes, un État totalitaire. Les puissances démocratiques dans le monde se défendaient contre l'exportation d'un tel système. Elles prenaient des mesures de sécurité, dans le domaine économique, mais ces mesures de sécurité, le « New Deal » et « Ottawa », affaiblissaient d'autant plus la position de l'Allemagne.

LE PRÉSIDENT. — Docteur Kubuschok, j'espère que l'accusé se rend compte que tout cela est bien connu du Tribunal et que tous ces détails sont inutiles.

ACCUSÉ VON PAPEN. — Je voulais simplement montrer au Tribunal que ce problème social était à la base de toute cette affaire aux développements historiques.

DOCTEUR KUBUSCHOK. — Sur la question sociale se greffe également la question du développement du parti national-socialiste. C'est à la lumière de cet exposé que le témoin voudrait prendre position sur ce sujet par la suite. *(Au témoin.)* Témoin, vous avez déclaré précédemment que vous n'êtes pas entré en contact avec Hitler avant la constitution du gouvernement. Quand avez-vous vu Hitler pour la première fois et quels accords avez-vous conclus avec lui à cette occasion ?

ACCUSÉ VON PAPEN. — J'ai déjà dit avoir vu Hitler pour la première fois le 9 ou le 10 juin. Cet entretien avait pour but d'établir sous quelles conditions Hitler serait prêt à tolérer mon gouvernement. Mon programme comportait tant de points intéressant le social qu'une acceptation de ce programme par le national-socialisme était très vraisemblable. La seule exigence d'Hitler avant d'accepter un tel programme était la suppression de l'interdiction pour les S.S. de porter leur uniforme c'est-à-dire l'égalité politique avec les autres partis pour son parti. J'ai accepté à l'époque cette exigence d'autant plus facilement que l'interdiction des S.S. constituait une injustice manifeste de la part du gouvernement Brüning. On avait interdit les S.S., les S.A., mais les formations en uniforme des socialistes et des communistes, à savoir le « Front rouge » et la « Bannière du Reich » n'avaient pas été interdites. Le résultat de ma promesse à Hitler fut que ce dernier s'engagea à accepter mon gouvernement.

DOCTEUR KUBUSCHOK. — Je voudrais simplement rectifier un lapsus du témoin. Il parlait de S.S., mais voulait dire S.A. Il n'y avait pas de S.S. à ce moment-là. *(Au témoin.)* Voulez-vous, témoin, nous indiquer brièvement les efforts déployés par vous et le déroulement de la conférence de Lausanne, en juin 1932, qui eut une si grande influence sur le développement du mouvement national-socialiste ?

ACCUSÉ VON PAPEN. — Je vous prie de me permettre d'entrer dans quelques détails de cette conférence car son résultat a effectivement rapport avec le formidable accroissement du parti national-socialiste immédiatement après.

— Cette conférence avait été préparée de longue date, on le sait. Elle devait abroger les réparations. Mais je m'étais rendu à Lausanne avec des projets bien plus vastes et de grands espoirs. La suppression des réparations était pour ainsi dire entendue « cause jugée » mais, par contre, ce à quoi il était nécessaire d'arriver, c'était de supprimer le malaise moral qui régnait en Allemagne, si l'Europe voulait retrouver son bien-être par l'ordre et la paix. Ce mécontentement avait plusieurs causes. L'Allemagne était devenue une nation de second ordre. D'importants attributs de sa souveraineté lui avaient été ravis. Pas de souveraineté militaire, la Rhénanie sans protection, le Corridor, la Sarre, etc. J'ai déjà décrit la situation économique. Cette misère économique et politique des conditions avait conduit au radicalisme et les extrémistes accroissaient le nombre de leurs voix à chaque élection. Si par conséquent une aide devait être apportée, non seulement la question des réparations devait être résolue, aide toute négative, mais encore une aide positive, une aide morale devait être fournie à l'Allemagne.

— Mon programme visait au rétablissement de la souveraineté du Reich. Premièrement il fallait que le fameux paragraphe 231 du Traité de Versailles fût abrogé. C'était le paragraphe établissant la responsabilité exclusive de l'Allemagne dans la guerre. Les historiens de tous les pays avaient depuis longtemps établi que nous n'étions pas les seuls responsables.

— A Lausanne, j'ai essayé de faire comprendre la situation intérieure de l'Allemagne. Je me suis entretenu avec le président du Conseil français, Herriot, sur l'abrogation de ce fameux paragraphe. J'ai discuté avec lui d'un pacte consultatif, mais rien n'a été conclu pour des raisons que je n'ai pas l'intention de développer et en fin de compte les résultats de la conférence de Lausanne furent en tout cas négatifs, en ce sens que les élections qui suivirent en Allemagne...

DOCTEUR KUBUSCHOK. — Quel que fut le point de vue défendu par vous dans la question du réarmement ?

ACCUSÉ VON PAPEN. — J'ai également précisé mon point de vue sur la question du réarmement qui jouait un rôle évidemment, en 1933 déjà, à Lausanne. J'en ai parlé au Premier ministre MacDonald et à monsieur Herriot. Par la suite, dans un entretien avec monsieur Herriot, j'ai défini ce point de vue, tel qu'il est consigné. Il s'agit du document 55. Dans ce document je déclare qu'il ne s'agit pas d'un réarmement de l'Allemagne, et que c'est aux autres nations de tenir leur promesse en matière de désarmement. Il n'est pas question du réarmement allemand, mais d'une égalité de droits pour l'Allemagne, d'une égalité de traitement. A la fin de la conférence de Lausanne j'avais dit à messieurs MacDonald et Herriot : « Vous devez m'octroyer un succès de politique étrangère, car mon gouvernement est le dernier gouvernement bourgeois en Allemagne. Après moi des extrémistes de droite ou de gauche prendront le pouvoir. » Mais on ne voulait pas me croire et je suis rentré de Lausanne avec seulement un demi-succès.

Après Locarno, la conférence de Lausanne met un terme aux différents problèmes suscités par le versement de la dette de guerre. Le dernier paiement est fixé à trois milliards de marks-or. Au total, l'Allemagne n'aura versé que le cinquième de la somme prévue initialement à Versailles.

DOCTEUR VON LÜDINGHAUSEN. — Quelques jours après avoir pris, le 2 juin 1932, vos fonctions de ministre des Affaires étrangères, ont commencé à Lausanne les réunions de la Conférence des Réparations, à laquelle vous avez pris part avec monsieur von Papen. Pouvez-vous nous dire en quelques mots quel était le but de cette conférence ?

ACCUSÉ VON NEURATH. — Les contributions qui pesaient sur l'Allemagne de par le Traité de Versailles, et qui n'avaient jamais été fixées, devaient être formellement écartées ou fixées, notamment en ce qui concerne leur somme finale, et ce but a été atteint.

DOCTEUR VON LÜDINGHAUSEN. — Est-ce que la Conférence du Désarmement ne siégait pas à Genève à la même époque ?

ACCUSÉ VON NEURATH. — Oui, ces négociations eurent lieu presque en même temps.

DOCTEUR VON LÜDINGHAUSEN. — Monsieur le président, je me permettrai à cette occasion d'indiquer brièvement, pour bien comprendre la situation générale, que la Conférence du Désarmement remonte à la décision de l'assemblée de la Société des Nations du 25 septembre 1928, proclamant la relation étroite qui existait entre la sécurité internationale, c'est-à-dire la paix entre tous les États européens et la limitation des armements. Pouvez-vous nous brosser un tableau rapide du développement de ces négociations sur le désarmement ?

ACCUSÉ VON NEURATH. — Il est bien difficile d'en donner un bref aperçu. La Conférence du Désarmement avait été décidée par la Société des Nations, afin de pouvoir amener le désarmement de tous les États, tel qu'il était prévu à l'article 8, en contrepartie du désarmement allemand qui avait déjà été réalisé en 1927. Les négociations de la Conférence du Désarmement furent bientôt suspendues malgré l'objection présentée par les représentants de l'Allemagne. Les pourparlers qui avaient déjà eu lieu et cet ajournement même laissaient clairement apparaître à ce moment que les puissances qui n'avaient pas désarmé n'étaient pas prêtes à agir pour leur propre désarmement selon les critères et selon les méthodes précédemment employés lors du désarmement de l'Allemagne. Une motion proposée par la Conférence s'avéra alors inacceptable par l'Allemagne et le représentant allemand reçut l'instruction de déclarer que l'Allemagne ne participerait pas aux travaux de la Conférence du Désarmement aussi longtemps que sa participation, fondée sur l'égalité des droits, aux résultats de la Conférence n'aurait pas été reconnue.

— Tout d'abord la Conférence du Désarmement s'enlisa. Puis, sur la proposition de l'Angleterre, on en arriva, en décembre 1932, à ce qu'on a appelé la Déclaration des Cinq Puissances. Elle reconnaissait la demande allemande de l'égalité des droits et la suppression des clauses discriminantes du Traité de Versailles. Après cette déclaration des puissances militaires, qui fut reconnue ultérieurement par la Conférence du Désarmement et le Conseil de la Société des Nations, l'égalité des droits de l'Allemagne était admise une fois pour toutes et dans tous les cas. C'est pourquoi l'Allemagne pouvait faire valoir son droit d'abandonner la partie V du Traité de Versailles en se référant à l'obligation de désarmer qu'avaient prises les cinq autres puissances elles-mêmes. Cette Déclaration des Cinq Puissances prévoyait que l'Allemagne prendrait part de nouveau aux discussions de la Conférence du Désarmement.

ACCUSÉ VON PAPEN. — La veille des élections législatives du 31 juillet j'ai parlé aux États-Unis et je déclarai :

— « Le monde ne se rend pas compte que l'Allemagne est à la veille d'une guerre civile. Le monde ne nous a pas aidés à Lausanne à surmonter nos difficultés et il est intolérable que quatorze ans après la fin de la guerre, il n'y ait pas encore égalité des droits pour nous. »

— Les élections du 31 juillet apportèrent aux nationaux-socialistes une augmentation de voix de plus du double — de six millions quatre cent mille à treize millions sept cent mille — deux cent trente mandats au Reichstag contre cent dix précédemment. Les conclusions à tirer de ces résultats : on ne pouvait pas former une majorité, de l'extrême-droite à la sociale-démocratie, en laissant de côté la N.S.D.A.P., c'est-à-dire que le parti national-socialiste avait conquis la position clé du parlement.

— Le ministère public attribue l'accroissement du nombre des voix nazies à l'abrogation de l'interdiction de porter l'uniforme, c'est là une explication qui pèse vraiment trop peu. En fait l'interdiction de porter l'uniforme avait été levée entre le 16 juin et le 18 juillet et deux semaines déjà avant les élections, j'avais de nouveau décrété l'interdiction de toute manifestation. La vraie raison de l'accroissement des voix nazies fut la situation économique désespérée de l'Allemagne et la déception générale à la suite du demi-succès de politique extérieure à Lausanne.

DOCTEUR KUBUSCHOK. — Quelles sont les conclusions que vous avez tirées de ces événements ?

ACCUSÉ VON PAPEN. — Mes conclusions ne furent pas différentes de mon opinion antérieure. Le lendemain j'accordais une interview à l'Associated Press et dans cette interview, je déclarais au monde entier : « Les nationaux-socialistes doivent répondre de la chose et quand ce sera fait, il faudrait procéder à une réforme de la Constitution. »

DOCTEUR KUBUSCHOK. — Témoin, voulez-vous donner au Tribunal un bref aperçu de vos négociations avec Hitler ?

ACCUSÉ VON PAPEN. — Pour lui faire part de mon opinion j'eus avec Hitler un long entretien le 12 août. Je soulignais la nécessité de sa participation. J'étais prêt à abandonner dans quelques mois le poste de chancelier si cette collaboration devait s'avérer féconde, et lorsqu'il aurait gagné la confiance de Hindenburg. Les partis de droite, comme on le sait, avaient soutenu mon gouvernement. Le centre était dans l'opposition. Maintenant après les élections, le parti du centre veut voir Hitler devenir chancelier, mais celui-ci ne veut pas devenir le chef d'un gouvernement de coalition.

L'exactitude de l'exposé que je viens de faire est attestée par le document n° 1 :

— « Kaas, chef du parti du centre, exige la résorption totale de la crise par l'incorporation dans le gouvernement du Reich de l'ancienne opposition, devenue responsable. »

— Je propose alors à Hitler d'entrer dans mon cabinet comme vice-chancelier et Hitler refuse. Le lendemain nous continuons à négocier en présence du président du Reich. Hitler formule devant le président du Reich l'exigence de participer avec son mouvement au gouvernement, mais à la condition de devenir lui-même chancelier. Le président du Reich ne croyait pas devoir transférer la totalité des pouvoirs à Hitler et il rejeta cette proposition, ce qui fit échouer nos efforts pour faire participer le mouvement national-socialiste à un gouvernement responsable.

DOCTEUR KUBUSCHOK. — L'accusé von Papen s'est prononcé à ce sujet dans un discours à Munich. Après l'échec de ces négociations, les nationaux-socialistes manifestèrent une opposition très violente au gouvernement. Est-ce que cela vous amena à changer quelque chose de votre politique ?

ACCUSÉ VON PAPEN. — L'attitude d'opposition des nazis à mon gouvernement n'a rien changé à mon attitude politique de principe. J'en ai parlé en détail le 28 août à Munster.

DOCTEUR KUBUSCHOK. — Le 4 septembre, vous avez signé un décret-loi pour ranimer l'économie. Comme ce décret-loi est une des œuvres maîtresses de votre gouvernement, en vue de résoudre la question économique, je vous prie de donner des détails à ce sujet.

ACCUSÉ VON PAPEN. — J'ai déjà parlé de ce décret-loi et déclaré qu'il impliquait un programme représentant deux milliards deux cents millions de Reichsmark et visant à procurer du travail à un million sept cent cinquante mille ouvriers.

— Nous avons entrepris ce gigantesque effort sans augmenter d'un seul sou notre dette à l'étranger. Il s'agissait, permettez-moi de caractériser la chose par ces mots, d'une suprême mobilisation de nos dernières réserves d'énergie.

— Le succès s'est déjà fait sentir le premier mois, où le nombre des chômeurs diminua de cent vingt-trois mille.

DOCTEUR KUBUSCHOK. — En un mois dites-vous ?

ACCUSÉ VON PAPEN. — En un mois.

DOCTEUR KUBUSCHOK. — Est-ce que dans le cadre des efforts entrepris pour procurer du travail aux gens on s'efforça de réarmer ?

ACCUSÉ VON PAPEN. — Nullement, mon gouvernement n'a pas dépensé un sou pour l'armement.

DOCTEUR KUBUSCHOK. — Pourquoi le 12 septembre a-t-on procédé à nouveau à la dissolution du Reichstag ? Que disiez-vous à ce sujet au soir de l'événement dans une allocution radiodiffusée ?

ACCUSÉ VON PAPEN. — Le nouveau Reichstag se réunit conformément à la Constitution. Mon gouvernement, comme je l'ai expliqué, ne pouvait pas obtenir de majorité, et un autre gouvernement sans Hitler était impossible. C'est pourquoi mes espoirs étaient bien justifiés de voir le Reichstag accorder à mon gouvernement un délai pendant lequel il pourrait faire ses preuves, d'autant plus que j'avais présenté au Parlement un programme économique d'envergure décisif. Mais c'est alors que se place un épisode inattendu, inouï, une sorte de prostitution du parlement allemand. Monsieur Gœring, président du Reichstag allemand, donna la parole à la députée communiste Clara Zetkin qui attaqua à fond mon gouvernement. Lorsque, en ma qualité de chancelier responsable de ce gouvernement, je demandai la parole pour rendre compte de mes intentions, on me la refusa et le président du Reichstag fit procéder au vote d'une motion de méfiance, déposée par les communistes, les socialistes et les nationaux-socialistes.

— Cette motion présentée de concert par les trois partis cités, montrait bien à la vérité ce qui devait arriver à l'Allemagne toutes les fois que ces trois partis gouverneraient ensemble, et montrait aussi à quel point il était nécessaire que j'essaie de ne pas repousser les nationaux-socialistes vers la gauche, mais de les attirer dans mon gouvernement. J'étais forcé de poser sur la table l'ordre de dissolution du Reichstag et de m'éloigner.

DOCTEUR KUBUSCHOK. — Dans un discours à Munich, le 12 octobre, vous avez également parlé de la question de la révision de la Constitution.

ACCUSÉ VON PAPEN. — La révision de la Constitution, comme je l'ai déjà mentionné, était un des buts les plus immédiats de mon gouvernement. Cette réforme devait impliquer une réforme du système électoral, pour en finir avec cette multiplicité des partis, et elle devait également créer une première chambre. Avant tout, elle devait conférer au gouvernement plus d'autorité et les moyens de gouverner plus que ne l'avait rendu possible la Constitution de Weimar.

DOCTEUR KUBUSCHOK. — Témoin, le 6 novembre 1932 eurent lieu les élections pour le Reichstag. Quel était le mot d'ordre électoral de votre gouvernement ? Et quelles étaient vos vues sur le résultat de ces élections ?

ACCUSÉ VON PAPEN. — Malheureusement nous étions, une fois de plus, obligés de procéder à des élections. Le programme de mon gouvernement était le même qu'auparavant, c'est-à-dire que nous voulions mettre sur pied un nouveau gouvernement, un gouvernement autoritaire agissant de concert avec un Parlement actif. Dans mon appel aux électeurs, le 4 novembre, je m'adressais à Hitler et lui disais :

— « C'est le caractère exclusif de votre mouvement, vos prétentions à tout ou rien, que le président du Reich ne pouvait pas reconnaître qui l'ont amené à sa décision du 13 août. Aujourd'hui il ne s'agit pas de savoir si c'est tel ou tel chef de parti qui occupera le poste de chancelier qu'il s'appelle Brüning, Hitler ou Papen. Il y va de la nécessité de nous regrouper pour assurer l'existence du peuple allemand. »

— J'escomptais à la suite de ces élections un tel affaiblissement des nationaux-socialistes contre lesquels je luttais, un affaiblissement tel que le parti serait dépossédé de sa position clé d'arbitre au Parlement.

DOCTEUR KUBUSCHOK. — Quel fut le résultat ?

ACCUSÉ VON PAPEN. — Le résultat escompté ne fut pas obtenu. Les nationaux-socialistes perdirent bien trente-quatre sièges, mais cela ne fut pas suffisant pour les évincer de leur position clé, car, de nouveau, la formation d'une majorité au Reichstag, depuis les socialistes jusqu'à l'extrême-droite, n'était possible qu'avec Hitler ; sans lui, point de majorité. Pour nous mettre en mesure de continuer à gouverner conformément à la Constitution, j'entamais encore une fois des négociations avec les partis et avec les nationaux-socialistes.

DOCTEUR KUBUSCHOK. — Voulez-vous, je vous prie, nous donner un aperçu de ces négociations ?

ACCUSÉ VON PAPEN. — Ces négociations sont intéressantes et le Tribunal doit les connaître pour pouvoir juger les événements du 30 janvier 1933.

— J'ai tout d'abord essayé de résoudre la question des partis qui menaient l'opposition contre mon gouvernement et les sociaux-démocrates et le parti du centre en particulier. Le centre adopte une attitude négative. Il désire un gouvernement de majorité avec Hitler et monsieur Hitler ne veut pas gouverner avec des majorités parlementaires.

— Après que toute participation d'Hitler à un gouvernement de majorité eut été exclue, je m'adressai encore une fois à Hitler, pour lui demander s'il était maintenant prêt à entrer dans mon gouvernement. Je le fis, conscient de mes responsabilités, par désir d'arriver à quelque résultat. C'est pourquoi j'écrivis ma lettre du 13 novembre 1932.

— « Je considérerais manquer à mon devoir si malgré tout je ne me tournais pas vers vous. Je suis d'avis que le chef d'un mouvement si important qui a tant mérité, je l'ai toujours reconnu, de sa patrie et du peuple, malgré toutes les critiques à formuler, ne devrait pas refuser un entretien avec un homme d'État responsable. »

DOCTEUR KUBUSCHOK. — Le 8 novembre, vous vous êtes adressé encore une fois à la presse étrangère et avez parlé des questions de politique étrangère...

ACCUSÉ VON PAPEN. — Puis-je vous interrompre !

DOCTEUR KUBUSCHOK. — Je vous en prie.

ACCUSÉ VON PAPEN. — Je voudrais encore ajouter en ce qui concerne le jugement porté sur cette lettre par le ministère public par M. Barrington, que c'est pourtant la coutume, dans tous les pays parlementaires, lorsque le chef du gouvernement s'adresse à l'opposition pour obtenir sa collaboration, d'écrire au chef de cette opposition une lettre courtoise et amicale et de ne pas le traiter d'âne. Je ne sais donc pas pourquoi on a prétendu que ma lettre était dépourvue de dignité.

Le ministère public américain :

— Je vais lire un passage de cette lettre qui fait ressortir les efforts effectivement déployés par von Papen pour s'allier aux nazis, en dépit même des rebuffades ultérieures d'Hitler.

— « Une nouvelle situation est née des élections du 6 novembre et elle nous donne une nouvelle occasion de regrouper tous les éléments nationaux. Le président du Reich m'a chargé d'essayer de préciser, dans des conversations avec les chefs des partis intéressés, dans quelle mesure ils seraient prêts à soutenir le programme politique et économique du gouvernement du Reich. Bien que la presse nationale-socialiste qualifie d'“ audace simpliste ” la démarche du chancelier du Reich von Papen, qui s'entretient actuellement avec les personnalités susceptibles de faire partie d'un cabinet de concentration nationale, et déclare qu'il ne peut y avoir qu'une réponse : “ Pas de négociations avec Papen ”, j'estimerais avoir négligé mon devoir et je ne pourrais pas me justifier vis-à-vis de ma propre conscience, si je ne tentais pas de me rapprocher de vous conformément à la mission qui m'a été confiée. Je sais, d'après les journaux, que vous maintenez votre candidature à la chancellerie et je sais également que les raisons qui ont motivé votre décision du 13 août existent toujours. Je n'ai pas besoin de vous assurer encore une fois que je n'en fais pas une question personnelle : J'estime cependant que le chef d'un mouvement national aussi important dont j'ai toujours reconnu les mérites qu'il s'est acquis vis-à-vis du peuple et du pays, malgré quelques critiques nécessaires, ne devrait pas refuser de discuter de la situation et des décisions qui s'imposent avec l'homme d'État allemand qui en assume actuellement toute la responsabilité. Nous devons essayer d'oublier l'amertume des élections et placer les affaires du pays que nous servons tous deux au-dessus de toute autre considération. »

— Hitler répondit le 16 novembre 1932 par une longue lettre où il posait des conditions inacceptables pour von Papen, puisque celui-ci démissionna le jour suivant et que von Schleicher lui succéda.

Déposition du docteur Schacht sur la « prise du pouvoir » :

DOCTEUR DIX. — En novembre 1932, vous avez déclaré publiquement que Hitler deviendrait chancelier du Reich. Comment avez-vous été amené à faire cette déclaration ?

ACCUSÉ SCHACHT. — Cette déclaration eut pour origine le fait que

Hitler remporta aux élections de 1932, 40 % des sièges du Reichstag pour son parti. C'est là un événement qui, si je suis bien informé, ne s'était jamais produit depuis la formation du Reichstag, c'est-à-dire depuis 1871. Pour moi, démocrate et partisan d'un gouvernement parlementaire démocratique, il était impossible de ne pas charger cet homme de la formation du cabinet. Je n'aurais pu envisager d'autre possibilité. Il ne pouvait y avoir qu'une seule autre possibilité : un gouvernement de militaires. Mais déjà, le cabinet von Papen, quoique ayant obtenu sur certains points les pleins pouvoirs présidentiels, n'avait pu se maintenir en face du parlement, et lorsque M. Schleicher essaya d'établir un régime militaire sans la participation des nazis, il échoua après quelques semaines parce qu'il se trouvait devant l'alternative de la guerre civile ou de sa démission.

— Hindenburg et, au début, Schleicher lui-même, encore que par la suite il ait agi différemment, avaient toujours été d'avis que la Wehrmacht ne pourrait pas faire face à une guerre civile ; et Hindenburg n'était absolument pas disposé à tolérer une guerre civile. Mais il se vit, bien contre son gré, contraint par la nécessité à mettre les rênes du gouvernement entre les mains de l'homme qui, grâce à l'agitation qu'il avait fait naître et à l'incapacité des gouvernements précédents, grâce aussi à la politique inconsidérée des pays étrangers envers l'Allemagne, avait gagné la majorité des électeurs allemands.

DOCTEUR DIX. — Vous savez que le ministère public vous accuse d'avoir favorisé l'arrivée au pouvoir de Hitler et du régime nazi. Aussi vous demanderai-je si, entre les élections de juillet 1932 et le jour où Hitler devint chancelier, c'est-à-dire le 30 janvier 1933, vous avez parlé publiquement en faveur d'Hitler.

ACCUSÉ SCHACHT. — Je déclarerai tout d'abord qu'Hitler avait acquis le pouvoir dès juillet 1932 en gagnant 230 sièges au Reichstag. Tout ce qui suivit n'est que la conséquence de ces élections au Reichstag. Au cours de toute cette période, à l'exception de la seule interview que vous avez mentionnée et au cours de laquelle je n'ai rien dit de plus, sinon qu'Hitler deviendrait chancelier du Reich conformément aux principes et aux règles démocratiques, durant toute cette période, dis-je, je n'ai pas écrit ni prononcé publiquement une seule parole en faveur de Hitler.

DOCTEUR DIX. — Pendant cette période, à l'occasion de la réorganisation du cabinet, êtes-vous intervenu auprès de Hindenburg en faveur de l'attribution à Hitler du poste de chancelier ?

ACCUSÉ SCHACHT. — Je n'ai jamais contribué, par des conversations avec qui que ce soit d'influent, qu'il s'agisse de Hindenburg, de Meissner ou d'autres, à exercer aucune influence en faveur de Hitler. Je n'ai pris aucune part à la nomination d'Hitler au poste de chancelier.

DOCTEUR DIX. — Le ministère public vous accuse à ce sujet d'avoir, en novembre 1932, mis le prestige de votre nom à la disposition de Hitler, et il se réfère à une déclaration faite par le docteur Gœbbels dans son livre : « Du Kaiserhof à la Chancellerie. »

ACCUSÉ SCHACHT. — Je ne me serais jamais attendu à ce que cet apôtre de la vérité qu'est le docteur Gœbbels pût encore être mobilisé contre moi ici, mais ce n'est vraiment pas ma faute si monsieur Gœbbels a commis une erreur.

DOCTEUR DIX. — Le ministère public déclare aussi que vous auriez procuré à Hitler les fonds nécessaires aux élections au Reichstag du 5 mars et cela, au cours d'une réunion d'industriels au sujet de laquelle nous disposons de l'affidavit de l'industriel von Schnitzler.

ACCUSÉ SCHACHT. — En février 1933, donc au moment où Hitler était déjà chancelier et où les élections du 5 mars devaient servir de base pour la constitution d'un nouveau gouvernement, Hitler me demanda si, à l'occasion d'une réunion que Gœring devait convoquer et qui aurait pour but de réunir des fonds pour les élections, je ne voulais pas jouer le rôle de banquier. Je n'avais aucune raison de refuser. La réunion eut lieu le 26 février. Mais le représentant du ministère public a présenté la chose comme si, au cours de cette réunion, j'étais intervenu pour obtenir des fonds électoraux. Le document se termine sur la phrase suivante : « Gœring... passa très adroitement à la nécessité, pour les milieux qui ne participaient pas à la lutte politique, de faire tout au moins les quelques sacrifices financiers indispensables ».

— Il ressort donc très clairement de ce rapport déposé par le ministère public lui-même que ce n'est pas moi qui ai réclamé des fonds, mais Gœring. Je n'ai fait qu'administrer ces fonds par la suite, et dans l'affidavit Schnitzler, le ministère public a soigneusement passé sous silence les passages importants qui ne sont pas à ma charge mais parlent en ma faveur. Je citerai donc ces deux phrases, qui sont les suivantes :

— « Le docteur Schacht proposa à l'assemblée la constitution d'un fonds électoral de, si j'ai bonne mémoire, trois millions de Reichsmark. Ce fonds devait être réparti entre les deux " alliés " proportionnellement à leur puissance à cette époque.

« Le docteur Stein proposa que la Deutsche Volkspartei fût incluse, suggestion qui, si je me souviens bien, fut acceptée. Le montant des cotisations de chaque firme ne fut pas discuté. »

— Ceci montre que ces fonds ne furent pas collectés au profit du seul parti nazi, mais pour le parti nazi et le groupe national qui était son allié et dans lequel figuraient, par exemple, monsieur von Papen et Hugenberg, et qu'au cours de la réunion le bénéfice en fut même étendu à un troisième groupe : la Deutsche Volkspartei. C'était donc un fonds collectif destiné aux partis qui faisaient une campagne électorale commune, et non pas un fonds nazi.

ACCUSÉ VON PAPEN. — L'échec de mes négociations avec les chefs des partis et avec Hitler amena ma démission le 17 novembre. Je fus chargé d'assurer les affaires courantes jusqu'à la formation du nouveau gouvernement. Ma démission donna à nouveau au président du Reich la possibilité d'essayer d'entreprendre la formation d'une nouvelle majorité parlementaire. Il l'a tenté immédiatement. Le 18 novembre, il recevait les chefs de partis, depuis la droite jusqu'au centre et, le 19, Hitler. Le thème de ces négociations était le suivant : comment arriver à former un gouvernement de majorité parlementaire ? Il chargea Hitler de former un gouvernement de majorité. Hitler serait donc chancelier. Le 23 novembre, Gœring remet la réponse d'Hitler à Hindenburg. Cette réponse est ainsi conçue : « Hitler ne peut pas assumer la charge de créer un gouvernement de majorité parlementaire. » Le 24, Hindenburg reçoit monseigneur Kaas, chef du parti du centre, qui constate qu'Hitler n'a même pas essayé d'établir s'il était possible de former un gouvernement de majorité. Mais monseigneur Kaas promet au président du Reich d'essayer, une fois encore, de former un gouvernement de majorité. Le 25, il annonce à Hindenburg que sa tentative est restée sans résultat. Le chef de la fraction nationale-socialiste, à ce moment-là monsieur Frick, lui aurait déclaré que le parti n'était pas intéressé à de telles négociations. Le résultat final : la formation d'un gouvernement de majorité avec Hitler était impossible.

DOCTEUR KUBUSCHOK. — Y avait-il d'autres possibilités de coalition ?

ACCUSÉ VON PAPEN. — Justement non. Il n'y avait que la possibilité d'un cabinet comme j'en avais formé un, ou la constitution d'un gouvernement de majorité.

DOCTEUR KUBUSCHOK. — Après l'échec des pourparlers entre le président du Reich et les chefs de partis, le 1er décembre, eut lieu un entretien chez le président du Reich, entre le général von Schleicher et vous-même. Cette rencontre est particulièrement importante pour l'évolution ultérieure de la situation politique, et empreinte d'un caractère historique manifeste. Je vous prie, par conséquent, de donner les plus amples détails sur cette entrevue.

ACCUSÉ VON PAPEN. — Le Feldmarschall priait le général von Schleicher et moi-même de venir le trouver le 1er décembre pour un entretien. Je fais remarquer qu'entre monsieur von Schleicher et moi, il n'y avait eu au préalable aucun entretien sur les chances de pouvoir former un nouveau gouvernement. Monsieur von Hindenburg nous a demandé de lui faire connaître notre avis. Voici ce que j'ai déclaré : « La tentative d'intégrer le mouvement nazi dans le gouvernement présidentiel de Hindenburg a échoué à deux reprises. Hitler décline également la formation d'un gouvernement de majorité. D'un autre côté, il pratique une politique d'opposition des plus violentes et s'efforce de faire rapporter par le Reichstag toutes les ordonnances prises par mon gouvernement. Si donc il n'est pas possible de former un gouvernement parlementaire ou de faire participer Hitler à notre gouvernement, à un gouvernement présidentiel, sans en faire un chancelier, il en résulte une situation d'exception qui demande des mesures exceptionnelles. Je propose la mise en vacances du parlement pour plusieurs mois, et l'élaboration immédiate d'un projet de réforme de la Constitution, en vue de soumettre ultérieurement cette réforme au Reichstag ou à une assemblée nationale.

Cette proposition implique une violation de la Constitution. J'insiste sur le fait que je sais combien un grand soldat, un homme d'État, est attaché à la valeur d'un serment, mais je crois justifiée en conscience cette violation de la Constitution, étant donné la situation exceptionnelle. La Constitution allemande ne prévoit en effet aucun moyen de remédier à une telle situation. »

— Après quoi, monsieur von Schleicher prit la parole pour dire :

— « Monsieur le Feldmarschall, j'ai un plan qui vous épargnerait la violation du serment que vous avez prêté à la Constitution, pour autant que vous soyez prêt à me confier le gouvernement, à moi, von Schleicher. J'espère pouvoir constituer une majorité parlementaire au sein du Reichstag et cela, en provoquant une scission dans le mouvement national-socialiste. »

— Pendant la discussion de ce plan, je remarquais qu'il me paraissait très douteux que l'on pût provoquer la scission du parti, qui avait prêté serment à Hitler, et je rappelais au Feldmarschall qu'il devait se libérer de ces fragiles majorités parlementaires, et cela grâce à une réforme de base. Ces propositions étaient jetées par-dessus bord avec le projet Schleicher. La solution de Schleicher était provisoire, et très discutable au surplus.

DOCTEUR KUBUSCHOK. — Quelle a été la décision du président du Reich ?

ACCUSÉ VON PAPEN. — La décision du Feldmarschall fut peut-être celle qu'il prit le plus difficilement de sa longue carrière. Sans autre justification il me dit :

— « Je me décide pour la solution préconisée par monsieur von Papen et je vous demande d'entamer immédiatement des négociations en vue de la formation d'un gouvernement à qui je puisse confier la tâche impliquée par votre projet. »

— L'entretien était terminé.

DOCTEUR KUBUSCHOK. — Et que fit alors monsieur von Schleicher ?

ACCUSÉ VON PAPEN. — Je n'ai échangé que très peu de mots avec monsieur von Schleicher, et j'ai essayé de l'amener à se rallier à la décision prise par le président du Reich. Monsieur von Schleicher s'y refusa. Puis, j'entamais le soir même avec plusieurs de mes ministres des négociations en vue de la formation du nouveau gouvernement. Ces ministres me dirent : « Le plan est excellent, mais monsieur von Schleicher nous a déclaré qu'il y aura une guerre civile, et s'il y a une guerre civile, la Reichswehr ne sera pas en mesure de maintenir la paix dans le pays. » C'est alors que j'ai interrompu les pourparlers. J'ai réuni le Cabinet le lendemain matin, lui ai décrit la situation, et fait part de la décision de Hindenburg. Et je priai monsieur von Schleicher de dire dès lors au Cabinet pourquoi il estimait qu'il y aurait une guerre civile, et pourquoi la Reichswehr ne serait pas en mesure de maintenir l'ordre dans le pays. Monsieur von Schleicher fit venir un de ses officiers de l'état-major général qui déclara au Cabinet que ce cas avait été examiné sur le plan pratique et sur le plan théorique, et qu'il s'était avéré que la

Reichswehr et la Police n'étaient pas en mesure de maintenir l'ordre dans le pays. Je déclarai alors à ces messieurs : « C'est là une situation nouvelle dont je dois rendre compte à monsieur le président du Reich. » Je me rendis chez Hindenburg et lui rendis compte de la chose. Monsieur von Hindenburg, profondément ému par cette déclaration, me dit : « Je suis un vieil homme et je ne peux pas supporter l'idée d'une quelconque guerre civile dans mon pays. Si monsieur von Schleicher est de cet avis, alors, à mon grand regret, je me vois obligé de retirer le mandat dont je vous avais chargé hier au soir. » C'est ainsi que monsieur von Schleicher fut nommé chancelier, en raison des prévisions dont il avait fait part au président du Reich au cours de l'entretien.

DOCTEUR KUBUSCHOK. — Monsieur von Schleicher vous a-t-il alors proposé le poste d'ambassadeur à Paris ?

ACCUSÉ VON PAPEN. — Monsieur von Schleicher, qui connaissait de longue date l'intérêt que je portais aux relations franco-allemandes, m'a demandé si je voulais devenir ambassadeur à Paris. Cela aurait parfaitement correspondu à mes aspirations, mais le président du Reich s'est élevé là contre.

LE PRÉSIDENT. — Docteur Kubuschok, le Tribunal estime que cela nous entraîne à trop de détails. Tous ces faits sont historiques et nous ont déjà été rapportés pour la plupart.

DOCTEUR KUBUSCHOK. — Nous passons maintenant à l'année 1933. Le 4 janvier, eut lieu un entretien entre Hitler et vous-même chez le banquier Schrœder. Le ministère public dépeint à proprement parler cet entretien comme le début d'une conspiration commune. Donnez au Tribunal, je vous prie, des détails sur ce qui fut à l'origine de cette entrevue.

ACCUSÉ VON PAPEN. — Je me trouvais...

LE PRÉSIDENT. — Docteur Kubuschok, pendant tout l'après-midi nous avons entendu parler des dessous de cette conférence. Nous pourrions peut-être entendre parler maintenant de la conférence elle-même.

DOCTEUR KUBUSCHOK. — On reproche à l'accusé d'avoir été le promoteur des entretiens prétendument commencés le 4 janvier, qui ont amené la formation du gouvernement du Reich le 30 janvier. Le rôle joué par von Papen en l'occurrence fut d'une importance décisive. C'est pourquoi j'estime vraiment nécessaire qu'il se prononce brièvement sur l'enchaînement de cet entretien.

LE PRÉSIDENT. — Les négociations n'ont pas commencé le 4 janvier. L'accusé nous a dit il y a environ deux heures qu'elles avaient commencé le 12 août 1932. Les négociations ont donc commencé plus tôt.

ACCUSÉ VON PAPEN. — Je pourrais peut-être, monsieur le président, dire rapidement de quoi il s'agit. Cet entretien du 4 janvier dont le ministère public prétend que j'aurais profité pour me liguer avec le national-socialisme, avait eu lieu sur l'initiative d'Hitler. Au cours de cet entretien, rien ne fut discuté au sujet du renversement du gouvernement

Schleicher, et rien ne fut dit de la formation d'un gouvernement par Hitler, comme il en fut formé un plus tard, le 30 janvier. Nous nous sommes simplement entretenus de la nécessité pour Hitler de se décider à prendre ses responsabilités, non pas en tant que chancelier, mais pour son parti. Et, monsieur le président, le fait que cet entretien n'a pas été mis en scène par mes soins ressort très clairement de la déclaration de monsieur von Schrœder dans la maison duquel eut lieu cet entretien.

DOCTEUR KUBUSCHOK. — On vous accuse, témoin, d'avoir discuté de plans pour le renversement du gouvernement Schleicher. Avez-vous caché cet entretien à monsieur von Schleicher ?

ACCUSÉ VON PAPEN. — Tout au contraire, immédiatement après cet entretien à Cologne, j'ai écrit une lettre à monsieur von Schleicher, qui devait lui parvenir le lendemain. Et, rentré à Berlin, je me suis rendu immédiatement auprès de monsieur von Schleicher et lui ai expliqué ce dont il avait été discuté au cours de cet entretien. Après quoi, monsieur von Schleicher publia un communiqué officiel. On y dit : « L'entrevue a démontré le manque absolu de bien-fondé des affirmations fournies par la presse à la suite de cette rencontre, relatives à de prétendues divergences de vue entre le chancelier du Reich, von Schleicher, et monsieur von Papen. »

DOCTEUR KUBUSCHOK. — Est-ce qu'alors, entre les 9 et 22 janvier, vous avez participé à des négociations politiques quelconques pour la formation d'un nouveau gouvernement ?

ACCUSÉ VON PAPEN. — Non, entre le 9 et le 22 janvier, je n'ai participé à aucune discussion politique se rapportant à la formation d'un quelconque gouvernement.

DOCTEUR KUBUSCHOK. — Voulez-vous, je vous prie, indiquer brièvement l'évolution de la situation politique entre les 10 et 21 janvier ?

ACCUSÉ VON PAPEN. — Le ministère public prétend qu'entre-temps, c'est-à-dire entre les 9 et 30 janvier, j'aurais été le promoteur principal du gouvernement Hitler, formé le 30 janvier. Il ressort d'un tableau chronologique embrassant la période du 11 au 30 janvier, à quel point cette affirmation du ministère public est fausse. Je me vois obligé de citer quelques dates. Le 11 janvier, Hitler est à Berlin. Il n'a vu ni Schleicher, ni Hugenberg, ni Papen, mais le Reichstag décide, par le conseil des Anciens, qu'il conviendrait d'accorder au gouvernement de Schleicher un délai lui permettant de faire ses preuves. Le 13 janvier, Schleicher reçoit Hugenberg, le chef de la droite. Le 14 janvier, c'est Hindenburg qui reçoit Hugenberg. Nous verrons plus tard que pendant ces deux journées Hugenberg, le chef de la droite, négocia avec Schleicher son entrée dans le Cabinet, et non pas de la formation d'un gouvernement Hitler. Puis, ont lieu, le 15 janvier, les fameuses élections de Lippe, qui donnent au national-socialisme un élan nouveau. Le 20 janvier, le Reichstag — ou plutôt le conseil des Anciens — décide de reporter au 31 janvier la réunion du 24. Le secrétaire d'État du gouvernement Schleicher déclare à ce sujet que le gouvernement du Reich a l'intention d'éclaircir aussi rapidement que possible la situation politique. Mais le gouvernement du Reich ne s'intéresse pas à des questions de majorité. Il en ressort que monsieur von Schleicher ne comptait plus sur la formation d'un gouvernement de majorité. La situation politique, comme nous le verrons, ne donnait au président que le choix entre une violation de la Constitution ou un cabinet présidé par Hitler. En outre, il ressort des événements historiques du mois de janvier que, durant tout le mois et jusqu'au 22, il y eut presque tous les jours des négociations auxquelles je n'ai point participé entre le gouvernement du Reich et les partis ou entre les partis eux-mêmes ; et ces négociations portaient sur les possibilités de former une majorité au Reichstag. Toutes ces négociations n'eurent aucune suite.

— Le chancelier von Schleicher, après l'échec de ses tentatives en vue d'obtenir une scission du parti et de former une majorité au Reichstag, demande au président du Reich de lui donner pleins pouvoirs, ce qui constituait une violation de la Constitution. Ainsi, il demanda exactement ce que j'avais moi-même demandé au président le 1er décembre 1932, comme la seule issue possible. Le président avait accepté à ce moment-là, mais le général von Schleicher s'y était alors opposé.

DOCTEUR KUBUSCHOK. — Le 28 janvier, un entretien eut lieu au domicile de Ribbentrop ; y assistaient Gœring, Meissner, Oskar von Hindenburg et vous-même. Cet entretien fut-il organisé par vous ? Qui en prit l'initiative ?

ACCUSÉ VON PAPEN. — L'initiative de cet entretien du 22 janvier revient à Hitler. C'est sur sa demande que monsieur von Ribbentrop avait mis sa maison à notre disposition. Le président du Reich désirait connaître l'opinion d'Hitler sur la solution de la crise politique et les propositions qu'il pouvait faire. En conséquence, l'entretien du 22 janvier porta exclusivement sur les exigences formulées par les nationaux-socialistes, mais il n'y fut pas question de la formation du gouvernement telle qu'elle eut lieu le 30 janvier.

Déposition de Gœring sur les négociations de janvier et la formation d'un nouveau gouvernement :

ACCUSÉ GŒRING. — J'ai eu un entretien avec von Papen pour la première fois un dimanche, huit jours avant la formation du gouvernement, au domicile de Ribbentrop.

DOCTEUR KUBUSCHOK. — Si donc Papen avait mené des négociations relatives à la formation d'un gouvernement entre le 4 janvier, le jour de la rencontre avec Hitler au domicile du baron Schrœder, et le 22 janvier, il aurait dû le faire par votre intermédiaire et vous l'auriez su ?

ACCUSÉ GŒRING. — C'est exact, car le Führer était à Munich à ce moment et j'étais la seule autorité à Berlin pour la formation de ce gouvernement. D'autre part, il n'était pas du tout évident, au commencement de janvier, que dans une période de temps raisonnable nous devrions avoir à former un tel gouvernement. D'autres négociations étaient en cours qui n'avaient rien à voir avec monsieur von Papen.

DOCTEUR KUBUSCHOK. — La formation d'un nouveau gouvernement au milieu du mois de janvier devint-elle inévitable pour Hindenburg parce que Schleicher n'avait pas d'appui parlementaire et que ses efforts pour obtenir cet appui par des négociations avec Gregor Strasser, tendant à diviser la N.S.D.A.P., avaient été un échec ?

ACCUSÉ GŒRING. — Je le crois. J'ai déjà dit d'une manière générale que Schleicher n'obtint pas une majorité parlementaire et que ses tentatives pour diviser les partis furent un échec pour la raison que le Führer élimina immédiatement Strasser qui, à ce moment, n'était pas soutenu par les députés. Puisque les tentatives de Schleicher pour obtenir une majorité échouèrent, il aurait dû gouverner sans le Parlement et cela il ne pouvait le faire qu'en obtenant des pouvoirs extraordinaires de Hindenburg. Puisqu'il lui avait dit précédemment qu'il serait capable de rallier une majorité, le Reichspräsident rejeta sa requête pour les pouvoirs extraordinaires, tels que ceux détenus par le précédent cabinet de Papen et décida alors de faire ce que j'ai indiqué l'autre jour.

DOCTEUR KUBUSCHOK. — Le 28 janvier, à midi, vous avez été chargé par le président du Reich d'entamer des négociations en vue de la formation d'un nouveau gouvernement. Quelles étaient d'après vous, les possibilités de former un gouvernement étant donné la situation politique ?

ACCUSÉ VON PAPEN. — La formation d'un gouvernement s'appuyant sur une majorité parlementaire avait été abandonnée depuis le 20 janvier ; cette solution était impraticable. Hitler ne voulait ni prendre la tête d'un gouvernement de ce genre, ni y participer.

— En second lieu, soutenir encore le cabinet Schleicher en proclamant l'état d'exception et en ajournant le Reichstag au mépris de la Constitution, le président du Reich s'y était refusé le 23. Il refusa les propositions qui lui furent faites, ainsi que nous le savons, dans ce sens ; parce que von Schleicher lui avait dit en décembre qu'une violation de la Constitution signifierait la guerre civile et que la guerre civile signifiait le chaos, « car, avait-il dit, je ne suis pas en mesure d'assurer le respect de la loi et de l'ordre avec le concours de l'Armée et de la Police ».

— En troisième lieu, depuis qu'Hitler avait offert de participer à un cabinet présidentiel, c'était la seule solution qui restait ; toutes les forces et les partis qui avaient soutenu mon gouvernement en 1932 étaient pour cette solution-là.

DOCTEUR KUBUSCHOK. — Quelles furent les instructions que le président du Reich vous communiqua ?

ACCUSÉ VON PAPEN. — Voici les instructions que le président du Reich vous communiqua ?

ACCUSÉ VON PAPEN. — Voici les instructions que me communiqua von Hindenburg :

— Proposition de former un gouvernement sous la direction

d'Hitler, en restreignant autant que possible l'influence nationale-socialiste et dans le cadre de la Constitution.

— Je tiens à ajouter qu'il était tout à fait exceptionnel que le président du Reich chargeât de former un gouvernement une personne qui ne devait pas prendre la tête de ce gouvernement. Il eût été plus normal que Hindenburg chargeât Hitler lui-même de former ce gouvernement. Hindenburg me confia cette tâche parce qu'il désirait, dans la mesure du possible, limiter l'influence d'Hitler dans ce gouvernement.

DOCTEUR KUBUSCHOK. — Avec qui avez-vous négocié ?

ACCUSÉ VON PAPEN. — J'ai eu des pourparlers avec les chefs des groupes de droite susceptibles de participer à la formation de ce cabinet. Il s'agit donc de la N.S.D.A.P., du parti populaire national allemand, des Casques d'acier et du parti populaire allemand.

DOCTEUR KUBUSCHOK. — Quelles furent, auprès du président du Reich, vos suggestions pour la formation de ce nouveau cabinet ?

ACCUSÉ VON PAPEN. — J'ai suggéré la seule solution possible, à savoir la formation d'un cabinet de coalition avec ces groupes.

LE PRÉSIDENT. — Docteur Kubuschok, le Tribunal estime que l'accusé entre beaucoup trop dans les détails ; il a dit les raisons pour lesquelles le président l'avait envoyé chercher et pour quelles raisons il n'y eut rien à faire. Voilà tout ce qui le concerne dans cette affaire. Ces explications données, il n'a pas besoin d'entrer dans d'autres détails.

ACCUSÉ VON PAPEN. — Je serai très bref, monsieur le président. Les mesures de garantie que j'ai essayé de prendre en formant ce gouvernement à la requête du président du Reich furent les suivantes :

1° Un nombre très restreint de ministres nationaux-socialistes dans ce cabinet, seulement trois, y compris Hitler, sur un total de onze.

2° Les postes économiques les plus importants entre les mains de non nationaux-socialistes.

3° Les ministères devaient être occupés dans la mesure du possible par des techniciens.

4° Le chancelier Hitler et le vice-chancelier von Papen devaient présenter en commun leurs rapports à Hindenburg, afin d'éviter que Hitler ne prît une influence personnelle trop grande sur Hindenburg.

5° Je me suis efforcé de former un bloc parlementaire susceptible de contrebalancer les résultats politiques obtenus par le parti national-socialiste.

DOCTEUR KUBUSCHOK. — Dans quelle mesure le président du Reich von Hindenburg a-t-il procédé lui-même au choix des membres du nouveau cabinet ?

ACCUSÉ VON PAPEN. — Le président du Reich se réserva le choix du ministre des Affaires étrangères et du ministre de la Défense du Reich. Le premier de ces deux postes importants a été occupé par von Neurath, en qui le président du Reich avait particulièrement confiance. Quant au ministère de la Défense du Reich, il fut donné au général von Blomberg, qui jouissait également d'une confiance toute particulière de la part du président. Comme nationaux-socialistes, il n'y eut dans ce cabinet que le ministre de l'intérieur du Reich, Frick, dont l'activité en tant que ministre de l'Intérieur en Thuringe était tout à fait modérée, et un ministre sans portefeuille, qui devait devenir plus tard ministre de l'Intérieur de Prusse : Gœring.

DOCTEUR KUBUSCHOK. — Le ministère public prétend que le gouvernement formé le 30 janvier avait entièrement adopté le programme de la N.S.D.A.P. Voulez-vous, témoin, nous expliquer les fondements de la politique de ce gouvernement ?

ACCUSÉ VON PAPEN. — La conception du ministère public est absolument inexacte. Le programme sur lequel nous nous sommes mis d'accord le 30 janvier n'était pas le programme du parti nazi, mais le programme d'une coalition. Cela ressort clairement de la proclamation de ce gouvernement adressée le 1er février au peuple allemand et, pour le prouver ici, je me permettrai de lire deux phrases de cette proclamation. Il est dit :

— « Le gouvernement national considérera que son premier devoir et sa tâche essentielle sont de rétablir l'unité spirituelle et politique de la nation. Le gouvernement considère que le christianisme est le fondement de sa morale et que la famille est la cellule de notre peuple et de l'État : il protégera le christianisme et la famille. Le grave problème de la réorganisation de notre économie sera résolu grâce à deux vastes plans de quatre ans. »

— Je me permettrai d'ajouter une phrase encore :

— « Le gouvernement est pleinement conscient de l'ampleur de sa tâche et de la nécessité qu'il y a à intervenir pour consolider et maintenir la paix dont le monde a plus besoin que jamais. »

— Par ailleurs, ce programme de coalition qui est présenté ici par le ministère public comme le programme nazi, contenait d'autres points encore, les points suivants : maintien des « Länder » (régions) et du caractère fédéraliste du Reich allemand ; maintien du système juridique et de l'inamovibilité des juges ; préparation d'une réforme de la Constitution, garantie des droits des Églises chrétiennes et, avant tout, la suppression de la lutte des classes par la solution des problèmes sociaux. Cela signifiait le rétablissement d'une véritable communauté nationale.

DOCTEUR KUBUSCHOK. — Avez-vous tenté par vous-même de mettre en pratique vos conceptions politiques ?

ACCUSÉ VON PAPEN. — J'ai fait, ainsi que mes amis politiques, tout ce qui était en mon pouvoir pour mettre en pratique les conceptions que j'avais introduites dans ce programme politique. L'essentiel me paraissait alors de créer à l'intérieur du pays un contre-poids au mouvement national-socialiste ; c'est pourquoi j'ai demandé aux chefs des partis de droite de renoncer aux anciens programmes de leurs partis et de se grouper dans une vaste organisation politique commune dont le but serait de lutter pour les principes que nous avions mis en avant. Les chefs des partis n'ont pas suivi ces suggestions. Les différences entre les partis étaient trop marquées et il n'y eut aucun changement.

— Le seul résultat que j'obtins fut l'unité de vote des trois partis et, à la faveur de ce bloc électoral, j'ai présenté au pays dans de nombreux discours ce programme de coalition.

DOCTEUR KUBUSCHOK. — Je renvoie le Tribunal à un discours prononcé par le témoin le 11 février pour le bloc électoral. Je cite un très bref passage :

— « Je vois dans le fait que le cabinet actuel du Reich n'est pas constitué par un seul parti ou mouvement, mais formé de divers groupes du mouvement national, d'hommes politiques indépendants et de techniciens, non pas un inconvénient, mais plutôt un avantage. »

— Quels furent les points essentiels du programme de ce bloc électoral ? principalement la question sociale ?

ACCUSÉ VON PAPEN. — La question sociale évidemment était au premier plan de mes préoccupations, elle était la question primordiale. Notre tâche consistait à transformer les ouvriers animés d'un esprit de lutte de classes en citoyens satisfaits, ayant leur existence et leur foyer assurés. Je déclarai qu'il y aurait toujours des différences en matière de propriété, mais que l'on ne pouvait pas admettre qu'une couche infime de la population possédât tout et que l'énorme majorité ne possédât rien. Et par-dessus tout, j'insistai plusieurs fois sur le fait que si nous réussissions à trouver une solution au problème social, nous participerions par là même et grandement au maintien de la paix en Europe.

Témoignage Hermann Gœring

DOCTEUR STAHMER. — Quelle part avez-vous prise à l'accession d'Hitler au poste de chancelier du Reich ?

ACCUSÉ GŒRING. — Bien que je n'aie pas eu de fonction politique dans le parti, malgré cela, naturellement, ma position y était devenue de plus en plus forte, particulièrement depuis la fin de 1931, depuis que je travaillais en relations de plus en plus étroites avec le Führer et que j'étais considéré comme son bras droit. Mais tout cela avait lieu sur la base d'une autorité normale et naturelle qui s'accrut considérablement après la prise du pouvoir. Dès la fin de 1931 ou au début de 1932, l'équilibre des partis s'est trouvé troublé au Parlement. Tout allait mal en Allemagne et il ne pouvait pas y avoir de majorité parlementaire stable. C'est à ce moment-là déjà que fut inauguré le gouvernement, à coups de décrets-lois, en dépit de la Constitution.

— Je voudrais rappeler ici que le Cabinet Brüning dut recourir sur une vaste échelle à ces décrets-lois et utiliser largement l'article 48 de la Constitution du Reich. Puis vint le Cabinet von Papen qui ne put non plus se fonder sur des majorités parlementaires plus solides et durables. Von Papen essaya pourtant, en son temps, de le faire ; il demanda aux nationaux-socialistes, qui constituaient à ce moment le parti le plus puissant, de s'unir aux autres partis pour former une telle majorité. Il fut alors question, von Papen ayant été nommé chancelier du Reich par le Président, qu'Hitler devint vice-chancelier dans ce cabinet.

— Je me souviens avoir déclaré à von Papen à ce moment qu'Hitler pourrait briguer tous les postes, mais jamais un poste de second plan. Chaque fois qu'il serait nommé quelque part, il faudrait que sa fonction soit au premier plan. Il était complètement insoutenable et inconcevable pour nous que notre Führer pût assumer quelque fonction secondaire. Nous aurions alors joué le rôle d'être gouvernés à l'encontre de nos idées, ce qui était tout à fait impossible, et Hitler, en tant que représentant du parti le plus fort, aurait dû couvrir ces activités. Nous avons catégoriquement refusé d'accepter une telle proposition.

— Je ne dis pas cela pour von Papen qui est assis avec moi sur le banc des accusés ; il sait que nous l'avons toujours personnellement respecté. Je lui ai dit à cette époque, après l'échec qu'il a essuyé en présentant cette demande, que non seulement nous ne soutiendrions pas son cabinet, mais que nous le combattrions avec les méthodes les plus énergiques, de même que nous combattrions tout gouvernement qui ne nous réserverait pas une influence prépondérante à la chancellerie.

— Je ne sais plus combien de temps dura le gouvernement von Papen, mais nous en vînmes bientôt au conflit célèbre qui devait nous opposer, lui en tant que chancelier du Reich et moi en tant que président du Reichstag ; c'est à ce moment-là qu'il fut dans mon intention de renverser le gouvernement. Je savais que les communistes proposeraient une motion de méfiance à laquelle devait se rallier une grosse majorité. Il importait que ce vote de défiance fût acquis à tout prix, afin de montrer au président du Reich qu'on ne pourrait pas gouverner avec de tels cabinets sans l'appui des masses. Je vis le portefeuille rouge et appris qu'il contenait l'ordre de dissolution, mais je laissai procéder d'abord au vote. Il y eut environ 32 voix pour von Papen, et environ 500 voix contre lui. Le cabinet von Papen démissionna.

— Jusqu'à présent, si je fais abstraction de la poussière des petits, tous les partis avaient déjà formé des cabinets. Tous les hommes disponibles s'étaient déjà présentés devant le peuple. Mais, de plus en plus, des silhouettes politiques s'agitaient dans les coulisses, en particulier l'ancien ministre de la Reichswehr, monsieur von Schleicher. Il n'y avait donc que deux possibilités : ou bien on tiendrait compte de la réelle proportion des forces et, selon la coutume, le chef du parti le plus important procéderait à des délibérations et serait chargé de former le cabinet, ou alors l'homme des coulisses, l'un des derniers qui restât, serait mis en avant. Et c'est ce qui arriva. Monsieur von Schleicher devint chancelier et, en même temps, ce qui est important, ministre de la Reichswehr. Il fut très clair à ce moment-là, non seulement pour nous mais aussi pour les autres partis, que le but poursuivi par von Schleicher était en définitive une dictature militaire, car von Schleicher avait beaucoup moins de sympathies personnelles que von Papen et ne pourrait pas réunir une majorité. J'avais négocié avec von Schleicher à ce sujet et je lui avais dit qu'il était encore possible, à ce moment-là, d'obtenir une majorité parlementaire. Il m'avait été possible, au cours d'entretiens, de rassembler des nationaux allemands, des nationaux-socialistes, le centre, le parti populaire allemand et quelques indépendants et de former une majorité. Je savais parfaitement qu'une telle majorité ne pouvait être que passagère, parce que les intérêts représentés étaient bien trop opposés, mais il m'était indifférent de savoir quel était le moyen qui amènerait notre parti au pouvoir. Si c'était au moyen de négociations parlementaires, très bien ; si c'était sur un appel du président du Reich, rien de mieux.

— Toutes ces négociations inquiétèrent monsieur von Schleicher, parce qu'il savait qu'il ne pourrait pas rester chancelier. Ce furent, de nouveau, les décrets-lois, les pleins pouvoirs. On peut donc dire que le Parlement, même avant notre prise du pouvoir, était déjà plus ou moins exclu.

— J'ai alors immédiatement entrepris au Reichstag contre monsieur von Schleicher la même lutte, encore que plus violente, que celle que j'avais menée antérieurement contre monsieur von Papen. Entre-temps, avait eu lieu l'élection présidentielle et des élections au Reichstag où nous avions perdu plusieurs sièges, après la dissolution du cabinet von Papen. Nous passions de 232 à 196 sièges. Il y eut de nouvelles élections en janvier qui démontrèrent que la courte crise avait été surmontée et que le parti prenait une extension extraordinaire qu'il n'avait jamais connue.

— Un dimanche, le 22 janvier 1933 — le 30 était un lundi — j'assistais à Dresde à une grande manifestation politique quand, dans la matinée, je reçus un appel téléphonique du Führer qui me demandait de me rendre immédiatement en automobile à Berlin. Je le rencontrai l'après-midi et il me dit, ce que je savais déjà, que le président du Reich n'était plus satisfait de Schleicher, qu'il voyait que du point de vue politique les choses ne pouvaient continuer ainsi, qu'on arrivait à une impasse et que le président du Reich, de sa propre initiative, s'était rapproché de l'idée selon laquelle la responsabilité devait être accordée au parti le plus fort. On avait auparavant, d'une manière très adroite, fait une présentation erronée du Führer au vieux monsieur, qui s'était probablement offensé du mot de socialisme et éprouvait à son encontre une prévention du fait qu'il le comprenait dans un autre sens.

— Bref, Hitler me révéla que je devais ce soir-là parler chez von Ribbentrop au fils du Feldmarshall. Il voulait se renseigner, au nom de son père, sur les possibilités d'attribution de la chancellerie à Hitler et la participation du parti aux responsabilités. Dans une longue conversation, j'ai déclaré au fils qu'il devait dire à son père que, d'une façon ou d'une autre, von Schleicher devait échouer. Je lui ai expliqué les nouvelles conditions d'une future majorité du gouvernement ; j'ai ensuite appris le désir du Maréchal de confier le titre de chancelier à Adolf Hitler et de considérer son parti comme la base fondamentale d'un nouveau gouvernement si, à cette occasion, Adolf Hitler réussissait à unir les nationaux allemands et le Stahlhelm, car il voulait obtenir une base nationale claire. Il est vrai que le Stahlhelm n'était pas un parti parlementaire, mais il avait beaucoup de partisans. Les nationaux allemands, le parti de Hugenberg, constituaient un parti parlementaire.

— Nous ne discutâmes pas plus avant ce soir-là. Je dis au fils de Hindenburg qu'il pouvait assurer son père que, sans aucun doute, j'arriverais à réaliser ces intentions, et le Führer me confia la mission de mener les pourparlers, la semaine suivante, d'une part avec les partis, d'autre part avec le président du Reich. Les négociations étaient rendues difficiles du fait que le Feldmarshall von Hindenburg, président du Reich, qui ne connaissait personnellement le Führer que par deux entretiens et qui n'avait pas encore surmonté sa méfiance envers lui, méfiance qui avait été inspirée et nourrie pendant des années sous l'influence de divers milieux, simplement parce qu'il ne le connaissait pas, avait exigé à ce moment de sévères restrictions. De cette manière, alors que nous représentions le parti le plus fort, qui avait à endosser devant le peuple la responsabilité des mesures à venir, nous aurions été limités et, comparativement à notre force, faiblement représentés dans ce gouvernement. Il ne faut pas oublier qu'à cette époque l'Allemagne était arrivée au point le plus bas de sa décadence : huit millions de sans-travail, tous les programmes avaient fait faillite, plus de confiance dans les partis, une très forte poussée du côté des gauches révolutionnaires, incertitude politique. Des mesures s'imposaient que le peuple attendait de nous, si nous parvenions au gouvernement, et que nous devions défendre. C'est pourquoi la responsabilité à assumer constituait une très lourde charge en raison des restrictions politiques qui nous étaient imposées.

— Première condition : le président du Reich désirait, quelles que fussent les circonstances, que monsieur von Papen devînt vice-chancelier dans ce cabinet. En dehors de sa personnalité sympathique, monsieur von Papen ne nous apportait rien. Derrière lui, il n'y avait pas de parti. Mais le président du Reich exigeait, en outre, que monsieur von Papen assistât aux entretiens que le Führer, après sa nomination, ne manquerait pas d'avoir avec le président du Reich. Cette exigence fut abandonnée très rapidement, par le président du Reich lui-même. En second lieu, le président du Reich exigeait que le ministère des Affaires étrangères, indépendant de tous les partis, fût occupé par monsieur von Neurath. Monsieur von Neurath, lui non plus, en dehors de ses connaissances et de ses capacités, ne nous apportait rien en fait de pouvoir politique.

— En troisième lieu, le poste de président des ministres de Prusse, qui a toujours été dans l'Allemagne d'après-guerre le plus important après celui de chancelier du Reich, devait également être occupé par monsieur von Papen. Avant la guerre mondiale, comme on le sait, les postes de chancelier du Reich et de président des ministres de Prusse étaient toujours confiés à la même personne, pour les raisons précédemment indiquées.

— En quatrième lieu, le président du Reich exigeait que le poste de ministre de la Reichswehr fût également occupé par une personnalité indépendante et par un soldat. Lui-même le choisit, sans aucune collaboration de notre côté, en la personne du général von Blomberg qui, à l'époque, se trouvait à Genève à la Conférence du Désarmement. Monsieur von Blomberg n'était, à ce moment, connu personnellement ni du Führer, ni de moi-même.

— Ainsi, les postes les plus importants et les plus décisifs étaient déjà occupés dans le cabinet par des personnalités sur le choix desquelles nous n'avions eu aucune influence. Au cours de la semaine, d'autres exigences furent formulées. On demanda que le ministère des Finances fût occupé par le comte Schwerin-Krosigk ; c'était à nouveau un homme sans appui, d'aucun parti politique. Le ministère des Communications fut donné à von Eltz. Même chose pour lui. Le chef du Stahlhelm, Seldte, devait faire partie du cabinet. Le Stahlhelm était incontestablement un mouvement important, mais sans caractère politique, et qui n'était pas représenté par un seul député au Reichstag.

— En dernier lieu restait, en tant que véritable parti politique, le parti des nationaux allemands avec 36 voix, notre seul allié parlementaire, si je puis m'exprimer ainsi. Même là aussi, de grandes exigences furent formulées qui n'étaient nullement en rapport avec l'étroitesse de ce parti.

— Bien que nous fussions le parti le plus fort à ce moment-là, avec 232 sièges, nous reçûmes finalement, si mes souvenirs sont exacts, le poste de chancelier du Reich évidemment. Le docteur Frick entra au cabinet comme ministre de l'Intérieur ; j'y entrai à mon tour en troisième lieu, d'abord avec la charge d'un commissariat du Reich à l'Aviation, un tout petit département au bas de la hiérarchie, une partie de la petite section Aviation existant au ministère des Communications. Mais je réussis à conserver ma charge de ministre de l'Intérieur de Prusse, donc du pays le plus important de l'Allemagne, car la Prusse était, à ce moment, la base de départ de la prise du pouvoir intérieur. C'était donc une affaire particulièrement difficile. Au dernier moment, la formation de ce cabinet fut menacée d'un échec par deux facteurs : le Führer avait demandé formellement que, peu après la nomination du nouveau cabinet, on procédât à de nouvelles élections au Reichstag. Il comptait bien que le parti serait considérablement renforcé de ce fait et qu'ainsi il serait possible qu'il représentât, à lui tout seul, la majorité et pût ainsi former la plate-forme gouvernementale sur le plan parlementaire. Hugenberg nous manifesta une opposition absolue en tant que chef des nationaux allemands ; il savait que son parti disparaîtrait peu ou prou au cours de ces élections. Cinq minutes encore avant sa formation, le cabinet était encore en danger de ne pouvoir se constituer de ce fait. On doit au pur hasard le fait que le président du Reich fit prêter serment aux nouveaux ministres : le cabinet était formé.

— Le second danger était représenté par von Schleicher qui, par l'entremise de son homme de confiance, nous avait adressé le dimanche, au Führer et à moi-même, la proposition suivante : il voulait insister sur le fait que le président du Reich n'était pas un facteur sûr pour le nouveau gouvernement. Il était plus opportun, puisqu'il avait donné sa démission la veille, qu'il marchât avec nous, fît une coalition Reichswehr-N.S.D.A.P., et qu'on formât sur des bases qui n'avaient rien de parlementaires, un gouvernement nouveau. Le Führer, reconnaissant à juste titre que c'était impossible et que ses intentions n'étaient pas honnêtes, refusa.

— Lorsque M. von Blomberg arriva à la gare, venant de Genève, le lundi matin, il reçut deux ordres, le premier de M. von Hammerstein, chef de l'état-major de l'Armée et son supérieur, lui enjoignant de se rendre immédiatement chez lui, et le second, de Hindenburg, son commandant en chef, lui demandant de se présenter chez lui également.

— On était menacé à ce moment, ce que très peu de gens savaient, d'un putsch Schleicher-Hammerstein, avec la garnison de Potsdam. J'ai attiré l'attention du président du Reich von Hindenburg, le dimanche soir, sur le fait que je viens d'indiquer, et c'est la raison pour laquelle monsieur von Blomberg fut nommé, deux heures avant la formation du reste du cabinet, au poste de ministre de la Guerre ou, plus exactement, de la Reichswehr. À 11 heures du matin, le 30 janvier, le cabinet était formé et Hitler était nommé chancelier du Reich.

DOCTEUR STAHMER. — D'après vous, le parti a donc accédé légalement au pouvoir ?

ACCUSÉ GŒRING. — Naturellement, le parti a accédé d'une manière parfaitement légale au pouvoir car, d'après la Constitution, il a été appelé par le président du Reich ; aux termes des lois en vigueur, il aurait même dû l'être bien avant. Il n'a obtenu sa puissance et n'a accédé au pouvoir que par le jeu des élections normales et des lois électorales alors existantes.

DOCTEUR STAHMER. — Quelles mesures prit-on pour fortifier le pouvoir après la nomination d'Hitler ?

ACCUSÉ GŒRING. — Il va de soi que, pour nous, si nous obtenions le pouvoir, nous étions décidés à le garder dans tous les cas et à tout prix. Nous ne voulions pas le gouvernement pour le pouvoir lui-même mais nous voulions le gouvernement et le pouvoir pour libérer l'Allemagne et la rendre grande. Nous ne voulions plus laisser cela au seul jeu du hasard, des élections et des majorités parlementaires, mais nous voulions mener à bien cette tâche pour laquelle nous considérions que nous avions été appelés.

— Pour affermir ce pouvoir, il était nécessaire de transformer les rapports des pouvoirs politiques. Ce résultat fut acquis de telle sorte que, peu après la prise de pouvoir dans le Reich et en Prusse, les autres pays suivirent automatiquement, et que des gouvernements nationaux-socialistes plus ou moins forts furent formés partout. Puis, comme il est de coutume partout, les fonctionnaires politiques qui, d'après la Constitution du Reich, pouvaient être mis à la disposition, c'est-à-dire révoqués, devaient être remplacés dès lors par des hommes appartenant au parti le plus fort.

— À propos de cette légalité, c'est-à-dire à propos du fait que nous avions légalement pris possession du pouvoir, je voudrais souligner tout particulièrement deux moments :

— En premier lieu, entre 1925 et 1932, pas moins de trente élections au Reichstag, au Landtag et à la présidence eurent lieu en Allemagne. Pour une seule élection au Reichstag, trente-sept partis avaient présenté des candidats ; voilà qui explique la constitution d'une coalition qui établit le soi-disant gouvernement de la majorité et la constitution d'une autre coalition qui forme l'opposition, chacune avec des points de vue entièrement différents. Je me souviens d'une opposition formée principalement de communistes et de nationaux-socialistes, par exemple, et du fait qu'un petit parti ayant huit députés pouvait faire pencher la balance ; au cours de deux lectures d'une loi — une loi d'importance capitale avait trois lectures — il votait contre le gouvernement et pouvait alors s'assurer des avantages politiques et matériels substantiels, pour permettre à la loi de passer à sa troisième et décisive lecture. Voilà encore un exemple qui donne une idée de la situation.

— La seconde chose que je voudrais tout particulièrement souligner, en ce qui concerne la légalité de notre prise du pouvoir, est la suivante : si en Allemagne le système démocratique des élections anglaises ou américaines avait été en vigueur, le parti national-socialiste allemand aurait déjà obtenu, sans exception, tous les sièges du Reichstag dès 1931 et ce, tout à fait légalement, car dans tous les arrondissements d'Allemagne, dès 1931 déjà, ou au plus tard début 1932, le parti national-socialiste était le plus fort ; c'est-à-dire que d'après le système des élections anglaises et américaines, tous les autres partis plus faibles auraient été balayés et nous n'aurions eu exclusivement à partir de ce moment que des nationaux-socialistes dans le Reich, d'une façon parfaitement légale, en vertu des principes démocratiques des deux plus grandes démocraties.

— Comme il est de coutume dans d'autres pays, lorsqu'une nouvelle répartition des forces a lieu entre les partis politiques, nous avons dû changer les titulaires des différentes fonctions principales. À côté des ministres, il y avait principalement — je prends la Prusse comme exemple — les présidents des provinces, les présidents des districts administratifs, les présidents de Police, les conseillers généraux et je crois également que les directeurs ministériels et les procureurs généraux étaient des fonctionnaires politiques. Voilà donc tracé en gros le cercle des postes qui furent occupés à l'occasion du revirement politique et qui avaient autrefois été partagés entre les partis de la majorité. Mais, à l'inverse de ce qui s'est passé dans d'autres pays, nous ne sommes pas descendus jusqu'au facteur. Nous avons opéré ces mutations et ces changements, mais uniquement dans les fonctions importantes.

— Malgré cela, nous avons d'abord fait très peu de choses en ce sens. En premier lieu, j'ai prié monsieur von Papen et ai exigé de lui qu'il me laissât le poste de président des ministres de Prusse, car du fait qu'il n'avait pas de parti derrière lui, il ne pouvait guère entreprendre ces mutations ; il n'y avait que moi ou l'un de nous qui pût y procéder. Nous sommes tout de suite tombés d'accord. A la suite de cela, j'installai des nationaux-socialistes dans une partie, relativement faible, des postes de président des provinces de Prusse. J'ai été très généreux et pendant quelques semaines j'ai même laissé des sociaux-démocrates en fonction. J'occupai quelques postes importants de provinces avec des personnalités catholiques qui étaient plus près du parti du centre que nous. Mais lentement et peu à peu, au cours des années, il ne pouvait naturellement pas en être autrement, ces fonctions furent occupées par des nationaux-socialistes, pour autant qu'il s'agissait des présidents généraux, qui correspondaient déjà au cadre des Gaue politiques. Jusqu'à la fin, les chefs de districts restèrent pour partie nationaux-socialistes, pour partie simples fonctionnaires. La même remarque vaut pour les conseillers généraux.

— Quant aux présidents de Police, je voudrais expliquer au Tribunal qu'ils n'avaient tout d'abord rien à voir avec la Gestapo. Le président de Police était, dans les grandes villes, ce qu'était le conseiller général à la campagne, du moins en partie. Jusqu'à la prise du pouvoir, ces postes de présidents de Police ont été occupés par des membres des partis les plus importants. Je trouvais donc des sociaux-démocrates en fonction qui, avec la meilleure volonté, n'auraient pu continuer indéfiniment à rester nos adversaires : c'eût été absurde ; j'ai dû faire occuper ces postes en partie par des nationaux-socialistes, mais en partie également par des gens qui n'avaient rien à voir avec notre Parti. Je rappelle que le poste le plus important de Police de tout le Reich, celui de Berlin, était occupé par l'amiral von Levetzow qui n'appartenait pas au parti. Quelques-uns de ces postes furent occupés par d'anciens chefs S.A.

— Vint alors le renforcement du pouvoir auquel nous tenions énormément, car il devait être la base de notre travail ultérieur et nous donner une influence plus forte dans le cabinet du Reich. De nouveaux nationaux-socialistes furent nommés ministres ; de nouveaux ministères furent créés ; toute une série de lois fondamentales nouvelles fut votée. Quiconque s'était occupé un tant soit peu de la situation allemande, que ce soit à l'étranger ou à l'intérieur, savait très bien qu'il ne pouvait subsister le moindre doute sur le fait que nous devions, aussi vite que possible, en finir avec le parti communiste. C'était une conséquence absolument nécessaire ; ce parti devait être interdit. Nous étions convaincus que si le parti communiste, qui était le plus fort après le nôtre, avait obtenu le pouvoir, il n'aurait certainement pas pris de nationaux-socialistes dans son cabinet, ni ne les aurait tolérés nulle part. Nous savions que nous aurions été éliminés d'une manière complètement différente.

Accusation. — Les conspirateurs nazis savaient très bien qu'ils n'avaient pas le contrôle du pouvoir législatif de la République ; ils avaient besoin, s'ils voulaient exécuter, sous le couvert de la loi, la première phase de leur grand complot, d'un acte donnant le pouvoir législatif suprême au cabinet d'Hitler, le libérant de toutes les entraves de la Constitution de Weimar. Une telle décision nécessitait un amendement à la Constitution, supposait que les deux tiers des membres réguliers du Reichstag fussent présents et qu'il y eut un vote à une majorité des deux tiers des présents. Les événements conduisant au vote de cette loi, connue sous le nom de Loi sur la protection du peuple et de l'État, se déroulèrent de la manière suivante :

— 1. Le 30 janvier 1933, Hitler tint sa première réunion de cabinet. Les accusés von Papen, von Neurath, Frick, Gœring et Funk étaient présents. Nous avons le procès-verbal original de cette réunion qui sera déposé comme preuve. Au cours de cette séance, Hitler fit remarquer que l'ajournement du Reichstag serait impossible sans la collaboration du parti du centre et il continua : « Nous pourrions envisager cependant de supprimer le parti communiste pour éliminer ses voix au Reichstag et par cette mesure, obtenir une majorité au Reichstag. » Hitler exprima cependant la crainte que le résultat ne se traduisît par une grève générale. Le ministre de l'Économie du Reich, aux termes du procès-verbal officiel, déclara que, d'après lui, il était impossible d'éviter l'élimination en Allemagne du parti communiste, car, si cette mesure n'était pas prise, on ne pourrait obtenir la majorité au Reichstag, et certainement pas une majorité des deux tiers ; il ajouta qu'après la suppression du parti communiste, le vote par le Reichstag de la loi accordant les pleins pouvoirs serait alors possible. L'accusé Frick proposa de demander les pleins pouvoirs au Reichstag. Au cours de cette réunion, Hitler se déclara prêt à entrer en contact, le lendemain matin, avec les représentants du parti du centre pour voir ce qu'on pourrait en obtenir par des négociations.

— 2. L'événement suivant fut l'incendie du Reichstag, le 28 février 1933.

1933 : FEU LA DÉMOCRATIE

MONSIEUR BÖHM. — Est-il exact, après la prise du pouvoir en particulier, qu'un grand nombre de provocateurs communistes seraient arrivés à se glisser dans les rangs des S.A. ?

ACCUSÉ GŒRING. — Il s'agit même là d'une affaire digne d'attention et très importante. Le parti communiste s'attendait, ce qui est logique, aux mesures qui furent prises contre lui après la prise du pouvoir ; quantité d'adhérents de l'organisation de combat « Le Front rouge » en particulier, dans les grandes villes où c'était plus facile, se firent inscrire dans les S.A. C'était d'autant plus facile à cette époque que le chef d'état-major des S.A., Röhm, acceptait volontairement dans les S.A. même des hommes qui, contrairement à ce qui se faisait autrement, n'étaient pas membres du parti. Donc, n'importe qui pouvait devenir membre des S.A. sans être, pour autant, membre du parti.

— Le parti national allemand de Hugenberg créa lui aussi à cette époque une organisation politique de combat qui s'appelait les « Chemises vertes ». Les membres de cette organisation, de même que ceux du « Stahlhelm », pouvaient également être acceptés dans les S.A., parce que ces organisations semblaient ne poursuivre aucun but.

— Je me souviens personnellement qu'un jour, environ quatre à cinq cents de ces sortes de gens s'étaient rassemblés dans la Wilhelmstrasse pour se faire incorporer dans les S.A. Je les vis de ma fenêtre et je reconnus très clairement qu'il s'agissait là d'éléments qui n'avaient pas à en faire partie. Je fis immédiatement appeler la Police d'ordre et les fis contrôler : 98 % de ces hommes avaient encore dans leur poche leur carte d'adhérents communistes du Front rouge.

Avec l'incendie du Reichstag, débute « officiellement » la forfaiture. Les premières victimes désignées seront les communistes. Le Parlement allemand en feu, c'est la démocratie qui est la proie des flammes.

ACCUSÉ GŒRING. — Je ne connais aucun cas d'exécution du fait de l'incendie du Reichstag, à l'exception de l'incendiaire, van der Lubbe, qui fut condamné par un tribunal. Les deux autres accusés furent acquittés au cours du procès. Contrairement à l'opinion que vous avez formulée jusqu'ici par erreur, M. Thälmann ne fut pas accusé. Il s'agissait du député communiste Torgler. Il fut acquitté, de même que le Bulgare Dimitroff. Il y eut relativement peu d'arrestations en rapport avec l'incendie du Reichstag. Celles que vous attribuez à l'incendie du Reichstag sont en réalité des arrestations de fonctionnaires communistes. J'ai répété à plusieurs reprises et désire une fois de plus insister sur le fait que ces gens furent arrêtés pour d'autres raisons et indépendamment des mesures prises à la suite de l'incendie du Reichstag. Au contraire, cet incendie ne fit que précipiter leur arrestation, et les projets que nous avions préparés avec beaucoup de soin ; un certain nombre de fonctionnaires purent ainsi échapper à ces mesures.

M. JUSTICE JACKSON. — Autrement dit, vous aviez déjà préparé des listes de communistes au moment de l'incendie du Reichstag, avec les noms des personnes qui devaient être arrêtées ?

ACCUSÉ GŒRING. — Les listes des fonctionnaires communistes qui devaient être arrêtés étaient, pour la plupart, prêtes depuis longtemps. C'était tout à fait en dehors de la question de l'incendie du Reichstag.

M. JUSTICE JACKSON. — Ces arrestations furent mises à exécution aussitôt après l'incendie du Reichstag ?

ACCUSÉ GŒRING. — Contrairement à mon intention de reporter ces mesures à quelques jours afin que tout se déroulât selon le programme établi et qu'il n'y eût aucune fausse manœuvre, le Führer exprima la nuit même son désir de procéder immédiatement à ces arrestations. Ce qui eut l'inconvénient, comme je l'ai mentionné, de précipiter les événements.

M. JUSTICE JACKSON. — Vous avez rencontré le Führer sur les lieux de l'incendie, n'est-ce pas ?

ACCUSÉ GŒRING. — C'est exact.

M. JUSTICE JACKSON. — Et vous avez décidé, sur place, d'arrêter tous les communistes dont vous aviez préparé la liste ?

ACCUSÉ GŒRING. — Je répète encore une fois que leur arrestation avait été décidée depuis plusieurs jours ; ils furent simplement arrêtés cette nuit-là. Personnellement, j'aurais préféré attendre encore quelques jours, conformément au plan prévu. Cela aurait évité l'évasion de certains personnages importants.

M. JUSTICE JACKSON. — Et, le lendemain matin, on présenta au président von Hindenburg le décret qui abolissait les clauses de la Constitution dont on a parlé ici, n'est-ce pas ?

ACCUSÉ GŒRING. — Oui, je le crois.

M. JUSTICE JACKSON. — Qui était Karl Ernst ?

ACCUSÉ GŒRING. — Karl Ernst... Je ne sais pas si son prénom était Karl, mais Ernst était le chef des S.A. de Berlin.

M. JUSTICE JACKSON. — Et qui était Helldorf ?

ACCUSÉ GŒRING. — Le comte Helldorf a été également plus tard chef des S.A. de Berlin.

M. JUSTICE JACKSON. — Et Heines ?

ACCUSÉ GŒRING. — Heines était, à ce moment-là, chef S.A. de Silésie.

M. JUSTICE JACKSON. — Bien. Vous savez, n'est-ce pas, que Ernst fit une déclaration dans laquelle il avoua que c'étaient ces trois hommes qui avaient mis le feu au Reichstag, que vous et Gœbbels en aviez fait les plans et fourni les produits incendiaires, du phosphore liquide et du pétrole que vous aviez fait déposer, prêts à être utilisés, dans un passage souterrain qui conduisait de votre maison au bâtiment du Reichstag. Cette déposition vous est connue, n'est-ce pas ?

ACCUSÉ GŒRING. — Je ne connais pas de déclaration du chef S.A. Ernst ; mais j'ai entendu parler d'un roman qui fut publié, peu de temps après, dans la presse étrangère par le chauffeur de Röhm ; et cela après 1934.

M. JUSTICE JACKSON. — Mais il existait bien, en fait, un passage, conduisant du bâtiment du Reichstag à votre résidence, n'est-ce pas ?

ACCUSÉ GŒRING. — D'un côté de la rue se trouvait le bâtiment du Reichstag et, en face, le palais du président du Reichstag ; entre les deux, il y avait un passage servant aux wagonnets transportant le coke destiné au chauffage central.

M. JUSTICE JACKSON. — En tout cas, peu de temps après, Ernst fut tué sans jugement et sans qu'il ait eu la possibilité de raconter son histoire, n'est-ce pas ?

ACCUSÉ GŒRING. — Ce n'est pas exact. L'incendie du Reichstag eut lieu en février 1933 ; Ernst a été fusillé le 30 juin 1934 parce qu'il avait préparé avec Röhm un coup d'État et un attentat contre le Führer. Il aurait donc eu le temps pendant quinze mois, s'il avait voulu le faire, de fournir des déclarations sur l'incendie du Reichstag.

M. JUSTICE JACKSON. — Il avait pourtant commencé à faire certaines déclarations, n'est-ce pas, et les choses en étaient arrivées au point où l'on vous accusait d'avoir provoqué l'incendie du Reichstag ? Vous étiez bien au courant de cela ?

ACCUSÉ GŒRING. — L'accusation selon laquelle j'aurais incendié le Reichstag provenait d'une certaine presse étrangère. Elle ne m'affectait guère, car cela ne correspondait pas à la réalité. Je n'avais aucune raison d'incendier le Reichstag. Du point de vue artistique, je ne regrette pas que la salle des séances ait brûlé ; j'espérais faire construire un bâtiment de meilleur goût. Mais je regrettai beaucoup de me voir dans la nécessité de chercher un nouveau local pour les réunions du Reichstag. N'en ayant pas trouvé, je fus obligé de céder ma salle d'opéra Kroll qui était le second opéra national. L'opéra me semblait alors bien plus important que le Reichstag.

MONSIEUR JUSTICE JACKSON. — Ne vous êtes-vous jamais vanté d'avoir incendié le Reichstag, même en plaisantant ?

ACCUSÉ GŒRING. — Non. J'ai fait une fois une plaisanterie ; c'est peut-être celle à laquelle vous faites allusion ; j'ai dit, à la suite de cet événement, que j'allais bientôt faire concurrence à Néron. On dirait sous peu que, drapé dans une toge écarlate et tenant une lyre, je contemplais le feu et jouais tandis que le Reichstag brûlait. Voilà la plaisanterie. En réalité, j'ai failli périr dans l'incendie du Reichstag, ce qui eût été très agréable pour les ennemis du Reich, mais l'eût été beaucoup moins pour le peuple allemand.

MONSIEUR JUSTICE JACKSON. — Vous n'avez donc jamais déclaré avoir incendié le bâtiment du Reichstag ?

ACCUSÉ GŒRING. — Non. Je sais que M. Rauschning a écrit dans son livre, auquel on s'est fréquemment référé ici, que j'avais abordé ce sujet en sa présence. Je n'ai vu M. Rauschning que deux fois dans mon existence et, à chacune de ces occasions, pendant un temps très court. Si vraiment j'avais incendié le Reichstag, je n'aurais probablement confié la chose qu'à mes plus intimes confidents, mais certes pas à un homme que je ne connaissais pas et dont il me serait impossible aujourd'hui de faire la description. C'est une déclaration absolument fausse.

MONSIEUR JUSTICE JACKSON. — Vous souvenez-vous du déjeuner donné à l'occasion de l'anniversaire du Führer, en 1942, au mess des officiers du Quartier Général du Führer en Prusse orientale ?

ACCUSÉ GŒRING. — Non.

MONSIEUR JUSTICE JACKSON. — Vous ne vous en souvenez pas ? Je vais demander qu'on vous montre la déposition écrite du général Franz Halder et j'attirerai votre attention sur un passage susceptible de vous rafraîchir la mémoire. Voici ce que je lis :

— « À l'occasion d'un repas en l'honneur de l'anniversaire du Führer, en 1942, les personnes qui l'entouraient vinrent à parler du bâtiment du Reichstag et de sa valeur artistique. J'entendis de mes propres oreilles Gœring lancer au milieu de la conversation : " La seule personne qui connaisse vraiment le Reichstag, c'est moi, car j'y ai mis le feu ". Et, en prononçant ces mots, il se tapa sur les cuisses. »

ACCUSÉ GŒRING. — Cette conversation n'a pas eu lieu et je demande qu'on veuille bien me confronter avec M. Halder. Je voudrais souligner tout d'abord que tout ce qui est écrit là est une pure absurdité. Il est écrit : « Le seul qui connaisse le Reichstag c'est moi. » Le Reichstag était connu de tous les députés. Le feu prit seulement dans la salle des séances. Des centaines de milliers de personnes connaissaient cette salle aussi bien que moi. Une telle déclaration est vraiment un non-sens. Je me demande comment M. Halder a pu déclarer une chose pareille. Apparemment, sa mémoire déficiente, qui lui causa maints ennuis dans le domaine militaire, est la seule explication plausible.

TÉMOIN GISEVIUS. — On attendait de Gœring, et il en donna l'assurance, qu'il orientât la Police de telle façon qu'à la faveur de la confusion du début, elle s'engageât sur une fausse piste. Il était entendu, dès le début, que ce crime serait mis sur le dos des communistes, et les dix S.A. qui devaient perpétrer le crime avaient été instruits en conséquence.

— Voici en quelques mots l'histoire des événements. Pour dire de quelle façon nous avons appris ces détails, j'ajouterai qu'un des dix hommes qui étaient chargés de répandre cette teinture inflammable était un criminel notoire. Six mois plus tard il fut exclu des S.A., et n'ayant pas obtenu la récompense qui lui avait été promise, il crut devoir, devant le tribunal du Reich, qui à ce moment-là siégeait à Leipzig, faire le récit de ce qu'il savait. Il fut amené devant un juge d'instruction, qui enregistra sa déclaration, mais la Gestapo l'apprit et le rapport au Tribunal du Reich fut intercepté et détruit. Ce membre des S.A. du nom de Rall qui avait trahi le secret du plan, fut assassiné honteusement sur l'ordre du chef de la Gestapo Diels, avec l'accord de Gœring. C'est en trouvant son cadavre que nous sommes arrivés à retrouver le fil de toute cette affaire.

MONSIEUR JUSTICE JACKSON. — Qu'arriva-t-il aux dix S.A. qui exécutèrent l'incendie du Reichstag ? Certains sont-ils encore vivants maintenant ?

TÉMOIN GISEVIUS. — Dans la mesure où nous avons pu nous en rendre compte, aucun d'eux n'est plus vivant. La plupart furent assassinés le 30 juillet sous le prétexte du putsch de Röhm. Un seul d'entre eux, un certain Heini Gewaehr fut admis dans la Police en qualité d'officier de Police. Nous avons suivi ses traces pendant la guerre et il est tombé sur le front de l'Est comme officier de Police.

La parole est au ministère public :

— Comment cela put-il se faire ? Le 28 février, le lendemain de l'incendie du Reichstag, les droits civils en Allemagne furent abolis. Ce décret fut publié dans le *Reichsgesetzblatt* de 1933, page 83. Il porte la signature de Frick, ministre de l'Intérieur du Reich. Il fut publié au lendemain de l'incendie du Reichstag et déclare que la suspension des droits civils est considérée comme une mesure de défense contre les actes de violence communistes qui pourraient mettre l'État en danger. Au moment de la publication de ce décret, le gouvernement nazi annonça qu'une enquête approfondie avait prouvé que les communistes avaient mis le feu au Reichstag. Je n'ai pas l'intention d'entrer dans la controverse pour savoir qui a mis le feu au Reichstag, mais je voudrais prouver que la déclaration officielle nazie, suivant laquelle les communistes étaient responsables de l'incendie, fut publiée sans aucune enquête et que le préambule du décret, qui portait la signature de Frick, n'était qu'un subterfuge.

— Je dépose comme preuve un très court extrait d'un interrogatoire de l'accusé Gœring, daté du 13 octobre 1945. J'aimerais en lire la brève partie suivante :

— « *Ma question à Gœring.* — Comment avez-vous pu dire à votre agent de presse, une heure après le début de l'incendie du Reichstag, que c'étaient les communistes qui avaient mis le feu, alors que vous n'aviez pas fait d'enquête ?

— « *Réponse de Gœring.* — Est-ce que l'agent de presse a dit cela à l'époque ?

— « *Ma réponse.* — Oui, il a rapporté vos paroles.

— « *Gœring.* — C'est impossible ; lorsque je suis arrivé au Reichstag, le Führer et sa suite étaient déjà là. Je n'en étais pas sûr à ce moment-là, mais c'était leur opinion que les communistes avaient mis le feu.

— « *Question.* — Mais vous étiez, en un sens, le personnage officiel le plus haut placé d'après la loi. Daluege était votre subordonné. Si vous vous reportez maintenant à cet événement en faisant abstraction de l'état d'excitation qui existait à ce moment, ne croyez-vous pas qu'il était trop tôt pour dire que les communistes avaient mis le feu ?

— « *Réponse.* — Oui ; c'est possible, mais le Führer le voulait ainsi.

— « *Question.* — Pourquoi le Führer voulut-il déclarer immédiatement que les communistes avaient mis le feu ?

— « *Réponse.* — Il en était convaincu.

— « *Question.* — Suis-je dans le vrai lorsque je dis qu'il en était convaincu, sans en avoir aucune preuve au moment où il parlait ?

— « *Réponse.* — C'est vrai, mais il faut considérer qu'à ce moment-là les activités des communistes étaient extrêmement importantes et que notre nouveau gouvernement n'était pas sûr de sa position. »

Au moins quatre mille communistes seront arrêtés dans les jours qui suivirent l'incendie du Reichstag sur l'ensemble du territoire allemand.

DOCTEUR SERVATIUS. — Dans votre Gau, tous les communistes ont-ils été arrêtés après que le parti fût parvenu au pouvoir ?

ACCUSÉ SAUCKEL. — Non, dans mon Gau, à ma connaissance, seuls les communistes qui avaient réellement œuvré contre l'État furent arrêtés.

DOCTEUR SERVATIUS. — Et qu'advint-il d'eux ?

ACCUSÉ SAUCKEL. — La police d'État les arrêta, les interrogea et, selon ce qu'on avait trouvé chez eux, ils étaient retenus ou libérés.

DOCTEUR SERVATIUS. — Avez-vous eu des Kreisleiter dans votre Gau qui aient précédemment appartenu à d'anciens partis d'opposition ?

ACCUSÉ SAUCKEL. — L'activité centrale du parti était le recrutement. Notre travail le plus intensif consistait à gagner à nous les adversaires politiques. Je suis très fier du fait que, dans mon Gau, de très nombreux ouvriers, anciens communistes ou sociaux-démocrates aient été gagnés par nous et soient devenus chefs de groupes locaux ou fonctionnaires du parti.

DOCTEUR SERVATIUS. — Mais est-ce que deux Kreisleiter de l'extrême-gauche ne furent pas nommés par vous ?

ACCUSÉ SAUCKEL. — Un Kreisleiter de l'extrême-gauche fut nommé. De plus, à côté de nombreux autres chefs, le directeur de la section régionale du Front allemand du Travail avait longtemps appartenu à l'extrême-gauche.

DOCTEUR SERVATIUS. — Quel était votre comportement personnel vis-à-vis de vos adversaires politiques ?

ACCUSÉ SAUCKEL. — Les adversaires politiques qui ne travaillaient pas contre l'État ne furent ni inquiétés ni importunés dans mon Gau.

ACCUSATION. — Dès le lendemain matin de l'incendie, Hitler obtint du président von Hindenburg, âgé et souffrant, un décret présidentiel suspendant les garanties étendues de la liberté individuelle contenues dans la Constitution de la République de Weimar. Le décret stipulait que : « Les articles 114, 115, 117, 118, 123, 124 et 153 de la Constitution du Reich allemand sont suspendus jusqu'à nouvel avis. Ainsi, les restrictions de la liberté personnelle, du droit de libre expression de l'opinion, y compris la liberté de la presse, du droit de réunion et d'association, les violations du secret des communications postales, télégraphiques et téléphoniques et les mandats de perquisition, les ordres de confiscation et de restriction de la propriété, peuvent aussi être permis au-delà des limites légales prescrites par ailleurs. »

— Le 5 mars, eurent lieu de nouvelles élections au cours desquelles le parti nazi obtint 288 voix sur 647. Le cabinet d'Hitler était désireux de faire voter une « loi de pleins pouvoirs » qui lui donnerait l'autorité législative, y compris le droit de s'écarter de la Constitution ; mais comme il n'avait pas pour cela la majorité nécessaire au Reichstag, il se servit du décret abolissant les garanties de la liberté individuelle et mit en « détention de protection » un grand nombre de députés communistes, ainsi que quelques sociaux-démocrates et divers affiliés à ces partis. Ceci fait, Hitler soumit la « loi des pleins pouvoirs » au Reichstag qui, sous la menace de mesures plus énergiques au cas où elle ne serait pas adoptée, l'entérina le 24 mars 1933.

— Le 14 mars 1933, l'accusé Frick annonça :

— « Quand le Reichstag se réunira le 21 mars, les communistes, appelés ailleurs par des tâches urgentes, seront empêchés de participer à la session. Ils seront rééduqués dans des camps de concentration en vue d'un travail productif ; nous saurons comment les rendre à tout jamais inoffensifs, ces êtres humains inférieurs qui ne veulent pas être rééduqués. »

— Pendant cette période, profitant du décret qui suspendait les garanties constitutionnelles de liberté, un grand nombre de communistes, y compris des fonctionnaires du parti et des députés au Reichstag et un nombre plus restreint de fonctionnaires et députés sociaux-démocrates, furent placés en internement de protection. Le 23 mars 1933, en soutenant ce projet de loi, Hitler déclara au Reichstag : « C'est à vous, messieurs, qu'il appartient maintenant de décider de la paix ou de la guerre. »

— Le 24 mars 1933, 535 seulement sur les 647 députés prévus étaient présents au Reichstag. Certains n'avaient pu s'excuser de leur absence ; ils étaient en internement de protection dans des camps de concentration. Écrasé sous la pression et la terreur nazie, le Reichstag vota un texte attributif de pouvoirs spéciaux connu sous le nom de « Loi sur la protection du peuple et de l'État » par 441 voix en sa faveur. Cette loi marque la véritable prise du pouvoir politique par les conspirateurs. L'article premier stipule que les lois du Reich pourront être promulguées par le cabinet du Reich. L'article 2, que les lois nationales votées par le cabinet du Reich peuvent s'écarter de la Constitution. L'article 3, que les lois nationales promulguées par le cabinet du Reich seront préparées par le chancelier et publiées au *Reichsgesetzblatt.* L'article 4, que les traités conclus entre le Reich et les États étrangers concernant des questions de législation nationale n'ont pas besoin de l'approbation des organes législatifs ; le cabinet du Reich avait pleins pouvoirs pour promulguer les clauses nécessaires à l'exécution de ces traités.

— C'est ainsi que les nazis acquirent un contrôle politique total, complètement dégagé des entraves de la Constitution de Weimar (1).

MONSIEUR JUSTICE JACKSON. — Depuis les tout premiers débuts, vous et ceux qui vous étaient associés aviez l'intention de renverser — et par la suite vous l'avez effectivement fait — la République de Weimar ?

ACCUSÉ GŒRING. — En ce qui me concerne, j'y étais fermement décidé.

MONSIEUR JUSTICE JACKSON. — Et lorsque vous avez pris le pouvoir, vous avez immédiatement aboli le régime parlementaire en Allemagne ?

ACCUSÉ GŒRING. — Il ne nous était plus d'aucune utilité. Je voudrais cependant souligner que nous étions d'ailleurs le parti parlementaire le plus fort et avions la majorité. Néanmoins, vous avez raison de dire que le parlementarisme fut aboli puisque plusieurs partis furent dissous et interdits.

DOCTEUR KUBUSCHOK. — Est-ce que l'activité de l'ensemble du gouvernement qui se réunissait en séances de cabinet s'est distinguée,

(1) DOCTEUR DIX. — Adolf Hitler a-t-il vraiment prêté serment à la constitution de Weimar ?

ACCUSÉ SCHACHT. — Bien entendu, Adolf Hitler prêta serment à la Constitution de Weimar quand il devint chancelier du Reich, devant le président Hindenburg. En prononçant ce serment, il jura, non seulement de respecter la Constitution, mais aussi toutes les lois à moins qu'elles ne fussent modifiées légalement.

DOCTEUR DIX. — La Constitution de Weimar fut-elle jamais formellement abrogée ?

ACCUSÉ SCHACHT. — La Constitution de Weimar ne fut jamais abrogée.

dans la première partie du cabinet d'Hitler, c'est-à-dire jusqu'au moment de la publication de la loi des pleins pouvoirs, de ce qui avait été pratiqué auparavant ?

TÉMOIN SCHLEGELBERGER (1). — Non, il n'y avait pas de différence. On discutait les motions présentées et les opinions divergentes s'exprimaient.

DOCTEUR KUBUSCHOK. — Est-ce que cela s'est modifié lors de la publication de la loi des pleins pouvoirs ?

TÉMOIN SCHLEGELBERGER. — Oui. Les élections de mars et l'adoption d'une loi de pleins pouvoirs par le Reichstag avaient considérablement renforcé la position d'Hitler. Hitler avait d'abord été très réservé et peut-être même modeste à l'égard de Hindenburg, mais à partir de ce moment-là, il était animé par la pensée qu'il était chargé d'accomplir la volonté populaire. Cela s'explique peut-être par le fait qu'Hitler avait centré toute son activité sur la confiance de la masse qu'il voulait attirer à lui et qu'il pensait juger d'une manière exacte la volonté populaire. Il se considérait comme une incarnation de la volonté populaire dont il voulait s'imprégner.

MONSIEUR JUSTICE JACKSON. — Nous allons revenir un moment aux S.A., pour la période précédant la lutte pour le pouvoir, qui s'est terminée par le putsch de Röhm. Quel rôle jouèrent les S.A. dans la bataille pour la prise du pouvoir ?

TÉMOIN GISEVIUS. — On le dit dans la chanson : elles ont ouvert la voie aux bataillons bruns et, sans aucun doute, lors de la prise du pouvoir, les S.A. ont joué un rôle très important. Sans les S.A., Hitler n'aurait sans doute pas eu le pouvoir.

MONSIEUR JUSTICE JACKSON. — Nous allons maintenant examiner leurs méthodes. Je peux peut-être abréger en citant des passages de votre livre. Vous dites, je crois : « Si un individu n'est pas complètement décidé, les S.A. décident automatiquement pour lui. Leurs méthodes sont primitives, mais d'autant plus efficientes ; ainsi, tout le monde a appris très rapidement le nouveau salut hitlérien ; lorsqu'une colonne de S.A. défilait — et où n'y avait-il pas alors de défilé ? — quelques solides S.A. se promenaient sur le trottoir en donnant un coup sur le crâne à tous les passants qui ne saluaient pas au moins à trois pas de la bannière S.A. Les S.A. ont agi de la même façon dans tous les autres domaines. »

— Est-ce là une description juste de leur activité et de leur manière de procéder ?

TÉMOIN GISEVIUS. — Je l'espère.

MONSIEUR JUSTICE JACKSON. — Mais vous devriez le savoir ?

TÉMOIN GISEVIUS. — Oui, oui, mais c'est ma propre description et je ne peux pas la juger.

(1) Franz Schlegelberger : secrétaire d'État au ministère de la Justice dès 1931. Il devient membre du parti nazi en 1938 à la demande d'Hitler.

MONSIEUR JUSTICE JACKSON. — Mais vous avez vu ces choses-là vous-même, vous étiez en Allemagne à ce moment-là ?

TÉMOIN GISEVIUS. — Oui, naturellement.

MONSIEUR JUSTICE JACKSON. — Vous voyez, il nous est très difficile, malgré tous les documents que nous avons, de nous représenter les événements quotidiens. Vous les avez vécus, tandis que nous n'y étions pas.

— Je vais citer un autre passage de votre livre : « La chronique de cette armée privée est mouvementée et colorée. Elle abonde en rixes de cabaret, en combats de rues, coups de couteau, fusillades, coups de poing ; enfin, ils se conduisaient comme des lansquenets, mais sans qu'il y eût parmi eux la moindre mutinerie ou crise d'autorité. Dans cette communauté des rudes hommes du national-socialisme allemand, il y avait sans aucun doute beaucoup d'idéal ; mais en même temps, les S.A. étaient le dépotoir de toutes les épaves politiques. Les ratés de toutes les classes de la société y trouvaient refuge. Les découragés, les déshérités, les désespérés y affluaient. Le noyau, les troupes permanentes et surtout les cadres étaient, à mesure que le temps s'écoulait, de plus en plus recrutés parmi les rebuts de la société, à une époque de décadence politique et sociale. »

— Est-ce l'exposé exact de vos observations sur les S.A. à cette époque ?

TÉMOIN GISEVIUS. — Oui.

MONSIEUR JUSTICE JACKSON. — J'attire votre attention sur un autre passage : « Les S.A. organisent des rafles massives ; les S.A. fouillent les maisons ; les S.A. confisquent les biens ; les S.A. interrogent des témoins ; les S.A. mettent les gens en prison. En bref, les S.A. se sont élevées au rang de police auxiliaire permanente et se moquent des principes juridiques et administratifs du « Systemzeit » (régime libéral). Le plus terrible pour les autorités impuissantes, c'est que les S.A. ne rendent jamais leur butin. Malheur à qui tombe entre leurs griffes ! C'est de là que datent les « Bunker », les terribles prisons privées des S.A. ; tout groupe S.A. doit en avoir au moins un. L'enlèvement devient une coutume des S.A. On juge la valeur d'un Standartenführer au nombre de ses prisonniers, et la bonne réputation d'un S.A. était basée sur la façon dont il « éduquait » les prisonniers. « Éduquer » est entre guillemets. Il ne doit plus y avoir de batailles de mots dans la lutte pour le pouvoir. Cependant le « combat » continue. Maintenant, il y aura des bagarres pour jouir du pouvoir. »

— Est-ce bien ce que vous avez vu alors ?

TÉMOIN GISEVIUS. — Oui.

MONSIEUR JUSTICE JACKSON. — Vous avez utilisé le mot « Bunker ». C'est une sorte de terme technique que certains d'entre nous ne connaissent pas. Voulez-vous dire au Tribunal ce qu'était le système des « Bunker » des S.A. ?

TÉMOIN GISEVIUS. — Les « Bunker » étaient des caves ou d'autres locaux murés, dans lesquels les malheureux prisonniers étaient enfermés et où on les frappait, quelquefois jusqu'à la mort.

— C'étaient des prisons privées grâce auxquelles, dans les premiers mois, les chefs des syndicats et des partis de gauche ont été systématiquement rendus inoffensifs, ce qui explique pourquoi la gauche n'a pas agi pendant longtemps, tous les chefs ayant été radicalement écartés.

MONSIEUR JUSTICE JACKSON. — Vous avez aussi utilisé l'expression « l'enlèvement devient une coutume des S.A. ». Le mot enlèvement « Abholung » est entre guillemets. Voulez-vous me parler de cette Abholung. Que signifient ces mots ?

TÉMOIN GISEVIUS. — C'étaient des arrestations arbitraires ; les familles des intéressés ne savaient même pas où se trouvaient les malheureuses victimes, qui pouvaient s'estimer heureuses si elles rentraient un jour chez elles.

MONSIEUR JUSTICE JACKSON. — Je crois que vous avez aussi fait dans votre livre la remarque suivante :

— « Tout abus qualifié d'excès de zèle au service de la révolution " nationale-socialiste " n'était pas passible de poursuites judiciaires ; il était donc admis par les autorités et entraînait obligatoirement de nouveaux abus. Ces actes de bestialité tolérés pendant les premiers mois encouragèrent plus tard les meurtriers sadiques des camps de concentration. La grossièreté et l'avilissement général qui, vers la fin de la révolution, se faisaient sentir bien au-delà du domaine propre de la Gestapo, étaient la conséquence inévitable de cette première tentative imprudente de laisser des secteurs libres à la violence des " chemises brunes " ».

— Ceci rend bien ce que vous avez pu constater ?

TÉMOIN GISEVIUS. — Oui, c'est-à-dire pas seulement dans les S.A., c'étaient les conditions générales en Allemagne.

MONSIEUR BÖHM. — Vous savez qu'en 1933, le Stahlhelm a été incorporé aux S.A. À cette occasion, a-t-il été possible aux membres du Stahlhelm de dire non ou de protester contre le fait de leur entrée dans les S.A. ?

TÉMOIN GISEVIUS. — C'était naturellement possible, de même que tout était possible sous le Troisième Reich.

MONSIEUR BÖHM. — Et quelles en auraient été les conséquences possibles ?

TÉMOIN GISEVIUS. — Les conséquences possibles auraient été des discussions avec les chefs locaux du parti ou des S.A. Je ne faisais plus partie du Stahlhelm à ce moment-là, mais je puis vous dire que c'eût certainement été assez difficile, surtout dans les campagnes, de refuser d'être incorporé. Après que le ministre Seldte eut trahi ses troupes, ou comme on l'a soutenu, les eut vendues aux S.A., le fait de refuser d'être incorporé dans les S.A. aurait naturellement été interprété comme une manifestation de méfiance contre le national-socialisme.

MONSIEUR BÖHM. — De ma correspondance avec les anciens membres du Stahlhelm, il ressort que les gens qui avaient été pris dans les S.A. en qualité d'anciens membres du Stahlhelm, formaient dans cette organisation un corps autonome, en opposition constante avec la N.S.D.A.P. et les S.A. Est-ce exact ?

TÉMOIN GISEVIUS. — Étant donné que je n'en faisais plus partie, je peux simplement vous dire qu'il est possible que ces membres du Stahlhelm se soient trouvés mal à l'aise dans la nouvelle organisation.

MONSIEUR BÖHM. — Je voudrais maintenant interroger le témoin Gruss. C'est le témoin qui peut donner des renseignements sur l'ensemble de la question des personnes venues du Stahlhelm (Casques d'acier) adhérer aux S.A.

(Le témoin Gruss se présente à la barre.)

LE PRÉSIDENT. — Donnez-nous votre nom en entier, je vous prie ?

TÉMOIN THEODOR GRUSS. — Theodor Gruss.

LE PRÉSIDENT. — Répétez ce serment après moi : « Je jure devant Dieu tout-puissant et omniscient que je dirai la pure vérité et que je ne cèlerai ni ajouterai rien. »

(Le témoin répète le serment.)

LE PRÉSIDENT. — Vous pouvez vous asseoir.

MONSIEUR BÖHM. — Témoin, quel est votre âge ?

TÉMOIN GRUSS. — 64 ans.

MONSIEUR BÖHM. — Étiez-vous membre du parti ?

TÉMOIN GRUSS. — Non.

MONSIEUR BÖHM. — Ou d'une de ses organisations ?

TÉMOIN GRUSS. — Non.

MONSIEUR BÖHM. — Avez-vous été soldat ?

TÉMOIN GRUSS. — Oui, lors de la Première Guerre.

MONSIEUR BÖHM. — Quel était votre grade ?

TÉMOIN GRUSS. — J'étais Gefreiter (soldat de 1re classe).

MONSIEUR BÖHM. — Quel était votre grade dans les « Casques d'acier » ?

TÉMOIN GRUSS. — J'étais Gefreiter.

MONSIEUR BÖHM. — De quelle date à quelle date avez-vous été dans le « Stahlhelm » ?

TÉMOIN GRUSS. — De 1919 jusqu'à la dissolution, en 1935.

MONSIEUR BÖHM. — Quelle était votre tâche, après la dissolution du Stahlhelm, en novembre 1935 ?

TÉMOIN GRUSS. — Je devais procéder à la liquidation du « Stahlhelm ».

MONSIEUR BÖHM. — Et pendant combien de temps avez-vous été liquidateur ?

TÉMOIN GRUSS. — Jusqu'en 1939.

MONSIEUR BÖHM. — Comment se faisait le transfert du Stahlhelm dans le S.A. ?

TÉMOIN GRUSS. — Fin avril 1933, le premier Bundesführer, le

ministre du Reich Franz Seldte, a démis de ses fonctions le second Bundesführer Suendefeldt, en violation du statut du Bund et assumé un commandement dictatorial du Stahlhelm. Le lendemain, dans un discours radiodiffusé, il a expliqué son adhésion au parti et soumis aux ordres d'Hitler le Stahlhelm. En juin 1933, Hitler, en accord avec Seldte, a promulgué une ordonnance d'après laquelle : 1° La jeunesse du Stahlhelm appelée « Scharnhorst-Bund » devait être intégrée dans la Jeunesse hitlérienne ; 2° Les jeunes du Stahlhelm et les unités sportives étaient soumis à la Direction supérieure des S.A. ; 3° Le reste du Stahlhelm restait sous la direction de Seldte.

— Quelques semaines plus tard, en juillet 1933, un nouvel ordre d'Hitler survint. Il ordonna que, maintenant, le Stahlhelm tout entier soit placé sous les ordres de la direction supérieure des S.A. et que les jeunes du Stahlhelm et les unités sportives soient réorganisés en vue de leur incorporation dans les S.A.

— Mi-juillet 1933, la direction du Stahlhelm entreprit la réorganisation du Bund et constitua :

— 1° Le Wehrstahlhelm, qui se composait des jeunes du Stahlhelm, jusqu'à l'âge de 35 ans ;

2° Le Kernstahlhelm (le noyau du Stahlhelm), qui se composait de tous les membres, à partir de la 36e année. Par la suite, le Wehrstahlhelm fut incorporé dans les S.A., dans des formations distinctes, avec ses propres chefs, avec l'uniforme feldgrau et avec les drapeaux du Stahlhelm. Cette incorporation fut terminée vers la fin octobre 1933.

— Au début de novembre, un nouvel ordre d'Hitler survint à la suite duquel les réserves S.A. n° 1 et 2 devaient être organisées. Les réserves S.A. n° 1 devaient être formées par les unités du Stahlhelm par les hommes de 36 à 45 ans. Les réserves S.A. n° 2 devaient être formées par les classes plus anciennes, c'est-à-dire au-delà de 46 ans. Mais elles n'ont jamais eu un rôle effectif et ce n'est que sur le papier qu'elles existaient. Par contre, furent constituées les unités du Stahlhelm qui formèrent les réserves S.A. n° 1 qui furent transférées aux S.A. à nouveau, avec leurs propres chefs et en unités distinctes, ainsi qu'avec leurs uniformes de Stahlhelm. Cette opération était terminée environ fin janvier 1934. Je crois que ce fut le 24 janvier, lorsque le chef d'état-major Röhm annonça à Hitler que l'ensemble du Stahlhelm avait été incorporé dans les S.A.

MONSIEUR BÖHM. — Pourquoi n'avez-vous pas été incorporé vous-même, dans les S.A. ?

TÉMOIN GRUSS. — À cette époque j'étais déjà trop vieux, et, en outre, j'étais haut dignitaire franc-maçon.

MONSIEUR BÖHM. — En dehors des ordres donnés et au-delà de ces ordres, a-t-on exercé une pression en vue de l'incorporation du Stahlhelm dans les S.A. ?

TÉMOIN GRUSS. — Oui, sur une large échelle. D'abord il n'y eut pas de transfert volontaire.

— Ce transfert se fit sur ordre. Exemple : dans le cas du

Wehrstahlhelm — et c'est ainsi qu'on procéda dans la plupart des cas — les membres du Wehrstahlhelm furent rassemblés pour l'appel ; on leur communiqua qu'ils étaient transférés et, alors, un chef S.A. présent prit le Wehrstahlhelm sous ses ordres. On ne demanda à personne s'il acceptait ce transfert. Immédiatement après cette intégration, il devint évident que la majorité des membres du Stahlhelm répugnaient et résistaient à cette intégration. Les hommes du Stahlhelm qui ne désiraient pas rejoindre les S.A. furent, dans de nombreux cas, menacés d'être arrêtés. Dans certains cas, des détentions de dix jours et plus furent prononcées pour cette raison. Plus tard, on a dit aux hommes du Stahlhelm que, s'ils ne rejoignaient pas des S.A., ils étaient considérés comme n'ayant pas obéi à un ordre d'Hitler, et que cela équivalait à se ranger parmi les ennemis de l'État, ce qui avait toujours de graves conséquences. Celui qui était accusé d'être un ennemi de l'État était signalé à la police comme politiquement peu sûr et surveillé spécialement par la police. Il pouvait lui arriver que, à n'importe quelle occasion, sans aucune raison, il fût arrêté et mis en prison ou en camp de concentration. Le fait d'être considéré comme « ennemi de l'État » avait également les graves conséquences que les moyens d'existence étaient soit gravement compromis, soit enlevés. Les fonctionnaires de l'État qui, en tant que membres du Stahlhelm, ne désiraient pas être membres des S.A., étaient proclamés ennemis de l'État et démis de leurs fonctions, souvent même avec la perte de leur pension. Il en était sensiblement de même pour les employés de l'industrie et du commerce privés. Ils perdaient toujours leur place parce que les chefs d'une entreprise ne voulaient pas employer des hommes qui étaient ennemis de l'État. Nous, à la direction du Bund, dans des centaines de cas, nous avons essayé d'aider ces hommes du Stahlhelm qui nous demandaient aide, en portant ces cas devant les tribunaux du travail. Mais, dans la plupart des cas, nous ne pouvions réussir à ce que ces hommes réintègrent leur emploi. Dans la plupart des cas, les tribunaux leur accordaient une compensation. Les brimades qu'un homme du Stahlhelm devait endurer s'il ne désirait pas appartenir aux S.A. ont été, dans quelques cas, telles, que je me souviens avec certitude de quelques suicides d'hommes du Stahlhelm qui ne pouvaient les supporter.

MONSIEUR BÖHM. — Est-ce que vos observations s'étendent à toute l'Allemagne ?

TÉMOIN GRUSS. — Oui.

MONSIEUR BÖHM. — Est-il exact que, lors de l'incorporation, on eut recours à des manœuvres de tromperie ?

TÉMOIN GRUSS. — À mon avis, ces manœuvres eurent lieu. Par exemple, j'ai déjà dit tout à l'heure que le Wehrstahlhelm aussi bien que les S.A. réserve n° 1 avaient reçu l'autorisation d'être incorporés comme unités distinctes avec leurs propres chefs et l'uniforme feldgrau. Peu de temps après, toutefois, ces promesses n'étaient plus tenues et aussi bien le Wehrstahlhelm que les S.A. réserve n° 1 devaient porter l'uniforme brun des S.A. Ils n'étaient donc plus reconnaissables comme anciens hommes du Stahlhelm ; dans les S.A., il y eut un détail qui causa un certain mécontentement. On avait promis aux hommes du Stahlhelm qu'après leur transfert ils pouvaient rester membres du Stahlhelm, c'est-à-dire être membres de deux organisations. Ils étaient autorisés à participer aux activités diverses du Stahlhelm si leur service dans les S.A. n'en souffrait pas. Mais cette promesse fut bientôt retirée et ceci causa de grandes difficultés aux hommes du Stahlhelm qui désiraient rester fidèles à leur Bund et fut la cause de maintes arrestations et punitions de toutes sortes.

MONSIEUR BÖHM. — Au moment où Seldte remit le Stahlhelm à Hitler, représentait-il la volonté du Bund du Stahlhelm ?

TÉMOIN GRUSS. — Non. La forte majorité des membres du Stahlhelm n'était pas d'accord sur les mesures de Seldte. Il y eut au sein du Stahlhelm de vives querelles à ce sujet, et, si le Stahlhelm ne s'est pas dissous à cette époque, c'est uniquement parce que les hommes du Stahlhelm se disaient : « Nous n'avons pas prêté serment à la personne de Seldte ; nous avons juré fidélité au Stahlhelm et aux soldats du front. »

MONSIEUR BÖHM. — Quels furent les grades que les hommes du Stahlhelm eurent dans les S.A. ? Quelle était leur signification ?

TÉMOIN GRUSS. — Là encore, on pourrait parler d'une manœuvre de déception, car on avait expressément promis aux chefs du Stahlhelm qu'ils serviraient dans les S.A. avec le même grade. Mais cette promesse ne fut pas tenue non plus. Les chefs du Stahlhelm perdirent un ou deux grades. Peu de temps après, ils perdirent même leur commandement et furent mis en disponibilité. Très peu d'entre eux restèrent à des postes de commandement ; la plupart n'avaient réellement plus rien à faire dans les S.A., mais ne pouvaient pas non plus quitter les S.A.

— D'après mes observations, les chefs du Stahlhelm n'ont pas dépassé le grade de Standartenführer, à quelques rares exceptions près d'hommes qui, par leur activité nationale-socialiste, se firent remarquer. En ce qui est des grades, le corps national-socialiste Reiter, qui comprenait un certain nombre de membres du Stahlhelm, jouissait d'une situation spéciale. Mais en ce qui concerne les chefs, ce corps fut plus ou moins laissé seul. Dans ce corps, les hommes du Stahlhelm ont pu garder leur commandement jusqu'au grade de Standartenführer inclus, quoiqu'il y eût parmi eux beaucoup d'hommes appartenant à l'opposition.

MONSIEUR BÖHM. — Est-ce que l'attitude des hommes du Stahlhelm incorporés dans les S.A. différait de celle des vrais S.A. ?

TÉMOIN GRUSS. — Oui. Par sa nature même, le Stahlhelm était une chose toute différente des S.A. Si quelqu'un devenait membre du Stahlhelm, il le faisait volontairement et par sa décision personnelle ; on ne prenait pas tout le monde, dans le Stahlhelm. Chaque admission ne se faisait qu'après enquête sérieuse. Le Stahlhelm avait alors une constitution du Bund qui donnait à ses membres le droit d'élire sur des bases rigoureusement démocratiques les chefs qu'ils désiraient, ou de destituer ceux qu'ils ne désiraient plus.

— Les deux chefs du Stahlhelm également devaient affronter la réunion des membres qui décidaient de leur réélection. Mais le but principal du Stahlhelm était le maintien de la tradition de camaraderie du front née sur les champs de bataille, cette camaraderie qui exige, en face du besoin et de la mort : « Je dois mettre à la disposition de mon camarade tout ce qui est mien et l'aider toujours. » C'était, comme nous l'appelions, le socialisme du front. On ne faisait aucune distinction entre pauvres et riches, entre rang et classe. Nous, hommes du Stahlhelm, nous étions tous égaux. J'y ajoute encore que les hommes qui venaient dans le Stahlhelm provenaient généralement des classes moyennes modérées ou, pourrais-je dire, des classes conservatrices de la population. Ces gens n'étaient pas pour les extrêmes et le radicalisme ; ils étaient partisans d'un développement paisible, modéré et tranquille et, l'un dans l'autre, on pouvait dire que le Stahlhelm était sensiblement constitué d'une classe spéciale d'où devaient en résulter des frictions avec les S.A.

MONSIEUR BÖHM. — Est-ce que les hommes du Stahlhelm ont amené dans les S.A. des idées militaires ?

TÉMOIN GRUSS. — Oui, mais uniquement dans la mesure où, dans le Stahlhelm, on parlait de la Première Guerre mondiale à laquelle nous avions presque tous participé. Mais nous n'étions pas une organisation militaire, comme on l'a souvent dit en parlant du Stahlhelm, parce qu'il avait un commandement militaire, mais il était complètement impossible de diriger d'une façon ordonnée un million cinq cent mille membres sans de tels commandements qui étaient devenus, pour les vieux soldats qu'étaient les hommes du Stahlhelm, une véritable habitude. Mais, à part cela, nous n'avions jamais escompté qu'il y ait une nouvelle guerre. Nous en avions assez de la Première Guerre mondiale, et nous croyions de notre devoir de propager parmi la population l'idée que l'on pourrait résoudre les problèmes les plus difficiles sans avoir recours à la guerre et aux effusions de sang. Mais ce n'est pas seulement en Allemagne que nous avons représenté cette opinion ; nous avons également établi des contacts avec les organisations étrangères d'anciens combattants, car nous croyions que ces vétérans nous comprendraient mieux lorsque nous disions qu'il ne devait plus jamais y avoir d'autre guerre.

MONSIEUR BÖHM. — Est-ce que l'idée de camaraderie militaire servit à la préparation d'une guerre d'agression ?

TÉMOIN GRUSS. — Non. Le Stahlhelm, et cela découle de ce que je viens déjà de dire, n'a pas songé à une guerre d'agression et l'idée de camaraderie militaire n'avait que le but de répandre les vertus de la camaraderie militaire nées sur les champs de bataille dans de vastes milieux, de manière qu'elles puissent pacifiquement aboutir à une meilleure compréhension entre nations.

MONSIEUR BÖHM. — Quelles étaient les opinions dans le Stahlhelm à l'égard des partis politiques en Allemagne ?

TÉMOIN GRUSS. — Le Stahlhelm était contre toutes les tendances politiques radicales. Il n'admettait pas le principe d'extermination et de destruction. Il a toujours et toujours essayé d'unir ces tendances extrêmes avec une tendance plus modérée en se basant sur les éclaircissements, la persuasion et la propagande. Une preuve que les adversaires politiques du Stahlhelm ont finalement compris, est qu'au printemps 1933 les membres persécutés du S.P.D. (parti socialiste allemand) et du K.P.D. (parti communiste allemand) cherchèrent protection et aide dans le Stahlhelm. Nous les accueillîmes et le Stahlhelm rencontra les pires difficultés avec le parti. Le parti ne pouvait admettre que les hommes qu'il persécutait soient protégés par le Stahlhelm. On peut en voir un fait typique dans les événements du printemps 1933, à Brunswick, où un Ortsgruppe (groupe local) du Stahlhelm tint une réunion. Les S.A. ont cerné le lieu de la réunion et arrêté tous les membres ; à la suite de l'enquête, il fut établi que sur mille cinq cents participants, plus de mille étaient d'anciens membres du S.P.D. ou du K.P.D. Nous les avions recueillis lorsqu'ils nous avaient prouvé qu'ils étaient des hommes intègres et que la majorité d'entre eux avaient été au front avec nous.

MONSIEUR BÖHM. — Est-ce que les hommes du Stahlhelm étaient ennemis des syndicats ?

TÉMOIN GRUSS. — Non. Les hommes du Stahlhelm n'étaient, là encore, que contre les excès ; le Stahlhelm lui-même avait un syndicat, « l'aide mutuelle du Stahlhelm », dans lequel se trouvaient la plupart des ouvriers membres du Stahlhelm. Je dois faire remarquer que 25 à 30 % des membres du Stahlhelm étaient des ouvriers ; ce syndicat fut dissous en été 1933.

MONSIEUR BÖHM. — Est-ce que les hommes du Stahlhelm firent une propagande antisémite ?

TÉMOIN GRUSS. — Dans le Stahlhelm, il y avait beaucoup d'opinions ; chacun pouvait penser ce qu'il voulait, mais je n'ai jamais entendu parler d'ordres donnés par les chefs du Bund contre les Juifs et aucun ordre de cette nature n'a été donné. De plus, c'était complètement impossible, car par exemple le second chef du Bund, Düsterberg, qui était le plus populaire et le plus aimé des chefs, nous savions tous qu'il était d'origine juive. Dans le service central du Bund à Berlin, il y avait parmi mes collaborateurs les plus proches un homme du Stahlhelm qui était marié à une Juive. Nous ne nous sommes nullement occupés de cela. Dans le Stahlhelm, nous avions un certain nombre de Juifs, parce que nous n'avions pas adopté la théorie nationale-socialiste du parti et y étions opposés. En plus de Düsterberg, nous avions d'autres chefs du Stahlhelm qui étaient juifs. Dans le Stahlhelm, nous avions beaucoup de Juifs, de demi-Juifs et de francs-maçons, de sorte qu'il ne pouvait y avoir de tendance antisémite dans le Stahlhelm, à l'exception de quelques milieux qui n'étaient pas les plus importants.

MONSIEUR BÖHM. — Quels furent les effets de cette éducation du Stahlhelm, lors de son transfert dans les S.A. ?

TÉMOIN GRUSS. — Sans aucun doute, c'est cette éducation du Stahlhelm, de la majorité de ses membres, qui a suscité la résistance à l'incorporation.

— Il y avait notamment trois points que le membre du Stahlhelm ne pouvait jamais comprendre et qui le séparèrent toujours des S.A., c'était d'abord le principe autocrate du Führer ; dans le Stahlhelm, il n'y avait que des chefs élus, ce qui n'existait pas dans les S.A. Ensuite, le radicalisme, qu'observaient souvent les S.A., ne pouvait trouver notre accord, et, finalement, on ne pouvait être d'accord avec l'idée totalitaire.

MONSIEUR BÖHM. — Eh bien, je voudrais vous demander maintenant pourquoi les hommes du Stahlhelm n'ont pas quitté les S.A.

TÉMOIN GRUSS. — Si seulement cela avait été possible, vous pouvez me croire, ils les auraient quittées en masse, les S.A., mais la démission des S.A. était presque impossible. Dans les S.A. il n'y avait que deux possibilités pour se libérer : la première était la démission honorable et l'autre était l'exclusion. La démission honorable était accordée lorsqu'on prouvait, sans aucun doute, par exemple qu'on était très gravement malade. Cette possibilité de quitter les S.A. ne pouvait profiter qu'à un tout petit nombre des anciens membres du Stahlhelm ; il n'y avait pour beaucoup d'entre eux que l'exclusion de possible et cela pour la raison suivante que les S.A. avaient reconnu de par l'opposition des Stahlhelm qu'il s'agissait là d'éléments ennemis. C'est pour cela que, souvent, l'exclusion fut prononcée lorsqu'on désirait faire grand tort à un homme appartenant anciennement au Stahlhelm. À l'exemple cité tout à l'heure des « ennemis de l'État », je voudrais ajouter que l'exclusion des S.A. figurait sur les papiers du membre du Stahlhelm, lorsqu'il désirait avoir une nouvelle situation ; on voyait immédiatement qu'il était exclu des S.A. et c'était un crime si grave que personne ne voulait de lui.

— D'anciens hommes du Stahlhelm voulant entrer dans la Reichswehr n'y étaient pas acceptés, s'ils étaient exclus des S.A. Si vous tenez compte de ce que j'ai dit auparavant, il y eut donc un nombre si important de difficultés que bien des hommes du Stahlhelm qui étaient courageux et braves hésitaient à quitter les S.A., car ils ne pouvaient pas prendre la responsabilité de mettre en danger l'existence de leur famille.

LE PRÉSIDENT. — Témoin, pouvez-vous me donner les chiffres approximatifs des Stahlhelm et des S.A., en 1933, lorsque le Stahlhelm fut incorporé aux S.A. ?

TÉMOIN GRUSS. — Je ne puis citer que le chiffre approximatif des Stahlhelm et je peux l'évaluer à environ un million (représentant le nombre d'hommes en provenance du Stahlhelm qui furent incorporés aux S.A.). Quant à l'incorporation des S.A., je l'ignore.

LE PRÉSIDENT. — Docteur Böhm, avez-vous un autre témoin ?

MONSIEUR BÖHM. — Je vous prie, monsieur le président, de m'autoriser à appeler le témoin Jüttner.

(Le témoin Jüttner est introduit.)

LE PRÉSIDENT. — Voulez-vous me donner votre nom, je vous prie.

TÉMOIN MAX JÜTTNER. — Max Jüttner.

LE PRÉSIDENT. — Voulez-vous répéter ce serment après moi : « Je jure devant Dieu tout-puissant et omniscient que je dirai la pure vérité et que je ne cèlerai ni n'ajouterai rien. »

(Le témoin répète la formule du serment.)

Le Président. — Vous pouvez vous asseoir.

Monsieur Böhm. — Monsieur Jüttner, de 1934 à 1945 vous avez été chef de la direction des S.A., et au début de 1939, en même temps, vous avez été chef adjoint d'état-major S.A. Êtes-vous au courant de toutes les questions qui concernent les S.A. même avant 1933 ?

Témoin Jüttner. — Ce n'est que le 1er novembre 1933 que j'ai travaillé comme responsable à la direction principale des S.A. D'après les dossiers et les conversations avec le chef d'état-major Röhm, aussi bien qu'avec mes camarades, je suis au courant de toutes les questions des S.A., même avant cette époque, et c'est pourquoi je puis répondre par oui à votre question.

Monsieur Böhm. — Que faisiez-vous avant de diriger les S.A., au point de vue professionnel et politique ?

Témoin Jüttner. — J'ai été officier de carrière de 1906 à 1920. Après avoir quitté définitivement l'armée, j'entrai à la compagnie centrale des mines de charbon en Allemagne ; j'ai commencé là comme simple ouvrier et, au cours des années qui suivirent, je suis arrivé à être fondé de pouvoir d'une grosse entreprise. Au point de vue politique, après 1920, j'ai fait partie du parti national populaire allemand ; puis j'ai été sans parti. Depuis 1920, à côté de ma profession, j'ai toujours fait partie d'un poste de commande des « Casques d'acier », en Allemagne centrale.

Monsieur Böhm. — Quels ont été les motifs de votre nomination à la direction des S.A. ?

Témoin Jüttner. — C'est en relation avec l'incorporation des « Casques d'acier » dans les S.A. Les « Casques d'acier » d'Allemagne centrale jouissaient d'une bonne réputation, même auprès de leurs adversaires politiques. Mes relations avec les mineurs et aussi avec les syndicats étaient bien connues de Röhm. Les « Casques d'acier » d'Allemagne centrale avaient du succès, spécialement dans le domaine social, et c'est sans doute cela qui a joué dans le fait que j'ai été nommé à la direction des S.A. Je quittais volontairement mon travail dans les mines et devins le chef des S.A. C'est au cours de 1934 que je fus admis dans le parti.

Monsieur Böhm. — De sorte que vous êtes passé des « Casques d'acier » dans les S.A. ?

Témoin Jüttner. — Oui.

Monsieur Böhm. — Y a-t-il eu d'autres chefs des « Casques d'acier » qui aient occupé des postes dans les S.A., en dehors de vous ?

Témoin Jüttner. — Je ne peux pas vous donner de chiffres sans avoir de statistiques entre les mains, mais je me rappelle qu'environ soixante chefs S.A., dont je connais les noms, faisaient partie précédemment des « Casques d'acier », de sorte que beaucoup d'anciens « Casques d'acier » ont occupé des postes importants dans les S.A. : service du personnel, chefs de service adjoint ou chef d'état-major, service de formation, etc., de même que dans les états-majors de groupes, et comme chefs d'unités.

MONSIEUR BÖHM. — Peut-on dire que les positions occupées par les anciens « Casques d'acier » dans les S.A. étaient telles qu'ils n'avaient pas une grande influence sur la grande masse des S.A. ?

TÉMOIN JÜTTNER. — On ne peut pas dire cela. Ces chefs S.A. qui provenaient des « Casques d'acier » et occupaient ces positions avaient une influence considérable sur l'éducation, l'entraînement et l'activité des S.A.

MONSIEUR BÖHM. — Il y a environ une demi-heure, on a entendu ici un témoin nommé Gruss qui n'avait jamais été dans les S.A., qui ne connaissait pas les conditions des S.A. par expérience personnelle, mais qui a répondu à une série de questions auxquelles, à mon avis, seul un ancien S.A. aurait pu répondre. Pendant que vous faisiez partie des S.A., depuis l'année 1934 jusqu'à la dissolution de cette organisation, avez-vous jamais constaté qu'il y aurait eu une certaine opposition dans les S.A. de la part des membres qui venaient des « Casques d'acier » ?

TÉMOIN JÜTTNER. — À cette question, il m'est facile de vous répondre par un non catégorique. Dans les premiers temps, de nombreux membres des S.A. sont venus me trouver, qui avaient autrefois fait partie des « Casques d'acier ». Ainsi que moi-même, ils regrettaient que notre belle et vieille organisation ait cessé d'exister. Mais ils m'ont exprimé leur satisfaction, que je partageais, qu'il leur soit permis de participer à cette grande communauté que représentaient les S.A.

MONSIEUR BÖHM. — Avez-vous jamais entendu dire d'un côté quelconque qu'il y aurait eu une opposition de la part des membres qui venaient des « Casques d'acier » ? Est-ce que d'autres membres S.A. en ont parlé ?

TÉMOIN JÜTTNER. — Si j'ai bien compris, vous voulez parler de membres qui étaient déjà précédemment dans les S.A. ?

MONSIEUR BÖHM. — Exactement. Des gens qui s'étaient trouvés dans les « Casques d'acier » en 1933 et 1934 et auraient été incorporés dans les S.A. ou qui y seraient entrés.

TÉMOIN JÜTTNER. — Ces hommes, autant que je sache, n'ont jamais été en opposition avec les S.A. Cela n'a jamais été porté à ma connaissance.

MONSIEUR BÖHM. — Quelle était la force des S.A. en 1933 ?

TÉMOIN JÜTTNER. — Les S.A. comprenaient, en 1933, trois cent mille hommes.

MONSIEUR BÖHM. — Et combien de membres des S.A. « Casques d'acier » sont entrés dans les S.A. au cours de 1933 et 1934 ?

TÉMOIN JÜTTNER. — Lors de l'incorporation des « Casques d'acier » dans les S.A., les « Casques d'acier » comptaient environ un million de membres, peut-être un peu plus. Plus de la moitié fut versée dans les S.A., environ cinq cent cinquante mille hommes. Ce chiffre correspond au chiffre que l'ancien Bundesführer Seldte a donné.

MONSIEUR BÖHM. — Faites-vous une différence entre le Kernstahlhelm et une autre formation du Stahlhelm ? Voudriez-vous dire que le total des hommes qui venaient des « Casques d'acier » incorporés dans les S.A., était approximativement de un million ?

TÉMOIN JÜTTNER. — Après la dissolution des « Casques d'acier », — je crois que c'était en 1933 — il est certainement possible qu'au total il y ait eu un million d'hommes en provenance des « Casques d'acier ».

MONSIEUR BÖHM. — De sorte que les choses étaient telles en 1933-1934, que les S.A. se composaient pour deux tiers d'anciens « Casques d'acier » et pour un tiers de S.A. ?

TÉMOIN JÜTTNER. — En 1933 et 1934, il y eut aussi à ajouter aux S.A. la réserve n° 2 des S.A. C'était le Kyffhäuserbund. De sorte qu'on ne peut pas considérer cette proportion de deux tiers à un tiers comme exacte. Mais si l'on considère le chiffre initial de l'effectif S.A. en janvier 1933, cela concorde avec ce que vous venez de dire.

ACCUSATION. — Les nazis se rendirent très vite compte que s'ils ne réprimaient pas de façon draconienne l'opposition qui existait déjà et celle qui était en puissance, ils ne pourraient pas affermir leur domination sur le peuple allemand. A peine Hitler était-il devenu chancelier que les conspirateurs détruisaient rapidement, nous l'avons vu, les libertés individuelles en promulguant le décret présidentiel du 28 février 1933 sur les cas d'urgence. Il a jeté les bases de ce qui fut appelé « Schutzhaft », c'est-à-dire « internement de protection », cette arme terrible permettant d'emprisonner les gens sans jugement. Je cite :

— « Ordre d'internement de protection.

— « En vertu de l'article 1 du décret du président du Reich pour la protection du peuple et de l'État en date du 28 février 1933, vous êtes arrêté en vue d'internement de protection pour des raisons de sécurité et d'ordre publics.

— « Motif : vous êtes soupçonné d'activités nuisibles à l'État. »

— L'accusé Gœring, dans un livre intitulé *Aufbau einer Nation,* publié en 1934, chercha, semble-t-il, à donner l'impression que les camps avaient été créés primitivement pour ceux que les nazis considéraient comme communistes et sociaux-démocrates. Je lis :

— « Nous étions obligés d'agir impitoyablement avec ces ennemis de l'État. Il ne faut pas oublier qu'au moment où nous avons pris le pouvoir, plus de six millions de gens ont voté officiellement pour le communisme et environ huit millions pour le marxisme aux élections du Reichstag de mars. Ainsi furent créés les camps de concentration où nous avons dû envoyer en premier des milliers de fonctionnaires communistes et sociaux-démocrates. »

— Les conspirateurs braquèrent alors leur appareil de terreur sur les « ennemis de l'État », « les forces de désagrégation », sur ceux qui mettaient l'État en péril « par leur attitude ». Qui faisaient-ils entrer dans ces catégories assez lâches ? Eh bien, tout d'abord les Allemands qui voulaient la paix. Je me réfère au document L-83 :

— « Durant la période qui va de la Première Guerre mondiale jusqu'à mon internement à la prison de Leipzig et au camp de concentration d'Oranienburg en 1933, au printemps qui suivit l'accession des nazis au pouvoir en janvier, mon activité et mes opinions politiques me désignaient aux coups des nazis, à leurs pratiques de violence et à leurs tactiques terroristes. Le fait d'avoir été en conflit avec les nazis en raison de mon affiliation au mouvement pacifiste et de mon appartenance au Reichstag, en qualité de membre dûment élu représentant une faction politique hostile au national-socialisme (parti social-démocrate), démontrait clairement que, même dans la période antérieure à 1933, les nazis tenaient le crime et le terrorisme pour une arme nécessaire et souhaitable dans la lutte contre l'opposition démocratique. »

— Je passe à la page 5 du même document :

— « Le fait que les nazis avaient déjà conçu le système du camp de concentration comme un moyen de supprimer et d'endiguer les éléments d'opposition, attira obligatoirement mon attention au cours d'une conversation que j'eus avec le docteur Wilhelm Frick en décembre 1932. Frick, à l'époque, était président du Comité des Affaires étrangères du Reichstag, dont je faisais partie. Comme je donnai une réponse sentie à Frick sur ce point particulier de la discussion, il répliqua : « Ne vous faites pas de souci ; quand nous aurons le pouvoir, nous mettrons tous les individus de votre espèce dans les camps de concentration. » Quand les nazis prirent le pouvoir, Frick fut nommé ministre de l'Intérieur du Reich, il se hâta d'exécuter ces menaces, en collaboration avec Gœring, en sa qualité de chef de la Police d'État de Prusse, et avec Himmler. »

— Ce paragraphe montre que, même avant la prise du pouvoir par les nazis en Allemagne, ils avaient conçu l'idée de réprimer par la terreur toute opposition en puissance, et la déclaration de Frick à Seger est tout à fait d'accord avec une déclaration antérieure qu'il avait faite le 18 octobre 1929.

— « C'est avec le bulletin de vote que nous engagerons cette bataille fatale, mais ceci ne continuera pas indéfiniment car l'Histoire nous a appris que, dans une bataille, il faut que le sang coule et que le fer se brise. Les élections ne sont que le début de cette lutte fatale. Nous sommes décidés à imposer par la force ce que nous prêchons, et, de même que Mussolini a exterminé les marxistes en Italie, nous devons arriver à un résultat identique par la dictature et par la terreur. »

MONSIEUR JUSTICE JACKSON. — Les principes du gouvernement autoritaire que vous aviez institué exigeaient, si je vous ai bien compris, que ne fût tolérée aucune opposition venant de partis politiques capables de déjouer ou de faire obstacle à la politique du parti nazi ?

ACCUSÉ GŒRING. — Vous l'avez parfaitement bien compris. Jusqu'alors, nous avions vécu d'opposition et nous en avions assez. L'opposition nous avait conduits à la déchéance. Le moment était venu de se défaire de cette habitude et de commencer enfin à construire.

MONSIEUR JUSTICE JACKSON. — Après vous être emparés du pouvoir et comme cela devenait nécessaire pour maintenir votre emprise, vous avez décidé d'interdire tous les partis d'opposition, n'est-ce pas ?

ACCUSÉ GŒRING. — Oui, nous considérons qu'il était nécessaire de supprimer toute opposition individuelle de peur qu'elle ne soit à l'origine d'un parti d'opposition ? Lorsque cette opposition gênait sérieusement notre travail constructif, nous ne la tolérions naturellement pas. Lorsqu'il ne s'agissait que de bavardages inoffensifs, elle n'était pas prise en considération.

MONSIEUR JUSTICE JACKSON. — Afin donc d'être certain de contrôler aussi bien les partis que les particuliers, vous aviez jugé nécessaire de disposer d'une Police secrète d'État qui vous aidât à découvrir toute forme d'opposition ?

ACCUSÉ GŒRING. — J'ai déjà dit que je le considérais comme nécessaire ; d'ailleurs il existait autrefois une police politique. Cette nouvelle police était seulement plus importante et plus forte.

MONSIEUR JUSTICE JACKSON. — Et dès votre arrivée au pouvoir vous avez également jugé nécessaire de faire établir des camps de concentration pour accueillir des adversaires incorrigibles.

ACCUSÉ GŒRING. — Je l'ai déjà dit : l'idée des camps de concentration n'a pas vu le jour à la suite du raisonnement suivant : voilà tout un groupe d'opposants qui doivent être placés en internement préventif. Il s'agissait là d'une mesure brusquée prise contre les fonctionnaires du parti communiste qui, à cette époque, étaient des milliers à nous harceler. Comme, d'autre part, ils étaient internés préventivement, ils n'étaient pas mis en prison. Mais il fallut, comme je l'ai déjà dit, établir un camp, deux ou trois camps.

MONSIEUR JUSTICE JACKSON. — Mais vous qui étiez un haut dirigeant de ce système, n'oubliez pas que vous expliquez tout cela à des hommes qui ne sont pas très familiers de ces questions et je désirerais connaître ce que vous jugiez nécessaire pour asseoir un régime introduit par vous en Allemagne. Les camps de concentration appartenaient à celles des institutions que vous avez jugées nécessaires dès votre arrivée au pouvoir, n'est-ce pas ? Et vous avez établi ces camps de concentration comme mesure préventive selon vos idées.

ACCUSÉ GŒRING. — La traduction est déficiente, car vous parliez trop vite. Mais je crois avoir compris le sens de vos remarques. Vous me demandiez si la création de camps de concentration en vue d'éliminer l'opposition était une des mesures que j'estimais immédiatement nécessaires. C'est exact.

MONSIEUR JUSTICE JACKSON. — Dois-je considérer votre réponse comme affirmative ?

ACCUSÉ GŒRING. — Oui.

MONSIEUR JUSTICE JACKSON. — Était-il également nécessaire, dans ce système, de retirer aux gens le droit de pouvoir être jugés publiquement par des tribunaux indépendants ? Et avez-vous, en conséquence, publié une ordonnance suivant laquelle les décisions de votre Police secrète d'État ne pouvaient être soumises à révision de la part d'une juridiction ?

ACCUSÉ GŒRING. — Vous devez distinguer deux catégories de gens, ceux qui d'abord s'étaient rendus coupables de trahison active vis-à-vis du nouvel État ou que l'on pouvait convaincre de tels agissements. Ils étaient naturellement traduits devant les tribunaux. Les autres, cependant, de la part desquels on pouvait attendre de tels agissements, mais qui n'avaient encore rien entrepris, étaient internés préventivement et ce sont ceux-ci qui furent internés dans des camps de concentration. Je parle actuellement de ce qui est arrivé au début. Plus tard, les choses ont beaucoup changé. Et, pour répondre à votre question, quand, pour des raisons politiques ou des raisons d'État, des internements de cette sorte avaient été réalisés, cette décision n'était sujette à examen ou à réformation de la part d'aucun tribunal. Par la suite, certaines personnes furent également placées en internement préventif pour des raisons qui n'étaient pas politiques, pour d'autres formes d'opposition au régime. Je me souviens qu'une fois, en tant que président des ministres de Prusse et ministre de l'Intérieur du Reich...

MONSIEUR JUSTICE JACKSON. — Laissons de côté cet aspect de la question. Je ne vous ai pas questionné sur ce sujet. En ne répondant qu'à la question vous épargnez notre temps. Votre avocat aura la possibilité de vous demander d'exposer n'importe quel sujet sur lequel vous désirez donner des explications.

— Vous avez interdit tout contrôle par les tribunaux et estimiez nécessaire en particulier d'interdire ce contrôle dans le cas de personnes placées en internement préventif comme vous le disiez ?

ACCUSÉ GŒRING. — En ce qui concerne votre question sur le refus aux tribunaux d'un droit de regard, je voulais encore dire qu'un décret avait été promulgué conjointement par Frick et par moi-même, suivant lequel les personnes qui étaient internées dans les camps devaient connaître, au bout de vingt-quatre heures, la raison de leur internement, et dans un délai de quarante-huit heures (c'était un délai rapide), pouvaient, si elles le désiraient, choisir un avocat. Mais l'ordre que j'avais donné interdisant révision par les tribunaux des mesures d'internement préventif politiquement nécessaires, n'avait pas été levé pour autant ; on donnait uniquement à ces personnes la possibilité immédiate d'élever une protestation.

MONSIEUR JUSTICE JACKSON. — L'internement préventif signifiait que vous interniez aussi des gens qui n'avaient pas commis de crime, mais qui vous semblaient susceptibles d'en commettre.

ACCUSÉ GŒRING. — Oui. Des personnes furent arrêtées et mise en internement préventif qui n'avaient pas encore commis de crimes mais desquelles on pouvait s'attendre à ce qu'elles en commissent si elles restaient en liberté tout comme encore aujourd'hui on prend en

Allemagne d'extraordinaires mesures préventives sur une très vaste échelle.

DOCTEUR KAUFFMANN. — Témoin, vous souvenez-vous quand on créa, pour la première fois, des camps de concentration en Allemagne ?

TÉMOIN KESSELRING. — Oui, c'était en 1933. Je me souviens de trois camps de concentration, dont la création remonte à une date dont je ne peux me souvenir exactement : Oranienburg, où je suis souvent passé en voiture et que j'ai survolé très souvent ; Dachau, dont on avait discuté passionnément dans les journaux, et Weimar-Dora près de Weimar, un camp de concentration que j'ai survolé très souvent lors de mes déplacements officiels. Je ne me souviens pas d'autres camps de concentration ; mais je pourrais peut-être me permettre d'ajouter ici que, par principe, je n'ajoutais aucune foi aux rumeurs qui, par ces temps de crise, foisonnaient, car je me consacrais uniquement à mon travail qui était particulièrement ardu.

DOCTEUR KAUFFMANN. — En ce qui concerne les internés des camps de concentration, pouvez-vous nous dire si vous aviez une idée exacte des gens qui devaient y être amenés ?

TÉMOIN KESSELRING. — Je pensais, sans savoir de qui je tenais cette opinion qui me semblait plausible, que le national-socialisme essayait de faire une révolution qui ne fût pas sanglante, en internant ses adversaires politiques jusqu'au moment où les assises de l'État nouveau seraient assez solides pour permettre à ces personnes de réintégrer la société nouvelle. Telle était ma connaissance de la situation. J'en conclus, pour répondre à cette question, qu'il devait s'agir surtout de personnes hostiles à la conception nationale-socialiste.

« Adversaires politiques », « personnes hostiles à la conception nationale-socialiste », les cibles privilégiées sont les communistes :

ACCUSÉ GŒRING. — Quand le besoin se fit sentir de créer de l'ordre avant tout et de supprimer les plus dangereux éléments de désordre dirigés contre nous dans le nouvel État, je pris la décision d'arrêter par surprise les fonctionnaires et chefs communistes. Je fis dresser une liste et je savais qu'en n'arrêtant que les plus importants et les plus dangereux, cela représenterait quand même plusieurs milliers, car il n'était pas seulement nécessaire de saisir les fonctionnaires du parti, mais également ceux des formations du Front rouge, car les communistes avaient également des associations affiliées.

— Ces arrestations eurent lieu pour des raisons de nécessité et de sécurité de notre État. Il s'agissait d'éliminer un danger. Pour cela, une seule possibilité : celle de l'arrestation de protection. Peu importe si on avait déjà prouvé que ces personnes étaient coupables d'une action de haute trahison ou s'il fallait seulement s'y attendre de leur part. Il fallait la prévenir par cette arrestation de protection. Tout cela n'avait rien de nouveau et ce n'était pas une invention nationale-socialiste. De semblables mesures d'arrestations de protection étaient pratiquées auparavant dans l'ancien Reich, en partie contre les communistes et en partie contre nous, les nationaux-socialistes. Les prisons n'étaient pas à notre disposition dans ce but et je voudrais insister sur le fait qu'il s'agissait là d'un acte politique de défense en vue de la protection de l'État.

— C'est pourquoi je prétendais que ces hommes devaient être internés dans des camps — on proposa un ou deux camps à ce moment — parce que je ne pouvais pas savoir combien de temps cette arrestation s'avérerait nécessaire. J'ignorais aussi le nombre des intéressés susceptibles d'être découverts au cours des actions entreprises contre le parti communiste. Lors de l'occupation de la maison Karl Liebknecht, nous avions trouvé tellement d'armes, de matériel et de préparatifs pour une guerre civile, que nous ne pouvions pas encore prévoir les conséquences du développement. J'ai déjà indiqué — et c'est naturel — qu'en ces périodes de tension politique, comme il en existait une entre les deux ailes extrémistes en Allemagne, et au moment où l'âpreté de l'opposition politique entraînait des combats de rues continuels, que la situation pour les internés ne serait en tout cas pas très agréable. J'avais donné des instructions pour que la surveillance fût faite, autant que possible, par les forces de police. Si elles ne devaient pas suffire, des forces auxiliaires devaient alors être demandées. J'ai pris position sur la question des camps de concentration, mais je voudrais faire remarquer que le nom de camp de concentration n'a pas été inventé par nous ; il est apparu dans la presse étrangère ; nous n'avons fait que le reprendre. L'origine de ce nom relève plutôt de l'Histoire. Fin 1933, dans un livre que je fis d'abord paraître en anglais, sur le désir d'un éditeur anglais, et qui a déjà été produit ici par le ministère public, j'ai parlé très ouvertement et donné mon opinion ; c'était en 1933. J'insiste ; je le dis encore une fois, c'était pour l'étranger, pour les pays de langue anglaise ; j'ai dit la phrase suivante :

— « Naturellement, au début, il y eut des succès. Çà et là, naturellement, des innocents furent touchés. Naturellement des brutalités furent exercées et il y eut des actes de cruauté. Mais, comparé à tout ce qui avait eu lieu dans le passé et considérant l'importance de ce qui se passait, cette révolution pour la liberté allemande est la moins sanglante et la plus disciplinée de toutes les révolutions connues dans l'Histoire. »

DOCTEUR STAHMER. — Avez-vous surveillé le traitement des prisonniers ?

ACCUSÉ GŒRING. — Naturellement, j'ai donné des instructions pour que de telles choses soient supprimées. Cela a plus ou moins eu lieu, évidemment, je viens de le dire. J'ai toujours indiqué que ces faits ne devaient pas avoir lieu, parce que je voulais qu'une partie de ces hommes fût gagnée à notre cause.

DOCTEUR STAHMER. — Avez-vous agi, lorsque vous avez eu connaissance de ces excès ?

ACCUSÉ GŒRING. — Je ne me suis occupé des camps de concentration que jusqu'au printemps 1934 ; il y en avait deux ou trois en Prusse. Le témoin Körner a déjà mentionné le cas de Thälmann (1). Je voudrais en parler brièvement car c'est le plus important, étant donné que Thälmann était le chef du parti communiste. Je ne puis plus indiquer aujourd'hui qui m'a fait remarquer que Thälmann avait été frappé. Sans avoir été informé par la voie hiérarchique et par les services compétents je l'ai fait venir immédiatement chez moi, dans mon bureau, et je l'ai questionné en détail. Il m'a dit qu'au début surtout, il avait été frappé au cours d'interrogatoires. Comme le témoin qui assistait à l'entretien l'a déjà dit, j'ai alors dit à Thälmann que je le regrettais et j'ai même ajouté : « Mon cher Thälmann, si vous aviez eu le pouvoir, vous ne m'auriez pas frappé, mais vous m'auriez immédiatement coupé la tête », et il a acquiescé. Je lui ai dit ensuite qu'à l'avenir si quelque acte du même genre se reproduisait contre lui ou contre d'autres, il devrait me le communiquer immédiatement. Je ne pouvais pas être toujours là, mais ce n'était pas par ma volonté que ces actes de cruauté avaient été commis.

— Pour expliquer ce cas, qui était un cas typique, je veux insister sur le fait que, plus tard, la femme de Thälmann vint me demander du secours et que j'ai répondu immédiatement à sa lettre. J'ai, à ce moment-là également, et je pourrai le prouver, financièrement aidé des familles d'internés autant qu'il fut nécessaire.

— À cette occasion, je voudrais citer les camps de concentration « officieux », dont on a parlé et qui tombent sous le coup du redressement des abus. Tout d'abord, je les ai ignorés ; puis on m'a cité un tel camp dans les environs de Stettin. Il avait été créé par Karpfenstein, ancien Gauleiter de Poméranie. J'ai immédiatement fermé ce camp. Mon avocat se souviendra que, indépendamment de moi, il a reçu à ce sujet, pendant le Procès, des renseignements d'un interné que je ne connaissais pas du tout. J'ai fait poursuivre par le procureur général des coupables qui s'étaient permis des actes de cruauté et les ai fait traduire devant un tribunal, ce qui peut être prouvé. Karpfenstein fut expulsé du parti.

— Un second camp fut découvert à Breslau ; il avait été créé par Heines. Je ne sais pas ce qui s'y est passé. En tout cas, c'était un camp que je n'avais pas autorisé. Je l'ai immédiatement fermé, dissous. Heines était un des collaborateurs les plus intimes de Röhm, dont je parlerai ultérieurement.

— Autant que je me souvienne, je ne puis plus indiquer l'endroit exact des environs de Berlin où existait un autre camp de concentration non autorisé, institué secrètement par le chef des S.A. de Berlin, Ernst, que j'ai toujours soupçonné d'actes de cruauté. Il a également été fermé et Ernst était l'un de ces personnages troubles qui furent éliminés lors du

(1) Voir pages suivantes.

putsch de Röhm. Nous avons la possibilité d'interroger des internés des camps de concentration de cette époque — 1933, début 1934 — afin de savoir si, à ce moment, se passait ce qui eut lieu ultérieurement.

DOCTEUR STAHMER. — Avez-vous, après la consolidation du pouvoir, libéré beaucoup de prisonniers internés et à quel moment ?

ACCUSÉ GŒRING. — Pour les fêtes de Noël 1933, j'avais ordonné que fussent libérés les cas les moins dangereux ou ceux dont on avait l'impression qu'ils s'étaient adaptés à leur situation nouvelle. Je crois qu'on avait déterminé le chiffre de cinq mille. Je répétai ce geste en novembre 1934, avec deux mille internés. J'insiste sur le fait qu'il ne s'agissait que de la Prusse. À ce moment, si mes souvenirs sont exacts, mais je ne puis le dire exactement, un camp fut dissous ou du moins provisoirement fermé. C'était à une époque où personne ne soupçonnait que les camps deviendraient l'objet d'une enquête judiciaire internationale.

DOCTEUR STAHMER. — Pendant combien de temps avez-vous dirigé la Gestapo et les camps de concentration et jusqu'à quelle date ?

ACCUSÉ GŒRING. — *De facto,* j'exerçai cette direction jusqu'au début de 1934. C'est-à-dire que, jusqu'au début de 1934, Diels en fut le chef ; il m'exposait tout ce qui se passait dans la Gestapo et dans les camps de concentration. Entre-temps s'était organisé autour de la Prusse un groupement de la police, du fait que Himmler était devenu le chef de la police de tous les autres pays d'Allemagne, excepté de la Prusse. Il avait alors, probablement en s'inspirant de mes mesures, créé des Polices secrètes d'État, car les polices étaient encore une question de pays et non pas d'État. Il y avait la police bavaroise, wurtembergeoise, badoise, saxonne, etc. Il était devenu le chef de toutes ces polices et il désirait naturellement diriger la police de Prusse. J'étais à cette époque très content de Diels et, à mon point de vue, je ne voyais pas la nécessité d'apporter un changement.

— Ces projets se réalisèrent dès la fin de l'été 1933, peu après que j'eus transmis le ministère de l'Intérieur de Prusse au ministère de l'Intérieur du Reich. En 1934, Himmler intrigua auprès du Führer, après ce précédent, pour qu'il lui permît de prendre en main la police de Prusse. A cette époque, je ne m'y opposai pas expressément. Cela ne m'était pourtant pas agréable. Je voulais diriger moi-même ma police. Mais lorsque le Führer m'en pria et me dit que ce serait juste et opportun et qu'il était nécessaire de poursuivre dans tout le Reich l'ennemi de la même façon, je donnai *de facto* la direction à Himmler, qui fit appel lui-même à Heydrich. Mais je la gardai *de jure,* parce qu'on n'avait pas encore institué de police du Reich.

— Le reste de la police, la Police d'État, la police unifiée, ne lui fut pas transmise directement à cette époque parce que cette police, en grande partie, comme je l'expliquerai plus tard, était organisée militairement en Prusse, afin de l'intégrer dans le réarmement ultérieur. Pour cette raison, je ne pouvais pas et ne désirais pas lui donner la police en uniforme, car elle était dressée et instruite par mes soins et sous ma responsabilité, d'après des principes purement militaires, et n'avait rien à voir avec la police directe ; je la fis passer, en 1935, dans le cadre de la Wehrmacht.

— En 1936, on promulgua la loi de la police du Reich et, du même coup, on créa le chef de la police allemande. En vertu de ce texte, la police fut remise, *de jure* et *de facto,* entre les mains du Reichsführer S.S. Himmler ou, comme on l'appela, au chef de la police allemande, ou quelque chose d'approchant.

Le 12 mars 1946, Paul Körner, ancien secrétaire d'État au ministère d'État de Prusse, fidèle collaborateur de Gœring, parle de la création des camps de concentration :

DOCTEUR STAHMER. — Avez-vous des renseignements sur la création des camps de concentration ?

TÉMOIN KÖRNER. — Je sais qu'à cette époque on a créé des camps de concentration.

DOCTEUR STAHMER. — À quels buts devaient-ils répondre ?

TÉMOIN KÖRNER. — Ces camps furent destinés à recevoir les ennemis de l'État.

DOCTEUR STAHMER. — Qu'entendez-vous par « recevoir » ?

TÉMOIN KÖRNER. — Les éléments hostiles à l'État, surtout les communistes, devaient être groupés dans ces camps.

DOCTEUR STAHMER. — Et que devait-on faire d'eux ?

TÉMOIN KÖRNER. — Ils devaient être soumis à une détention préventive et, si je me souviens bien, on devait les rééduquer de façon à ce qu'ils puissent être ultérieurement réintégrés dans la société.

DOCTEUR STAHMER. — Connaissez-vous les traitements qui étaient infligés aux internés de ces camps ?

TÉMOIN KÖRNER. — D'après ce que je sais, ils furent toujours bien traités.

DOCTEUR STAHMER. — Avez-vous entendu parler de camps de concentration « officieux » ?

TÉMOIN KÖRNER. — Oui ; en 1933 on en a créé en différents endroits.

DOCTEUR STAHMER. — Qui, « on » ?

TÉMOIN KÖRNER. — Je me souviens qu'un camp a été créé à Breslau par le Gruppenführer S.A. Heines. Un autre fut créé à Stettin. J'ignore s'il en existait d'autres.

DOCTEUR STAHMER. — À Stettin ?

TÉMOIN KÖRNER. — Je crois qu'il fut créé par Karpfenstein, mais je n'en suis pas très sûr.

DOCTEUR STAHMER. — Et que sont devenus ces camps ?

TÉMOIN KÖRNER. — Lorsque le Reichsmarschall en a entendu parler, il les a fait dissoudre immédiatement parce qu'ils avaient été créés sans son consentement.

Docteur Stahmer. — Quelle était l'attitude du Reichsmarschall lorsque lui parvenaient des plaintes à ce sujet ?

Témoin Örner. — Il les a toujours prises en considération.

Docteur Stahmer. — Connaissez-vous un cas où il ait pris des mesures particulièrement sévères ?

Témoin Körner. — Je me souviens du cas de Thälmann.

Docteur Stahmer. — De quoi s'agissait-il ?

Témoin Körner. — Le Reichsmarschall avait appris que Thälmann n'avait pas été traité de la façon dont il aurait souhaité qu'il le fût. Il prit immédiatement l'affaire en main et convoqua Thälmann.

Docteur Stahmer. — Qui était Thälmann ?

Témoin Körner. — C'était l'un des dirigeants du parti communiste allemand et député communiste au Reichstag.

Docteur Stahmer. — Et que lui a dit le Reichsmarschall ?

Témoin Körner. — Il le fit venir dans son cabinet et lui demanda les raisons précises de sa réclamation.

Docteur Stahmer. — Et ensuite ?

Témoin Körner. — Thälmann, soupçonnant un piège, se montra d'abord très réservé. Lorsqu'il vit que le Reichsmarschall lui parlait d'une manière très humaine, il se rendit compte qu'il pouvait parler librement. Il déclara au Reichsmarschall qu'à différentes reprises il n'avait pas été convenablement traité. Le Reichsmarschall promit qu'il y mettrait ordre immédiatement et donna des instructions à cet effet. Il demanda également à Thälmann de l'avertir chaque fois que cette situation se reproduirait. En outre, il ordonna qu'on lui fasse parvenir toutes les plaintes formulées par Thälmann.

Docteur Stahmer. — Savez-vous pendant combien de temps la Gestapo, dans les camps de concentration, est restée sous les ordres du Reichsmarschall ?

Témoin Körner. — Jusqu'au printemps 1934, en mars ou en avril, je crois.

Monsieur Justice Jackson. — Vous avez dans votre déposition, fait allusion à une conversation entre Gœring et Thälmann.

Témoin Körner. — Oui, c'est exact.

Monsieur Justice Jackson. — Pouvez-vous nous en dire la date ?

Témoin Körner. — Elle a dû avoir lieu au cours de l'été 1933.

Monsieur Justice Jackson. — L'été 1933 ? Était-ce avant ou après l'incendie du Reichstag ?

Témoin Körner. — C'était après l'incendie du Reichstag.

Monsieur Justice Jackson. — Et Thälmann, au cours du procès qui suivit cet incendie, fut accusé d'y avoir participé et fut acquitté par le Tribunal ?

Témoin Körner. — Je ne m'en souviens plus très bien.

Monsieur Justice Jackson. — Vous ne vous en souvenez plus du tout ? Vous souvenez-vous qu'il ait été accusé ?

Témoin Körner. — Je ne me rappelle pas ; c'est possible.

MONSIEUR JUSTICE JACKSON. — Savez-vous où il est mort ?

TÉMOIN KÖRNER. — Non, je ne sais pas.

MONSIEUR JUSTICE JACKSON. — Savez-vous qu'il a été interné à Buchenwald après l'incendie du Reichstag et qu'il y est resté jusqu'à sa mort, en 1944 ? Le saviez-vous ?

TÉMOIN KÖRNER. — Je m'en souviens, et qu'il a été victime d'une attaque aérienne.

MONSIEUR JUSTICE JACKSON. — Où était-il quand il a été victime de cette attaque aérienne ?

TÉMOIN KÖRNER. — D'après ce que j'ai entendu dire, il était alors au camp de concentration de Buchenwald.

MONSIEUR JUSTICE JACKSON. — Depuis combien de temps s'y trouvait-il ?

TÉMOIN KÖRNER. — Je l'ignore.

MONSIEUR JUSTICE JACKSON. — Avez-vous assisté à la conversation entre Thälmann et Gœring ?

TÉMOIN KÖRNER. — Oui.

MONSIEUR JUSTICE JACKSON. — Il s'est plaint du régime des camps de concentration. A quel propos ?

TÉMOIN KÖRNER. — Il a parlé de certains traitements qu'on lui aurait infligés en l'interrogeant.

MONSIEUR JUSTICE JACKSON. — Était-ce la seule ,plainte qu'il ait formulée ?

TÉMOIN KÖRNER. — Oui, autant que je m'en souvienne. Le Reichsmarschall lui a demandé s'il était bien nourri et s'il était bien traité. Toutes ces questions ont été discutées.

MONSIEUR JUSTICE JACKSON. — Thälmann n'a rien trouvé à redire au régime des camps de concentration, à part le traitement infligé pendant les interrogatoires ?

TÉMOIN KÖRNER. — Si je me souviens bien, c'était là son principal grief.

MONSIEUR JUSTICE JACKSON. — Les communistes étaient-ils considérés par les nazis comme des ennemis de la nation ?

TÉMOIN KÖRNER. — Oui.

MONSIEUR JUSTICE JACKSON. — Les camps de concentration ont donc été construits pour recevoir, entre autres, les communistes.

TÉMOIN KÖRNER. — Oui.

MONSIEUR JUSTICE JACKSON. — Des plaintes vous sont parvenues de temps en temps au sujet du traitement infligé aux internés des camps de concentration, au cours de la période pendant laquelle vous avez collaboré avec Gœring, n'est-ce pas ?

TÉMOIN KÖRNER. — Oui, ces plaintes étaient fréquentes.

MONSIEUR JUSTICE JACKSON. — De qui se plaignait-on ?

TÉMOIN KÖRNER. — De différentes choses.

MONSIEUR JUSTICE JACKSON. — Indiquez au Tribunal le genre de plaintes que vous aviez à connaître.

Témoin Körner. — Elles provenaient principalement des familles des personnes qui avaient été enfermées dans les camps de concentration et qui demandaient leur libération ; c'étaient ainsi des plaintes se rapportant au fait que ces gens avaient été internés dans ces camps sans motif.

Monsieur Justice Jackson. — Est-ce à dire que ces gens n'avaient commis aucun délit ?

Témoin Körner. — C'est ce qu'affirmaient les membres de leur famille.

Monsieur Justice Jackson. — Avez-vous fait quelque chose pour les faire libérer de ces camps de concentration ?

Témoin Körner. — Le Reichsmarschall avait donné l'ordre de répondre à toutes les réclamations. Chaque cas était étudié immédiatement.

Monsieur Justice Jackson. — Avez-vous eu connaissance de beaucoup de cas où ces gens étaient innocents ou bien étaient-ils toujours coupables ?

Témoin Körner. — Si l'on s'apercevait que quelqu'un avait été interné à tort dans un camp de concentration, il était relâché sur-le-champ.

Monsieur Justice Jackson. — Et à qui faisiez-vous savoir qu'on l'avait reconnu innocent et qu'il fallait le libérer ?

Témoin Körner. — On s'adressait à la Police secrète d'État.

Monsieur Justice Jackson. — Et avec quel membre de la Police secrète d'État vous mettiez-vous en rapport ?

Témoin Körner. — Je ne me rappelle pas le nom de la personne qui s'occupait de ces questions. Autant que je m'en souvienne, son chef fut Heydrich, puis Kaltenbrunner ou Müller.

Monsieur Justice Jackson. — Gœring entretenait-il de bons rapports avec toutes ces personnes ?

Témoin Körner. — Oui.

Monsieur Justice Jackson. — Il les connaissait toutes bien ?

Témoin Körner. — Évidemment.

Monsieur Justice Jackson. — Lorsque vous dites que Gœring obtint l'élargissement de certaines personnes se trouvant dans des camps de concentration, parlez-vous simplement d'un ou de deux cas particuliers ou d'un bon nombre de gens ?

Témoin Körner. — Au cours de ces années, il y eut naturellement plusieurs cas.

Monsieur Justice Jackson. — Qu'entendez-vous par plusieurs ?

Témoin Körner. — Je ne puis pas donner de chiffres, mais il y en eut un certain nombre.

Monsieur Justice Jackson. — Avez-vous, au cours de vos recherches, découvert que certaines personnes étaient coupables ?

Témoin Körner. — S'ils ne pouvaient être libérés, c'est qu'ils étaient plus ou moins coupables.

Monsieur Justice Jackson. — Qui décidait de cette question ?

Témoin Körner. — C'était, autant que je sache, la direction de la Police secrète d'État.

Monsieur Justice Jackson. — Comment alors présentiez-vous la demande d'élargissement ? Avisiez-vous la Police secrète d'État que vous n'étiez pas d'accord avec sa décision ou bien Gœring donnait-il simplement l'ordre d'élargissement ou présentait-il une requête à cet effet ?

Témoin Körner. — Non, on fournissait la raison précise pour laquelle l'individu devait être libéré.

Monsieur Justice Jackson. — Connaissez-vous un exemple où Gœring aurait demandé la libération d'une personne d'un camp de concentration et où cette demande aurait été refusée ?

Témoin Körner. — Je ne puis répondre maintenant à cette question. Il faut que j'y réfléchisse.

Monsieur Justice Jackson. — Vous êtes actuellement incapable de vous rappeler un exemple de fin de non-recevoir accordée à une requête de Gœring ?

Témoin Körner. — Pour le moment, je ne puis m'en souvenir.

Accusation. — Peu de temps après être devenu Premier ministre de Prusse (1), Gœring commença à développer la Gestapo ou Police secrète d'État. Dès le 26 avril 1933, Gœring signa la première loi établissant officiellement la Gestapo en Prusse, et, par un décret qu'il signa, il se nomma Premier ministre, chef de la Police secrète d'État prussienne.

Docteur Stahmer. — En votre qualité de ministre de l'Intérieur de Prusse, vous aviez créé la Gestapo et les camps de concentration dont il a été si souvent question ici ? Quand et dans quel but ces organismes furent-ils créés ?

Accusé Gœring. — J'ai indiqué tout à l'heure que, pour renforcer le pouvoir, la première condition était de renouveler cet instrument qui, de tous temps et dans tous les États, a été l'instrument du pouvoir intérieur, à savoir : la police.

— Il n'y avait pas de police du Reich, mais uniquement des polices des régions. La plus importante était la police de Prusse. Les politiciens qui nous avaient précédés et les anciens partis avaient déjà noyauté cette police avec leurs créatures, suivant leurs opinions politiques. J'ai cité

(1) Docteur Kubuschok. — Est-il exact que von Papen vous céda le poste de Premier ministre de Prusse le 20 avril 1933 parce qu'aux élections pour le Landtag de Prusse, en mars 1933, la N.S.D.A.P. avait obtenu une nette majorité et que, par suite, le Landtag souhaitait vous élire comme Premier ministre ?

Accusé Gœring. — Ce n'est pas absolument exact, car le Landtag de Prusse n'avait pas à élire de Premier ministre à cette époque. Mais le fait que la N.S.D.A.P. avait la majorité absolue, conduisit von Papen, en relation avec mes entretiens de Munich, à entrer en contact avec le Führer de sa propre initiative pour déclarer qu'il accepterait de me céder le poste de Premier ministre de Prusse.

les postes influents de président de police, de chefs principaux de la police, des services de police qui avaient été pourvus de cette manière.

— Dans les services extérieurs, je trouvai donc encore nos adversaires les plus acharnés qui, nantis de leurs pouvoirs de police, nous avaient toujours combattus. Un changement presque insensible avait eu lieu avant moi, au moment où le gouvernement social-démocrate de Braun-Severing céda le pas au gouvernement de von Papen. À ce moment, les adversaires les plus acharnés avaient été éliminés de cette police. Toutefois, les postes les plus importants étaient encore occupés par des adversaires politiques absolus. Je ne pouvais donc pas m'attendre à ce que ceux qui, hier encore, avaient voulu avec une particulière énergie se servir de la police contre nous, fussent aujourd'hui disposés à servir le nouvel État avec la même loyauté.

— Avant notre époque, il y avait également une police politique en Prusse. C'était le service de police Ia. Son travail consistait à surveiller et combattre le national-socialisme et pour partie également le communisme. J'aurais donc pu mettre de nouveaux agents dans cette police politique et lui laisser sa vieille dénomination. Mais la situation était devenue différente du fait de la prise du pouvoir car, à l'époque, comme je l'ai déjà dit, le parti communiste était extraordinairement fort. Il avait plus de six millions d'électeurs et possédait dans ses unités du Front rouge un instrument de pouvoir révolutionnaire au premier chef. Il était très naturel pour le parti communiste de penser que si nous restions plus longtemps au pouvoir, il finirait par perdre le sien. Le danger était là. Il faut se reporter à cette époque de tension politique, d'atmosphère de conflits créée par les partis adverses ; tout cela pouvait mener à des attaques révolutionnaires du parti communiste, d'autant plus que, même après la prise du pouvoir, les meurtres et les assassinats politiques de nationaux-socialistes et d'agents de police ne cessèrent pas. Ils s'accrurent même. Et les informations que je recevais étaient telles que je redoutais au plus haut point un mouvement soudain dans ce sens. Je ne pouvais donc pas lutter contre ce danger, avec l'organisme tel qu'il existait. Je n'avais pas besoin d'une police politique sûre seulement dans les services centraux, mais également dans les différentes branches externes. Il me fallait aussi développer cet instrument. Pour déterminer dès le début que la tâche de cette police était la sécurité de l'État, je l'appelai : Police secrète d'État et créai au même moment différentes branches dans cette police. J'y pris bon nombre de fonctionnaires éloignés de la politique et uniquement pour leurs connaissances techniques ; au début, je choisis très peu de fonctionnaires provenant du parti, m'attachant d'abord à leur expérience professionnelle.

— Je voulais également que cette police s'occupât exclusivement de la sécurité de l'État et de la surveillance des ennemis de l'État. Le chef de cette police, que j'avais en vue, n'était pas non plus membre du parti, mais il provenait de l'ancienne police. Il s'y trouvait déjà. C'était l'ancien Oberregierungsrat et, plus tard, conseiller ministériel Diels. De même, les principaux chefs de la Gestapo étaient des fonctionnaires qui n'appartenaient pas au parti. Ultérieurement, évidemment, les éléments du parti y vinrent de plus en plus nombreux. Leur mission consistait en premier lieu à mettre sur pied aussi vite que possible les moyens de sécurité contre toute action de la gauche. Je savais — ce qui fut confirmé plus tard — que la Maison des communistes à Berlin, le « Liebknecht-Haus » était extrêmement fortifiée et contenait beaucoup d'armes. Nous avons également découvert à ce moment des relations entre la représentation commerciale russe et le parti communiste allemand. Bien que j'aie d'un coup arrêté des milliers de fonctionnaires communistes, afin de parer dès le début au danger immédiat, le danger lui-même n'était en aucune façon conjuré. Il fallait agir contre le réseau des associations secrètes et les tenir constamment en observation ; pour cela il fallait qu'une police fût spécialisée.

— Le parti social-démocrate, du moins en ce qui concernait ses membres, ne me semblait pas, de loin, aussi dangereux ; mais, évidemment, il était formé d'adversaires absolus de notre nouvel État. Certains de ses fonctionnaires étaient plus radicaux que d'autres. Les radicaux étaient également surveillés. Tandis que beaucoup d'anciens ministres ou hauts fonctionnaires sociaux-démocrates étaient simplement révoqués et obtenaient une pension de retraite, sans avoir jamais été inquiétés, il y avait d'autres fonctionnaires du parti social-démocrate qu'il fallait surveiller très étroitement. C'est ainsi que la Police secrète d'État a été créée par mes soins, d'abord en Prusse, car les autres États n'étaient pas sous mon contrôle à cette époque.

— L'organisation de l'autre police importe peu ici, je crois.

DOCTEUR RUDOLF MERKEL (avocat de la Gestapo). — Témoin, peut-on affirmer que la Gestapo, lorsque vous l'avez créée en 1933, était une unité de combat nationale-socialiste, ou était-ce plutôt une institution d'État telle que par exemple la police criminelle et autres institutions du Reich ?

ACCUSÉ GŒRING. — J'ai déjà souligné qu'il s'agissait d'une véritable institution d'État rassemblée autour de l'ancienne police politique qui fut tout bonnement réorganisée et orientée suivant les nouveaux principes de l'État. Cet organisme n'avait pas la moindre relation avec le parti à cette époque. Le parti ne possédait aucune influence, aucune compétence pour donner des ordres ou des directives de quelque nature que ce fût. C'était exclusivement une institution d'État. Ses membres, qui en faisaient partie ou y étaient nouvellement incorporés, étaient à cette époque fonctionnaires avec tous les droits et tous les devoirs impartis à leur qualité.

DOCTEUR MERKEL. — En 1933, les fonctionnaires de la police politique d'alors furent mutés dans la Police d'État. Le fit-on sur leur propre demande, ou bien furent-ils mutés d'autorité, sans que, dans certains cas, ils fussent consentants ?

ACCUSÉ GŒRING. — Il n'est pas exact de dire que les fonctionnaires de la police politique du précédent régime furent en bloc incorporés dans la Gestapo. Au contraire, le tri fut très rigoureux car dans ces services, comme il s'agissait d'une police politique, se trouvaient justement les représentants des partis qui nous étaient hostiles. Il fallait les éloigner. En conséquence, de nouveaux éléments arrivèrent, d'autant plus que ses effectifs augmentèrent considérablement. Ces nouveaux fonctionnaires provenaient d'autres services policiers : police criminelle et autres polices et, comme je l'ai déjà dit, de l'extérieur. Ces nouveaux engagements furent décidés en tenant compte naturellement dans une large mesure de nos propres candidats. J'ignore dans quelle mesure les mutations furent légales, telle par exemple celle de M. Müller qui de la police criminelle fut muté à la Police secrète d'État. Je ne saurais aussi dire exactement si on lui a demandé son avis. Je ne le crois pas. J'ai laissé ce soin au chef de la Police secrète d'État. J'ai élaboré les grandes lignes de l'affaire. Je ne pouvais me préoccuper personnellement de chaque fonctionnaire de la police criminelle.

L'avocat de la Gestapo s'adresse à Ohlendorf (1) :

DOCTEUR RUDOLF MERKEL (avocat de la Gestapo). — Témoin, savez-vous que la Gestapo a été créée en Prusse en avril 1933 ?

TÉMOIN OHLENDORF. — Je ne connais pas le mois, mais je suis sûr de l'année.

DOCTEUR MERKEL. — Savez-vous quel était le but poursuivi en créant cette institution ?

TÉMOIN OHLENDORF. — Son but était de combattre les adversaires politiques qui pouvaient être dangereux pour l'État.

DOCTEUR MERKEL. — Savez-vous comment cette institution, qui, à l'origine, ne devait fonctionner qu'en Prusse, fut étendue à tout le Reich ?

TÉMOIN OHLENDORF. — C'est en 1933 ou 1934 que fut instituée dans tous les États (Länder) une police politique. Ces polices politiques, autant que je m'en souvienne, furent, en 1934, officiellement soumises à l'autorité du Reichsführer S.S. en sa qualité de chef de la police politique des pays. Le premier Quartier Général central fut réalisé par le service de la police secrète de Prusse. Après la création du service principal de la Sicherheitspolizei, Himmler délégua ses fonctions de commandement à Heydrich, qui les remplit à l'aide du service principal de la Sicherheitspolizei.

DOCTEUR MERKEL. — Qui a créé et établi la Police d'État dans les différents Länder ?

TÉMOIN OHLENDORF. — Je ne peux pas donner de réponse à cette question.

DOCTEUR MERKEL. — Savez-vous si, dès avant 1933, dans le territoire

(1) Otto Ohlendorf, gruppenführer des S.S., chef de section à l'Office central de sécurité du Reich (R.S.H.A.).

qui constituait alors le Reich, existait une institution similaire de police politique ?

TÉMOIN OHLENDORF. — Oui, elle existait. Si je me souviens bien, à la direction générale de la police de Berlin, et je crois que c'était le service I A. Dans tous les cas, il y avait des organismes de police politique.

DOCTEUR MERKEL. — Savez-vous quelque chose des activités de cette institution qui existait avant 1933 ?

TÉMOIN OHLENDORF. — Oui, elles étaient les mêmes, en principe tout au moins.

DOCTEUR MERKEL. — Savez-vous quelque chose sur le personnel de la Gestapo qui, dans l'ensemble, était une institution nouvelle et par conséquent ne fut pas constitué au moyen d'un transfert de personnel déjà existant ?

TÉMOIN OHLENDORF. — Lorsque je fis connaissance avec la Police d'État, il est certainement exact que son noyau d'experts provenait de la police criminelle, et la majorité des chefs de service, je veux dire des services régionaux de la Police d'État, sortaient des rangs de l'administration civile, peut-être aussi des services de police des différents États (Länderpolizeiverwaltungen), et que même, pour un certain nombre, ils avaient été détachés par l'administration civile. De même pour les spécialistes de l'Amt IV, c'est-à-dire la Gestapo.

DOCTEUR MERKEL. — Vous dites que la majorité des fonctionnaires furent détachés ?

TÉMOIN OHLENDORF. — Je n'ai pas dit qu'ils furent en majorité détachés, mais seulement un certain nombre.

DOCTEUR MERKEL. — Un certain nombre ont été détachés. Existait-il ou non pour ces membres de la Gestapo la possibilité de se refuser à leur transfert dans la Gestapo, s'ils ne le désiraient pas eux-mêmes ?

TÉMOIN OHLENDORF. — Je n'affirmerais pas qu'une résistance nette ait été possible. Certains auraient peut-être pu réussir à l'éviter en rusant, s'ils n'avaient pas voulu y entrer. Mais si l'on était détaché dans un service par l'administration civile, en tant que fonctionnaire, il n'y avait simplement qu'à obéir. En tant que fonctionnaire, il le fallait...

DOCTEUR MERKEL. — Les membres de la Gestapo comprenaient évidemment, uniquement ou presque, des fonctionnaires ? En savez-vous quelque chose ?

TÉMOIN OHLENDORF. — Pendant la guerre, ce n'était certainement plus le cas. Mais, en règle générale, on peut supposer que ce n'étaient que des fonctionnaires, dans la mesure où ils étaient des spécialistes. Certains, en cours d'apprentissage, n'étaient évidemment pas encore fonctionnaires ; d'autres n'étaient que des employés, surtout parmi les auxiliaires.

MONSIEUR JUSTICE JACKSON. — Mais ce système a été instauré ouvertement et était connu dans chacun de ses détails ? En ce qui concerne l'organisation, tout le monde savait ce qu'était la Gestapo ?

ACCUSÉ GŒRING. — Oui. Chacun savait ce qu'était la Gestapo.

MONSIEUR JUSTICE JACKSON. — Et savait quel était son programme, sinon en détail, du moins en gros ?

ACCUSÉ GŒRING. — J'ai expliqué clairement ce programme. Dès le début, je l'ai présenté à l'opinion, je lui ai également exposé les tâches de la Gestapo et j'ai même parlé de ses tâches en pays étrangers.

MONSIEUR JUSTICE JACKSON. — Ce n'était pas non plus un secret que la Gestapo était une police politique, que des gens étaient mis en internement préventif, qu'il existait des camps de concentration. Ces faits n'étaient pas tenus secrets, n'est-ce pas ?

ACCUSÉ GŒRING. — De cela rien ne fut tout d'abord tenu secret.

MONSIEUR JUSTICE JACKSON. — De fait, l'efficacité de la police secrète et des camps de concentration résidait en partie dans le fait que les gens savaient qu'il existait des organismes de ce genre ?

ACCUSÉ GŒRING. — Il est exact que chacun savait que s'il entreprenait une action contre l'État, il finirait soit dans un camp de concentration, soit serait accusé de haute trahison et traduit devant un tribunal, selon la gravité de son acte. Mais le but initial de la création des camps de concentration était d'y accueillir les individus que nous considérions, à juste titre, comme des ennemis de l'État.

MONSIEUR JUSTICE JACKSON. — Maintenant, le type de gouvernement que nous venons de décrire était-il à vos yeux le seul avec lequel on pût diriger l'Allemagne ?

ACCUSÉ GŒRING. — Je ne voudrais pas dire que la caractéristique fondamentale de ce régime et ce qu'il jugeait le plus nécessaire ait été la création immédiate de camps de concentration et la mise sur pied d'une Gestapo à l'usage de nos adversaires. Par-dessus tout, nous avions inclu dans notre programme de gouvernement des choses bien plus importantes et il ne s'agit pas là des principes de base de notre régime.

MONSIEUR JUSTICE JACKSON. — Toutes ces choses étaient nécessaires dans des buts de protection, si je comprends bien ?

ACCUSÉ GŒRING. — Oui, ces choses devinrent nécessaires du fait de l'opposition.

MONSIEUR JUSTICE JACKSON. — Et je suppose que c'était là, d'après vous, le seul type de gouvernement capable de fonctionner en Allemagne dans de telles conditions ?

ACCUSÉ GŒRING. — Étant donné les conditions qui existaient à l'époque, c'était à mon avis la seule forme possible et les faits l'ont aussi prouvé puisque, en très peu de temps, l'Allemagne sortit de sa profonde misère, de la pauvreté et du chômage et acquit une prospérité relative.

MONSIEUR JUSTICE JACKSON. — Vous avez parlé de l'instauration par le parti national-socialiste d'un État policier en Allemagne, et je voudrais vous demander si ce n'est pas un fait que l'État policier reposait essentiellement sur deux institutions : d'abord, la Police secrète d'État et, en second lieu, les camps de concentration ?

TÉMOIN KESSELRING. — Le concours de la police est pour moi un fait établi ; quant aux camps de concentration, c'était, selon moi, en dernière analyse, un moyen pour atteindre le but recherché.

MONSIEUR JUSTICE JACKSON. — La Police secrète et les camps de concentration furent tous deux établis par Hermann Gœring ; n'est-ce pas là un fait qui vous est connu ?

TÉMOIN KESSELRING. — La Police secrète d'État a été créée par Hermann Gœring. Qu'elle ait été formée par Himmler...

MONSIEUR JUSTICE JACKSON. — Ce n'est pas le sens de ma question, gardez vos explications pour vos avocats. Répondez à ma question : Est-ce que les camps de concentration n'ont pas été créés également par Hermann Gœring ?

TÉMOIN KESSELRING. — Je ne sais pas.

MONSIEUR JUSTICE JACKSON. — Vous ne le savez pas ? Étiez-vous d'accord avec l'État policier ?

TÉMOIN KESSELRING. — J'ai considéré comme anormal, au point de vue allemand, qu'il se soit créé un état dans l'État, pour empêcher un certain nombre de choses d'être connues du public.

MONSIEUR JUSTICE JACKSON. — Pouvez-vous nous indiquer ce que vous avez pu faire dans la vie officielle, pour empêcher que cet état anormal s'établît en Allemagne ?

TÉMOIN KESSELRING. — Je ne me souviens de rien, si ce n'est que, dans les conversations avec mes supérieurs, je peux en avoir parlé ; mais j'insiste surtout sur le fait que je me suis occupé essentiellement des tâches qui m'incombaient.

Avant la mise en fiche de la population allemande qui ne tardera guère à entrer en service, Gœring procède aux écoutes téléphoniques des personnes suspectes. Dès 1933 :

MONSIEUR JUSTICE JACKSON. — En 1933, vous aviez en charge une organisation spéciale d'espionnage qui avait pour but de surveiller les conversations téléphoniques des fonctionnaires et autres personnes à l'intérieur et à l'extérieur de l'Allemagne, n'est-ce pas ?

ACCUSÉ GŒRING. — J'avais fait installer un appareil technique qui, comme vous le dites exactement, surveillait les conversations des étrangers importants — conversations avec l'étranger et venant de l'étranger — télégrammes, communications radiodiffusées, transmises non seulement de l'Allemagne, mais également d'un pays étranger à un autre et qui étaient interceptées. Cet appareil surveillait de même les conversations téléphoniques faites à l'intérieur de l'Allemagne : premièrement, par tous les étrangers de marque ; deuxièmement, par certaines maisons importantes, parfois et, troisièmement, par des personnes qui, pour des raisons quelconques de nature politique ou ayant affaire avec la police, devaient être surveillées.

— Afin d'éviter les abus de la police, on imposa l'obligation de demander mon autorisation pour procéder à ce contrôle ; mais, en dépit de cette clause, il était toujours possible d'installer des postes d'écoute clandestins, comme il est possible de le faire partout de nos jours du point de vue technique.

MONSIEUR JUSTICE JACKSON. — Vous avez conservé les rapports de toutes ces conversations ?

ACCUSÉ GŒRING. — Non. Voici comment cela se passait : les rapports qui intéressaient le ministère des Affaires étrangères lui étaient transmis. Les rapports importants pour le Führer étaient soumis à ce dernier. Les rapports qui avaient de la valeur pour l'armée étaient envoyés au ministère de la Guerre, au ministère de l'Air ou au ministère de l'Économie. C'est moi, ou mon adjoint, qui décidions de l'importance de la teneur de ces rapports et les transmettions au service intéressé. Dans chaque bureau il y avait un employé qui avait la responsabilité de ne remettre lesdits rapports qu'au chef. Je pouvais évidemment à tout moment prendre la décision de garder exclusivement pour moi un rapport de n'importe quelle nature et de ne pas le transmettre. C'était toujours possible.

MONSIEUR JUSTICE JACKSON. — Vous aviez certaines difficultés avec d'autres autorités policières qui voulaient mettre la main sur cette organisation, n'est-ce pas ?

ACCUSÉ GŒRING. — C'est exact. Certes la police s'efforça de s'emparer de cet instrument, mais elle ne l'a pas obtenu de moi. Il se peut qu'elle ait elle-même fait, çà et là, installer des postes d'écoute ; mais le contrôle définitif ne pouvait se faire sans être branché sur le ministère des P.T.T., et cela devait obligatoirement passer par moi.

Au mois d'avril, von Papen quitte volontairement son poste en donnant sa démission à Hitler. Après le « vote » de la loi des pleins pouvoirs, Hitler a procédé en même temps à la suppression de l'autonomie des Länder.

ACCUSATION. — En remettant sa démission, le 7 avril 1933, von Papen écrivit à Hitler :

— Avec le projet de loi sur la coordination des États avec le Reich, présenté aujourd'hui par le chancelier du Reich, a commencé une œuvre législative qui aura une importance historique pour le développement politique de l'État allemand. La mesure prise le 20 juillet 1932 par le gouvernement du Reich que je dirigeais à l'époque, en vue d'abolir le dualisme entre le Reich et la Prusse, est maintenant couronnée par cette nouvelle fusion, étroite et légale, des intérêts de la Prusse avec ceux du Reich. Vous serez maintenant, monsieur le chancelier, comme autrefois le prince de Bismarck, en mesure de coordonner, à tous points de vue, la politique du plus grand des États allemands avec celle du Reich. Maintenant que cette nouvelle loi vous permet de nommer le Premier ministre de Prusse, je vous demande de bien vouloir informer le président du Reich que je remets entre ses mains mon poste de commissaire du Reich pour la Prusse.

— J'aimerais lire également la lettre adressée par Hitler à Hindenburg pour transmettre cette démission. Hitler écrivait : « Monsieur le président du Reich, le vice-chancelier von Papen m'a adressé une lettre que je vous fais parvenir ci-jointe et dont je vous prie de bien vouloir prendre connaissance.

— « Monsieur von Papen m'avait déjà informé, au cours des derniers jours, qu'il était d'accord avec le ministre Gœring pour démissionner de sa propre initiative, aussitôt que l'unification des affaires gouvernementales du Reich et de la Prusse serait assurée par la nouvelle loi sur la coordination de la politique dans le Reich et dans les États.

— « Dans la soirée du jour où la nouvelle loi sur l'institution des gouverneurs du Reich fut adoptée, monsieur von Papen considéra que ce but avait été atteint et il me pria de procéder à la nomination d'un Premier ministre de Prusse, précisant qu'il mettait ses services à l'entière disposition du gouvernement du Reich.

— « Monsieur von Papen, en acceptant d'être nommé commissaire du gouvernement de la Prusse à cette époque difficile, depuis le 30 janvier, a rendu un service méritoire à la réalisation de l'idée de coordination de la politique du Reich. Sa collaboration au sein du cabinet du Reich à la disposition duquel il met maintenant toute son énergie, est infiniment précieuse. Mes relations avec lui sont si cordialement amicales que je me réjouis sincèrement de la grande assistance qui me sera donnée. »

— Cependant, c'est seulement cinq semaines auparavant que, le 3 mars 1933, von Papen avait averti le corps électoral de Stuttgart du danger qu'il y aurait à abolir le fédéralisme. J'aimerais lire un extrait du discours prononcé à Stuttgart par von Papen :

— « Le fédéralisme nous protégera du centralisme, cette forme d'organisation qui concentre sur un point toutes les forces vives d'une nation. Aucune nation ne s'accommode moins d'un gouvernement centralisé que la nation allemande. »

— Plus tôt encore, à l'époque des élections de l'automne 1932, von Papen s'était rendu à Munich, en qualité de chancelier. Le *Frankfurter Zeitung* du 12 octobre 1932 fit des commentaires sur sa politique.

— « Von Papen déclara que “ le but qu'il poursuivait depuis son entrée en fonctions, était d'édifier le nouveau Reich avec les États et pour eux ”, que “ le gouvernement du Reich adoptait une attitude résolument fédéraliste ” et que son mot d'ordre n'est pas un “ plat centralisme ou unitarisme ”. »

— C'était en octobre 1932. Tout cela fut jeté par-dessus bord pour respecter les vues de son nouveau maître.

Accusé von Papen. — Cette question, messieurs, a été soulevée par le ministère public dans l'intention de me convaincre de duplicité, de fausseté ou de tromperie. Le ministère public m'accuse, en ce qui concerne la structure fédéraliste de l'Allemagne, d'avoir eu, en 1932, un point de vue tout à fait différent de celui que j'émis en 1923. Mais quand bien même j'aurais changé d'avis au cours de cette année-là, je ne vois vraiment pas en quoi une opinion sur la question d'un gouvernement fédéral ou central pourrait constituer un crime au sens de ce statut. En outre, je n'ai pas le moins du monde changé d'avis. Voici ce que je disais en 1932 : je reconnaissais les avantages d'un régime fédéral pour l'Allemagne et j'en souhaitais le maintien ; mais j'ai toujours souhaité, même en 1932, que nous puissions avoir une unité complète sur les points essentiels de la politique allemande. Il est absolument évident qu'un pays fédéral doit être gouverné en vertu de principes uniformes. Il ne s'agissait que de cela et ce fut le sens de mon intervention en Prusse le 20 juillet.

— Si l'on connaît l'histoire de l'Allemagne, on sait que Bismarck a réussi à surmonter cette difficulté en faisant cumuler les charges de chancelier du Reich et de président du Conseil de Prusse. Si bien qu'en désignant en 1933 des Reichsstatthalter dans les différents Länder, il s'agissait simplement d'assurer une ligne politique commune. En outre, les droits des Länder demeuraient intacts. Ils disposaient de leurs finances propres, de leurs juridictions, de leurs offices culturels et de leurs parlements particuliers.

La « logique politique » d'Adolf Hitler le contraint à interdire les « autres » partis politiques et à supprimer les syndicats.

Docteur Kubuschok. — Quelle fut votre position sur la dissolution des partis politiques ?

Accusé von Papen. — L'exclusion des partis politiques fut le résultat logique de l'acte conférant les pleins pouvoirs. Hitler avait demandé quatre ans pour réaliser les réformes envisagées. J'avais demandé à Hitler de promulguer une nouvelle loi constitutionnelle fondamentale. Dans son discours du 23 mars, Hitler s'y engagea. Dans ce discours, il envisageait une réforme constitutionnelle établie par les organismes constitutionnels existants. Cette réforme, à mon avis, nous aurait donné de façon révolutionnaire une forme nouvelle et plus saine de gouvernement parlementaire et démocratique. Au reste, je dois bien dire que je ne voyais aucun inconvénient à adopter provisoirement le régime d'un parti unique. N'avions-nous pas, à cet égard, d'excellents exemples dans d'autres pays ? En Turquie, au Portugal notamment, ce régime du parti unique fonctionnait parfaitement. Enfin, je me permets de signaler au Tribunal que, dans mon discours de Marbourg, le 17 juin 1934, j'ai critiqué cette situation et dit qu'il fallait la considérer comme une étape provisoire à laquelle une constitution rénovée devrait mettre un terme.

Accusation. — Quand Hitler arriva au pouvoir, il y avait en

Allemagne trois groupes de syndicats. La Confédération générale des syndicats allemands (A.D.G.B.) comprenant vingt-huit syndicats affiliés ; la Confédération générale des travailleurs indépendants (A.F.A.) comprenant treize syndicats confédérés qui groupaient plus de quatre millions cinq cent mille membres ; le syndicat chrétien avec plus d'un million deux cent cinquante mille membres.

— Les travailleurs allemands, comme d'ailleurs les travailleurs des autres pays, avaient personnellement peu à gagner dans la guerre. S'il est vrai que le travail aide habituellement une nation à faire la guerre, il est par lui-même une force pacifique, bien qu'en aucune façon il ne soit une force pacifiste dans le monde. Les travailleurs allemands n'avaient pas oublié en 1933 à quel point le joug des seigneurs de la guerre peut être lourd. C'étaient les travailleurs qui s'étaient ralliés aux marins et soldats lors de la révolte de 1918, pour mettre fin à la Première Guerre mondiale. Les nazis n'avaient pas plus pardonné qu'oublié. Le programme nazi exigeait que cette partie de la population allemande fût privée non seulement du moyen d'empêcher l'échange de son maigre confort contre des armements, mais aussi entraînée et forcée à des sacrifices nouveaux et inouïs, en participant à la préparation de la guerre nazie. Les travailleurs devaient être soumis et cela signifiait que leurs organisations et moyens de cohésion et de défense devaient être détruits.

— L'intention du parti nazi d'embrigader la main-d'œuvre fut avouée par Ley, le 2 mai 1933, dans un discours aux travailleurs où il disait :

— « Vous pouvez dire ce que vous voulez, vous avez le pouvoir absolu. Il est vrai que nous sommes au pouvoir, mais nous n'avons pas tout le peuple, nous ne vous avons pas, vous travailleurs, dans la proportion de 100 % et c'est vous que nous voulons ; nous ne vous laisserons pas vous manifester tant que vous ne serez pas complètement d'accord avec nous, et cela sans arrière-pensée. »

— La première attaque des nazis fut dirigée contre les deux plus importantes associations syndicales. Le 21 avril 1933, une ordonnance, non pas au nom du gouvernement mais au nom du parti nazi, applicable à la Confédération des travailleurs et à la Confédération indépendante des employés, fut promulguée par le conspirateur Robert Ley en sa qualité de « chef d'état-major de l'organisation politique de la N.S.D.A.P. ». Elle ordonnait la saisie de leurs biens et l'arrestation de leurs principaux chefs. Cette ordonnance indiquait que les organismes que nous dénonçons ici comme associations criminelles, les S.A. et S.S., « seraient utilisées pour occuper les propriétés des syndicats ouvriers et pour emprisonner les personnalités incriminées ». Cette ordonnance stipulait également « l'internement de protection » de tous les présidents et secrétaires régionaux desdits syndicats et des directeurs d'agence de la banque des travailleurs.

— Ces ordres furent exécutés le 2 mai 1933. Tous les capitaux appartenant aux syndicats ouvriers, y compris les fonds de secours et de pensions, furent saisis. Les chefs de syndicats furent envoyés dans des camps de concentration. Quelques jours plus tard, le 10 mai 1933, Hitler nomma Ley chef du Front allemand du travail (Deutsche Arbeitsfront) qui devint détenteur des fonds confisqués aux syndicats. Le Front allemand du travail, contrôlé par les nazis, fut établi sous les ordres de Ley, pour apprendre aux ouvriers allemands la philosophie nazie et pour éliminer de la main-d'œuvre industrielle tous ceux dont l'instruction était en retard. Des « troupes d'usines » furent constituées en tant que « peloton de choc idéologique à l'intérieur de l'usine ». L'ordonnance du parti stipulait que, « en dehors du Front allemand du travail, aucune autre organisation (que ce fût d'ouvriers ou d'employés), ne devait exister ». Le 24 juin 1933 on s'empara des syndicats chrétiens restants, conformément à un ordre du parti nazi signé par Ley.

— Le 19 mai 1933, cette fois par décret du gouvernement, il fut ordonné que des « administrateurs » du travail, nommés par Hitler, fixeraient les conditions de tous les contrats de travail, remplaçant l'ancienne méthode de contrats collectifs.

— Les syndicats ouvriers, dont on peut dire à coup sûr qu'ils étaient, en majorité et par tradition, opposés aux guerres d'agression, sentirent également tout le poids de la terreur nazie.

Un membre du ministère public américain, le commandant Wallis, a déposé des preuves devant le Tribunal sur la campagne des conspirateurs contre les syndicats. Or le camp de concentration fut une arme importante dans cette campagne, et le Tribunal se rappellera que l'accusé Gœring précisait que les membres du parti social-démocrate devaient être internés dans des camps de concentration. Les chefs des syndicats étaient pour la plupart membres de ce parti, et firent connaissance avec les horreurs de l'internement de protection. Je me reporte à un ordre relatif à l'internement de protection d'un certain Joseph Simon. « La personne arrêtée n'a pas le droit de faire appel contre le décret d'internement de protection. »

— « Simon a été pendant plusieurs années membre du parti socialiste et temporairement membre de l'Union socialiste populaire. De 1907 à 1918, il a été député du parti socialiste au Landtag ; de 1908 à 1930, il fut conseiller municipal (Stadtrat) démocrate à Nuremberg. Étant donné le rôle décisif joué par Simon dans le syndicalisme international, étant donné ses relations avec les chefs marxistes internationaux et leurs services centraux, relations qu'il a poursuivies après le rétablissement national, il fut interné pour raison de protection le 3 mai 1933 et gardé jusqu'au 25 janvier 1934 dans le camp de concentration de Dachau. Simon est fortement soupçonné d'avoir, même après cette date, joué un rôle important dans la vie clandestine du parti socialiste. Il prit part à des réunions visant à la continuation de cette vie clandestine du parti socialiste et à la propagande, en Allemagne, d'imprimés marxistes interdits par la loi. Par cette attitude radicale d'hostilité à l'État, Simon met directement en danger la sécurité et l'ordre publics. »

Docteur Stahmer. — Comment expliquez-vous les mesures prises contre les syndicats ? Comment expliquez-vous les mesures prises contre les associations de travailleurs libres ?

Accusé Gœring. — Voyons d'abord les syndicats. En Allemagne, la majorité des syndicats et les plus importants d'entre eux avaient des liens très étroits avec le parti social-démocrate et, de plus en plus, avec le parti communiste, devant l'influence et l'activité grandissantes des hommes de ce parti. Ils étaient en fait, sinon en titres, des organismes, et des organismes très actifs, de ces partis. Je ne veux pas parler de la masse des adhérents des syndicats, mais des dirigeants. De plus, il y avait un syndicat chrétien moins important, qui était, lui, un organisme du parti du centre.

— Ces syndicats, à cause de leurs chefs et des liens étroits qui unissaient ces derniers avec les partis que nous considérions comme nos adversaires, étaient de connivence avec nos ennemis à un tel point qu'ils ne pouvaient en aucune façon, trouver place dans notre nouvel État. En conséquence, l'organisation des syndicats fut dissoute et on créa pour les travailleurs l'organisation du Front des travailleurs allemands. A mon avis, il n'en résulta nullement la destruction de la liberté du travailleur allemand ; au contraire, je suis convaincu que nous lui avons donné la vraie liberté. Cette liberté résida en premier lieu dans la satisfaction donnée à son droit d'avoir un travail et nous avons attaché une particulière importance à sa place dans l'État.

— Évidemment, nous avons supprimé deux choses que sans doute l'on considérait, à tort à mon avis, comme caractéristiques de la liberté : les grèves, d'une part et, de l'autre, les lock-out. Ces deux choses sont incompatibles avec le droit au travail et avec les devoirs que chaque citoyen doit remplir pour la grandeur de son pays. Ces deux facteurs de perturbation, qui avaient contribué à l'extension du chômage, nous les avons supprimés. Mais, à leur place, nous avons dressé un vaste programme de travaux.

— Trouver du travail fut un autre point essentiel de notre programme social ; il fut également adopté par d'autres, mais sous un autre nom. Je n'ai pas l'intention de m'étendre sur ce programme social. Néanmoins, ce fut la première fois que le travailleur eut droit à des congés, des congés payés. Je le dis entre parenthèses. De grands centres de villégiature furent créés pour les travailleurs. Des sommes énormes furent investies dans un programme de logements pour travailleurs. Le standard de vie de l'ouvrier fut élevé sur toute la ligne. Jusqu'à cette époque, l'ouvrier avait été utilisé et exploité. C'est à peine s'il avait quelque chose qui lui appartînt, car, durant les années de chômage, il avait dû vendre ou engager ses biens. Aussi je voudrais, sans entrer dans les détails, dire en guise de conclusion que nous n'avons nullement mis les travailleurs libres en esclavage, mais plutôt que nous avons libéré le travailleur de la misère du chômage.

DOCTEUR SERVATIUS. — Je voudrais vous poser un certain nombre de questions relatives à votre activité. Avez-vous été membre d'un syndicat ?

ACCUSÉ SAUCKEL. — Non.

DOCTEUR SERVATIUS. — Connaissiez-vous les buts des syndicats allemands ?

ACCUSÉ SAUCKEL. — Oui, je les connaissais.

DOCTEUR SERVATIUS. — Étaient-ils politiques ou économiques ?

ACCUSÉ SAUCKEL. — Lorsque, ouvrier, je pris connaissance des objectifs des syndicats allemands, ces objectifs étaient politiques et il y avait quantité de syndicats ayant chacun des objectifs politiques différents. Je considérais cela comme un grand malheur. En tant que travailleur en atelier, j'avais l'expérience des discussions qui éclataient entre les divers syndicats, entre les chrétiens sociaux et les rouges, entre les syndicalistes, les anarchistes et les communistes.

DOCTEUR SERVATIUS. — Les syndicats dans votre Gau ont été dissous. Est-ce que leurs chefs ont alors été arrêtés ?

ACCUSÉ SAUCKEL. — Non.

DOCTEUR SERVATIUS. — Avez-vous approuvé la dissolution de ces syndicats ?

ACCUSÉ SAUCKEL. — La dissolution des syndicats était à l'ordre du jour à ce moment. La question était agitée depuis très longtemps au parti et l'on n'était pas arrivé à s'accorder sur la fonction que les syndicats pouvaient remplir ni sur leur nécessité, leur utilité et leur constitution. Mais il fallait trouver une solution parce que ces syndicats, dissous par nous, le Führer ou le docteur Ley, affichaient tous des vues politiques différentes. De toute façon, il n'y avait plus à partir de ce moment qu'un seul parti en Allemagne et il devenait nécessaire, je m'en rends compte parfaitement, de décider de façon précise des tâches propres aux syndicats, inhérentes à chaque profession et à chaque groupe d'ouvriers.

DOCTEUR SERVATIUS. — La dissolution des syndicats n'avait-elle pas pour but de faire disparaître toute opposition à une guerre d'agression ?

ACCUSÉ SAUCKEL. — Je dois dire qu'en toute conscience à cette époque personne de nous ne songeait à une guerre quelconque. Nous avions à surmonter une telle misère que nous aurions simplement été trop heureux de voir la vie économique allemande reprendre en paix et l'ouvrier allemand, qui avait souffert le plus pendant cette terrible crise, retrouver du travail et du pain.

DOCTEUR SERVATIUS. — Est-ce que les adhérents des syndicats souffrirent économiquement de la dissolution des syndicats ?

ACCUSÉ SAUCKEL. — En aucune façon. Mon propre beau-père, qui était syndicaliste et l'est encore aujourd'hui, que j'interrogeais fréquemment à titre d'information et que je n'ai jamais réussi à convaincre d'entrer dans le parti — il était social-démocrate et n'est jamais entré au parti — m'a même confirmé le fait que, ne pouvant personnellement plus travailler par suite de son âge, le Front du travail ne lui avait jamais contesté les droits que, vieux syndicaliste, il s'était acquis par son appartenance de longue date à un syndicat et lui en avait accordé tout le bénéfice. D'autre part, l'État allemand, puisque en Allemagne les assurances vieillesse, invalidité et accident, etc., sont payées et organisées par l'État, l'État national-socialiste lui garantit tous ses droits et effectua tous les payements.

Le ministère public expose à présent l'œuvre répressive et coercitive de Robert Ley, devenu, par la grâce d'Hitler, chef du Front du travail, à l'égard du syndicalisme :

— L'ordre de l'accusé Ley pour la dissolution des syndicats indépendants fut exécuté comme prévu. Dans toute l'Allemagne, les syndicats furent dissous et les locaux appartenant aux syndicats occupés par les S.A. Le 2 mai 1933, le service officiel de presse de la N.S.D.A.P. rapporta que l'organisation des cellules d'usines nazies, N.S.B.O., avait « éliminé l'ancienne direction des syndicats libres et repris leur direction ».

— « Le national-socialisme qui, aujourd'hui, a assumé la direction de la classe ouvrière allemande, ne peut plus garder la responsabilité de laisser les hommes et les femmes de la classe ouvrière allemande, membres de l'organisation syndicale allemande, la plus grande organisation corporative du monde, aux mains de gens qui ne connaissent pas la patrie qui s'appelle l'Allemagne. C'est pour cela que l'organisation des cellules d'usines nationales-socialistes a repris la direction des syndicats. La N.S.B.O. a éliminé l'ancienne direction de la fédération générale des syndicats allemands et de la fédération générale indépendante des employés... Le 2 mai 1933, l'organisation des cellules d'usines nationales-socialistes N.S.B.O. a repris la direction de tous les syndicats ; tous les immeubles appartenant aux syndicats ont été occupés et les affaires relatives aux finances et au personnel de l'organisation soumises au contrôle le plus sévère. »

— Comme le montre ce document, l'attaque contre les syndicats indépendants fut dirigée par l'accusé Ley, en qualité de Reichsleiter chargé de l'organisation du parti, assisté des Gauleiter et des formations du parti, et elle impliquait la saisie des fonds et des biens des syndicats. A ce propos, je dépose le document PS-1678. Ce document est un compte rendu d'un discours prononcé par le Reichsleiter Ley, le 11 septembre 1937, à la cinquième session annuelle du Front allemand du travail. Dans ce discours, Ley confirme cyniquement la confiscation des biens syndicaux.

— « J'ai dit un jour au Führer : “ Mon Führer, je suis aujourd'hui bien près de la prison, car je suis toujours le mandataire responsable des camarades Leipart et Imbusch et, s'ils devaient un jour me demander de leur rendre leur argent, on découvrirait que je l'ai dépensé, en constructions ou autrement. Mais ils ne retrouveront plus jamais leur bien dans l'état où ils me l'ont donné ; c'est pourquoi je serais condamné. " Le Führer rit, et fit la remarque qu'apparemment je ne m'en portais pas plus mal. C'était très difficile pour nous tous. Aujourd'hui nous en rions... »

— La mise en application du plan de suppression des syndicats libres par les conspirateurs nazis fut avancée par la promulgation, le 19 mai 1933, d'une loi qui abolissait les ententes, les contrats collectifs entre ouvriers et patrons, et les remplaçait par un contrôle des conditions de travail exercé par des commissaires au Travail nommés par Hitler. Après avoir prévu la nomination par Hitler des commissaires au Travail, cette loi prévoit, et je cite :

— « Jusqu'à l'établissement d'une nouvelle charte du Travail, les commissaires régleront les conditions d'établissement des contrats de travail. Ce système est obligatoire et remplace le système basé sur les contrats collectifs entre ouvriers et patrons, indépendants ou syndiqués. »

— Ayant dissous les syndicats indépendants et supprimé les contrats de travail collectifs, les conspirateurs nazis assurèrent la nazification de l'industrie, loi du 20 janvier 1934. Cette loi avait pour titre : « Loi réglementant le travail national », et instituait le Führerprinzip dans toutes les entreprises industrielles. D'après cette loi, le chef d'entreprise est le guide de l'exploitation et les ouvriers le suivent. Je cite :

— « Le chef de l'usine prend les décisions pour les ouvriers et travailleurs dans tous les domaines réglementés par cette loi. Il est responsable du bien-être des employés et travailleurs. Les employés et travailleurs lui doivent fidélité selon les principes de la communauté de l'usine. »

— Les syndicats ayant été dissous et le Führerprinzip devant maintenant présider aux rapports entre administration et travail, les membres du corps des dirigeants politiques prirent alors des mesures destinées à remplacer les unions et les syndicats indépendants par le Front allemand du travail (D.A.F.), organisation affiliée au parti. Le jour même où les conspirateurs nazis commencèrent la dissolution des syndicats libres, le 2 mai 1933, ils proclamèrent publiquement la formation d'un front unique des travailleurs allemands dont Hitler devint président d'honneur au cours du congrès ouvrier du 10 mai 1933.

— « L'agence de presse du parti national-socialiste a été informée qu'un grand congrès ouvrier aurait lieu le mercredi 10 mai, à la Chambre Haute de Prusse à Berlin. Le front unifié des ouvriers allemands y sera formé. Adolf Hitler sera sollicité pour en être le président d'honneur. »

— Les conspirateurs nazis employèrent le D.A.F., le Front allemand du travail, comme instrument de propagande pour répandre l'idéologie nazie parmi ses millions d'adhérents forcés. Le contrôle du corps des dirigeants sur le Front du travail était assuré non seulement par la désignation du Reichsleiter de l'organisation du parti, Ley, comme chef du D.A.F., mais encore par l'emploi d'un grand nombre de chefs politiques chargés d'imposer et de propager l'idéologie nazie parmi les adhérents. Je cite maintenant le document, le livre de l'organisation du parti :

— « L'organisation des cellules d'usines nationales-socialistes (N.S.B.O.) est constituée par une union des chefs politiques du N.S.D.A.P. au sein du Front allemand du travail.

— « La N.S.B.O. fournit les cadres chargés de l'organisation du Front allemand du travail.

— « Les charges et les responsabilités qui incombaient à la N.S.B.O. ont été transmises au Front allemand du travail.

— « Les chefs politiques qui sont passés de la N.S.B.O. au front allemand du travail, garantissent l'éducation idéologique du D.A.F. selon l'esprit national-socialiste. »

Témoignage Theo Hupfauer, chef de service au bureau central du Front du travail jusqu'en 1944

Docteur Servatius. — Est-ce que le Front du travail allemand était une organisation qui dépendait du parti nazi ? Ce dernier en avait-il la direction politique ?

Témoin Hupfauer. — Le Front du travail allemand était un organisme doué d'une indépendance personnelle dans le domaine de l'organisation et des finances. Il appartenait au parti, mais les tâches de direction étaient celles du parti lui-même.

Docteur Servatius. — Est-ce que les chefs du Front du travail, qui étaient des chefs politiques, avaient des tâches politiques ? Étaient-ils chefs politiques de ce fait ?

Témoin Hupfauer. — Les chefs du Front du travail avaient des tâches purement sociales ; ils avaient été nommés spécialement pour cela et étaient des chefs politiques.

Docteur Servatius. — Est-ce que le Front du travail, en 1933, a supprimé les syndicats ?

Témoin Hupfauer. — Le 2 mai 1933, le Front du travail n'existait pas. Ce sont des fonctionnaires de l'organisation des cellules nationales-socialistes, le N.S.B.O., qui n'ont pas détruit les syndicats mais ont pris la direction de leurs travaux pour leur compte.

Docteur Servatius. — Quel était le but de ces mesures ? Briser la résistance des travailleurs contre le parti ? Et supprimer la résistance à la politique d'une guerre d'agression ?

Témoin Hupfauer. — En mai 1933, les premiers succès sensibles pour les travailleurs allemands se faisaient sentir dans la solution donnée au chômage de millions d'ouvriers. La situation était la suivante : les ouvriers allemands avaient la certitude de recevoir bientôt du travail et du pain. C'est pourquoi on ne peut pas parler de leur résistance contre le parti. La fondation du Front du travail avait le but suivant : il était nécessaire au premier chef, pour pouvoir pousser la reconstruction économique sans frictions et mettre en ordre le marché du travail, de supprimer les troubles dus aux conflits du travail, préjudiciables sur le plan social et économique, tels les grèves et les lock-out. Il était donc nécessaire de créer un équilibre juste entre les intérêts des patrons et des ouvriers. On pouvait le faire de la façon la plus sûre grâce à une organisation commune comprenant patrons et ouvriers.

DOCTEUR SERVATIUS. — Ainsi donc, les organisations patronales ont été également dissoutes à cette époque ?

TÉMOIN HUPFAUER. — L'organisation patronale a été également dissoute dans le but de créer une organisation commune afin de supprimer la lutte des classes et de créer ainsi la condition indispensable à un ordre véritablement social.

DOCTEUR SERVATIUS. — Est-ce que la mainmise sur ces syndicats ne s'est pas effectuée par la violence, en faisant appel aux S.A., aux S.S. et à la police ? Les chefs des syndicats n'ont-ils pas été arrêtés ?

TÉMOIN HUPFAUER. — Le 2 mai, les maisons des syndicats ont en effet été occupées par la police avec l'aide de la police auxiliaire, des S.S., des S.A. et des « Casques d'acier ». Les chefs des syndicats ont également été emprisonnés pendant un très court délai. Ces mesures avaient pour but immédiat d'éviter de dilapider les biens des syndicats qui subsistaient encore et de permettre de continuer le travail dans le cadre de ces organisations.

DOCTEUR SERVATIUS. — Est-ce que l'organisation des cellules d'usines nationales-socialistes a pris pour elle les biens des syndicats dissous, et qu'en a-t-elle fait ?

TÉMOIN HUPFAUER. — Les biens des syndicats n'ont pas été utilisés par le N.S.B.O., car cette organisation était financée par les cotisations de ses membres. Les biens des syndicats ont été utilisés pour continuer le travail d'assistance et ils ont, en outre, été utilisés pour assurer les anciens droits des membres des syndicats afin de pouvoir continuer à leur payer des secours en cas d'invalidité, de maladie, et de mort.

DOCTEUR SERVATIUS. — Les syndicats avaient-ils à ce moment-là des biens importants ?

TÉMOIN HUPFAUER. — En 1933, c'était la fin de la crise économique qui avait commencé en 1930. Cette crise économique avait eu naturellement aussi une influence négative sur les syndicats. Il est établi qu'en raison du chômage, l'augmentation du nombre des syndiqués était devenue de plus en plus faible, que le nombre des syndiqués chômeurs croissait de plus en plus et qu'une grande partie d'entre eux ne pouvaient plus payer leurs cotisations. Un grand nombre d'entre eux devaient avoir recours aux caisses d'assistance de ces syndicats, ce qui contribuait à les vider.

DOCTEUR SERVATIUS. — Est-ce que le docteur Ley lui-même n'a pas reconnu qu'il avait utilisé illégalement l'argent des syndicats et qu'il avait déjà un pied en prison si le Führer ne sanctionnait pas légalement la confiscation de ces biens ?

TÉMOIN HUPFAUER. — Si je me souviens bien, le docteur Ley a fait cette déclaration à l'occasion d'un congrès du parti à Nuremberg, dans le cadre d'un rapport sur les prestations du Front du travail allemand. Il voulait dire par là qu'il lui appartenait de faire sanctionner légalement la confiscation de ces biens qui était la conséquence d'une action politique. Dans le même discours, il a parlé des prestations du Front du travail et montré que ces biens avaient été utilisés dans l'intérêt des ouvriers allemands.

***

En conclusion à cette « année terrible » de 1933 où les principaux éléments de la « Toile d'Araignée » se mettent en place, l'interrogatoire de von Papen et de larges extraits du discours de Harbourg que le vice-chancelier prononça l'année suivante pour tirer la sonnette d'alarme d'un régime dont l'intolérance pouvait mener la nation vers le désastre, constituent une analyse éclairée du « monopole révolutionnaire du National-Socialisme ».

DOCTEUR KUBUSCHOK. — Comment ont évolué l'attitude d'Hitler et l'influence du parti au cours de l'année 1933 et au début de 1934 ?

ACCUSÉ VON PAPEN. — Peu à peu, des rapports de confiance se sont établis entre Hitler et Hindenburg. Ceci amena la suppression du rapport commun qui avait été fixé alors. Un des facteurs décisifs de cette évolution fut l'influence prise par Hitler sur le ministre de la Défense du Reich, Blomberg. Dès cette époque, en 1933, Hitler essayait d'exercer une influence déterminante sur l'armée. Il voulait obtenir le renvoi du général von Hammerstein et son remplacement par le général von Reichenau qui passait pour être un ami du parti. À ce moment-là, je réussis à convaincre le président du Reich de ne pas donner suite à ce désir d'Hitler et je lui recommandai de prendre le général von Fritsch.

— Une autre raison de cette évolution fut l'incorporation du « Stahlhelm » — c'est-à-dire d'un groupe de la droite conservatrice — aux S.A. de la N.S.D.A.P. Puis, de nouveaux postes ministériels furent occupés par des membres du parti. Hugenberg, le chef de la droite conservatrice, quitta son poste et les deux ministères importants qu'il administrait, l'Économie et l'Agriculture, passèrent aux mains des nationaux-socialistes. Mais, ce qui eut une influence décisive sur le plan psychologique, ce sont les élections du 5 mars car, à partir de ce moment-là, les gouvernements de tous les pays avaient une majorité nationale socialiste et c'est de là qu'une pression constante était exercée sur Hitler. Hitler s'appuya désormais sur le dynamisme du parti et, dans une mesure toujours croissante, de partenaire prêt à des compromis, il devint un autocrate qui les refusait tous.

DOCTEUR KUBUSCHOK. — Sur quoi devait être fondée votre position de vice-chancelier ?

ACCUSÉ VON PAPEN. — En tant que vice-chancelier, j'étais censé remplacer le chancelier, mais sans attributions particulières. Très rapidement cependant, il s'avéra qu'il ne pouvait s'agir d'un remplacement, car Hitler traitait lui-même tous les problèmes. Le fait que je ne disposais d'aucun ressort ministériel affaiblissait ma position, car celle-ci ne reposait plus que sur la confiance d'Hindenburg, confiance qui diminuait à mesure que la position d'Hitler augmentait de poids.

DOCTEUR KUBUSCHOK. — Sur quoi s'appuyait, constitutionnellement, la position d'Hitler dans le cabinet du Reich ?

ACCUSÉ VON PAPEN. — La position constitutionnelle du chancelier dans le cabinet était fixée par l'article 56 de la Constitution qui dit :

— « Le chancelier détermine les grandes lignes de la politique et en porte la responsabilité devant le Reichstag. » Si la politique d'un ministre chargé d'un ressort ministériel n'est pas conforme aux directives du chancelier du Reich, ce n'est pas le cabinet qui en décide par une décision prise à la majorité, mais le chancelier du Reich seul. Et l'article 58 de la Constitution dispose : « Le chancelier du Reich ne peut pas être mis en minorité par le cabinet pour des questions concernant des contradictions avec la politique qu'il a déterminée. »

— Au milieu de l'année 1934, la tension intérieure s'accentua en Allemagne d'une manière croissante. Il en résulta une situation dans laquelle des concessions que nous avions faites en qualité de partenaires de la coalition n'amenaient pas un apaisement intérieur définitif, mais n'étaient considérées par le parti que comme le début d'un nouveau mouvement révolutionnaire. Cela constituait visiblement un abandon du pacte de coalition qui avait été conclu le 30 janvier. Les objections que j'exprimai à plusieurs reprises au cabinet restèrent sans résultat. Si donc il n'y avait pas de possibilité de forcer le chancelier du Reich à procéder à une modification de la politique de son cabinet, — et c'était, comme nous venons de l'exposer, impossible en vertu de la Constitution — il ne restait que la possibilité d'une démission ou celle de s'adresser à l'opinion publique. En offrant ma démission, je me privais de ma possibilité de parler. C'est pourquoi je décidai de parler, et de parler publiquement. Et je résolus de m'adresser au peuple allemand en traitant de problèmes fondamentaux. Si, comme le prétend le ministère public, j'avais été un opportuniste, je me serais tu et je serais resté à mon poste, ou j'aurais accepté un autre poste. Mais je décidai à ce moment-là de m'adresser à l'opinion publique en acceptant toutes les conséquences qui pourraient en résulter.

DOCTEUR KUBUSCHOK. — Le 17 juin 1934, vous avez prononcé ce discours à Marbourg. Que pensiez-vous pouvoir obtenir par ce moyen ?

ACCUSÉ VON PAPEN. — Dans ce discours, je soumettais à Hitler, en vue d'une discussion et d'une décision, toutes les questions qui étaient importantes pour le maintien d'une politique raisonnable en Allemagne.

Je m'élevais contre les prétentions d'un certain groupe ou d'un parti à constituer un monopole révolutionnaire ou national. Je m'élevais contre la violence et contre l'oppression, contre les tendances anti-chrétiennes et contre les prétentions à un totalitarisme sur le plan religieux ; je m'opposais à la suppression de toute critique ; je m'élevais contre l'oppression et l'uniformisation de l'esprit, contre la violation de principes fondamentaux du droit et contre l'inégalité devant les juges, contre le byzantinisme du parti. Il était parfaitement clair pour moi que si l'on réussissait — et ne fût-ce que sur un seul point — à rompre le cercle de ce système qui constituait la base du système nazi, on réussirait à obliger ce système à revenir à l'ordre, par exemple, au rétablissement de la critique et de la liberté spirituelle.

DOCTEUR KUBUSCHOK. — En raison de l'importance fondamentale de ce discours, qui, par sa position critique constitue quelque chose d'unique dans l'Histoire allemande depuis 1933, je me propose d'en lire quelques passages importants.

— « Nous savons que les bruits, les rumeurs, doivent être tirés de l'ombre dans laquelle ils se réfugient. L'explication ouverte et virile convient mieux au peuple allemand que, par exemple, l'attitude hermétique d'une presse dont le ministre de l'Information et de la Propagande a dit qu'elle n'avait plus de visage. Ce défaut existe sans conteste. La presse devrait être là pour instruire le gouvernement des insuffisances qui se sont révélées, des lieux où la corruption s'est nichée, où des fautes graves ont été commises, où des hommes incapables occupent des places qui ne leur reviennent pas, où des péchés sont commis contre l'esprit de la révolution allemande. Un service de renseignements secret ou anonyme, si bien organisé soit-il, ne pourra jamais remplacer la presse dans ce rôle. En effet, le rédacteur est sous la responsabilité de la loi et de sa conscience, les pourvoyeurs anonymes de renseignements, par contre, sont incontrôlables et exposés au danger du byzantisme. Mais si les organes compétents de l'opinion publique n'éclaircissent pas suffisamment l'ombre pleine de mystère qui semble être étendue en ce moment sur l'âme du peuple allemand, c'est l'homme d'État lui-même qui doit intervenir et appeler les choses par leur nom...

— « La vérité historique est que la nécessité d'un changement de direction fondamental a également été reconnue et favorisée par les hommes auxquels répugnait le changement par la voie d'un parti de masses. Le droit à un monopole révolutionnaire ou national pour certains groupes me paraît donc exagéré, d'autant plus qu'il gêne la communauté nationale...

— « On ne peut pas organiser tous les aspects de la vie, car on risque alors de la mécaniser. L'État est organisation ; la vie est développement...

— « La prédominance d'un seul parti au lieu du système de plusieurs partis, heureusement disparu, me paraît, historiquement, être un état de transition qui ne se justifie qu'aussi longtemps que le changement de politique n'est pas assuré et que la nouvelle élite n'est pas entrée en fonctions...

— « Mais on ne doit pas confondre l'État religieux, qui se base sur une croyance vivante en Dieu, avec l'État laïque, dans lequel des valeurs terrestres sont mises à la place de la croyance en l'au-delà et parées d'honneurs religieux...

— « Certes, le respect extérieur à l'égard de la croyance religieuse est un progrès par rapport à l'attitude irrespectueuse d'un rationalisme dégénéré, mais nous ne devons pas oublier que la véritable religion est un lien avec Dieu et non un lien avec les moyens de remplacement qui ont été introduits dans la conscience des peuples précisément par la conception matérialiste de l'histoire d'un Karl Marx. Si maintenant de larges milieux exigent, précisément du point de vue de l'État totalitaire et de la fusion définitive de la nation, une base de croyance unifiée, ils ne doivent pas oublier que nous devons être heureux d'avoir une telle base dans le christianisme...

— « Je suis convaincu que la doctrine chrétienne représente simplement la forme religieuse de toute la pensée occidentale et que le réveil des forces religieuses peut à nouveau faire pénétrer dans le peuple allemand les valeurs chrétiennes dont toute la profondeur n'est même plus soupçonnée par une humanité ayant traversé le XIXe siècle. Nous lutterons pour décider si le nouveau Reich des Allemands sera chrétien ou se perdra dans un sectarisme ou un matérialisme semi-religieux...

— « Mais lorsqu'une révolution est faite, le gouvernement ne représente que la communauté nationale et n'est jamais le représentant de groupes particuliers...

— « C'est pourquoi il n'est pas possible de se débarrasser de l'esprit sous prétexte d'intellectualisme. Une intelligence faible ou primitive ne suffit pas pour autoriser à la lutte contre l'intellectualisme et si nous nous plaignons aujourd'hui de nationaux-socialistes à 150 %, il s'agit d'intellectuels déracinés, d'intellectuels qui voudraient contester le droit à l'existence d'hommes de science de renommée mondiale parce qu'ils ne possèdent pas le livret du parti...

— « Que l'on ne dise pas que les hommes de pensée manquent de la vitalité sans laquelle aucun peuple ne peut être dirigé. Le véritable esprit est tellement vivant qu'il se sacrifie pour sa conviction. La confusion de la brutalité et de la vitalité mènerait à une idolâtrie de la force qui serait dangereuse pour une nation...

— « Ils s'opposent à l'égalité devant les juges qu'ils flétrissent comme une déviation libérale alors qu'elle est en réalité la condition nécessaire de tout jugement équitable. Ces gens oppriment cette base de l'État qui s'est appelée de tous temps — et non pas seulement dans l'ère libérale — l'équité. Leurs attaques se dirigent contre la sécurité et la liberté de la vie privée que l'homme allemand a acquise au cours de siècles de lutte opiniâtre...

— « Les grands hommes ne se font pas par la propagande, mais grandissent par leurs actions et sont reconnus par l'Histoire. Le byzantisme, lui non plus, ne peut pas nous leurrer sur ces lois...

— « Mais on ne doit pas se faire d'illusions sur les limites biologiques et psychologiques de l'éducation. La contrainte, elle aussi, s'arrête devant la volonté d'affirmation de la vraie personnalité. Les réactions contre la contrainte sont dangereuses. En tant qu'ancien soldat, je sais que la discipline la plus stricte doit être complétée par certaines libertés. Même le bon soldat qui se soumet avec joie à une obéissance sans réserves, compte ses jours de service parce que le besoin de liberté est enraciné dans la nature humaine. L'application de la discipline militaire à la vie entière d'un peuple doit donc se tenir dans des limites qui ne contrarient pas les prédispositions humaines...

— « Il faudra qu'un jour le mouvement prenne fin et que surgisse un édifice social solide étayé par une législation indépendante et un pouvoir d'État incontesté. On ne peut rien créer au moyen d'un dynamisme éternel. L'Allemagne ne doit pas devenir un train vers l'inconnu dont personne ne sait quand il s'arrêtera...

— « Le gouvernement est bien renseigné sur tout ce qui, en fait de cupidité, manque de caractère, manque de loyauté, manque d'esprit chevaleresque et présomption, tente de se développer sous le couvert de la révolution allemande. Il ne se fait aucune illusion sur le fait que le riche trésor de confiance que lui a accordé le peuple allemand est menacé. Si l'on veut rester près du peuple, si l'on veut constituer l'union du peuple, on ne doit pas sous-estimer son intelligence, mais répondre à sa confiance et ne pas vouloir le mettre constamment en tutelle. Le peuple allemand sait que sa situation est grave, il ressent la détresse économique, il connaît exactement les défauts de certaines lois nées de la nécessité, il a le sens très net de la brutalité et de l'injustice, il sourit des tentatives maladroites faites pour le tromper par de belles couleurs. Aucune organisation et aucune propagande, si bonnes soient-elles, ne seront à elles seules capables, à la longue, de maintenir la confiance. C'est pour cela que j'ai considéré autrement que certains autres la vague de propagande contre les « critiquailleurs ». Ce n'est pas par l'excitation de la jeunesse en particulier, ce n'est pas par des menaces contre les éléments indigents de la nation, mais seulement par une explication confiante avec le peuple que l'on peut accroître la confiance et la joie au travail. Le peuple sait que de lourds sacrifices lui sont demandés. Il les supportera et suivra le Führer avec une fidélité inébranlable, si on le laisse participer aux délibérations et aux actes et si l'on n'interprète pas chaque parole de critique comme une preuve de mauvaise volonté, et enfin si l'on ne considère pas les patriotes désespérés comme des ennemis de l'État. »

LES ENNEMIS DE L'ÉTAT.

COLONEL N.J. PHILLIMORE (substitut du Procureur Général britannique). — Témoin, vous nous avez dit hier que l'accusé Ribbentrop était opposé à la persécution des Églises et à la persécution des Juifs et qu'il ne savait pas ce qui se passait dans les camps de concentration. Vous nous avez dit qu'il n'était pas parfait nazi. Quelles sont les caractéristiques d'un parfait nazi ?

TÉMOIN VON STEENGRACHT (1). — Un national-socialiste parfait est, d'après moi, un homme qui, de façon fanatique, reconnaît et représente toutes les doctrines du national-socialisme. J'ai dit que monsieur von Ribbentrop suivait personnellement Hitler, mais il connaissait à proprement parler très peu l'ensemble de l'idéologie et ne s'en est jamais occupé. Il n'a jamais parlé lors de réunions ; il n'a jamais assisté à de grands meetings. Il ne savait donc que très peu de choses sur le peuple et l'état d'âme du peuple.

COLONEL PHILLIMORE. — Par « parfait nazi » voulez-vous entendre quelqu'un qui persécutait les Églises ?

TÉMOIN VON STEENGRACHT. — Je n'ai pas compris cette question.

COLONEL PHILLIMORE. — Je vais la répéter : par « parfait nazi » entendez-vous un homme qui persécutait les Églises ?

TÉMOIN VON STEENGRACHT. — En tous les cas, c'était un homme qui, si Adolf Hitler estimait que c'était juste, n'exprimait pas son opinion personnelle sur ces problèmes.

(1) Adolf Freihen von Steengracht von Moyland, ancien secrétaire d'État au ministère des Affaires étrangères du Reich.

LES ÉGLISES
Documents de l'accusation :

— « Le christianisme et le national-socialisme sont des phénomènes provenant de causes entièrement différentes. Les principes en sont si différents qu'il n'est pas possible de créer une doctrine chrétienne qui serait entièrement compatible avec l'idéologie nationale-socialiste ; de même les communautés de foi chrétienne ne pourraient jamais s'accommoder totalement de l'idéologie du national-socialisme. »

Martin Bormann

— « Un être humain ne saurait quoi que ce soit du christianisme si cela ne lui avait été inculqué au cours de son enfance par les pasteurs. Le soi-disant “ bon Dieu ” ne laisse pas soupçonner son existence aux jeunes êtres, mais, chose curieuse, en dépit de toute sa puissance, il laisse ce soin à ses prêtres. Par conséquent, si à l'avenir notre jeunesse n'apprend rien de plus sur ce christianisme, dont les doctrines sont loin d'avoir la valeur des nôtres, il disparaîtra de lui-même. »

Martin Bormann

— Le parti nazi a toujours été violemment antichrétien dans son idéologie. Mais nous, qui croyons à la liberté de conscience et de religion, nous ne faisons un crime à quiconque de ses idées. Ce n'est pas parce que les nazis étaient eux-mêmes irreligieux ou païens, mais parce qu'ils ont persécuté les membres de la foi chrétienne, qu'ils sont devenus coupables de crimes et c'est parce que la persécution était un pas vers la préparation de la guerre d'agression que cette faute est devenue d'une importance internationale.

— Afin d'écarter dans le peuple allemand toute influence modératrice et de placer complètement la population sur un pied total de guerre, les conspirateurs organisèrent et mirent en œuvre une répression systématique et continue contre toutes les sectes et Églises chrétiennes.

— Nous vous demanderons de condamner les nazis sur leurs propres témoignages. Martin Bormann promulgua en juin 1941 un décret secret sur les relations entre le christianisme et le national-socialisme. Le décret disposait :

— « Pour la première fois dans l'histoire de l'Allemagne, le Führer a conscience d'avoir la direction complète du peuple entre les mains. Avec le parti, les unités qui le composent et celles qui y sont rattachées, le Führer a créé pour lui et, par là même, pour les dirigeants du Reich allemand, un instrument qui le rend indépendant de l'Église. Toutes les influences qui pourraient gêner la direction exercée sur le peuple par le Führer avec l'aide de la N.S.D.A.P. ou lui nuire, doivent être éliminées.

De plus en plus, le peuple doit être éloigné des Églises et de leurs représentants, les pasteurs.

— « Naturellement, si on les considère de leur propre point de vue, les Églises doivent se défendre et se défendront contre cette perte de pouvoir. Mais on ne doit plus jamais permettre aux Églises de prendre une influence quelconque sur la direction du peuple. Cette influence doit prendre fin complètement et à jamais.

— « Seuls le gouvernement du Reich et, conformément à ses instructions, le parti, les unités qui le composent et celles qui lui sont rattachées, ont le droit de diriger le peuple. Tout comme les influences néfastes des astrologues, des voyants et autres fraudeurs sont éliminées et supprimées par l'État, la possibilité d'une influence ecclésiastique doit être totalement écartée. La direction de l'État n'aura d'influence sur les particuliers que lorsque ce but sera atteint. Jusque-là, l'existence du peuple et du Reich ne sera pas assurée pour tous les temps à venir. »

— La façon dont le parti isolait le Reich de l'influence chrétienne, sera prouvée par des textes tels que ce télétype de la Gestapo de Berlin adressé à la Gestapo de Nuremberg le 24 juillet 1938. Je cite maintenant son propre compte rendu des événements qui ont eu lieu à Rothenburg :

— « Le parti, le 23 juillet 1938 à 21 heures, commença une troisième manifestation dirigée contre l'évêque Sproll. Environ deux mille cinq cent à trois mille manifestants des régions environnantes furent amenés en autobus, etc. La population de Rothenburg ne prit aucune part à cette manifestation. L'attitude des habitants de la ville à l'égard des manifestants était plutôt hostile. Les membres responsables du parti perdirent complètement le contrôle de l'opération. Les manifestants attaquèrent le Palais, forcèrent les grilles et les portes. Environ cent cinquante à deux cents hommes pénétrèrent dans le Palais, fouillèrent les pièces, jetèrent les archives par les fenêtres et fouillèrent les lits des chambres à coucher. Ils mirent le feu à un lit. Avant que le feu ne se communiquât à d'autres objets dans les chambres et le Palais, le lit en flammes put être jeté par la fenêtre et le feu éteint. L'évêque priait dans la chapelle en compagnie de l'archevêque Gröber de Fribourg et de fidèles de son entourage. Environ vingt-cinq à trente personnes firent irruption dans la chapelle et molestèrent ceux qui s'y trouvaient. L'archevêque Gröber fut pris pour l'évêque Sproll. Il fut empoigné par ses vêtements et bousculé. Finalement, les intrus se rendirent compte que l'archevêque Gröber n'était pas celui qu'ils cherchaient. On put alors les persuader de quitter le bâtiment. Après l'évacuation du Palais par les manifestants, j'eus un entretien avec l'archevêque Gröber, qui quitta Rothenburg dans la nuit. Gröber veut quand même en appeler au Führer et au docteur Frick, ministre de l'Intérieur du Reich.

— « Dès que j'aurai supprimé les contre-manifestations, je ferai immédiatement un rapport sur le déroulement de l'action, les dommages causés, ainsi que sur l'hommage rendu dès aujourd'hui à l'évêque par la population de Rothenburg...

— « Si le Führer a des instructions à nous donner, je demande qu'on nous les fasse parvenir très rapidement... »

— Plus tard, l'accusé Rosenberg écrivit à Bormann en modifiant la proposition de nomination de Kerrl au poste de ministre des Cultes, afin de mettre l'Église protestante sous la tutelle de l'État et de proclamer Hitler son chef suprême. Rosenberg était opposé à cette idée, suggérant que le nazisme devait supprimer complètement l'Église chrétienne après la guerre.

— Les persécutions de toutes les sectes pacifistes et dissidentes, telles que les « Témoins de Jéhovah » et « l'Association de la Pentecôte » étaient particulièrement acharnées et cruelles. Néanmoins, la politique adoptée envers les Églises évangéliques était d'utiliser leur influence au service des buts nazis. En septembre 1933, Müller fut nommé représentant du Führer ayant autorité pour s'occuper des affaires de l'Église évangélique dans ses relations avec l'État. Enfin, des dispositions furent prises pour créer un évêque du Reich, investi du pouvoir de contrôler ce culte. Un long conflit suivit. Le pasteur Niemöller fut envoyé dans un camp de concentration et il y eut de vastes empiètements sur le domaine de la discipline intérieure et de l'administration des Églises.

— Une campagne très intensive fut dirigée contre l'Église catholique romaine. Après un concordat stratégique conclu avec le Saint-Siège, en juillet 1933 à Rome, qui n'a jamais été respecté par le parti nazi, une persécution longue et persistante de l'Église catholique, de ses prêtres et de ses membres fut entreprise. Les écoles et les autres institutions d'éducation religieuse furent supprimées ou mises à la disposition de l'enseignement nazi contraire à la foi chrétienne. Les propriétés de l'Église furent confisquées et le vandalisme inspiré, dirigé contre la propriété des Églises resta impuni. L'instruction religieuse fut arrêtée, l'exercice du culte rendu difficile, les prêtres et les évêques furent suspendus, des désordres furent encouragés pour les brimer et beaucoup furent envoyés dans des camps de concentration (1).

COLONEL LÉONARD WHEELER JR. — Hitler annonça en mars 1933 une distinction dans sa politique entre la politique et la morale d'une part, et la religion d'autre part. C'est un discours prononcé par Hitler au Reichstag le 23 mars 1933, publié dans le *Völkischer Beobachter*, du 24 mars 1933.

— « Le gouvernement, tout en étant décidé à opérer l'épuration politique et morale dans notre vie publique, crée et assure les conditions nécessaires à une véritable vie religieuse. Le gouvernement voit dans les deux confessions chrétiennes, les facteurs les plus importants de la survivance de notre peuple. Il respectera les accords conclus entre elles et les États. Il compte, cependant, que sa tâche rencontrera de la compréhension. Le gouvernement traitera toutes les autres confessions avec une objectivité et une justice égales. Toutefois, il n'acceptera jamais que le fait d'appartenir à une certaine confession ou à une certaine race,

(1) Sur ce sujet voir *les Sorciers du Ciel.* Éditions France-Empire.

soit une autorisation de se livrer à des actes répréhensibles. Le Gouvernement mettra tous ses soins à réaliser une entente harmonieuse entre l'Église et l'État. »

— A l'égard des Églises évangéliques, les conspirateurs nazis opérèrent d'abord avec précaution et avec une apparence de légalité. Ils instituèrent une nouvelle constitution de l'Église évangélique allemande, qui introduisait l'innovation d'un évêque unique du Reich luthérien, assurant toutes les fonctions administratives des anciens organismes des Églises. Je mentionne le décret concernant la constitution de l'Église évangélique allemande, daté du 14 juillet 1933, publié au *Reichsgesetzblatt* 1933, que je demande au Tribunal de bien vouloir admettre comme preuve.

— Il est trop connu pour qu'il soit besoin d'en apporter des preuves supplémentaires, que le nouvel évêque du Reich, Müller, était aux ordres de ses maîtres nazis. L'une de ses premières démarches consista à faire rentrer l'Association de la jeunesse évangélique dans la Jeunesse hitlérienne, sous les ordres de l'accusé von Schirach.

— En 1935, il était devenu évident que quelque chose de plus que la persuasion de l'évêque du Reich était nécessaire. Les conspirateurs nazis promulguèrent en conséquence, quantité de textes de Droit public qui, sous des titres à l'apparence innocente, établissaient un contrôle de plus en plus serré de l'État sur les affaires des Églises évangéliques. Nous demandons au Tribunal d'admettre comme preuve ces lois publiées au *Reichsgesetzblatt*. Elles peuvent être résumées comme suit :

— Loi sur la procédure de décision dans les affaires juridiques de l'Église évangélique, datée du 26 juin 1935, signée par Hitler et par Frick, publiée au *Reichsgesetzblatt* 1935. Elle donnait à l'accusé Frick, ministre de l'Intérieur du Reich, le droit exclusif de décider de la validité de mesures prises depuis le 1er mai 1933, par les Églises évangéliques des États ou l'Église évangélique allemande, si la question se posait dans une instance civile.

— Première ordonnance pour l'exécution de la loi sur la procédure de décision dans les affaires juridiques de l'Église évangélique, datée du 3 juillet 1935, publiée au *Reichsgesetzblatt* 1935. Elle complétait la loi précédente en instituant un comité de décision, composé de trois membres nommés par le ministre de l'Intérieur du Reich.

— Décret fixant les compétences du Reich et de la Prusse dans les affaires de l'Église, daté du 16 juillet 1935, signé par Hitler, publié au *Reichsgesetzblatt* 1935. Il transférait Kerrl, ministre du Reich sans portefeuille, aux affaires de l'Église, relevant jusque-là des ministres de l'Intérieur du Reich et de la Prusse et du ministre de l'Éducation nationale et de la Formation de la population.

— Loi sur la sauvegarde de l'Église évangélique allemande, datée du 24 septembre 1935, publiée au *Reichsgesetzblatt* 1935, signée par Hitler et par le ministre des affaires de l'Église, le docteur Kerrl. Elle donnait au ministre du Reich des affaires de l'Église le pouvoir de signer des ordonnances ayant force de loi.

— Cinquième décret pour l'exécution de la loi sur la sauvegarde de l'Église évangélique allemande, daté du 2 décembre 1935, publié au *Reichsgesetzblatt* 1935. Il interdisait aux organes de direction de l'Église évangélique de nommer des pasteurs, d'engager des assistants cléricaux, d'examiner et d'ordonner des candidats dans les églises des États ; il interdisait les visites, la publication des bans, la collecte et l'administration des redevances et taxes de l'Église.

— Cette série de lois atteignit son apogée, le 26 juin 1937, dans le quinzième décret, pour l'exécution de la loi sur la sécurité de l'Église évangélique allemande, daté du 25 juin 1937, publié au *Reichsgesetzblatt* 1937. Par cette loi, Kerrl, Reichsminister pour les affaires de l'Église, établissait une section financière pour contrôler l'administration des propriétés d'Église, le budget, l'utilisation des fonds et pour régler les pensions et salaires officiels destinés au clergé et aux employés. Bien avant leur entrée en guerre, les conspirateurs nazis avaient ainsi sous leur joug les Églises évangéliques, physiquement et administrativement, sinon spirituellement.

— Contre l'Église catholique, avec son organisation internationale, les conspirateurs nazis lancèrent à nouveau une attaque des plus vigoureuses et des plus systématiques, couverte d'abord cependant par un voile de coopération et de légalité. Un concordat signé par l'accusé von Papen, l'un des plus éminents chefs catholiques d'Allemagne, fut conclu entre le gouvernement du Reich et le Vatican, le 20 juillet 1933. Je cite l'article premier :

— « Le Reich allemand garantit la liberté de confession et la pratique publique de la religion catholique. Il reconnaît le droit de l'Église catholique, dans les limites des lois qui sont applicables à tous, de diriger, de régler ses propres affaires, d'une manière indépendante, et dans le cadre de sa compétence, de publier des lois et des ordonnances applicables à ses membres. »

— Les autres articles se rapportent à des faits bien connus et n'ont pas besoin, à mon avis, d'être lus pour le procès-verbal des débats ; ils formulent des principes de base, tels que la liberté de la presse catholique, de l'éducation catholique et des organisations charitables, professionnelles, et autres de l'Église catholique. La proposition du Concordat venait du Reich et non du Vatican.

— Le cardinal Pacelli qui est devenu le pape Pie XII, négocia et signa le Concordat au nom du Vatican, après avoir en sa qualité de cardinal été nonce du pape en Allemagne pendant douze ans. Les dirigeants catholiques confiants dans les assurances nazies, particulièrement dans le discours d'Hitler du 23 mars 1933, déjà cité, mirent fin à leur opposition antérieure à l'adhésion des catholiques au parti national-socialiste. Je verse au dossier une lettre pastorale, datée du 23 mars 1933, de l'évêque de Cologne et je cite le *Völkischer Beobachter* du 29 mars 1933.

— Le cardinal Schulte, archevêque de Cologne, fait part au diocèse de Cologne de la déclaration de la Conférence des évêques à Fulda : Les évêques des diocèses de l'Allemagne, dans leur désir justifié de conserver la pureté de la foi catholique et de protéger les titres et les droits inattaquables de l'Église catholique, ont adopté, pour des raisons profondes, au cours des années précédentes, une attitude d'opposition à l'égard du mouvement national-socialiste, par des interdits et des avertissements qui devaient valoir aussi longtemps et aussi sûrement que ces raisons restaient valides. Nous devons maintenant reconnaître que des déclarations officielles et solennelles ont été faites par le représentant le plus élevé du gouvernement du Reich qui est en même temps le chef responsable de ce mouvement, et qui reconnaissent l'inviolabilité des enseignements de la foi catholique, des tâches et des droits immuables de l'Église catholique et qui assurent que la pleine valeur des pactes légaux conclus entre les divers États allemands et l'Église sera rétablie.

— Sans supprimer la condamnation de certaines erreurs religieuses et morales prononcée autrefois, l'épiscopat croit cependant que ces avertissements n'auront pas lieu d'être considérés comme “ indispensables à l'avenir. ” »

— Le parti du centre catholique, cédant à ces assurances et à cette pression, fut dissous le 5 juillet 1933. Je mentionne un extrait des *Documents de la Politique allemande,* publication officielle nazie.

— « Les partis catholiques allemands eux aussi, que l'on supposait extrêmement solides, ont dû s'incliner devant la loi de l'Ordre nouveau. Le 4 juillet 1933, le parti populaire bavarois et le 5 juillet 1933, le parti du centre, publièrent l'annonce de leur dissolution. »

— Malgré ces preuves de foi et de collaboration ou de soumission de la part des catholiques, les conspirateurs nazis commencèrent presque immédiatement une série de violations du Concordat. J'offre comme preuve, l'Encyclique « Mit Brennender Sorge » signée le 14 mars 1937 par le pape Pie XI et qui circulait secrètement à Fulda, d'après des copies parvenues de Rome en Allemagne en contrebande, a été lue du haut de toutes les chaires d'Allemagne avec des accents de défi :

— « ... Cela divulgue des intrigues qui, depuis le début, ne visent à rien d'autre qu'à une guerre d'extermination. Dans le champ où nous avons semé cette Paix difficile, d'autres, comme les ennemis de l'Écriture Sainte, ont déposé les germes de la suspicion, de la discorde, de la haine, de la calomnie, et d'une hostilité de principe, secrète et ouverte, au Christ et à Son Église, nourrie de mille sources différentes et utilisant tous les moyens possibles. Sur eux et sur eux seuls, ainsi que sur leurs protecteurs cachés ou déclarés, repose la responsabilité du fait que l'on voit maintenant à l'horizon allemand, non pas l'arc-en-ciel de la paix, mais les lourds nuages des guerres destructrices de la religion. Quiconque ayant le sens de la vérité dans l'esprit et l'ombre d'un sentiment de justice au cœur, doit admettre que, dans les années difficiles et lourdes d'événements qui suivirent le Concordat, chaque parole et chaque action de notre part a été guidée par la loyauté vis-à-vis des termes de l'accord ; mais il sera aussi obligé de reconnaître, avec surprise et un dégoût profonds, que la loi non écrite de l'autre partie a conduit à une déformation arbitraire de l'accord, à une entorse frauduleuse à l'esprit des accords et finalement à une violation plus ou moins ouverte de ces accords, dix jours à peine après la signature du Concordat... »

DOCTEUR ALFRED SEIDL (avocat de l'accusé Frank). — Le ministère public américain a déclaré tout à l'heure qu'une partie des documents qui sont actuellement présentés comme preuve dans les questions d'opposition aux Églises, a été mise à la disposition du Tribunal par le Vatican. L'accusé Hans Frank me fait parvenir certaines questions que je désire soumettre au Tribunal ; les voici :

1. Le Vatican a-t-il déclaré adhérer au Statut du tribunal militaire international ?

2. Le Vatican a-t-il livré les documents en qualité de membre du ministère public ?

3. Le Vatican, agissant en cette dernière qualité, a-t-il fait siens les principes de ces débats ?

— L'accusé Hans Frank ajoute, comme explication, que l'avenir de son adhésion à l'Église catholique dépend des réponses qui seront faites à ces questions.

LE PRÉSIDENT. — Il faut que le Tribunal comprenne clairement votre objection. Votre première question est : « Est-ce que le Vatican a adhéré au Statut. » Est-ce exact ?

DOCTEUR SEIDL. — Parfaitement.

LE PRÉSIDENT. — Quelle est votre deuxième question?

DOCTEUR SEIDL. — Est-ce que le Vatican a mis les documents qui sont ici à la disposition du Tribunal, en tant que membre du ministère public ?

LE PRÉSIDENT. — Et la troisième ?

DOCTEUR SEIDL. — La troisième question s'adresse au ministère public : Le Vatican, en tant que membre du ministère public, a-t-il fait siens les principes qui règlent ces débats ?

(Le Tribunal délibère sur le siège.)

LE PRÉSIDENT. — Le Tribunal estime que les observations qui viennent de lui être soumises au nom de l'accusé Frank sont toutes hors de sa compétence et que toute requête qu'elles visaient à soutenir doit être repoussée. La parole est au ministère public.

COLONEL WHEELER. — Je verse maintenant au dossier le premier d'une série de documents que le Vatican a extraits pour le ministère public de ses propres archives et qui démontrent de façon concluante les actes de suppression de l'Église à l'intérieur de l'Allemagne. C'est une note verbale du secrétaire d'État de Sa Sainteté le pape à l'ambassade d'Allemagne, datée du 18 janvier 1942.

— « Les mesures et les actes qui violent gravement les droits de l'Église et qui sont contraires, non seulement au Concordat existant, mais aux principes du Droit international, ratifié par la deuxième Conférence de La Haye, sont souvent, et c'est beaucoup plus grave, en opposition avec les principes de base eux-mêmes de la loi divine naturelle et positive. »

— Le paragraphe suivant précise ces mesures. Je cite :

— « Qu'il suffise de rappeler à cet effet, entre autres choses, la transformation des écoles d'État catholiques élémentaires, en écoles sans dénomination confessionnelle ; la fermeture permanente ou temporaire de quantités de séminaires secondaires et de beaucoup de séminaires principaux, ainsi que de certaines facultés de théologie ; la suppression de presque toutes les écoles privées et de nombreuses pensions et collèges catholiques ; la répudiation, décidée unilatéralement, d'obligations financières que l'État, les municipalités, etc., avaient contractées envers l'Église ; les difficultés croissantes suscitées aux activités des Ordres et Congrégations religieuses, dans le domaine spirituel, culturel et social ; et par-dessus tout la suppression des abbayes, des monastères, des couvents et des édifices religieux, en si grande quantité, qu'on est amené à conclure à une intention délibérée de rendre impossible l'existence même des Ordres et Congrégations en Allemagne. »

— Les nazis ne négligèrent pas les autres sectes ou confessions, dans leurs efforts pour supprimer la religion chrétienne en Allemagne. Il y avait, par exemple, un groupe appelé les Bibelforscher, c'est-à-dire des exégètes ; la plupart d'entre eux appartenaient à la secte des « témoins de Jéhovah ». C'étaient des pacifistes, et nos conspirateurs ne s'employèrent pas seulement à les traduire devant les tribunaux réguliers ; ils les firent enfermer dans des camps de concentration après qu'ils avaient purgé leur peine. Je mentionne ici le document daté du 5 août 1937 ; c'est un ordre de la Police secrète d'État de Berlin.

— « Le ministre de la Justice du Reich m'avait informé qu'il ne partageait pas l'opinion exprimée à diverses occasions par les services subordonnés et d'après laquelle l'arrestation des Bibelforscher après l'accomplissement de leur peine semblait compromettre l'autorité des tribunaux.

— « Il se rendait parfaitement compte que la Police d'État devait nécessairement prendre des mesures après l'accomplissement des peines, mais il demandait qu'on n'applique pas aux Bibelforscher " l'internement de protection " dans des conditions susceptibles de nuire au respect de la Justice. »

— « Aux termes de mon décret-circulaire du 22 avril 1937, si les autorités chargées d'exécuter la sentence annoncent la mise en liberté imminente d'un Bibelforscher, on devra me consulter sur les mesures que devra prendre la Police d'État, concernant son transfert dans un camp de concentration aussitôt l'accomplissement de la peine.

— « Si le transfert dans un camp de concentration n'est pas immédiatement possible, les Bibelforscher seront détenus dans les prisons de la police. »

COMMANDANT BARRINGTON. — Le comportement des nazis à l'égard de l'Église a déjà fait l'objet d'une étude détaillée par le ministère public américain. Dans ce domaine particulier, von Papen, catholique éminent, a contribué plus que quiconque à consolider la position nazie tant en Allemagne qu'à l'étranger.

— En traitant de la persécution de l'Église, le colonel Wheeler a lu devant le Tribunal l'assurance prodiguée par Hitler à l'Église le 23 mars 1933, dans son discours relatif à la loi des pleins pouvoirs, assurance qui eut pour conséquence la célèbre déclaration faite à Fulda par les évêques allemands, dont le colonel Wheeler a également fait mention.

— Hitler semble avoir donné cette assurance trompeuse sur la suggestion que von Papen lui avait faite huit jours auparavant, au cours de la réunion du cabinet du Reich du 15 mars 1933, où avait été discutée la loi des pleins pouvoirs :

— « Le délégué du chancelier du Reich et commissaire du Reich pour la Prusse déclara qu'il était d'une importance décisive de coordonner dans l'État nouveau les masses qui suivaient les partis. La question de l'incorporation du catholicisme politique dans l'État nouveau était d'une importance particulière. »

— Voilà la déclaration faite par von Papen au cours de la réunion du cabinet du Reich où fut discutée la loi des pleins pouvoirs, avant le discours d'Hitler au cours duquel il prodigua ses assurances à l'Église.

— Le 20 juillet 1933, von Papen signa le Concordat qu'il avait négocié avec le Vatican. Le Tribunal a déjà admis comme preuve ce document officiel. La signature de ce Concordat, de même que le discours d'Hitler inspiré par Papen sur la loi des pleins pouvoirs, n'était qu'un intermède dans la politique suivie par les conspirateurs nazis à l'égard de l'Église. Leur politique d'assurances fut suivie par une longue série de violations qui eurent pour résultat final leur dénonciation par le pape dans l'Encyclique : « Mit Brennender Sorge. »

— Von Papen soutient que ses actes à l'égard de l'Église étaient sincères et il a affirmé au cours de son interrogatoire que le sabotage du Concordat avait été le fait d'Hitler. Si von Papen croyait réellement aux assurances solennelles qu'il avait prodiguées au Vatican au nom du Reich, j'estime qu'il est étrange que, catholique lui-même, il ait continué à servir Hitler après toutes ces violations et même après l'Encyclique du pape. J'irai plus loin, je dirai que Papen était lui-même impliqué dans ce qui était virtuellement, sinon techniquement, une violation du Concordat.

— Le premier point mentionné par le Pape est la dissolution des organisations catholiques. En septembre 1934, von Papen ordonna — je dis bien « ordonna » — la dissolution de l'Union des catholiques allemands dont il était à l'époque le chef. Le texte de *Das Archiv* est rédigé comme suit :

— « La direction du parti annonce la dissolution spontanée de l'Union des catholiques allemands.

— « Étant donné que la direction du parti, par l'intermédiaire de son département pour la " paix culturelle ", s'occupe directement et dans une mesure sans cesse croissante de tous les problèmes culturels ainsi que de ceux qui concernent les relations de l'État et de l'Église, les tâches qui avaient été imparties à l'Union des catholiques allemands rentrent maintenant dans le cadre des activités de la direction du parti et ceci dans l'intérêt d'une meilleure coordination.

— « Le vice-chancelier von Papen qui a jusqu'à ce jour dirigé l'Union des catholiques allemands a déclaré au sujet de la dissolution de cette organisation qu'elle avait été effectuée sur sa suggestion, puisque l'attitude de l'État national-socialiste à l'égard de l'Église chrétienne et catholique avait été définie à plusieurs reprises et sans équivoque par le Führer-chancelier lui-même. »

— J'ai dit que Papen avait « ordonné » cette dissolution, bien que la notification déclare qu'il s'agissait d'une « dissolution spontanée » effectuée sur sa proposition, mais j'estime qu'une proposition de ce genre, émanant d'un personnage comme von Papen, équivalait à un ordre puisqu'il était de notoriété publique, à l'époque, que les nazis étaient formellement décidés à ne pas admettre l'existence d'organisations rivales.

DOCTEUR KUBUSCHOK. — Le ministère public vous accuse, en tant que catholique de premier plan, d'avoir assuré la domination nationale-socialiste sur le domaine de l'Église. Voulez-vous nous dire quelle fut votre position à l'égard de l'Église et nous décrire la situation de l'Église en Allemagne à cette époque ?

ACCUSÉ VON PAPEN. — Ce point de l'Acte d'accusation, messieurs, est pour moi le plus cruel de tous : celui d'avoir, en tant que catholique, contribué et participé à cette conspiration contre la paix du monde. Je vous prie en conséquence de m'autoriser en quelques mots à préciser ma position sur la question de l'Église.

— Les catholiques en Allemagne s'étaient organisés dans le parti du centre. Avant 1918, le centre, parti modéré, s'était toujours efforcé de maintenir l'équilibre entre les partis de droite et de gauche. Après la guerre, la situation se trouva profondément changée. Nous voyions alors le centre le plus souvent coalisé avec la gauche.

— En Prusse, cette alliance fut maintenue de 1918 jusqu'en 1932. Incontestablement, le parti du centre eut le mérite d'assurer le maintien de la vie publique au cours des années qui suivirent la défaite ; mais cette alliance avec les nationaux-démocrates rendit impossible toute collaboration du centre et de la droite, en particulier sur les questions religieuses. Pour les questions de politique générale à l'intérieur du parti, le centre fit une politique de compromis, contre-balançant les concessions que les autres partis faisaient sur le plan religieux. Que cette situation...

LE PRÉSIDENT. — Docteur Kubuschok, en quoi ceci est-il pertinent ?

DOCTEUR KUBUSCHOK. — Le ministère public a déclaré : « Papen s'est servi de sa qualité de catholique de premier plan pour consolider le régime nazi. Il jouait double jeu. Ce double jeu est particulièrement manifeste et montre sa véritable personnalité. »

— L'accusé veut expliquer quelle fut sa position à l'égard des questions religieuses depuis le début de sa carrière politique. Étant donné qu'il appartint tout d'abord au parti du centre, puis qu'il le quitta, il est nécessaire d'expliquer les divergences qui s'élevèrent entre les chefs du parti et lui.

LE PRÉSIDENT. — Pourquoi est-il nécessaire d'entrer dans les menus détails ? Tout ce qu'il tient à prouver est certainement qu'il ne prêta pas assistance au parti nazi, n'est-ce pas ? Il était véritablement catholique et il veut nous démontrer qu'il n'aida point le parti nazi. Il n'a pas besoin d'entrer dans tous ces détails sur les influences catholiques et sur son rôle dans ce domaine.

ACCUSÉ VON PAPEN. — J'en finirai avec cette question en disant simplement que mon opposition à l'intérieur du parti, mon appel pour une entente avec les partis conservateurs, me firent passer pour un mauvais catholique. Un juge étranger, un juge non allemand, ne peut pas savoir qu'à cette époque un catholique qui n'appartenait pas au parti du centre, mais qui adhérait aux partis de la droite, était considéré comme un mauvais catholique et un catholique de seconde zone. Voilà l'état d'esprit contre lequel je n'ai pas cessé de lutter.

DOCTEUR KUBUSCHOK. — Dans sa déclaration gouvernementale du 4 juillet 1932, von Papen faisait allusion au fait qu'à cette époque-là toute la vie sociale en Allemagne se ressentait des conséquences de la politique de coalition menée jusque-là en Prusse.

— « La pensée athée et marxiste a déjà profondément pénétré toutes les sphères culturelles de la vie sociale en raison de la propension trop grande de toutes les forces chrétiennes de la nation au compromis. Ce n'est pas par des compromis sur la base de l'égalité que l'intégrité de la vie sociale peut être maintenue ou reconstruite. Il faut qu'une décision soit nettement prise pour savoir quelles forces sont désireuses d'organiser la nouvelle Allemagne en se basant sur les principes immuables de la doctrine chrétienne. »

— Comment pensiez-vous que la situation de l'Église serait sauvegardée dans le nouveau gouvernement et qu'avez-vous fait à ce sujet ?

ACCUSÉ VON PAPEN. — Tout d'abord, j'ai demandé à Hitler de se prononcer nettement sur cette question, et il le fit catégoriquement. Dans l'exposé des discours que je prononçai à cette époque, on peut remarquer que je déclarai que la tâche primordiale et la plus importante était de modifier le programme nazi sur la question religieuse, car c'était là une condition indispensable pour la création d'un front commun des deux confessions chrétiennes dans cette coalition. En second lieu, je tentai d'assurer la situation politique de l'Église en lui donnant, grâce à la conclusion du Concordat, une liaison politique à l'étranger... Je voulais à tout prix assurer au Reich une base chrétienne. Voilà pourquoi j'ai proposé en avril 1933 à Hitler d'établir fermement les droits de l'Église dans un Concordat qui devait être suivi d'un accord avec l'Église protestante. Hitler, bien qu'il se heurtât à l'intérieur même de son parti à des oppositions assez fortes, fut d'accord avec moi et c'est ainsi que fut conclu le Concordat. Le ministère public allègue que ce Concordat fut une manœuvre destinée à tromper. Je crois devoir attirer l'attention du Tribunal sur le fait que les personnages avec lesquels j'ai conclu ce Concordat étaient le secrétaire d'État Pacelli, le pape actuel, qui connaissait personnellement l'Allemagne depuis treize ans, et monseigneur Kaas qui avait été pendant longtemps président du parti du centre. Si ces deux hommes étaient d'accord pour conclure un Concordat, on ne peut vraiment pas dire qu'il se soit agi là d'une manœuvre destinée à tromper.

DOCTEUR KUBUSCHOK. — Après avoir conclu ce Concordat, Hitler promulgua une ordonnance qui est ainsi libellée :

— « 1. Les organisations catholiques reconnues par le présent traité qui ont été dissoutes sans aucune instruction de la part du gouvernement du Reich doivent être rétablies immédiatement.

— « 2. Toutes les mesures de contrainte prises contre des membres du clergé et autres chefs de ces organisations catholiques sont annulées. Le rétablissement de mesures semblables est formellement interdit à l'avenir et sera puni conformément aux lois en vigueur. »

Je viens de faire cette citation pour prouver que ce n'est que par la suite qu'Hitler changea d'avis, probablement sous l'influence de son entourage immédiat.

— J'attire tout particulièrement l'attention du Tribunal sur la déclaration sous la foi du serment de l'abbé Schmitt, de l'abbaye bénédictine de Grüssau, qui fut de longues années le conseiller spirituel de l'accusé. Il exprime son avis sur la question du Concordat comme suit :

— « Monsieur von Papen fut profondément bouleversé par la conduite déloyale du gouvernement allemand qui devint manifeste peu après la conclusion du Concordat. Il me parla fréquemment et longuement de sa grande inquiétude à ce sujet et rechercha tous les moyens possibles pour mettre fin à ces violations. Je peux également certifier par ma propre expérience qu'il s'est personnellement et activement occupé de faire respecter le Concordat en faveur de l'Église. »

— Accusé, en dehors du Concordat, avez-vous pris des mesures pour la réalisation de vos idées sur la politique de l'Église ?

ACCUSÉ VON PAPEN. — Oui. Le 15 juin 1933, j'ai créé à Berlin une organisation que nous avons appelée « Croix et aigle ». Un peu plus tard, j'ai fondé l'Union des travailleurs catholiques allemands. Dans ces deux organisations, il s'agissait, en dehors des partis catholiques, de rassembler les forces catholiques. Cette Union de travailleurs avait pour tâche essentielle de recueillir les plaintes et de me les communiquer, afin que je pusse, si possible, agir en conséquence.

DOCTEUR KUBUSCHOK. — Le ministère public vous reproche d'avoir dissous cette union des catholiques allemands et d'avoir, par là, violé vous-même le Concordat. Qu'avez-vous à dire à cela ?

ACCUSÉ VON PAPEN. — Non seulement le ministère public m'accuse en ces termes, mais il décrit la période qui suivit le Concordat comme « le développement caractéristique de la politique religieuse des conspirateurs auxquels Papen donna son appui ».

— L'accusation de sabotage du Concordat portée contre moi par le ministère public est monstrueuse. Elle est basée sur la dissolution de cette Union de travailleurs dont je viens de parler. Les documents prouvent que cette organisation avait déjà été étouffée à la suite du putsch de Röhm le 30 juin 1934 et que sa dissolution ultérieure par moi-même ne fut en somme qu'une simple formalité. En outre, cette Union de travailleurs ne concernait nullement le Concordat. Il s'agissait d'une communauté politique qui ne bénéficiait pas de la protection du Concordat.

DOCTEUR KUBUSCHOK. — En ce qui concerne l'Union des travailleurs catholiques, j'attire l'attention du Tribunal sur la déclaration sous serment faite par le responsable de cette organisation, le comte Roderich Thun :

— « Le 30 juin 1934, le bureau de l'Union des catholiques allemands fut envahi par des agents de la Gestapo qui saisirent et emportèrent les dossiers. Je fus moi-même arrêté. » Même après ma libération, qui eut lieu quelque temps après, les dossiers confisqués ne furent pas restitués. En raison de l'attitude prise par les autorités du parti, on ne pouvait plus envisager une reprise de l'activité de l'organisation. En fait, toute activité fut rendue impossible à l'Union des travailleurs catholiques étant donné que la seule personnalité qui eût pu se charger des interventions sans cesse nécessaires, monsieur von Papen, n'était plus là en raison de son départ pour Vienne. La seule question qui se posait encore pour la direction était de savoir comment prendrait officiellement fin l'activité de l'Union qui avait déjà pratiquement cessé. Mais on pouvait redouter qu'en cas de dissolution forcée officiellement annoncée, les nombreux catholiques qui s'étaient fait remarquer par leur travail au sein de l'organisation soient poursuivis. Afin de parer à ce danger, la dissolution fut prononcée par la direction même de l'Union des catholiques allemands. »

— « Afin de préserver les intérêts catholiques dans la mesure du possible, l'avis de dissolution ne manqua pas de mentionner le fait que les autorités officielles et Hitler lui-même s'étaient solennellement engagés à protéger les intérêts chrétiens et ecclésiastiques. »

LE PRÉSIDENT. — Pourriez-vous me rappeler la date à laquelle l'accusé von Papen partit pour Vienne ?

DOCTEUR KUBUSCHOK. — Le 15 août 1934, il se rendit à Vienne. Il y fut nommé à la fin de juillet 1934. *(S'adressant à l'accusé.)* Durant l'été 1934, il devint évident que le parti national-socialiste sabotait le Concordat et que les assurances d'Hitler n'étaient pas tenues. Comment expliquez-vous la conduite d'Hitler à cet égard ?

ACCUSÉ VON PAPEN. — Je crois qu'à cette époque Hitler était personnellement désireux de maintenir la paix religieuse ; mais que les éléments extrémistes de son parti ne le souhaitaient pas et que particulièrement Gœbbels et Bormann incitaient sans cesse Hitler à violer les assurances données à l'Église. Contre ces violations, j'ai souvent et fréquemment élevé des protestations auprès d'Hitler et, dans mon discours de Marbourg, j'ai stigmatisé publiquement ces violations. J'ai déclaré ce jour-là : « Comment pourrions-nous réaliser notre mission historique en Europe si nous nous rayions nous-mêmes de la liste des peuples chrétiens ? »

DOCTEUR KUBUSCHOK. — Témoin, le 14 mars 1937, le pape Pie XI, dans son encyclique « Mit brennender Sorge », a exprimé son angoisse mortelle et protesté solennellement contre l'interprétation et les violations du Concordat. Le ministère public prétend que, si vous aviez été de bonne foi en donnant les assurances contenues dans le Concordat, vous auriez dû à ce moment-là résigner les hautes fonctions que vous occupiez. Qu'avez-vous à dire à ce sujet ?

ACCUSÉ VON PAPEN. — En quoi ma démission aurait-elle amélioré la situation ? Sauf en ce qui concerne les affaires d'Autriche, je n'exerçais plus la moindre influence politique sur Hitler. Quitter mon poste en Autriche, je ne m'en sentais pas le droit, parce que j'étais convaincu que, précisément dans cette période critique de 1937, il était extrêmement important pour moi d'y rester. Nous verrons d'ailleurs pourquoi tout à l'heure.

— Le ministère public prétend qu'en raison de cette Encyclique du pape, certainement justifiée, j'aurais dû quitter mon poste ; mais je me permettrai de demander alors : que fit l'Église ? Le nonce du pape n'a pas été rappelé de Berlin et l'évêque, monseigneur Berning, qui représentait les intérêts catholiques au Conseil d'État n'a pas donné sa démission de ce Conseil. Cette attitude était parfaitement justifiée car, à l'époque, nous espérions tous une évolution à l'intérieur du pays.

DOCTEUR KUBUSCHOK. — J'attire l'attention du Tribunal sur une allocution du pape Pie XII, le 2 juin 1945 :

— « Il faut reconnaître cependant que le Concordat, au cours des années qui suivirent, procura quelques avantages, ou tout au moins qu'il permit d'éviter des maux plus grands encore. En fait, malgré les violations auxquelles il fut soumis, il donna aux catholiques une base légale de défense, un bastion dans lequel ils purent se retrancher pour résister le plus longtemps possible aux persécutions religieuses qui croissaient sans cesse. »

— Une conséquence pratique du Concordat apparaît dans une lettre adressée par l'adjoint du Führer au ministre chargé des affaires culturelles au sujet de la dissolution des facultés de théologie dans les universités. Je cite le dernier alinéa de cette lettre :

— « En ce cas, il faudra, comme vous l'avez exposé dans votre lettre, prendre en considération les stipulations du Concordat et les accords confessionnels. Pour les facultés qui ne sont pas mentionnées expressément dans le Concordat et dans les accords confessionnels, celle par exemple de Munich et quelques autres, on peut procéder à leur suppression. Il en va de même pour les facultés de théologie de l'“ Ostmark ” (Autriche), à Vienne et à Gratz. » *(S'adressant à l'accusé.)* Au cours des années suivantes, le droit de s'exprimer publiquement sur les questions religieuses fut presque entièrement supprimé puisque, en violation flagrante du Concordat, les journaux catholiques et même les bulletins paroissiaux furent, dans une large mesure, interdits. Qu'avez-vous fait contre ces mesures ?

ACCUSÉ VON PAPEN. — Il me parut nécessaire, lorsque la presse catholique fut entièrement jugulée, de faire quelque chose pour arriver à maintenir la libre discussion et la lutte contre les tendances hostiles à l'Église. Je me suis souvent entretenu de cette question avec l'évêque Hudal, éminent prélat à Rome. Mon défenseur présentera au Tribunal un ouvrage écrit par cet évêque en 1936. Ce livre contient, outre mes sévères critiques des tendances antireligieuses, une appréciation objective des idées sociales positives du national-socialisme. Ce livre est tout à fait significatif car on y voit une personnalité aussi éminente de l'Église tenter en cette année 1936 une synthèse de la pensée chrétienne et de ce qu'il y avait de sain dans les doctrines nationales-socialistes.

DOCTEUR KUBUSCHOK. — Quelle importance attribuez-vous à cet ouvrage vis-à-vis des accusations du ministère public ?

ACCUSÉ VON PAPEN. — Voici pourquoi je considère que ce livre est très pertinent : le ministère public adopte une position facile. En raison de la fin criminelle du national-socialisme, il jette un blâme sur les premières années de son développement et tous les hommes aux intentions pures qui ont essayé de donner à ce mouvement un caractère positif et constructif sont stigmatisés comme des criminels. Dans ce livre écrit en 1936, un éminent prélat fait entendre sa voix et, de sa propre autorité, fait une tentative pour améliorer la situation. Aujourd'hui, nous savons bien que toutes ces tentatives ont échoué et qu'un monde s'est effondré. Mais est-il juste d'accuser pour cela de crimes des millions de personnes, parce qu'elles ont cru alors pouvoir parvenir à quelque chose de bien ?

DOCTEUR KUBUSCHOK. — Accusé, vous avez dit que le livre de monseigneur Hudal avait pour but d'amener Hitler à modifier son attitude. Comment Hitler a-t-il accueilli cet ouvrage de l'évêque ?

ACCUSÉ VON PAPEN. — Je crois qu'Hitler fut tout d'abord frappé par ce livre ; puis les tendances antichrétiennes de son entourage prirent une fois de plus le dessus et le convainquirent qu'il était extrêmement dangereux d'autoriser la publication d'un tel livre en Allemagne. Ce livre avait été imprimé en Autriche et devait, par conséquent, avoir une autorisation de diffusion en Allemagne. Tout ce que je pus obtenir, ce fut l'admission de deux mille exemplaires qu'il voulait distribuer aux dirigeants du parti afin qu'ils pussent étudier la question.

DOCTEUR STAHMER. — Avez-vous été au courant des différentes attitudes adoptées par le parti et l'État à l'égard de l'Église au cours de ces années ?

ACCUSÉ GŒRING. — Certainement. Quant à l'attitude à l'égard de l'Église, celle du Führer fut généreuse ; au début, elle le fut totalement. En disant que son attitude fut positive, je n'entends pas par là qu'il adhéra positivement et de façon convaincue à une confession quelconque ; mais son attitude fut généreuse et positive en ce sens qu'il reconnaissait la nécessité de l'Église. Bien qu'il fût personnellement catholique, il désirait que l'Église protestante eût une position plus forte en Allemagne, puisque l'Allemagne était aux deux tiers protestante.

— L'Église protestante néanmoins était divisée en Églises d'États, entre lesquelles il y avait quelques petites différences auxquelles les tenants du dogme attachaient une grande importance. Il y eut même, à notre connaissance, une lutte dans le passé qui dura entre eux trente années ; mais ces différences ne nous paraissaient pas tellement importantes. Il y avait les luthériens réformés, les luthériens unis et ceux qui n'étaient pas luthériens. Personnellement, je ne suis pas très versé en cette matière.

— D'après la Constitution, en tant que président du Conseil de Prusse, j'étais *summus episcopus* de l'Église de Prusse, mais je m'occupais très peu de ces choses-là.

— Le Führer voulait arriver à l'unification des Églises protestante et évangélique en nommant un évêque du Reich, afin qu'il y eût un haut dignitaire de l'Église protestante et un haut dignitaire de l'Église catholique. À cette fin, il laissa tout d'abord le choix aux Églises évangéliques. Elles ne parvinrent pas — comme il leur arrive fréquemment — à se mettre d'accord. En fin de compte, elles prononcèrent un nom, la seule réponse qui ne nous convînt pas. Un homme devint alors évêque du Reich, qui jouissait de la confiance du Führer plus que tous les autres évêques des pays.

— Avec l'Église catholique, le Führer ordonna un Concordat qui fut signé par monsieur von Papen. Moi-même, peu avant la conclusion par monsieur von Papen de ce Concordat, je rendis visite au pape. Par ma mère qui était catholique, j'avais de nombreuses relations avec le haut clergé catholique et de cette façon — étant moi-même protestant — j'avais mes entrées dans les deux camps.

— Il y avait naturellement une chose à laquelle le Führer et nous tous, moi y compris, nous tenions : c'était que l'Église se tînt autant que possible à l'écart de la politique. Je ne trouvais pas juste, je tiens à le dire ouvertement, que le prêtre un jour s'occupât humblement dans son église de l'intérêt spirituel de ses ouailles et que le lendemain il vînt au Parlement prononcer un discours plus ou moins combatif.

— Cette séparation avait été voulue par nous, c'est-à-dire que le clergé devait se cantonner dans sa propre sphère et éviter de se mêler des affaires politiques. Par suite du fait que nous avions en Allemagne des partis politiques qui avaient de fortes tendances cléricales, il en résulta une confusion considérable. Cela explique qu'à la suite de l'opposition politique qui se manifesta au début sur le plan politique au Parlement et dans les campagnes électorales, il y eut dans une certaine partie de la population une attitude hostile à l'égard de l'Église. Car il ne faut pas oublier que les controverses et les discours électoraux se déroulèrent devant les électeurs et mirent aux prises les représentants politiques de notre parti et des hommes d'Église représentant les partis politiques qui étaient les plus étroitement inféodés à l'Église.

— En raison de cette opposition et d'une certaine animosité qui subsista, il est compréhensible qu'une faction particulièrement agitée, si j'ose m'exprimer ainsi, n'ait pas oublié ces discordes et ait de sa propre initiative transporté à tort la lutte sur un autre terrain. Mais le point de vue du Führer demeurait que les Églises devaient avoir toutes les possibilités d'exister et de se développer. Dans un mouvement et dans un parti qui, peu à peu, absorbèrent la plus grande partie de la population allemande et qui, dans le domaine de la politique active, absorbèrent aussi toute l'activité politique des citoyens, il est naturel que tous les membres n'aient pas eu, en dépit du principe du chef, les mêmes opinions sur tous les sujets. Les impulsions, les méthodes, les attitudes diffèrent au sein de mouvements d'une telle ampleur même s'ils sont conduits de façon autoritaire ; certains groupes se forment pour répondre à certains problèmes. Et si je devais parler du groupe qui voyait toujours dans l'Église, sinon un danger politique, du moins une institution indésirable, je devrais alors citer au premier chef deux personnages : Himmler, d'une part, Bormann — qui devait plus tard se montrer beaucoup plus radical que Himmler — de l'autre.

— Les mobiles de Himmler n'étaient pas tant d'ordre politique, mais provenaient surtout d'une mystique confuse. Les buts de Bormann étaient beaucoup plus nets. Il était évident également que dans le grand nombre des Gauleiter il pût y en avoir qui se consacrèrent plus que les autres à la lutte contre l'Église. Il y avait ainsi un certain nombre de Gaue où tout allait très bien pour l'Église ; dans un petit nombre d'autres il y avait une lutte violente contre l'Église. J'eus effectivement à intervenir personnellement à plusieurs reprises. Tout d'abord, pour manifester mon attitude et pour le bon ordre des choses, j'appelai au conseil de l'État de Prusse en tant qu'hommes jouissant de toute ma confiance, deux dignitaires de l'Église protestante et de l'Église catholique.

— Je ne suis pas ce que l'on pourrait appeler un dévot, mais j'allais à l'église de temps en temps et j'ai toujours considéré que j'appartenais à l'Église et j'ai toujours, chez moi, eu recours à l'Église pour toutes les cérémonies qu'elle consacre : mariage, baptême, funérailles, etc.

— Mon intention, en agissant ainsi, était de montrer aux personnes indécises qui au milieu des opinions divergentes, ne savaient pas trop que faire, que si le deuxième homme de l'État allait à l'église, se mariait religieusement, faisait baptiser et confirmer son enfant, etc., ils pouvaient en toute tranquillité en faire autant. D'après le nombre de lettres que j'ai reçues sur ce sujet, je vois que j'ai eu raison d'agir ainsi.

Accusation. — Les vues de Rosenberg à l'égard de la religion furent admises comme la seule philosophie compatible avec le national-socialisme. En 1940, l'accusé Bormann écrivit à Rosenberg :

— « Les Églises ne peuvent pas être conquises par un compromis entre le national-socialisme et la doctrine chrétienne, mais seulement par une idéologie nouvelle dont vous-même avez annoncé l'avènement dans vos écrits. »

— Rosenberg joua un rôle actif dans l'élimination méthodique de l'influence de l'Église. L'accusé Bormann écrivait fréquemment à Rosenberg sur ce sujet pour lui fournir des renseignements sur l'action projetée contre les Églises et pour ordonner au besoin que des mesures soient prises par les services de Rosenberg. Je fais allusion à des documents présentés lors de l'exposé (1) contre le corps des chefs politiques, comme par exemple le document qui traite de la suppression des services religieux dans les écoles, le document qui traite de la confiscation des biens de l'Église, le document qui traite de l'insuffisance de la documentation antireligieuse distribuée aux soldats, qui traite de la suppression des publications protestantes, et le document qui traite de la fermeture des facultés de théologie.

Docteur Thoma. — Monsieur Rosenberg, vous êtes également accusé d'avoir persécuté les Églises, ce qui ressort tout particulièrement de votre « Mythe du xxe siècle ». Estimez-vous qu'à l'égard des Églises vous êtes quelquefois allé trop loin ?

Accusé Rosenberg. — Naturellement, j'admets qu'à l'égard des confessions traditionnelles j'ai formulé un jugement personnel particulièrement sévère. Je désire souligner que dans l'introduction de mon livre j'ai présenté l'ouvrage comme n'engageant que des opinions personnelles et n'étant pas dirigé, en second lieu, contre les éléments religieux du public. En troisième lieu, je rejetais une politique qui aurait tendu à détourner les fidèles de l'Église, ainsi que l'immixtion politique de l'État dans les questions purement confessionnelles. Ce point est aussi clairement exprimé dans le livre. J'ai également rejeté de nombreuses propositions de traduction de cet ouvrage en diverses langues étrangères. On ne m'a présenté qu'une fois une traduction japonaise, sans que je puisse me souvenir avoir donné mon accord.

Docteur Thoma. — Monsieur Rosenberg, du fait que vous n'aviez pas de formation théologique, ne pensez-vous pas que dans certains jugements relatifs à ces questions, vous vous êtes trompé ?

Accusé Rosenberg. — Évidemment, je n'ai jamais pensé que ce livre, qui traite de multiples problèmes, soit sans erreurs. J'ai souvent accueilli avec reconnaissance nombre d'objections et j'ai entrepris

(1) Cet exposé est reproduit en partie dans les pages suivantes.

quelques corrections. Je ne peux cependant affirmer que toutes ces attaques étaient justifiées. J'ai songé évidemment à reprendre plus tard l'œuvre qui contenait nombre d'affirmations politiques d'un intérêt purement passager.

DOCTEUR THOMA. — Avez-vous jamais utilisé les forces de la police contre vos adversaires confessionnels ?

ACCUSÉ ROSENBERG. — Non. Je voudrais mentionner ici que cette œuvre a paru deux ans et demi avant la prise de pouvoir, que de tous côtés naturellement des critiques affluèrent, mais que les objections les plus fortes vinrent après la prise du pouvoir. J'ai répondu dans deux brochures à ces objections, mais je n'ai jamais utilisé la police pour opprimer les auteurs de ces objections.

DOCTEUR THOMA. — Monsieur Rosenberg, au R.S.H.A. existait un service qui poursuivait les Églises « politiques ». Étiez-vous en rapport avec ce service ?

ACCUSÉ ROSENBERG. — Je sais seulement qu'un de mes collaborateurs, de par ses fonctions, maintenait la liaison avec nombre de services du parti et naturellement aves les S.S. aussi. J'ai reçu par son intermédiaire de nombreuses instructions des autorités ecclésiastiques, des lettres pastorales, ainsi que la circulaire se rattachant à la conférence des évêques à Fulda, etc. Il ne m'a jamais mis au courant d'une quelconque arrestation de princes de l'Église, comme cela a été mentionné ici. Cependant, j'ai naturellement appris par la suite qu'au cours de la guerre, nombre de couvents avaient été réquisitionnés pour raisons soi-disant politiques. Je n'ai jamais pu en découvrir dans le détail les raisons politiques.

— Je voudrais aussi souligner qu'en 1935 un évêque envoya un jour une lettre officielle au chef de sa province, lui demandant de m'interdire de venir faire ma conférence dans cette ville. Il n'en fut rien et d'autre part ce dignitaire de l'Église ne fut pas inquiété par la suite, ni par moi, ni par aucun autre.

LA « QUESTION JUIVE »

COMMANDANT WALSH (substitut du procureur général américain). — Plaise au Tribunal. Je vais maintenant exposer les preuves fondant la partie de l'acte d'accusation relative aux crimes de guerre et aux crimes contre l'Humanité, sous le chef d'accusation n° 1, et, en accord avec le ministère public sous le chef d'accusation n° 4, paragraphe X (B), crimes contre l'Humanité. Le titre de cet exposé est : « La persécution des Juifs. »... Ce titre : Persécution des Juifs, est singulièrement impropre si on le considère à la lumière des preuves qui vont suivre. Étymologiquement, persécuter signifie : affliger, tourmenter, harceler. Le terme ne convient pas et je ne puis en trouver un qui stigmatise l'intention fondamentale, le but avoué de rayer du monde la race juive.

— Cet exposé n'a pas la prétention d'être un récit complet de tous les crimes commis contre les Juifs ; ils sont si nombreux, si divers, que la nation allemande tout entière en est marquée dans son peuple et dans ses organisations.

— Les orateurs qui me succéderont compléteront l'exposé des preuves en traitant d'autres parties de l'accusation ; les documents relatifs aux organisations du parti et à celles de l'État, dont le ministère public tentera d'établir la culpabilité, révéleront quel rôle ces organisations ont joué dans ces plans d'extermination.

— Le ministère public français et le ministère public soviétique ont eux aussi un volume de preuves se rapportant toutes à cette question et ils le soumettront en temps voulu.

— Avant de commencer le récit des actes manifestement accomplis dans le but de supprimer les Juifs, je montrerai que la politique poursuivie à l'intérieur de l'Allemagne depuis 1933 jusqu'à la fin de la guerre était liée aux plans de préparation et d'exécution de guerres d'agression, ce qui concorde avec la définition des crimes contre l'Humanité.

— On a longtemps soutenu en Allemagne la thèse que la perte de la Première Guerre mondiale avait été due à un écroulement de l'arrière.

Les plans pour la guerre future garantissait la sécurité du front intérieur dans le but de prévenir une répétition de la débâcle de 1918. L'unification du peuple allemand était une condition essentielle de la réussite des plans et des opérations de guerre, et la base de la politique nazie était : « Un peuple, un Reich, un Führer. »

— Il fallait supprimer les syndicats libres : les partis politiques (autres que le parti nazi) devaient être mis hors la loi, les libertés civiques devaient être supprimées et toute opposition devait être brisée. La loyauté envers Dieu et l'Église, la vérité scientifique, furent déclarées incompatibles avec le régime nazi. La politique antijuive faisait partie de ce plan d'unification, car les nazis étaient convaincus que les Juifs ne contribueraient pas au programme militaire de l'Allemagne, et même qu'ils le contrecarreraient. Il fallait donc supprimer les Juifs.

— Ceci ressort clairement d'un discours fait par Himmler à une réunion de généraux S.S. tenue le 4 octobre 1943. Je lis un bref passage :

— « Nous savons combien notre position serait difficile si, en plus des raids aériens, des fardeaux et des privations de la guerre, nous avions encore des Juifs aujourd'hui dans toutes les villes pour jouer le rôle de saboteurs, d'agitateurs et de fauteurs de troubles ; nous aurions probablement atteint le niveau de 1916-1917, alors que les Juifs faisaient encore partie de la nation allemande. »

— Le traitement des Juifs à l'intérieur de l'Allemagne faisait donc partie du plan de la guerre d'agression au même titre que la fabrication d'armes et la mobilisation de la main-d'œuvre. Cette question, en tant que partie intégrante des plans et préparatifs du déclenchement d'une guerre d'agression, est du ressort du Tribunal.

— Il est clair que les persécutions et les meurtres dont furent victimes les Juifs de tous les pays d'Europe après 1939 sont des crimes de guerre tels que les définit l'article 6 du statut. C'est de plus une violation de l'article 46 de la Convention de La Haye de 1907, à laquelle l'Allemagne avait apposé sa signature. Je cite cet article 46 et je demande au Tribunal de lui accorder une valeur probatoire :

— « Les droits et l'honneur des familles, la vie des personnes et la propriété privée, ainsi que les convictions et les habitudes religieuses, doivent être respectés. »

— Je ne connais pas, dans l'Histoire humaine, de crimes plus horribles dans leurs détails que la façon dont les Juifs furent traités. Je peux prouver que les préceptes du parti nazi, qui prirent corps ensuite dans la politique de l'État allemand et furent fréquemment exprimés à la barre par les accusés, visaient à la destruction du peuple juif. Je m'efforcerai de ne pas céder à la tentation de citer trop de documents, bien que cette tentation soit forte ; je laisserai plutôt les preuves parler elles-mêmes, je n'adoucirai pas la violence de leur réalisme. Le plaisir de tuer peut avoir joué un rôle dans ces crimes sauvages, mais leur vrai but, leur raison d'être, était la destruction de la race juive, l'un des principes fondamentaux du plan nazi pour la préparation et le déclenchement d'une guerre d'agression. Je me bornerai à la mention des actes manifestes qui furent commis, mais je demande l'indulgence du Tribunal au cas où il me semblerait nécessaire pour l'établissement des preuves de me référer à certains documents déjà déposés.

— Pour atteindre cet objectif, il fallait des mesures préliminaires. Le parti nazi devait tout d'abord s'emparer du pouvoir en Allemagne, il fallait faire face à l'opinion mondiale, et il fallait endoctriner le peuple allemand et lui inculquer la haine du Juif.

— La politique du parti à l'égard des Juifs se révéla clairement pour la première fois dans le programme du parti de février 1920.

— Je dépose ce programme du parti national-socialiste. Que le Tribunal me permette de citer les passages de ce programme qui nous intéressent :

— « *Paragraphe 3.* — Seul un membre de la race peut être citoyen. N'est membre de la race que le sujet de sang allemand, quelle que soit sa confession. »

— « En conséquence, aucun Juif ne peut être membre de la race. »

— Puis au paragraphe 6 :

— « Le droit de s'occuper d'affaires administratives et juridiques n'appartient qu'au citoyen ; en conséquence, nous demandons que tout service public du Reich, d'une province ou d'une ville, n'emploie que des citoyens. »

DOCTEUR STAHMER. — Le programme du parti comprenait je crois deux points relatifs à la question des Juifs. Quelle fut votre position à ce sujet ?

ACCUSÉ GŒRING. — Cette question sur laquelle on a particulièrement insisté dans l'acte d'accusation m'oblige, en tout état de cause, à faire quelques déclarations préliminaires.

— Après l'écroulement de l'Allemagne en 1918, la juiverie devint très puissante en Allemagne ; dans tous les domaines, principalement politique, intellectuel en général, culturel et plus particulièrement, dans le domaine économique. Les combattants qui revenaient du front n'avaient absolument aucune situation devant eux ; ils voyaient par contre beaucoup d'éléments juifs qui étaient venus pendant la guerre de Pologne et de l'Est, occuper des situations et principalement des situations dans l'économie. Tout le monde sait que, par suite de la guerre et de ses conséquences économiques, la démobilisation, qui offrait de grosses possibilités de faire des affaires, l'inflation, la déflation, de grands changements et de grands déplacements de fortunes se produisirent dans les classes possédantes.

— Beaucoup de Juifs ne firent pas preuve de la retenue nécessaire et prirent de plus en plus de place dans la vie publique, de sorte qu'ils suscitèrent des comparaisons entre leur importance numérique et les positions qu'ils occupaient par rapport aux gens de souche allemande. De plus, certains partis, qu'évitaient ceux qui avaient conservé l'esprit national, offraient une proportion de cadres juifs sans aucun rapport avec le nombre total des Juifs. Cela se produisit non seulement en Allemagne mais aussi en Autriche, que nous avons toujours considérée comme faisant partie de l'Allemagne. En Autriche, la direction du parti social-démocrate était presque exclusivement aux mains des Juifs. Ils jouaient un rôle très important dans la vie politique, en particulier dans les partis de gauche ; ils étaient également très puissants dans la presse de toutes les opinions politiques.

— À cette époque, il en résulta des attaques ininterrompues contre tout ce qui était national, le concept national et l'idéal national. Je rappelle toutes les publications et tous les articles qui traînèrent dans la boue tout ce qui nous était sacré. J'attire également l'attention, dans le domaine artistique, sur la dépravation de ces pièces de théâtre qui traînèrent dans la boue les combats du front et bafouèrent l'idéal de bravoure du soldat. Je pourrais apporter ici une pile énorme de ces articles, livres, pièces, etc. Mais cela nous conduirait trop loin et je ne suis pas, somme toute, très compétent en cette matière. Pour toutes ces raisons, un mouvement de défense se créa, qui ne fut en aucune façon suscité par le national-socialisme ; il existait déjà auparavant, il se fortifia durant la guerre et prit plus d'ampleur encore après la guerre, lorsque l'influence de la juiverie se traduisit de cette façon.

— De plus dans le domaine culturel et intellectuel, il y eut des manifestations qui ne correspondaient pas aux sentiments allemands. Ici encore un abîme se creusa. Il y eut encore le fait que dans les affaires économiques, si l'on excepte l'industrie de l'Ouest, se révéla une domination presque exclusivement juive, exercée en fait par des éléments auxquels s'opposaient vivement les familles juives depuis longtemps établies en Allemagne.

— Lorsque le programme de notre parti fut élaboré, par quelques gens simples — à ma connaissance Adolf Hitler n'y prit personnellement pas part, du moins en tant que chef — cette position, qui à cette époque était considérée par une grande partie du peuple allemand comme un acte de défense, fut adoptée dans ce programme. Peu de temps avant, avaient eu lieu à Munich le conseil de la République (Räterepublik), des meurtres d'otages : là encore, presque tous les chefs étaient des Juifs. On comprend donc aisément qu'un programme dressé à Munich par des gens simples ait pris tout naturellement cette position défensive. Des nouvelles nous parvenaient aussi d'un conseil de la République en Hongrie, constitué, lui aussi, principalement par des Juifs. Tout cela avait causé une très forte impression. Lorsque son programme fut connu, le parti, qui à l'époque était insignifiant, ne fut pas pris au sérieux et attira les risées. C'est alors, tout au début, qu'une attaque concentrée et très violente contre le mouvement, fut déclenchée par toute la presse juive ou d'influence juive. La juiverie était partout à la tête de l'attaque contre le national-socialisme, que ce fût dans la presse, sur le plan politique, sur le plan culturel, en le ridiculisant et en le couvrant de mépris et sur le terrain économique également. Quiconque était national-socialiste ne pouvait obtenir une situation ; l'homme d'affaires national-socialiste ne pouvait recevoir de fournitures ni faire de publicité, etc. Tout cela eut pour conséquence un raidissement de l'attitude défensive du parti et l'amena à une intensification de la lutte jusqu'à un point qui n'avait pas été prévu à l'origine dans le programme. Car il est très net que ce programme ne visait en définitive qu'un seul but : l'Allemagne dirigée par des Allemands. Et on voulait que le destin politique du peuple allemand fût entre les mains d'hommes allemands susceptibles de rénover l'esprit de ce peuple, ce dont d'autres étaient incapables. Le principal était donc, au début, d'éliminer la juiverie de la politique, de la direction de l'État. Plus tard, le secteur culturel fut compris dans le plan des opérations, en raison du violent combat qui s'étendit tout particulièrement sur ce terrain et qui mettait aux prises la juiverie, d'une part, et le national-socialisme, de l'autre.

— Je crois, à ce sujet, que si l'on rapportait ici les violences de notre langage à l'égard des Juifs et de la juiverie, je pourrais à mon tour produire des publications, livres, journaux et discours provenant du clan opposé, dont le ton et les injures les ont largement dépassées. Tout cela ne pouvait naturellement qu'aggraver la situation.

— Peu après la prise du pouvoir, il y eut d'innombrables mesures de discrimination. Des Juifs qui avaient pris part à la guerre mondiale et qui avaient obtenu des décorations furent traités de manière différente et jouirent de certains égards ; ils ne furent pas, comme les autres, touchés par les mesures les excluant des administrations. Comme je l'ai déjà dit, la tâche principale consistait à exclure les Juifs du secteur politique, puis du secteur culturel.

Accusation. — Je dépose maintenant *Mein Kampf.* Aux pages 724 et 725 de ce livre, Hitler parle des Juifs et dit que, pour atteindre son but, le mouvement national-socialiste « ... doit ouvrir les yeux du peuple sur les nations étrangères et lui rappeler sans cesse quel est l'ennemi réel de notre monde contemporain. Au lieu de haïr les Aryens — dont bien des choses peuvent nous séparer, mais auxquels nous sommes liés toutefois par la communauté de sang ou de culture — il faut réserver sa colère à l'adversaire malfaisant de l'Humanité, cause profonde de toute souffrance ».

— « Mais il doit faire en sorte que, tout au moins dans notre pays, l'ennemi mortel soit démasqué et que la lutte engagée contre lui soit le signe d'une ère plus lumineuse et plus sereine, et éclaire pour les autres peuples aussi, dans une humanité aryenne combattante, la route du Salut. »

— Un flot de littérature injurieuse de tout genre, destinée aux gens de tous âges, fut publié et mis en circulation en Allemagne ; un exemple typique en est le livre intitulé *Der Giftpilz* « Le champignon vénéneux ». Ce livre stigmatise le Juif comme persécuteur des classes laborieuses, démon sous forme humaine, champignon vénéneux et assassin. Ce livre était destiné aux enfants des écoles : il leur apprenait à connaître le Juif grâce à des caricatures de ses caractéristiques physiques, leur enseignait que le Juif abuse des petits garçons et des petites filles et que la Bible juive autorise tous les crimes. Le périodique de l'accusé Streicher, *Der Stürmer*, numéro du 14 avril 1937, en particulier, alla même jusqu'à publier la déclaration selon laquelle les Juifs, à la célébration rituelle de l'Exode, tuaient les chrétiens.

— « Bien des Juifs ont confessé que la loi du Talmud exige des meurtres rituels. Le Grand Rabbin Jeofiti, qui devint moine plus tard, déclare que les meurtres rituels ont lieu particulièrement au « Purim Juif » (en mémoire des meurtres de Perse), et à « l'Exode » (en mémoire de la mort du Christ). Les instructions sont les suivantes :

— « La victime doit être saignée. À l'Exode, on se sert du sang pour le vin et le pain azyme : un peu de ce sang doit être versé dans la pâte du pain azyme et dans le vin. C'est le père de famille juif qui fait ce mélange. Il opère de la façon suivante :

— « Le chef de famille vide quelques gouttes de sang frais, ou du sang séché, dans le verre, en mouille les doigts de sa main gauche et le répand en bénédiction sur tout ce qui se trouve sur la table. Puis il dit : " Ainsi demandons-nous à Dieu d'envoyer les ' Dix Plaies à tous les ennemis de la loi juive '. " Ensuite, ils mangent et, à la fin du repas, le chef de famille s'exclame : " Puissent tous les Gentils périr comme a péri l'enfant dont le sang est contenu dans ce pain et ce vin. "

— « Le sang frais (ou séché, ou en poudre) de ceux qui ont été immolés est utilisé par les couples de jeunes mariés juifs, par les Juives enceintes, et pour la circoncision, etc. Tous les Juifs talmudiques reconnaissent le meurtre rituel. Le Juif croit se laver de ses péchés en agissant ainsi. »

— Il nous est difficile de comprendre comment des mensonges tels que celui-ci pouvaient trouver audience et comment une nation cultivée pouvait lire, assimiler ou croire de telles doctrines. Nous devons réaliser néanmoins que, avec une presse strictement contrôlée qui excluait l'exposé de propagande mensongère, les crédules et les ignorants aient été amenés à y ajouter foi.

— Je dépose maintenant comme preuve, un numéro de *Der Stürmer*. Ce journal était publié par la maison d'édition de l'accusé Streicher. En parlant de la foi juive, Streicher y disait :

— « La Sainte Écriture est un horrible roman criminel où fourmillent le meurtre, l'inceste, la fraude et l'indécence. »

— Il disait encore :

— « Le Talmud est le grand livre des crimes que le Juif commet dans sa vie quotidienne. »

— Cette propagande de haine était trop répandue et trop connue pour qu'on l'approfondisse davantage. Tout au cours du procès on trouvera dans les preuves des documents semblables et même plus injurieux, émanant des accusés eux-mêmes ou de leurs complices.

LE PRÉSIDENT. — Voulez-vous décliner votre nom ?

TÉMOIN ERNST HIEMER. — Ernst Hiemer.

LE PRÉSIDENT. — Voulez-vous répéter ce serment après moi : « Je jure devant Dieu tout-puissant et omniscient que je dirai la pure vérité et que je ne célerai ni n'ajouterai rien. »

(Le témoin répète le serment.)

LE PRÉSIDENT. — Vous pouvez vous asseoir.

DOCTEUR MARX. — Depuis quand connaissez-vous monsieur Streicher ? Comment êtes-vous entré en relations avec lui et quelle était votre situation au *Stürmer ?*

TÉMOIN HIEMER. — C'est à la fin de 1934 que je fus présenté à l'ancien Gauleiter Julius Streicher, au « Deutscher Hof » à Nuremberg. Streicher me chargea de collaborer à son hebdomadaire « La santé publique allemande ». En 1935, j'écrivis également des articles pour le *Stürmer.* Streicher m'affecta alors au service de rédaction du *Stürmer* en qualité de collaborateur. Finalement j'avais, sous la direction de Streicher et d'autres collaborateurs du *Stürmer,* à exécuter des travaux de rédaction à titre de rédacteur en chef. Le rédacteur en chef responsable du *Stürmer* était le représentant de Streicher, Karl Holz, mais l'inspirateur du *Stürmer* était Streicher lui-même.

— En 1938, nous reçûmes de Berlin des instructions selon lesquelles Holz pouvait continuer à collaborer au *Stürmer* mais stipulant qu'en sa qualité de dignitaire du parti, il était Gauleiter adjoint, son nom ne devait plus être mentionné dans cette publication. C'est à la suite de cela, et sur l'ordre de Streicher, que mon nom figura sur le *Stürmer* comme responsable. Toute la direction de la partie rédactionnelle et tous les pouvoirs restaient entre les mains de Streicher comme par le passé et il les garda jusqu'à la fin.

DOCTEUR MARX. — Quelle était l'idée maîtresse qui présidait à la publication du *Stürmer ?*

TÉMOIN HIEMER. — Streicher désirait, au moyen du *Stürmer,* faire comprendre à chaque Allemand et à chaque Allemande, sous une forme simple et dans un langage facile, ce qu'était la question juive. Streicher voulait que le peuple allemand tout entier comprît que le Juif était un étranger dans son sein.

DOCTEUR MARX. — Monsieur Hiemer, ce n'est pas cela que je désire savoir. Je voudrais que vous me disiez si Streicher voulait, disons, faire de la propagande pour l'émigration ou s'il avait d'autres idées directrices. Nous ne pouvons pas faire ici de longs exposés sur la question juive.

TÉMOIN HIEMER. — Streicher pensait résoudre la question juive par l'émigration des Juifs d'Allemagne. Il adressa à différentes reprises des critiques au gouvernement du Reich, disant que l'émigration n'était pas exécutée de façon aussi complète qu'il l'avait, lui, Streicher, préconisée. Au moment de la déclaration de guerre, Streicher déclara que la question juive n'aurait plus pour l'Allemagne en guerre aucune importance si elle avait été résolue par une émigration complète des Juifs dès le temps de paix.

DOCTEUR MARX. — Est-il exact que l'on discuta dans ce journal du problème de la Palestine et de Madagascar ?

TÉMOIN HIEMER. — Oui ; Streicher a dit et a écrit que la Palestine et Madagascar étaient aptes à recueillir les Juifs d'Allemagne. Toutefois, il n'a pas donné suite à cette idée, car l'Allemagne ne pouvait pas prendre de dispositions concernant la Palestine et Madagascar. Seules l'Angleterre et la France pouvaient le faire.

DOCTEUR MARX. — Comment jugez-vous l'influence de Streicher et du *Stürmer* depuis 1933 ? Est-il exact que, depuis 1933, cette influence avait fortement diminué dans le peuple allemand ?

TÉMOIN HIEMER. — Oui, c'est exact. Dans beaucoup de milieux, on savait que l'influence de Streicher et de son journal sur le mouvement avaient diminué à partir de 1933. Streicher était assez souvent en conflit avec d'autres chefs du parti et il se créa beaucoup d'ennemis, surtout à partir de 1937, Streicher passa de plus en plus au second plan. Les problèmes théoriques de la question juive furent confiés par le parti à l'Institut d'étude de la question juive d'Alfred Rosenberg, et les pouvoirs sur la communauté juive n'étaient détenus, comme on le sait, que par Himmler. Lorsque, finalement, en 1940, Streicher fut relevé de son poste de Gauleiter, il était complètement isolé. Il ne vivait plus que dans sa ferme où il travaillait comme un paysan et n'écrivait plus d'articles que pour le *Stürmer*.

DOCTEUR MARX. — Quel fut le tirage du *Stürmer* depuis 1933 ? Pouvez-vous donner des indications à ce sujet, depuis le temps où vous y êtes entré, bien entendu ?

TÉMOIN HIEMER. — La réponse à cette question pourrait être donnée par le chef du service des éditions, mais je me souviens des chiffres approximatifs. Le *Stürmer* était, en 1933, encore très peu répandu. Son tirage atteignit en 1935 huit cent mille exemplaires environ, pour retomber fortement par la suite. Le *Stürmer* avait évidemment, pendant la guerre, un tirage bien moindre. Je ne puis pas citer de chiffres exacts, mais pendant les derniers mois, le tirage était très faible. En moyenne, on peut donc dire que le *Stürmer* tirait environ à cinq cent mille exemplaires. Il y avait évidemment des éditions spéciales dont le tirage était plus important. Mais comme je l'ai dit, seul le chef du service des éditions pourrait donner des indications précises.

DOCTEUR MARX. — À quoi attribuez-vous cette augmentation du tirage en 1935 ?

TÉMOIN HIEMER. — Il m'est difficile de répondre à cette question.

DOCTEUR MARX. — N'était-ce pas parce que des organismes du parti rendirent obligatoire l'abonnement de certaines entreprises et de certains services ?

TÉMOIN HIEMER. — Vous me posez là des questions auxquelles peut seul répondre un spécialiste de l'édition. Je ne puis pas y répondre avec certitude et c'est pourquoi je dois me taire. Mes déclarations seraient sujettes à caution.

DOCTEUR MARX. — Quelle était l'origine de vos articles : Receviez-vous les directives de M. Streicher ou les rédigiez-vous simplement vous-même ?

TÉMOIN HIEMER. — Streicher était le fondateur et l'éditeur du *Stürmer*, mais en fait il en était également le rédacteur en chef, car tous les collaborateurs, qu'il s'agisse de son représentant Holz ou des autres, devaient soumettre leurs travaux à Streicher avant de les donner à l'impression. Streicher faisait parfois apporter des changements, donnait également des ordres pour la rédaction de certains articles, c'est-à-dire qu'il indiquait de quelle manière tel ou tel argument devait être développé. Streicher a pris connaissance de tous les articles publiés dans le *Stürmer*, de sorte que l'on peut affirmer avec certitude que Streicher était le responsable, le rédacteur en chef du *Stürmer*. Les autres étaient ses collaborateurs, mais lui, comme il le disait souvent avec une certaine fierté, ne faisait qu'un avec son journal. « Streicher et le *Stürmer* ne font qu'un », telle était la maxime.

DOCTEUR MARX. — Il le reconnaît, d'ailleurs. Il déclare en assumer toute la responsabilité.

— Que pouvez-vous nous dire de cette prétendue bibliothèque pornographique ?

TÉMOIN HIEMER. — Le *Stürmer* possédait d'importantes archives. Ces archives se composaient de milliers de livres allemands et étrangers, de documents, d'éditions, etc. Ces livres étaient soit envoyés aux archives du *Stürmer* par des amis de ce journal, ou bien provenaient d'appartements juifs. La police mettait les livres trouvés dans les appartements juifs à la disposition de l'Institut d'étude de la question juive de Rosenberg, qui les étudiait, mais ce qui restait dans les appartements juifs de Nuremberg était remis aux archives du *Stürmer*. Parmi ces ouvrages se trouvaient également de nombreux livres dits d'études sexuelles, et des livres de Magnus Hirschfeld, de Boch ainsi que des livres purement pornographiques ; c'étaient donc des livres envoyés par des amis du *Stürmer*, des livres recueillis dans les appartements juifs.

— Aux archives du *Stürmer*, ces livres étaient rassemblés dans une section spéciale à laquelle le public n'avait pas accès. Ces livres pornographiques ne constituaient donc pas une bibliothèque pornographique personnelle à Streicher, mais une partie des archives du *Stürmer*. Streicher n'a jamais lu ces livres. Ces livres devaient être revus après la guerre et faire l'objet d'un remaniement. Tous ceux qui n'étaient pas de provenance purement juive devaient être éliminés. Mais Streicher, comme je l'ai dit, n'a jamais lu ces livres.

DOCTEUR MARX. — Où étaient conservés ces livres ? Dans la maison d'édition ?... Ou comment se fait-il qu'une partie...

LE PRÉSIDENT. — Docteur Marx, aucune charge n'est portée contre l'accusé du fait de ces ouvrages.

DOCTEUR MARX. — Je n'ai donc plus de questions à poser dans ce sens. Je me suis seulement permis d'éclaircir cette question, car cela a joué un grand rôle sur l'opinion publique. Je n'ai plus d'autres questions à poser au témoin.

DOCTEUR MARX. — Témoin, il serait peut-être intéressant de voir quel a été le tirage du *Stürmer* depuis 1933. Veuillez nous en parler très brièvement ; après quoi, je vous poserai d'autres questions.

ACCUSÉ STREICHER. — En 1923, le *Stürmer* a été publié dans un format in-octavo et tirait à deux mille ou trois mille exemplaires. Puis, plus tard, il tira à dix mille. À cette époque, et jusqu'en 1933, le *Stürmer* n'était diffusé qu'à Nuremberg, dans mon Gau, et peut-être dans le sud de la Bavière. L'éditeur était un libraire qui travaillait seul avec un, puis deux employés, ce qui montre bien que le tirage était vraiment réduit.

— En 1933, il était de vingt-cinq mille. Je le déclare sous toutes réserves, car il est possible que l'éditeur ne m'ait pas toujours donné les chiffres exacts du tirage et je n'avais aucun contrat écrit avec lui.

— En 1935, l'éditeur est mort, et je crois que le tirage atteignait alors quarante mille. La maison d'éditions a été ensuite reprise par un spécialiste qui étendit l'affaire à toute l'Allemagne. Le tirage fut porté à cent mille et atteignit six cent mille. Ce chiffre oscilla et décrut pendant la guerre jusqu'à cent cinquante mille ou deux cent mille.

DOCTEUR MARX. — Vous dites que cet homme diffusa le journal à travers toute l'Allemagne ? Est-ce que, pour ce faire, on s'est servi de l'organisation du parti ? Du Front allemand du travail, par exemple ?

ACCUSÉ STREICHER. — L'attitude du parti a été définie par une lettre de Bormann, qui fut envoyée dans tous les Gaue. Il y était précisé que le *Stürmer* n'était pas un organe du parti et n'avait rien à faire avec celui-ci. Certains Gauleiter virent là l'occasion de décréter l'interdiction du *Stürmer* dans leur Gau. Il est certain qu'au sein des organisations, il y eut des membres du parti qui, agissant par idéalisme ou pour toute autre raison, ont contribué à propager le *Stürmer*. Cependant, je n'ai personnellement jamais donné d'ordre écrit ou oral pour demander à une organisation du parti de soutenir le *Stürmer*.

DOCTEUR MARX. — J'en viens maintenant aux livres d'images publiés par la maison d'éditions du *Stürmer*. Vous savez que deux livres d'images ont été publiés, l'un sous le titre « Ne vous fiez pas au renard de la verte prairie », et l'autre, « Le champignon vénéneux ». Assumez-vous la responsabilité de l'édition de ces livres d'images ?

ACCUSÉ STREICHER. — Je puis dire, en résumé, que j'accepte la responsabilité de tout ce qui a été écrit par mes collaborateurs ou de tout ce qui provient de ma maison d'éditions.

DOCTEUR MARX. — Qui est l'auteur de ces livres d'images ?

ACCUSÉ STREICHER. — Le livre d'images intitulé : « Ne vous fiez pas au renard de la verte prairie ni au serment du Juif », a été écrit et illustré par une jeune artiste. Le titre mentionné sur la couverture est un texte du docteur Martin Luther. Le second ouvrage a été écrit par le rédacteur en chef du *Stürmer*, un ancien instituteur.

— J'ai publié ces deux ouvrages à l'occasion de deux affaires criminelles qui eurent lieu à Nuremberg et qui, si mes souvenirs sont exacts, furent jugées dans cette salle d'audience.

DOCTEUR MARX. — N'est-il pas exact que dès 1920 vous traitiez cette question dans le *Stürmer ?*

ACCUSÉ STREICHER. — Oui, ainsi que dans des discours.

DOCTEUR MARX. — Pourquoi avez-vous de nouveau évoqué en 1935 cette affaire particulièrement grave ?

ACCUSÉ STREICHER. — Je prierai mon avocat de ne pas porter de jugement sur ce que j'ai écrit : qu'il m'interroge mais qu'il ne juge pas : c'est l'affaire du ministère public.

— Vous m'avez demandé à quelle occasion cet article fut publié. Je vais vous expliquer brièvement...

DOCTEUR MARX. — Excusez-moi, monsieur le président, je dois m'élever contre le fait que monsieur Streicher se permet au cours de son interrogatoire, de critiquer la façon dont je pose mes questions. Je demande donc au Tribunal de décider sur ce point, car autrement je me verrais dans l'impossibilité de poser des questions.

LE PRÉSIDENT. — Vous avez déjà défini votre attitude et le Tribunal vous a pleinement approuvé. Veuillez continuer.

— Quant à vous, accusé, laissez-moi vous avertir que si vous êtes insolent, soit envers votre avocat, soit envers le Tribunal, celui-ci se verra dans l'impossibilité de continuer à vous entendre pour le moment. Veuillez par conséquent manifester envers votre avocat et le Tribunal toute la politesse désirable.

ACCUSÉ STREICHER. — Puis-je me permettre de dire quelque chose à ce sujet ?

LE PRÉSIDENT. — Non. Veuillez répondre à la question.

DOCTEUR MARX. — Je continue l'interrogatoire.

— Le ministère public vous accuse d'avoir traité cette question des meurtres rituels, sans preuve à l'appui, en vous référant seulement à une histoire du Moyen Age. Quelles étaient, en gros, vos sources ?

ACCUSÉ STREICHER. — Elles ont été données. On n'écrivait rien sans mentionner en même temps les sources. On s'est référé à un ouvrage écrit en grec par un ancien rabbin converti au christianisme. On s'est également référé à une publication d'un haut prélat milanais, connue depuis cinquante ans en Allemagne. Même sous la démocratie, les Juifs ne se sont jamais élevés contre cet ouvrage.

— L'article sur le meurtre rituel se réfère à des dossiers d'audience conservés à Rome. Des gravures montrent que dans vingt-trois cas, l'Église elle-même s'est occupée de la question. Elle a canonisé vingt-trois personnes non juives tuées à la suite de meurtres rituels. Des descriptions de sculptures de monuments y étaient représentées. Toutes les sources ont été données...

DOCTEUR MARX. — Monsieur Streicher, qui était l'auteur de ces livres d'images et en assumiez-vous la responsabilité ?

ACCUSÉ STREICHER. — Il est intéressant pour le Tribunal de savoir comment il se fait que, soudain, deux livres d'images pour les jeunes soient sortis de ma maison d'éditions. Je fais ma déclaration d'une manière tout à fait objective. Je parle ici de faits judiciaires. Il y a ici des personnes, des témoins qui assistaient aux débats. C'est la seule façon de comprendre pourquoi ces livres d'images ont été publiés. Ces livres constituaient des réponses aux actes qui avaient été commis.

DOCTEUR MARX. — Oui, mais on vous accuse simplement d'avoir exercé ainsi une influence néfaste sur l'esprit de la jeunesse, influence que l'on peut considérer à juste titre comme ayant un effet pernicieux.

ACCUSÉ STREICHER. — Et je voulais prouver par ma déclaration que j'avais l'intention de protéger la jeunesse, justement parce que certains faits s'étaient produits.

DOCTEUR MARX. — Mais la jeunesse pouvait difficilement comprendre l'affaire Schloss, ou toute autre affaire du même genre ?

ACCUSÉ STREICHER. — C'était un sujet de discussions publiques aussi bien à Nuremberg que dans toute l'Allemagne.

DOCTEUR MARX. — Monsieur le président, je trouve que la réponse est concluante.

ACCUSÉ STREICHER. — En ma qualité d'accusé, je trouve qu'elle ne l'est pas.

LE PRÉSIDENT. — Vous avez dit que ces livres ont été publiés en réponse à des faits qui s'étaient passés ici. Cela nous paraît suffisant.

DOCTEUR MARX. — Témoin, une autre grave accusation portée contre vous par le ministère public concerne un article spécial sur les meurtres rituels qui figura dans un numéro du *Stürmer.* A quelle occasion ce numéro spécial fut-il publié ? En êtes-vous personnellement l'auteur ?

ACCUSÉ STREICHER. — Non.

DOCTEUR MARX. — Qui en était l'auteur ?

ACCUSÉ STREICHER. — C'était mon collaborateur Karl Holz, qui était alors rédacteur en chef. Il est mort depuis, mais j'assume la responsabilité de ce qu'il a écrit.

DOCTEUR MARX. — Monsieur Streicher, dès avant 1933, vous avez eu affaire avec les Tribunaux à plusieurs reprises, aussi bien à cause de vos articles que de votre attitude, telle que vous la définissiez dans le *Stürmer.* Voulez-vous nous dire brièvement combien de fois cela s'est produit, et quelles en furent les conséquences ?

ACCUSÉ STREICHER. — Je ne puis plus dire exactement aujourd'hui combien de fois cela s'est produit. Mais ce fut très fréquent. Vous me demandez quelles en ont été les conséquences ? J'ai été emprisonné plusieurs fois, mais je peux dire avec fierté que les jugements disaient toujours : « Un fanatique incorruptible de la vérité. » C'était la conséquence de mon activité d'orateur et d'écrivain, mais il est peut-être utile d'ajouter que je n'ai jamais été cité devant les tribunaux pour des affaires criminelles, mais pour ma seule activité antisémite ; le plaignant était une organisation de citoyens de religion juive.

— Le président constituait des dossiers à chacun de nos écarts de langage, nous faisant tomber ainsi sous le coup des lois et règlements en vigueur, mais je peux également souligner que le procureur juif, le docteur Süssheim, a déclaré au Tribunal, dans cette salle : « Messieurs les juges, c'est notre ennemi implacable, mais c'est un fanatique de la vérité ; il est convaincu de ce qu'il fait et le fait de bonne foi. »

LE PRÉSIDENT. — Quand avez-vous été incarcéré ?

ACCUSÉ STREICHER. — Naturellement, avant 1933. La première fois, j'ai été incarcéré à Landsberg pour avoir participé au putsch de Hitler. Puis, on m'a infligé trois mois et demi de prison à Nuremberg. Puis, j'ai eu encore trois mois de prison...

LE PRÉSIDENT. — Il est inutile de nous perdre dans les détails.

ACCUSÉ STREICHER. — Je voulais dire qu'avant 1933, j'ai été incarcéré à plusieurs reprises ou condamné à des amendes.

ACCUSATION (1). — Je vais maintenant prier le Tribunal de se référer de nouveau à quelques extraits qui montrent la forme sous laquelle se développa cette propagande dans les années qui suivirent. Streicher venait de fonder une revue para-médicale appelée : « La Santé du Peuple par le sol et par le sang », qu'il avait éditée lui-même ; c'est un exemple des extrémités inouïes auxquelles il osa pousser sa propagande contre les Juifs. Je cite :

— « Il est établi de toute éternité pour les savants que l'“ albumine étrangère ” est le sperme d'un homme de race étrangère. Au cours de l'acte, le sperme mâle est partiellement ou complètement absorbé par la femme et entre ainsi dans la circulation du courant sanguin. Une seule cohabitation d'un Juif et d'une femme aryenne est suffisante pour empoisonner son sang à jamais. Avec l'“ albumine étrangère ”, la femme a absorbé l'âme étrangère, et plus jamais elle ne sera capable de porter de purs enfants aryens, même si elle se marie avec un aryen. Ce seront tous des bâtards avec une âme divisée et un corps de métis. Leurs enfants à leur tour seront des métis, c'est-à-dire un peuple laid, de caractère instable et avec une tendance à la maladie...

— « Maintenant, nous comprenons pourquoi les Juifs usent de tous les artifices de la séduction en vue de conquérir les filles allemandes aussi jeunes que possible, pourquoi les médecins juifs violent leurs patientes quand elles sont anesthésiées... ils veulent que la jeune fille allemande et la femme allemande absorbent le sperme étranger du Juif et ne puissent jamais plus porter des enfants allemands.

— « Mais les produits sanguins de tous les animaux jusqu'aux

(1) L'exposé reproduit ici concerne uniquement les forfaits reprochés à l'accusé Streicher. Il constitue un dossier complet et détaillé de la propagande antisémite servant d'introduction à l'histoire des persécutions contre les Juifs.

bactéries, tels que le sérum, la lymphe, les sécrétions internes sont tous de l'" albumine étrangère ". Ils ont un effet de poison s'ils sont introduits directement dans le sang, soit par vaccination, soit par injection.

— « Mais ce qu'il y a de pis encore, c'est que par l'apport de ces produits d'animaux malades, le sang est contaminé, et l'aryen marqué du sceau d'une race étrangère. Le Juif est l'auteur et l'instigateur d'une telle action ; il est instruit des secrets de la question raciale depuis des siècles, et c'est pourquoi il établit des plans systématiques d'annihilation des nations qui lui sont supérieures. La science et les compétences sont ses instruments pour l'établissement de cette pseudo-science et la dissimulation de la vérité. »

— Le document suivant se place aussi au commencement de 1935 : c'est un extrait de son propre journal, *Der Stürmer*, intitulé : « Le peuple élu des criminels » :

— « Et malgré tout, ou disons plus justement à cause de cela, l'histoire des Juifs, habituellement appelée l'Écriture sainte, nous donne l'impression d'une horrible histoire criminelle qui fait pâlir d'envie les cent cinquante romans policiers sensationnels du Juif britannique Edgar Wallace. Ce livre saint abonde en meurtres, incestes, fraudes, vols et indécences. »

— Le 4 octobre 1935, l'accusé fit un discours — et le Tribunal se souviendra que ce fut un mois après les décrets de Nuremberg — publié dans le *Völkischer Beobachter* sous le titre : « Sauvegarde du sang allemand et de l'honneur allemand ». Je lis ce compte rendu dans l'article : « Le Gauleiter Streicher parle à une grande manifestation du Front du travail allemand pour soutenir les lois de Nuremberg. »

— « Nous avons donc à démasquer le Juif, et c'est ce que je fais depuis quinze ans. »

— Cette remarque sans doute lui attira des applaudissements bruyants.

— « Les quinze ans de la campagne que le *Stürmer* a menée pour la lumière ont amené au national-socialisme l'armée de ceux qui savent, forte de millions de personnes. Le travail tenace du *Stürmer* contribuera à ce que chaque Allemand jusqu'au dernier vienne en apportant l'aide de son cœur et de ses mains, grossir les rangs de ceux qui veulent écraser sous leurs talons la tête de la vipère Pan-Juive. Celui qui aide à le réaliser aide à chasser le Diable, et ce Diable, c'est le Juif. »

— Le document suivant, que j'inclus simplement dans le livre de documents pour montrer à quels excès Streicher s'est livré dans sa propagande, est une photographie de la coque en flammes du dirigeable *Hindenburg* quand il brûla en juin 1937 en Amérique. Au-dessous se trouve une légende renfermant le commentaire suivant :

— « Le premier bélinogramme provenant des États-Unis d'Amérique montre clairement qu'il y a un Juif derrière l'explosion de notre dirigeable *Hindenburg*. La nature a correctement et clairement démasqué ce diable sous son déguisement humain. »

— Bien que cela ne ressorte pas du tout de la photographie, je crois que le sens de ce commentaire réside dans le fait que le nuage de fumée dans l'air a le contour d'un visage juif.

— Le document qui est à la page suivante rapporte ensuite un discours du 5 septembre 1937, lors de l'inauguration d'un pont à Nuremberg. Je veux citer seulement le dernier paragraphe. Le pont en question s'appelle le pont Wilhelm Gustloff. Streicher dit :

— « L'homme qui assassina Wilhelm Gustloff devait venir du peuple juif, parce que les textes juifs disent que chaque Juif a le droit de tuer un non-juif et que le meurtre du plus grand nombre possible de non-juifs est agréable au Dieu des Juifs.

— « Regardez ce que les Juifs ont fait depuis des milliers d'années ; partout, on trouve le meurtre, partout on trouve le meurtre en masse. Nous ne devons jamais oublier que derrière les guerres actuelles se tient le financier juif qui poursuit ses projets et ses intérêts. Le Juif vit toujours sur le sang des autres nations ; il a besoin de tels meurtres et de telles victimes. Pour nous qui savons, le meurtre de Wilhelm Gustloff est identique à un meurtre rituel. »

— Et à la page suivante :

— « Il est de notre devoir de dire à nos enfants à l'école et aux plus grands également ce que cette commémoration signifie. »

Je passe au paragraphe suivant :

— « Le Juif ne se montre plus parmi nous ouvertement, comme il avait coutume de le faire. Mais nous aurions tort de croire que la victoire nous est acquise ; une victoire complète et définitive ne sera acquise que lorsque le monde entier sera délivré des Juifs. »

— Les deux documents qui figurent ensuite dans votre livre de documents sont simplement extraits de la colonne de correspondance du *Stürmer* et montrent de nouveau l'une des méthodes qu'il employait pour sa propagande. Il n'est pas nécessaire que je les lise. Cette colonne est pleine de lettres provenant d'Allemands, disant par exemple qu'une Allemande est allée acheter des chaussures dans un magasin juif et a gêné ainsi le boycottage général des Juifs ; et ainsi de suite. En d'autres termes, ces colonnes hebdomadaires contiennent des calomnies contre les Juifs en provenance de toute l'Allemagne.

— Je passe à une autre forme de propagande qu'il employa sous le nom de « meurtre rituel ». Le Tribunal peut sans doute se souvenir qu'il y a quelques années — cela commença en 1934, je crois — ce journal, *Der Stürmer*, commença à publier des récits de meurtre rituel juif, qui horrifièrent le monde entier à un tel point que l'archevêque de Canterbury écrivit au *Times* pour protester, comme beaucoup le firent dans le monde entier, contre le fait qu'un gouvernement permît que des sujets pareils fussent traités dans un journal de son pays.

— Il tira l'idée de ce meurtre rituel d'une croyance médiévale qui prétend que, pendant la célébration de la Pâque juive, les Juifs avaient l'habitude de tuer des enfants chrétiens, et il exagéra cette légende pour montrer que non seulement ils agissaient ainsi au Moyen Age, mais qu'ils le faisaient encore ; et qu'ils voulaient encore le faire actuellement. Et si je puis me permettre de citer un ou deux passages de ses journaux et montrer un ou deux dessins qu'il publia pour appuyer cette campagne du meurtre rituel, le Tribunal verra immédiatement le genre d'enseignement et de propagande qu'il utilisait.

— « Voici ce que le soldat français combattant devrait rapporter avec lui en France : Le peuple allemand est neuf. Il veut la paix, mais si n'importe qui essaye de l'attaquer, si quelqu'un essaye de le torturer de nouveau, si quelqu'un essaye de le rejeter dans le passé, le monde entier verra alors une autre épopée héroïque ; alors, le Ciel décidera où est le bon droit : ici, avec nous, ou là où les Juifs ont l'avantage et où ils organisent des massacres et même les plus grands meurtres rituels de tous les temps. Si le peuple allemand doit être massacré selon les rites juifs, le monde entier sera alors massacré en même temps que lui. »

— Et le dernier paragraphe :

— « De même que vous avez rabâché les prières du matin et du soir à vos enfants, de même faites-leur maintenant entrer dans la tête que le peuple allemand pourra acquérir le pouvoir spirituel de convaincre le reste du monde, que les Juifs désirent dresser contre nous. »

— Sur la page suivante du livre de documents figure une reproduction d'une photographie tirée du *Stürmer* d'avril 1937, qui montre trois Juifs accomplissant un meurtre rituel sur une jeune fille en lui coupant la gorge, et l'on voit le sang tomber dans un seau posé sur le sol. La légende de cette photographie est la suivante : « Meurtre rituel à Polna. Meurtre rituel de Agnès Hruza par les Juifs Hilsner, Erdmann et Wassermann » (carte postale contemporaine).

— A la page suivante du livre de documents se trouve un extrait du numéro d'avril 1937 de ce même journal. Je ne vais pas le lire maintenant, car il a déjà été présenté et lu au Tribunal. Il décrit les circonstances d'un meurtre rituel au cours duquel le sang est mélangé au pain et consommé par les Juifs au cours de leur fête. Le Tribunal se souviendra que le chef de famille dit : « Puissent tous les Gentils périr ainsi que l'enfant dont le sang est contenu dans le pain et dans le vin. »

— Je voudrais citer d'autres articles du *Stürmer* sur les « Meurtres rituels » :

— « Quiconque a assisté aux sacrifices d'animaux, ou en a vu au moins un documentaire exact, n'oubliera jamais cette scène horrible. Et, involontairement, il pensera aux attentats que les Juifs ont commis des siècles durant contre des hommes. Il se souviendra du meurtre rituel. L'Histoire révèle des centaines de cas d'enfants non-juifs torturés à mort. On leur faisait la même incision à la gorge que l'on voit sur les animaux abattus. Eux aussi étaient saignés à mort alors qu'ils étaient encore en pleine conscience. »

— À certaines occasions, messieurs, ou quand il avait une question particulière à présenter au monde, l'accusé publiait des éditions spéciales de son journal, *Der Stürmer ;* le meurtre rituel était un sujet si particulier qu'il lui consacra l'une de ces éditions. Le Tribunal a une photocopie de l'édition complète de mai 1939. Je n'ai pas essayé de la faire traduire intégralement, ni l'un quelconque des articles qu'elle contient. Il sera peut-être suffisant d'en regarder les illustrations et de lire les commentaires qui les accompagnent. Je regrette que la traduction de ces commentaires n'ait pas été insérée dans l'exemplaire soumis au Tribunal, mais peut-être sera-t-il permis de les lire.

— Les pages sont numérotées au crayon rouge dans le coin droit. À la page 1, nous voyons l'image d'un enfant, le flanc percé de coups de couteau ; le sang jaillit de son corps et sous le piédestal sur lequel il repose sont étendus cinq autres enfants probablement morts. Le commentaire est le suivant :

— « En l'an 1476, les Juifs de Regensburg ont assassiné six enfants. Ils les ont saignés et les ont torturés à mort, dans un caveau souterrain appartenant au Juif Josfol ; quand les juges trouvèrent les corps de ces enfants assassinés, ils virent sur un autel une couche d'argile ensanglantée. »

— À la page suivante, il y a deux images avec leurs commentaires. Au coin supérieur gauche : « Voici une carte postale publiée par la juiverie mondiale pour le nouvel an juif en 1913. Le jour du Nouvel An juif et du Grand Pardon, les Juifs ont tué le coq rituel, dont le sang et la mort doivent les purifier. En 1913, le coq rituel avait la tête du tsar Nicolas II. Ils désignaient ainsi Nicolas II comme la prochaine victime propitiatoire. Le 16 juillet 1918, le Tsar fut assassiné par les Juifs, Jurowsky et Goloschtschekin. »

— L'image au bas de la page, montre encore un Juif tenant un coq rituel du même genre : « Le coq rituel a la tête du Führer et les commentaires en hébreu déclarent qu'un jour les Juifs assassineront tous les hitlériens. Ils (les Juifs) seront alors délivrés de tous leurs malheurs. Mais au moment opportun, les Juifs se rendront compte qu'ils avaient compté sans Adolf Hitler. »

— La page suivante du livre contient la reproduction de quantité d'articles publiés antérieurement sur le meurtre rituel, avec la photographie de l'accusé Streicher. A la page 4, en bas et à droite, se trouve le commentaire suivant :

— « Les Juifs au repas pascal : le vin et le Mazzen » — pain azyme — « contiennent du sang de non-juifs. Le Juif prie avant le repas, il prie pour la mort de tous les non-juifs. »

— À la cinquième page se trouvent des reproductions de certains articles de journaux européens et américains, et de lettres qu'ont reçues ces journaux au cours de l'année précédente en protestation contre cette propagande sur la question du meurtre rituel. Vous y trouverez également une lettre de protestation de l'archevêque de Canterbury, au rédacteur en chef du *Times.*

— À la page 6, se trouve une horrible gravure représentant un enfant dont on ouvre la gorge ; là encore, le sang jaillit et s'écoule dans un récipient posé sur le sol : voici le commentaire :

— « Meurtre rituel de l'enfant Heinrich en l'an 1346. Les Juifs de Munich assassinèrent un enfant non-juif, le martyr fut canonisé par la suite. »

— À la page 7, se trouve une image représentant trois meurtres rituels. À la page 8, il y a une autre image.

— « Saint Gabriel. Ce garçon fut crucifié et torturé à mort par les Juifs en l'an 1690. Il fut complètement saigné. »

— À la page 11, nous voyons une sculpture figurant sur le mur de la chapelle de pèlerinage à Wesel représentant le meurtre rituel de l'enfant Werner. On voit la répugnante image de cet enfant suspendu par les pieds et égorgé par deux Juifs.

— À la page 12, on voit une autre photographie dont voici le commentaire : « Le corps embaumé de Simon de Trient, qui fut torturé à mort par les Juifs ». À la page 13, nous voyons un autre tableau : un couteau est enfoncé dans le corps d'une autre victime, et le sang coule dans un bassin. À la page 14, on voit deux gravures dont l'une représente le meurtre rituel d'un garçonnet, Andreas, et l'autre, le tableau d'une tombe dont voici la légende :

— « La tombe de Hilsner. En mémoire du sacrificateur rituel juif Léopold Hilsner, qui a été jugé coupable de deux meurtres rituels et qui a été deux fois condamné à être pendu. L'Empereur fut corrompu et lui fit grâce. Masaryk, le prosémite, lui remit sa peine en 1918. Même sur sa tombe, la juiverie ment en le nommant — lui, deux fois meurtrier — une innocente victime. »

— Sur la page suivante, nous voyons à nouveau l'image d'une femme assassinée dont on coupe la gorge, de la même façon ; et la page 17 reproduit une photo de l'archevêque de Canterbury et une photo d'un vieillard juif avec le commentaire suivant :

— « Le docteur Lang, archevêque de Canterbury, le plus haut dignitaire de l'Église anglicane, et son allié, exemple typique de la race juive. »

— À la toute dernière page, nous voyons une photo reproduisant « Saint Simon de Trient torturé à mort ».

— Nous estimons que ce document n'est rien d'autre qu'un encouragement au meurtre pour les lecteurs allemands ; il est rempli d'images reproduisant des meurtres commis sur des Allemands, et cela incite tous ceux qui le voient à se venger et à se venger de la même façon.

Docteur Hans Marx (avocat de l'accusé Streicher). — L'accusé Julius Streicher vient de me faire remarquer qu'on ne lui a pas encore donné la possibilité de prouver l'origine des gravures dont on vient de parler. La Défense estime qu'il est nécessaire d'établir l'origine de ces images, sinon on pourrait penser qu'elles ont été spécialement inventées pour le *Stürmer* et tirées de quelque sombre source. L'accusé Streicher, attire l'attention sur le fait que ces images proviennent de sources historiques reconnues. C'est pourquoi je voudrais me permettre de suggérer que l'on mît cette documentation à notre disposition. J'estime que les articles du *Stürmer* dont on a fait mention devraient indiquer à mon avis les sources utilisées par l'accusé Streicher.

LE PRÉSIDENT. — Est-ce que ces articles indiquent les sources ?

DOCTEUR MARX. — Oui.

LIEUTENANT-COLONEL GRIFFITH-JONES. — J'aurais dû le dire, je n'avais nullement l'intention d'induire le Tribunal en erreur, ces images sont des reproductions d'originaux authentiques. Elles n'ont pas été inventées par le journal, et dans certains cas les sources sont indiquées dans les commentaires. C'est une collection d'images et de fresques médiévales traitant de la question. En effet, dans la plupart des cas, le journal indique leur provenance.

DOCTEUR MARX. — Je vous remercie.

LE PRÉSIDENT. — Vous nous avez déjà donné les dates indiquant que c'étaient des tableaux du Moyen Âge.

LIEUTENANT-COLONEL GRIFFITH-JONES. — C'est exact, Votre Honneur. En janvier 1938 — et on se souviendra qu'en 1938 les persécutions contre les Juifs prirent de plus en plus d'ampleur — pour une raison quelconque, une autre édition spéciale du *Stürmer* fut publiée. Si le Tribunal veut bien se reporter à la page 34 du livre de documents, je citerai un bref passage de l'article de fond écrit par l'accusé :

— « Le but suprême et la mission la plus élevée de l'État est donc de préserver le peuple, le sang et la race. Mais, si c'est la tâche suprême, tout crime contre les lois doit être puni du châtiment suprême. Le *Stürmer* est par conséquent d'avis qu'il n'y a que deux châtiments pour le crime contre la race : 1° travaux forcés à vie pour avoir tenté de le commettre ; 2° la mort pour l'avoir commis. »

— S'il est encore nécessaire de caractériser ce journal, considérons la page suivante : nous verrons les titres de certains des articles de ce numéro spécial :

— « Profanateurs juifs de la race au travail ; viol d'une jeune fille de quinze ans non-juive.

— « Il commet des crimes contre la race ; pour lui les jeunes allemandes sont du gibier. Un sanatorium juif : une institution juive destinée à entretenir le crime contre la race. Viol d'une fille à l'esprit simple. Le maître d'hôtel juif ; il vole ses maîtres juifs et commet des crimes contre la race. »

— À la page suivante du livre de documents, je citerai les deux dernières lignes ; c'est un article paru dans le *Stürmer ;* il n'est pas, il est vrai, écrit par l'accusé Streicher, mais par celui qui était alors son rédacteur en chef, Karl Holz :

— « La vengeance éclatera un jour et chassera la juiverie de la surface de la terre, en l'exterminant. »

— En septembre 1938, le *Stürmer* publia un article dont voici les deux dernières lignes :

— « ...Un parasite, un malfaiteur, un bon à rien, un propagateur de maladies, qui doit être détruit dans l'intérêt de l'Humanité. »

— J'estime que ce n'est plus de l'excitation à la persécution, mais à l'extermination et au meurtre, non pas d'un homme mais de millions d'hommes.

— J'aimerais attirer à nouveau l'attention du Tribunal sur le document suivant. Il montre la partie supérieure du corps d'une jeune fille qu'un homme est en train d'étrangler, l'ombre de son visage se profile sur le mur ; de toute évidence, c'est un profil juif. Le commentaire de cette image est le suivant :

— « La castration, pour les profanateurs juifs de la race. Seuls, de durs châtiments protégeront nos femmes des attaques de ces horribles griffes juives. Les Juifs sont notre malheur. »

— Je m'écarte pour un moment du *Stürmer,* pour parler d'un incident auquel l'accusé Streicher prit une part prépondérante. On se souviendra que les 9 et 10 novembre 1938, eurent lieu des manifestations organisées contre les Juifs. Toute cette propagande, comme je l'ai dit, devenait de plus en plus féroce et effrénée. Durant l'automne de cette année-là, l'accusé Streicher organisa le sac de la synagogue de Nuremberg, à l'occasion d'une réunion dans cette ville de représentants de la presse. Le Gauleiter Julius Streicher était personnellement présent et c'est lui-même qui mit en mouvement la grue qui devait arracher les emblèmes juifs de la synagogue.

— « ... La synagogue est en train d'être démolie. Julius Streicher lui-même inaugura cette cérémonie par un discours d'une heure et demie. Sur son ordre, comme prélude à cette démolition, l'immense étoile de David a été jetée à bas de la coupole. »

— L'accusé, naturellement, joua un rôle actif dans les manifestations de novembre de cette même année. Je ne suggère pas qu'il fût responsable de l'idée. Les preuves contre lui sont limitées au rôle qu'il joua dans son propre Gau de Franconie.

— À la page 43 du livre de documents, se trouve un compte rendu des manifestations de Nuremberg, telles quelles ont été décrites le 11 novembre dans la *Fränkische Tageszeitung* qui était son journal. Je cite :

— « À Nuremberg et à Fürth, il en résulta des manifestations de la foule contre les meurtriers juifs. Ces manifestations durèrent jusqu'à l'aube. Pendant trop longtemps, on avait supporté en Allemagne les agissements des Juifs. »

— Je prends les trois dernières lignes de ce paragraphe :

— « Après minuit, l'excitation de la population fut à son comble ; une foule nombreuse se dirigea sur les synagogues de Nuremberg et de Fürth et incendia ces deux bâtiments où l'on avait prêché le meurtre des Allemands. Des brigades de pompiers, immédiatement averties veillèrent à ce que l'incendie ne s'étendît pas. Les vitrines des boutiquiers juifs, qui n'avaient pas encore abandonné l'espoir de vendre leurs vieilleries aux stupides goyms furent brisées. Grâce à la conduite disciplinée des S.A. et de la police qui s'étaient précipitées sur les lieux, il n'y eut pas de pillage. »

— Le document suivant dans le livre de documents est le compte rendu d'un discours prononcé par Streicher, le 10 novembre 1938, le jour même des manifestations. J'en citerai deux paragraphes :

— « Le Juif ne reçoit pas dès l'enfance la même éducation que nous, on ne lui enseigne pas : " Tu aimeras ton prochain comme toi-même ", ou : " Si tu es frappé sur la joue gauche, tends la joue droite. " Non ; on lui dit : " Tu peux faire ce que tu veux de celui qui n'appartient pas à la race juive. " On lui enseigne même que le meurtre d'un non-juif est un acte agréable à Dieu. Pendant vingt ans, nous l'avons écrit dans le *Stürmer ;* pendant vingt ans nous l'avons proclamé d'un bout à l'autre du monde et nous avons persuadé des millions d'hommes. »

— Je passe maintenant au dernier paragraphe :

— « Le Juif assassina en une nuit soixante-quinze mille Perses. Quand le Juif quitta l'Égypte, il tua tous les nouveau-nés, c'est-à-dire toute la génération future des Égyptiens. Que se serait-il passé si le Juif avait réussi à précipiter les nations dans la guerre contre nous, et si nous avions perdu la guerre ? Protégé par les baïonnettes étrangères, il se serait rué sur nous et nous aurait massacrés. N'oubliez jamais ce que l'Histoire nous a enseigné. »

— Après les manifestations de novembre, des irrégularités se produisirent dans le Gau de Franconie dans l'organisation de l'aryanisation des biens juifs. Cette opération était naturellement réglementée par l'État, et d'après un décret, le ou les produits, quels qu'ils fussent, en provenance d'une telle saisie de biens juifs et de leur transfert à des Aryens, devaient être versés à l'État. Mais une partie importante de ces bénéfices ne parvint jamais à l'État, et le résultat fut que Gœring dépêcha une commission d'enquête.

Docteur Marx. — Comme preuve des irrégularités qui se seraient produites dans la confiscation de fonds de commerce juifs au profit d'aryens après le 9 novembre à Nuremberg, le ministère public veut citer un rapport que le Gauleiter adjoint Holz fit à l'occasion de son interrogatoire devant ladite commission d'enquête. Je voudrais protester contre l'utilisation de ce rapport. Entre l'accusé Streicher et son adjoint Holz, il y avait une grande différence d'opinion, sinon de l'inimitié. L'adjoint Holz était, en effet, le responsable des mesures prises. Il n'est nullement prouvé que Streicher fût d'accord pour prendre ces mesures. Il faut plutôt supposer que Holz, afin de se couvrir, a fait des déclarations qu'il ne soutiendrait pas lui-même s'il comparaissait ici aujourd'hui comme témoin. Il s'agit donc, dans ce rapport de Holz, de déclarations d'un homme ayant participé aux faits en question et y ayant sérieusement trempé ; il s'agit d'un homme qui était l'ennemi de l'accusé Streicher. Holz fit des reproches à Streicher, parce que celui-ci ne l'avait pas couvert vis-à-vis de la Commission d'enquête et de l'ancien Premier ministre Gœring. Voilà pourquoi je ne crois pas qu'on puisse utiliser ce rapport.

Le Président. — Avez-vous terminé votre déclaration ?

Docteur Marx. — Oui, certainement.

Le Président. — Le Tribunal considère que ce document, qui est un document officiel, est admissible aux termes de l'article 21 et que les objections que vous venez de faire ne sont pas des objections qui jouent contre son admissibilité en tant que preuve, mais dans la seule mesure où elles intéressent sa valeur. Sur ce point, vous aurez la possibilité de développer vos objections, à une date ultérieure, quand vous aurez la parole à cet effet. Le Tribunal décide que ce document est recevable.

Lieutenant-Colonel Griffith-Jones. — Je lirai à partir du milieu de la page 45 du livre de documents.

— « À la suite des démonstrations de novembre, le Gauleiter adjoint Holz s'occupa des questions juives. Son argumentation peut être donnée en détail ici, sur la base de sa déclaration du 25 mars 1939.

— « Les 9 et 10 novembre 1938. Dans la nuit du 9 au 10 novembre 1938, des événements se produisirent d'un bout à l'autre de l'Allemagne et pour ma part — je souligne que c'est Holz qui parle — « Je les considérais comme le signal d'un règlement absolument différent du problème juif en Allemagne. Les synagogues et les écoles juives furent incendiées et les biens furent détruits, dans les magasins et dans les maisons privées. En outre, un grand nombre de Juifs furent emmenés par la police dans des camps de concentration. Vers midi, nous discutions de ces événements dans la maison du Gauleiter. Nous étions tous d'avis que nous nous trouvions maintenant en face d'un état de choses totalement différent quant au problème juif. La grande action entreprise et exécutée contre les Juifs dans la nuit du 9 au 10 novembre a remis en question tous les principes directeurs et toutes les lois édictées sur le sujet. Nous étions d'avis, en particulier moi-même, qu'il fallait désormais agir selon notre propre inspiration. Je proposai au Gauleiter, étant donné le manque de logements, que la meilleure solution consistait à mettre les Juifs dans des sortes de camps d'internement. Les maisons seraient ainsi libérées sur le champ et la crise du logement serait en partie surmontée. En outre, nous aurions les Juifs sous notre contrôle et notre surveillance. J'ajoutai que la même chose était arrivée à nos prisonniers de guerre et nos internés pendant la guerre. Le Gauleiter me répondit que cette proposition était pour le moment irréalisable. Je lui fis alors une nouvelle suggestion et lui dis qu'il était insupportable que les Juifs dépossédés continuassent à être à même de posséder des maisons et des terres. Je proposai de leur retirer ces maisons et ces terres et je me déclarai prêt à exécuter une telle action. Je déclarai que l'aryanisation de terres et de maisons juives mettrait de ce fait une somme considérable à la disposition du Gau. Je parlai de quelques millions de marks et déclarai que cette aryanisation pourrait, à mon avis, être exécutée aussi légalement que l'aryanisation des commerces. La réponse du Gauleiter fut en substance la suivante : « Si vous estimez pouvoir exécuter ces mesures, faites-le. La somme ainsi acquise sera utilisée pour l'édification d'une école pour le Gau. »

— Je passe maintenant à la page 18 :

— « L'aryanisation se traduisit par la confiscation des propriétés, l'abandon de tous les droits réels et en particulier des droits d'hypothèque et la réduction sur les prix d'achat. Le paiement de base alloué aux Juifs était de 10 pour cent de la valeur nominale ou de la somme nominale demandée. Comme justification de ces prix très bas, Holz prétendit à la réunion de Berlin du 6 février 1939, que les Juifs avaient dans l'ensemble acheté leurs biens au cours de la période d'inflation, pour un dixième de leur valeur. Comme une enquête l'a démontré, dans quantité de cas individuels choisis au hasard, cette prétention ne correspondait pas aux faits. »

— Je laisse le *Stürmer* de côté, et j'aimerais attirer l'attention du Tribunal sur une question qui est peut-être aussi odieuse que les autres : c'est un autre aspect de l'activité de cet homme, et c'est l'attention particulière qu'il a consacrée à l'instruction, si l'on peut la qualifier ainsi, ou plutôt la perversion de la jeunesse allemande. Il ne se contentait pas d'exciter la population, mais il s'emparait des enfants, aussi jeunes qu'il le pouvait, à l'école, et il commençait aussitôt à empoisonner leur esprit. Déjà dans certains extraits que j'ai mentionnés, le Tribunal s'en souviendra, il est question des enfants et de la nécessité de leur inculquer l'antisémitisme. Je vous invite à vous reporter au compte rendu d'un discours de Streicher, prononcé en juin 1925 où il dit :

— « Je répète : nous exigeons la transformation de l'école en une institution d'éducation nationale allemande. Si nous faisons éduquer les enfants allemands par des instituteurs allemands, nous aurons jeté les bases de l'école nationale allemande. Cette école nationale allemande doit enseigner la doctrine raciste. »

— À la page suivante, nous lisons :

— « Nous exigeons, par conséquent, l'introduction de la doctrine raciste dans le programme scolaire. »

— Le document suivant, est un extrait de la *Fränkische Tageszeitung* du 19 mars 1934, il montre Streicher s'adressant aux élèves de l'école de filles de la Preisslerstrasse à la fin de leur cycle d'études. Il s'adressait souvent aux enfants et assistait fréquemment aux cours.

— « Alors, Julius Streicher évoqua quelques souvenirs et parla d'une jeune fille qui allait à la même école que lui, qui tomba amoureuse d'un Juif, et gâcha toute son existence. »

— Il n'est pas nécessaire que je continue, le reste est sur le même ton.

— Chaque été, on célébrait à Nuremberg ce que l'on appelait les fêtes du Solstice, une fête païenne où la jeunesse de Nuremberg était rassemblée, organisée, ou en tous cas prise en main par l'accusé Streicher. À la page 58 du livre de documents, on trouvera un compte rendu, extrait de son journal, la *Fränkische Tageszeitung,* de son discours à la Jeunesse hitlérienne, prononcé sur la soi-disant Montagne sacrée près de Nuremberg, le 22 juin 1935 :

— « Garçons et filles, regardez à plus de dix ans dans le passé. Il y a un peu plus de dix ans, une grande guerre — la guerre mondiale — s'est abattue sur les peuples de la terre et a laissé un monceau de ruines. Un seul peuple est sorti victorieux de cette lutte terrible, un peuple dont le Christ a dit que son père est le diable. Ce peuple a dévasté la nation allemande, dans son corps et dans son âme. Adolf Hitler, un inconnu sorti du sein du peuple, devint alors l'apôtre de la guerre sainte et de la lutte. Il adjura chacun de se ressaisir, de se lever et d'aider à chasser le démon du peuple allemand, afin que la race humaine fût à nouveau libérée de ce peuple qui a erré sur la face du monde pendant des siècles et des millénaires, marqué du signe de Caïn.

— « Garçons et filles, si l'on vous dit que ces Juifs furent jadis le peuple élu, ne le croyez pas, mais croyez-nous quand nous disons que les Juifs ne sont pas un peuple élu, parce qu'il ne se peut pas qu'un peuple élu se conduise parmi les autres comme les Juifs le font aujourd'hui. »

— Le document suivant est un compte rendu de l'allocution de Streicher à deux mille enfants à Nuremberg à la Noël 1936. « Savez-vous qui est le diable ? » demande Streicher aux enfants haletants. « Le Juif ! le Juif ! » répondent mille voix d'enfants.

— Mais il ne se contentait pas seulement d'écrire et de parler. Il publia également un livre pour les instituteurs. Ce livre publié dans les bureaux d'éditions du *Stürmer* est intitulé : « Le Problème Juif dans l'enseignement. » Je n'ai pas fait traduire ce livre intégralement. Il est adressé aux instituteurs et destiné à les aider dans leur tâche. Il souligne la nécessité d'un enseignement antisémite à l'école, et il suggère la façon dont le sujet peut être introduit et traité. Voici un passage de la préface :

— « L'État national-socialiste a introduit des changements fondamentaux dans toutes les sphères de l'existence du peuple allemand. Il a aussi créé des tâches nouvelles pour l'instituteur et l'éducateur allemands. L'État national-socialiste exige que ces éducateurs mettent les enfants allemands au courant des problèmes raciaux. En ce qui concerne le peuple allemand, la question raciale est une question juive. Ceux qui veulent enseigner à l'enfant tout ce qui concerne le Juif, doivent avoir eux-mêmes des connaissances approfondies sur le sujet...

— « Les problèmes raciaux et juifs sont les problèmes fondamentaux de l'idéologie nationale-socialiste. La solution de ces problèmes assurera l'existence du national-socialisme, et avec cette idéologie, l'existence de notre nation dans l'avenir. La signification profonde du problème racial est reconnue, presque sans exception, aujourd'hui, par le peuple allemand tout entier. Avant d'en arriver là, notre peuple a dû parcourir un long chemin de souffrances. »

DOCTEUR MARX. — Je voudrais attirer l'attention sur le fait que le représentant du ministère public a omis de préciser dans son exposé que le livre dont il vient de parler ne fut pas écrit par l'accusé Streicher, mais par l'inspecteur Fink. Si le représentant du ministère public avait lu la phrase suivante, le Tribunal aurait pu se faire une idée sur ce point. Mon client vient de me le faire remarquer. Je le constate moi-même en lisant cette phrase suivante qui est ainsi conçue :

— « Par son ouvrage, « Le problème juif dans l'enseignement », le conseiller Fink désire aider les instituteurs allemands sur le chemin de l'information et de la connaissance. »

— Il ne peut subsister aucun doute sur le fait que le conseiller Fink est l'auteur de ce livre. Il est tout de même important de remarquer que ce n'est pas Streicher, mais Fink, qui est l'auteur de ce petit livre.

LE PRÉSIDENT. — J'aimerais vous faire remarquer que, bien que le livre semble en effet avoir été écrit par Fritz Fink, comme l'indique le premier paragraphe, il est préfacé par Streicher, de sorte que nous pouvons supposer que Streicher l'a autorisé ; et il a été publié et imprimé par le *Stürmer*.

DOCTEUR MARX. — C'est juste. Je voulais seulement faire remarquer qu'il n'était pas très normal d'omettre précisément cette phrase. On aurait pu croire qu'il s'agissait d'une œuvre originale de Streicher. Dans ce cas, on peut évidemment dire que la question de savoir si Streicher avait approuvé le livre est d'une importance secondaire.

LIEUTENANT-COLONEL GRIFFITH-JONES. — Je pense que j'ai atteint...

LE PRÉSIDENT. — J'aimerais que vous lisiez les derniers mots de cette préface, « ... ceux qui prennent à cœur... »

LIEUTENANT-COLONEL GRIFFITH-JONES. — « ...Ceux qui prennent à cœur tout ce qui a été écrit avec une telle conviction par Fritz Fink, qui, pendant de nombreuses années s'est beaucoup soucié du peuple allemand, seront reconnaissants à l'auteur de ce petit ouvrage. Signé : Julius Streicher. Ville des congrès du parti. Nuremberg 1937. »

— J'avais sauté cette dernière partie uniquement pour économiser du temps.

LE PRÉSIDENT. — Oui.

LIEUTENANT-COLONEL GRIFFITH-JONES. — J'aimerais simplement lire les deux dernières lignes que je n'ai pas encore mentionnées à la fin du paragraphe intitulé « Introduction » :

— « Personne ne peut et ne doit plus grandir au sein de notre peuple, sans connaître le caractère monstrueux et dangereux du Juif. »

— Je ne perdrai pas de temps à lire d'autres extraits du livre. Je pense avoir ainsi donné le ton, j'aimerais simplement mentionner les trois dernières lignes de la page suivante :

— « Celui qui en est arrivé à cette dernière conviction, restera inévitablement un ennemi des Juifs toute sa vie et inculquera cette haine à ses propres enfants. »

— Le *Stürmer* publia également des livres d'enfants. Je ne prétends pas que l'accusé lui-même ait écrit ces livres, mais ils furent publiés par sa maison d'édition et ils sont naturellement de la même tendance que toutes les autres publications de cette maison.

— Le premier de ces livres, que je désire présenter au Tribunal est intitulé: « Méfie-toi du renard dans la verte prairie et du Juif faisant un serment. » C'est un livre d'images pour les enfants. Ces images sont toutes insultantes pour les Juifs. Une sélection de ces images figure dans le livre de documents du Tribunal. En face de chaque image, il y a une brève histoire. Ainsi, celle-ci :

— « Jésus-Christ a dit : " Le Juif est un meurtrier invétéré. " Et quand le Christ dut mourir, le Seigneur ne connaissant aucun peuple capable de le torturer jusqu'à la mort, choisit alors les Juifs, et c'est pourquoi ceux-ci se vantent d'être le peuple élu. »

— Le commentaire en face de la première image montrant un boucher juif répugnant, en train de couper de la viande, est ainsi conçu :

— « Le boucher juif : il vend de la viande à demi pourrie au lieu de bonne viande. Un morceau de viande est par terre. Le chat joue avec un autre morceau. Cela ne trouble en rien le boucher juif, puisque la viande augmente en poids. En outre, on ne doit pas oublier qu'il n'aura pas à la manger lui-même. »

— Pour économiser notre temps, il n'est peut-être pas nécessaire de poursuivre les citations de cet ouvrage. Le Tribunal voit de quels livres il s'agit et quel genre d'enseignement il inculquait aux enfants. Les images parlent d'elles-mêmes. La deuxième image est assez sinistre. Elle représente une jeune fille entraînée par un Juif. À la page suivante, nous voyons Streicher souriant d'un air bénin, à une réunion de garçons et de filles. Ensuite, nous voyons des exemplaires du *Stürmer* affichés sur les murs, et des enfants qui les lisent. L'image suivante demande peut-être quelques explications. Elle représente des enfants juifs qu'on éloigne de l'école aryenne. Leur père, d'aspect désagréable, les emmène. Tous les enfants aryens crient et dansent et semblent beaucoup goûter la plaisanterie. Il y a un autre livre semblable : « Le champignon vénéneux », qui a déjà été déposé comme preuve, mais n'a pas été lu à l'audience. Je vais lire l'une des petites histoires qu'il contient, car elle montre, peut-être de manière plus frappante encore que les autres extraits que nous avons lus, la façon révoltante avec laquelle cet homme empoisonnait l'esprit de ses auditeurs et de ses lecteurs. C'est un livre d'images avec des histoires courtes, et à la page 69 du livre de documents, vous verrez une de ces images : une jeune fille assise dans la salle d'attente d'un docteur juif. Ce n'est pas une histoire réjouissante, mais cet homme non plus n'est pas très réjouissant et ce n'est qu'en lisant de telles lignes qu'on peut se rendre compte de l'éducation et de l'instruction que les enfants allemands ont, grâce à cet homme, reçues ces dernières années. Je lis cette histoire :

— « Inge — c'est le nom de la jeune fille — est assise dans la salle d'attente d'un docteur juif. Elle doit attendre longtemps et feuillette les journaux qui sont sur la table ; mais elle est trop impressionnée pour lire même quelques phrases. Elle pense sans cesse à ce que sa mère lui a dit et aux paroles de son chef du B.D.M. (Le B.D.M. est la ligue des Jeunes filles allemandes.) “ Une Allemande ne doit pas aller voir un docteur juif, à plus forte raison une jeune fille allemande. Beaucoup de jeunes filles qui ont été chercher la guérison chez un docteur juif y ont trouvé la maladie et la honte. ”

— « Quand Inge rentra dans la salle d'attente, elle fut témoin d'un incident extraordinaire. Dans la salle de consultation du docteur, elle entendait quelqu'un pleurer. Elle entendit la voix d'une jeune fille qui disait : “ Docteur, docteur, laissez-moi. ” Alors, elle entendit un rire sardonique d'homme puis, tout à coup, tout devint silencieux. Inge écoutait, haletante. “ Que signifie tout cela, se demandait-elle ? ” et son cœur battait très fort. Elle pensa de nouveau à ce que son chef du B.D.M. lui avait dit.

— « Elle attendit une heure et tenta de lire encore quelques journaux. Puis, la porte s'ouvre et Inge regarde. Le Juif apparaît. Elle crie. Épouvantée, elle lâche le journal. Horrifiée, elle se lève d'un bond. Ses yeux se fixent sur la figure du docteur juif. Et cette figure est celle du diable. Au milieu de cette face de démon est planté un énorme nez crochu. Derrière ses lunettes apparaissent deux yeux de bandit. Ses lèvres épaisses sourient, d'un sourire qui veut dire : “ Maintenant, je t'ai, enfin, petite fille allemande. ”

— « Ensuite, le Juif s'approche. Ses gros doigts se tendent pour la toucher ; mais Inge s'est ressaisie, et avant que le Juif ne puisse la prendre, elle lui donne un soufflet. Elle court à la porte, descend l'escalier, et se sauve essoufflée de la maison du Juif. »

— Il est inutile de commenter une histoire comme celle-ci, lorsqu'on pense qu'elle était lue par de jeunes enfants, de l'âge de ceux qui lisaient les livres que vous avez vus.

— Une autre image, que j'ai trouvée dans ce livre, représente l'accusé entouré de jeunes admirateurs et la légende de cette image est la suivante : « Sans solution de la question juive, il n'y a pas de salut pour l'Humanité. »

— Suit sur cette même page un rapport montrant l'effet de ses discours sur les jeunes gens :

— « Voilà ce qu'il nous a dit. Nous avons tous compris. Et quand, à la fin, il s'écria : “ Sieg Heil pour le Führer ”, nous avons tous crié d'enthousiasme. Streicher avait parlé deux heures, il nous semblait à tous qu'il avait parlé seulement quelques minutes. »

— On peut voir le résultat de toutes ces mesures dans les colonnes du *Stürmer* lui-même. En avril 1936, on ne trouve qu'une seule lettre ; beaucoup de lettres d'enfants de tous âges apparaissent dans d'autres exemplaires. Je cite le troisième paragraphe de l'une de ces lettres, signée par les jeunes filles et les jeunes garçons du Foyer national-socialiste Gross-Möllen :

— « Aujourd'hui, nous avons vu une pièce montrant comment le diable persuade le Juif de fusiller un honnête national-socialiste. C'est ce qui s'est passé au cours du spectacle et nous avons tous entendu le Juif tirer. Nous aurions voulu nous lever pour l'arrêter. Mais la police est venue et après un bref combat a pris le Juif. Vous pouvez imaginer, cher Stürmer, combien nous avons admiré notre police. Aucun nom n'a été mentionné dans toute la pièce. Mais nous savons tous que cette pièce représentait un meurtre commis par un Juif nommé Frankfurter. Nous étions très malades quand nous nous sommes couchés cette nuit. Nous n'avions pas envie de parler. Cette pièce nous a montré comment travaillaient les Juifs. »

— Pour terminer, je voudrais attirer l'attention du Tribunal sur les pouvoirs de l'accusé en tant que Gauleiter. Ils sont fixés dans le livre d'organisation de la N.S.D.A.P. de 1938, qui stipule les devoirs et l'autorité des Gauleiter. Le Gauleiter est directement responsable devant le Führer pour la zone de souveraineté. Les droits, les devoirs et la compétence d'un Gauleiter découlent, avant tout, de la mission qui lui a été confiée par le Führer et, en dehors de cela, de certaines directives spéciales. Ses relations avec le Führer et avec certains autres accusés peuvent être constatées d'après les journaux. À l'occasion de son cinquantième anniversaire, le 13 février 1936, Hitler se rendit à Nuremberg pour le féliciter. Le compte rendu de cette réunion a paru dans le *Völkischer Beobachter* de la même date :

— « Adolf Hitler s'est adressé à son ancien camarade de combat et à ses partisans avec des paroles qui leur sont allées droit au cœur. Il exprima d'abord la joie qu'il ressentait à se trouver de nouveau à Nuremberg, ville de cette communauté nationale-socialiste forgée dans la bataille, et en ce jour où Julius Streicher est à l'honneur parmi ceux qui, pendant tant d'années, ont porté l'étendard national-socialiste.

— « De même que, durant les années d'oppression, ils avaient tous eu une foi inébranlable en la victoire du mouvement, ainsi leur ami et camarade de bataille, Streicher, fut toujours fidèlement à leurs côtés. Ce fut cette foi inébranlable qui remua les montagnes.

— « Pour Streicher, c'était sûrement un grand honneur de penser que ce cinquantième anniversaire marqua, non seulement la fin d'un demi-siècle, mais aussi un millier d'années d'histoire allemande. À Nuremberg, Streicher était pour lui un compagnon dont il pouvait dire qu'il n'hésiterait pas une seule seconde et se trouverait derrière lui dans toute éventualité, sans fléchir. »

— Le document suivant est une lettre de Himmler publiée dans le *Stürmer* en avril 1937 :

— « Si l'on écrit un jour l'histoire du réveil du peuple allemand, et si la nouvelle génération déjà n'arrive pas à comprendre que le peuple allemand ait autrefois été prosémite, on pourra dire alors que Julius Streicher et son hebdomadaire *Der Stürmer* ont contribué sur une large échelle à déceler cet ennemi de l'Humanité. Signé : Le Reichsführer S.S. H. Himmler. »

— Nous avons enfin une lettre écrite par Baldur von Schirach, chef de la Jeunesse allemande, publiée dans le *Stürmer* de mars 1938.

— « C'est le mérite historique du *Stürmer* d'avoir fait sentir aux masses de notre peuple, par des moyens à sa portée, le danger mondial juif. Le *Stürmer* a raison lorsqu'il se refuse à employer là le ton des conversations de salons. Les Juifs n'ont eu aucune pitié pour le peuple allemand. Nous n'avons donc aucune raison d'être doux vis-à-vis d'eux, et d'épargner notre pire ennemi. Si nous ne le faisons pas aujourd'hui, notre jeunesse de demain en souffrira. »

— Il est possible que l'accusé soit moins directement que quelques autres des conspirateurs impliqué dans la perpétration matérielle de ces crimes contre les Juifs, dont le Tribunal a déjà entendu parler. Le ministère public doit démontrer que ses crimes n'en sont pas moins graves pour cela. Aucun gouvernement dans le monde entier, avant l'arrivée des nazis au pouvoir, n'aurait pu concevoir et poursuivre une politique d'extermination en masse de la façon dont ils l'ont accomplie, sans avoir derrière eux un peuple pour les soutenir, et nombre de personnes, hommes et femmes, prêts à l'aider dans ces crimes de sang. Les générations antérieures d'Allemands elles-mêmes ne se seraient peut-être pas prêtées aux crimes dont nous venons de parler, à l'assassinat de millions et de millions d'hommes et de femmes.

— Inculquer à ce peuple l'habitude du meurtre, lui enseigner la haine, c'est à cette tâche que Streicher s'est attelé. Pendant vingt-cinq ans, il a poursuivi sans relâche l'éducation — si l'on peut dire — la perversion du peuple et de la jeunesse allemande. Et il a continué, encouragé par les résultats de son œuvre. Au début, il ne demandait que la persécution. Quand elle fut réalisée, il prêcha l'extermination totale ; nous avons vu les ghettos à l'Est, et nous avons pu constater comment des millions de Juifs furent exécutés à ce moment-là ; il en réclamait encore davantage.

— Voilà le crime qu'il a commis. Et le ministère public pense que cet accusé a rendu possibles ces crimes qui, sans lui et ses semblables, n'auraient jamais eu lieu. Il a dirigé cette propagande et l'éducation du peuple allemand dans cette voie. Sans lui, les Kaltenbrunner, les Himmler, les Stroop n'auraient trouvé personne pour exécuter leurs ordres. Et, comme nous l'avons vu, il a fait porter son plus gros effort dans le domaine de la jeunesse et de l'enfance allemandes. Son crime, probablement, est encore plus grave que celui de n'importe quel autre accusé. Les misères qu'ils ont causées ont fini avec son incarcération. Les effets des crimes de cet homme, du poison qu'il a répandu parmi des millions et des millions de jeunes garçons et de jeunes filles, d'hommes et de femmes, se poursuivent. Il laisse derrière lui, à un peuple presque tout entier contaminé, un héritage de haine, de sadisme, de meurtre.

Monsieur Justice Jackson. — Les crimes les plus nombreux et les plus sauvages conçus et commis par les nazis ont été perpétrés contre les Juifs. En Allemagne, ces derniers étaient environ, en 1933, cinq cent mille. Dans l'ensemble, ils s'y étaient fait des situations qui excitèrent l'envie et ils avaient accumulé des biens qui tentèrent l'avidité des nazis. Ils étaient trop peu nombreux pour pouvoir se défendre et assez nombreux pour être présentés comme une menace.

— Qu'il n'y ait pas de malentendu sur l'inculpation de persécution des Juifs. Ce que nous reprochons aux accusés ce n'est pas l'arrogance et les prétentions qui accompagnent fréquemment le mélange des races et les différences de peuples et qui ont tendance, en dépit des loyaux efforts du gouvernement, à produire des crimes et des troubles regrettables. Mon intention est de vous exposer le plan et le projet auxquels tous les nazis étaient fanatiquement attachés en vue d'anéantir tout le peuple juif. Ces crimes étaient organisés et dirigés par la direction du parti, exécutés et garantis par les personnalités nazies, comme nous le prouverons par des ordres écrits émanant des services de la Police secrète d'État eux-mêmes.

— La persécution contre les Juifs fut une politique continue et délibérée. Elle fut dirigée contre les autres nations aussi bien que contre les Juifs eux-mêmes. L'antisémitisme était organisé pour diviser et aigrir les démocraties et pour fléchir leur résistance à l'agression nazie. Comme Robert Ley le déclara dans *Der Angriff,* le 14 mai 1944 : « La deuxième arme secrète allemande est l'antisémitisme car, si elle est constamment employée par l'Allemagne, elle deviendra un problème mondial que toutes les nations seront obligées d'examiner. »

— L'antisémitisme a été justement considéré comme « l'avant-garde du terrorisme ». Le ghetto était le milieu d'expérience pour les essais de mesures répressives. Les propriétaires juifs furent les premiers à être expropriés, mais on prit l'habitude d'appliquer des mesures similaires contre les Allemands antinazis, les Polonais, les Tchèques, les Français et les Belges. L'extermination des Juifs permit aux nazis d'appliquer de semblables mesures aux Polonais, aux Serbes et aux Grecs. Le sort des Juifs était une constante menace pour l'opposition et le mécontentement des autres éléments de la population d'Europe : pacifistes, conservateurs, communistes, catholiques, protestants, socialistes. En fait, c'était une menace pour toute opinion non conformiste et la vie de chaque anti-nazi.

— La politique de persécution contre les Juifs commença par des mesures non violentes, comme la privation des droits civiques, des critiques à l'adresse de leur religion et par l'établissement d'obstacles sur le chemin de leur succès dans la vie économique. On organisa rapidement des mesures de violence contre eux : isolement en ghettos, déportation, travaux forcés, privations alimentaires massives et extermination. Le gouvernement, les formations du parti inculpées ici comme organisations criminelles, la Police secrète d'État, l'Armée, les associations privées et semi-publiques et les foules « spontanées » qui étaient soigneusement endoctrinées par les théories officielles, toutes ces forces étaient dirigées en vue de cette persécution. Elles n'étaient pas dirigées contre les Juifs pris individuellement pour un défaut de loyauté civique ou pour impopularité. L'intention avouée était l'extermination des Juifs dans leur ensemble, comme une fin en elle-même, comme une mesure de préparation à la guerre, et comme une discipline de peuples asservis.

— Le plan concerté ou complot en vue d'exterminer les Juifs fut si méthodiquement et si complètement exécuté, que, malgré la défaite allemande et le renversement du nazisme, ce projet a largement abouti. Seuls quelques rescapés de la population juive restent en Allemagne, dans les pays qui ont été occupés par elle et dans ceux qui étaient ses satellites ou ses collaborateurs. Des neuf millions six cent mille Juifs qui vivaient dans l'Europe dominée par les nazis, on estime en toute connaissance de cause à 60 % le nombre de ceux qui périrent ; cinq millions sept cent mille Juifs manquent dans les pays où ils vivaient auparavant et plus de quatre millions cinq cent mille ne peuvent être portés ni au compte du taux normal des décès, ni à celui de l'immigration. Ils ne sont pas non plus parmi les personnes déplacées. L'Histoire n'a jamais enregistré de semblable crime, perpétré avec une telle cruauté préméditée et contre tant de victimes.

— Il vous sera difficile, comme il l'est pour moi, de regarder le visage de ces accusés et de croire qu'au XXe siècle des êtres humains ont pu infliger de telles souffrances, ainsi que nous le prouverons ici, aussi bien à leurs propres compatriotes qu'à ceux qu'ils appelaient leurs ennemis « inférieurs ». Certains crimes et la responsabilité des accusés qui en résulte relèvent du ministère public soviétique quand ils ont été commis à l'Est et du ministère public français quand ils ont été commis à l'Ouest. Je n'y fais ici allusion que pour montrer leur ampleur, comme illustration d'un dessein délibéré et parce que ces crimes étaient connus de tous les accusés, qu'ils se rattachaient à un plan officiel plutôt qu'à la politique capricieuse d'un chef quelconque, pour montrer qu'une telle continuité dans les persécutions antisémites, depuis la naissance de la conspiration nazie jusqu'à sa chute, nous interdit de croire qu'un individu pourrait être associé à une quelconque partie de l'action des nazis, sans avoir approuvé ce point saillant de leur programme.

— L'Acte d'accusation lui-même contient nombre de preuves des persécutions antisémites. L'accusé Streicher conduisit les nazis aux plus extrêmes violences. Dans un article publié dans le journal *Der Stürmer,* le 19 mars 1942, il se plaignait de ce que les enseignements du christianisme s'opposassent « à une solution raciale de la question juive en Europe » et citait avec enthousiasme, comme la solution du XXe siècle, la proclamation du Führer du 24 février 1942, selon laquelle « les Juifs seraient exterminés ». Le 4 novembre 1943, Streicher déclara dans *Der Stürmer,* que les Juifs « avaient disparu d'Europe et que le réservoir juif de l'Est d'où le fléau juif était venu obséder le peuple d'Europe pendant des siècles, avait cessé d'exister ». Streicher a maintenant l'impudence de nous dire qu'il est « seulement un sioniste », il prétend qu'il voulait simplement renvoyer les Juifs en Palestine. Mais le 7 mai 1942, son journal, *Der Stürmer,* proclamait :

— « Ce n'est pas seulement un problème européen ; *la question juive est une question mondiale.* Non seulement l'Allemagne n'est pas à l'abri des Juifs aussi longtemps qu'un Juif vivra en Europe, mais encore la question juive sera difficile à résoudre en Europe, aussi longtemps qu'il y aura des Juifs dans le reste du monde. »

— L'accusé Hans Frank, avocat de profession, j'ai honte de le dire, résuma ainsi dans son journal, en 1944, la politique nazie :

— « Les Juifs sont une race à éliminer. Toutes les fois que nous en attrapons un, cela signifie sa fin. »

— Lorsque le parti nazi se fut assuré le contrôle de l'État allemand, une arme nouvelle et terrible contre les Juifs fut placée entre leurs mains : le pouvoir de disposer contre eux de la force de l'État. La voie d'exécution en était la promulgation des décrets.

— Des immigrants juifs furent dépouillés de leur nationalité : 1933, *Reichsgesetzblatt,* première partie, page 480 ; décret signé par les accusés Frick et Neurath.

— Les Juifs de naissance perdirent leurs droits de citoyen : 1935, *Reichsgesetzblatt,* première partie, page 1146 ; décret signé par l'accusé Frick.

— Il fut interdit aux Juifs de se marier ou d'avoir des relations extra-matrimoniales avec des personnes de sang allemand : 1935, *Reichsgesetzblatt,* première partie, page 1146 ; décret signé par Frick et Hess.

— Les Juifs se virent refuser le droit de vote : 1936, *Reichsgesetzblatt,* première partie, page 133 ; décret signé par l'accusé Frick.

— Les Juifs se virent refuser le droit d'occuper des postes officiels ou administratifs : 1933, *Reichsgesetzblatt,* première partie, page 277 ; décret signé par l'accusé Frick.

— Décision fut prise de donner aux Juifs une situation subalterne en leur refusant les privilèges et les libertés normales. Puis on leur interdit l'accès de certains quartiers de la ville ; certains trottoirs, moyens de transport, lieux de distraction et restaurants leur furent interdits : 1938, *Reichsgesetzblatt,* première partie, page 1676.

— Petit à petit, des mesures de plus en plus sévères furent prises pour leur interdire même l'accès de carrières indépendantes de l'État. Ils furent exclus de la profession de dentiste : 1939, *Reichsgesetzblatt,* première partie, page 47 ; décret signé par l'accusé Hess.

— L'exercice des professions juridiques leur fut refusé : 1939, *Reichsgesetzblatt,* première partie, page 969 ; décret signé par les accusés Frick et Hess.

— Ils ne furent plus autorisés à occuper un emploi dans la presse et la radio : 1939, *Reichsgesetzblatt,* première partie, page 661.

— Ils furent évincés de la Bourse et des affaires de change : 1934, *Reichsgesetzblatt,* première partie, page 169, et même de l'agriculture : 1933 ; *Reichsgesetzblatt,* première partie, page 685.

— En 1938, ils furent exclus des affaires en général et de la vie économique de l'Allemagne : 1938, *Reichsgesetzblatt*, première partie, page 1580 ; décret signé par l'accusé Gœring.

— Les Juifs étaient obligés de payer des impôts particuliers et des amendes énormes. Leurs maisons, leurs comptes en banque, leurs biens immobiliers et leurs biens insaisissables furent confisqués.

— J'arrête cette énumération de décrets pour parler spécialement de ces amendes ; je dépose un compte rendu sténographié d'une conférence présidée par l'accusé Gœring, assisté de l'accusé Funk, entre autres, et tenue le 12 novembre 1938, à 11 heures, au ministère de l'Air du Reich.

— Je cite les paroles de l'accusé Gœring :

— « Encore une question, messieurs ; comment pensez-vous que se présenterait la situation si je vous annonçais aujourd'hui que la juiverie doit payer une amende d'un milliard ? »

— « Je terminerai par ces mots : la juiverie allemande, en punition de ses abominables crimes, etc., payera une amende d'un milliard. Cela fera l'affaire ; ces cochons ne commettront pas d'autres crimes. J'aime à répéter que je n'aimerais pas être Juif, en Allemagne. »

— C'étaient des boutades de ce genre qui étaient à l'origine des décrets ; en effet, à la suite de cette conférence, un décret fut promulgué, infligeant aux Juifs allemands une amende de un milliard de Reichsmark : 1938, *Reichsgesetzblatt,* première partie, page 1579 ; décret signé le 12 novembre par l'accusé Gœring.

— On trouve de semblables décrets dans le *Reichsgesetzblatt* de 1939, avec les signatures de l'accusé Gœring, et dans celui de 1941, avec celles de Frick et Bormann.

— Finalement, en 1943, les Juifs furent exclus du domaine de la protection légale par un décret que signèrent Frick, Bormann et d'autres, et la police devint le seul arbitre des châtiments et de la mort.

— Je prie le Tribunal de bien vouloir accorder valeur probatoire aux décrets que je viens de citer.

— En même temps que ces décrets étaient promulgués et exécutés, le parti et l'État placé sous son contrôle brandissaient encore une autre arme ; le boycottage, officiel et ouvertement encouragé, de tous les Juifs. Je dépose maintenant le journal de Joseph Gœbbels et j'attire l'attention du Tribunal sur la page où il a écrit à la date du 29 mars 1933 :

— « La motion de boycottage est approuvée par le cabinet tout entier. »

— De nouveau, le 31 mars 1933, il écrivait :

— « Nous avons une dernière discussion en très petit comité et décidons que le boycottage commencera demain d'une façon très sérieuse. »

— L'accusé Streicher et l'accusé Frank, ainsi que Himmler, Ley et quelques autres, étaient membres d'un comité central qui dirigea le boycottage des Juifs en 1933.

— Streicher fut nommé président du comité central pour l'organisation du boycottage, il commença son travail le 29, un mercredi. Le même jour, le comité central lança une proclamation indiquant que le boycottage commencerait le samedi à 10 heures précises : « La juiverie se rendra compte de l'adversaire qu'elle a provoqué. »

— Je renverrai le Tribunal à un court passage d'un article de la *Nationalsozialistische Partei Korrespondenz,* que l'accusé Streicher écrivit le 30 mars, la veille du jour où le boycottage devait commencer : « Battez l'ennemi du monde » par Julius Streicher, chef officiel du comité central pour combattre les atrocités juives et pour la campagne de boycottage :

— « La juiverie a voulu la bataille. Elle l'aura, jusqu'à ce qu'elle se rende compte que l'Allemagne des bataillons bruns n'est pas un pays de lâcheté et de capitulation ; le Juif aura à combattre jusqu'à ce que la victoire soit nôtre. Nationaux-socialistes, abattez l'ennemi du monde ; et même si le monde était rempli de diables nous aurions la victoire finale. »

— Comme président du comité central pour le boycottage, Streicher organisa en détail le boycottage, sous la forme d'ordres que le comité publia le 31 mars 1933. Je peux résumer : le comité déclare qu'aucune violence ne devait être employée contre les Juifs à l'occasion du boycottage, mais non pas peut-être pour des raisons humanitaires ; de cette façon, les employeurs juifs n'auraient pas de prétextes pour licencier leurs employés sans préavis, et ils n'auraient aucune raison pour refuser de leur payer leurs salaires.

— On signale aussi que les Juifs transféraient en apparence leur commerce entre des mains allemandes, dans l'intention d'atténuer les conséquences de cette persécution ; le comité central décida que toute propriété ainsi transférée serait considérée comme juive, dans l'esprit du boycottage.

DOCTEUR MARX. — J'en viens maintenant à l'époque de 1933. Le 1er avril 1933, il y eut dans le Reich allemand une journée de boycottage de la population juive. Qu'avez-vous à dire à ce sujet ? Quel rôle avez-vous joué ?

ACCUSÉ STREICHER. — Quelques jours avant le 1er avril, on m'appela à la Maison Brune à Munich. Adolf Hitler me fit part de ce que je savais d'ailleurs déjà : la presse étrangère était haineusement montée contre l'Allemagne nouvelle. Bien qu'il ne fût que chancelier, bien que Hindenburg fût encore président du Reich, bien que le Parlement subsistât encore, la presse étrangère avait aussitôt commencé une campagne très violente contre l'Allemagne.

— Le Führer me dit que le drapeau du Reich, le signe de notre souveraineté, était insulté à l'étranger, et que nous devions maintenant dire à la juiverie mondiale : « Jusqu'ici, mais pas plus loin. » Il fallait que nous leur montrions que nous ne pouvions pas en tolérer davantage. Il me dit alors qu'une journée de boycottage était prévue pour le 1er avril et qu'il souhaitait me charger de cette affaire. Peut-être est-il important de préciser : Adolf Hitler pensait que, pendant cette journée de boycottage, il serait bon de se servir de mon nom. Plus tard, cela ne s'est jamais plus produit. J'acceptai donc de diriger cette journée de boycottage des magasins juifs et je publiai un avertissement que le Tribunal a, je crois, dans ses dossiers. J'ordonnai donc qu'on ne s'attaquât pas à la personne des Juifs, et qu'on plaçât une sentinelle devant chaque propriété juive, c'est-à-dire devant tous les magasins juifs et que nous serions rendus responsables des dommages matériels. En un mot, je promulguai une ordonnance que l'on n'aurait pas attendue de moi ; les autres membres du parti eux-mêmes ne s'y attendaient pas, je l'admets ouvertement. Il est établi que la journée de boycottage se déroula sans accroc, à part quelques détails insignifiants. Je ne crois pas qu'il y ait ici un Juif qui puisse affirmer le contraire. La journée de boycottage fut une action disciplinée. Ce ne fut pas une manifestation d'attaque, mais de défense.

DOCTEUR MARX. — N'a-t-on pas créé alors un comité composé de personnalités éminentes, de membres dirigeants du parti et ce comité n'est-il jamais entré en activité ?

ACCUSÉ STREICHER. — Pour ce comité, il s'est passé la même chose que pour le conseil de cabinet à Berlin, il ne s'est jamais réuni et les membres du comité ne se sont pas vus et ne se connaissent pas tous.

DOCTEUR MARX. — Les membres du comité ?

ACCUSÉ STREICHER. — Le comité de boycottage, dont la création fut annoncée par Gœbbels dans les journaux de Berlin mais ce n'était qu'une information de presse ! J'en ai parlé un jour au téléphone avec Gœbbels, quand il m'appela à Munich pour me demander comment les choses s'étaient passées. Je lui répondis que tout s'était passé sans incident. Mais ce comité ne s'est jamais réuni ; il n'existait que pour l'extérieur ; il ne devait avoir qu'un rôle représentatif, pour donner de l'importance à l'affaire.

LIEUTENANT-COLONEL GRIFFITH-JONES. — Je reviens à la question juive. Je me permets de vous rappeler le discours que vous avez prononcé le 1er avril 1933, c'est-à-dire le jour du boycottage. Accusé, je vous donne le livre de documents. Si vous désirez jeter un coup d'œil sur l'original, vous pouvez le faire.

— « Pendant quatorze ans, nous avons répété sur tous les tons : “ Peuple allemand, apprends à reconnaître ton véritable ennemi ” et, pendant quatorze ans, les Philistins allemands écoutaient et déclaraient ensuite que nous prêchions la haine religieuse. Aujourd'hui, le peuple allemand s'est réveillé. Dans le monde entier il est question de l'éternelle juiverie. Jamais, depuis la création du monde, aucune nation n'a osé combattre cette race de sangsues et de vampires qui, pendant mille ans, s'est répandue sur la surface du monde. »

— Je passe ensuite à la dernière ligne du paragraphe suivant : « Il appartenait à notre mouvement de dénoncer le Juif éternel comme un grand meurtrier. »

— Est-il exact que, pendant quatorze ans, vous avez répété en Allemagne : « Peuple allemand, apprends à reconnaître ton véritable ennemi » ?

ACCUSÉ STREICHER. — Tout d'abord, je constate que le document que vous m'avez fait remettre n'a rien à voir avec la question. Vous avez présenté ici un article...

LE PRÉSIDENT. — On vous demande s'il est exact que, pendant quatorze ans, vous avez répété en Allemagne : « Peuple allemand, apprends à reconnaître ton véritable ennemi » ?

ACCUSÉ STREICHER. — Oui.

LIEUTENANT-COLONEL GRIFFITH-JONES. — Et, ce faisant, est-il exact que vous prêchiez la haine religieuse ?

ACCUSÉ STREICHER. — Non.

LIEUTENANT-COLONEL GRIFFITH-JONES. — Voulez-vous regarder...

ACCUSÉ STREICHER. — Puis-je me permettre de faire une déclaration à propos de cette réponse ? Dans mon hebdomadaire, le *Stürmer,* j'ai répété à plusieurs reprises que je considérais la juiverie non comme une communauté religieuse, mais comme une race, un peuple.

LIEUTENANT-COLONEL GRIFFITH-JONES. — Et pensez-vous qu'en qualifiant ce peuple de « sangsues et vampires », ce n'est pas là prêcher la haine ?

ACCUSÉ STREICHER. — Je vous demande pardon, je n'ai pas bien compris.

LIEUTENANT-COLONEL GRIFFITH-JONES. — Peu importe que vous les appeliez race ou nation. Mais le 1er avril 1933, vous avez déclaré que c'était unr nation de « sangsues et de vampires ». N'était-ce pas là prêcher la haine ?

ACCUSÉ STREICHER. — C'est l'expression d'une opinion que l'on peut démontrer sur la base de faits historiques.

LIEUTENANT-COLONEL GRIFFITH-JONES. — Comprenez-moi bien : je ne vous demande pas si c'était un fait ou non. Je vous demande si vous considérez que c'était là prêcher la haine ?

ACCUSÉ STREICHER. — Non, ce n'est pas prêcher la haine. C'est une constatation de fait.

LIEUTENANT-COLONEL GRIFFITH-JONES. — Voulez-vous bien vous reporter deux pages plus loin : « Tant que je serai à la tête de cette lutte, elle sera menée de façon si absolue que le Juif éternel n'en tirera aucune joie. »

ACCUSÉ STREICHER. — J'ai écrit cela ; c'est exact.

LIEUTENANT-COLONEL GRIFFITH-JONES. — Et vous étiez un de ceux qui continuiez à être à la tête de cette lutte ?

ACCUSÉ STREICHER. — Je suis bien trop modeste pour faire une pareille affirmation, mais je prétends avoir toujours exprimé mes opinions clairement et sans ambages.

LIEUTENANT-COLONEL GRIFFITH-JONES. — Pourquoi avez-vous dit qu'aussi longtemps que vous seriez à la tête de la lutte, les Juifs n'en tireraient aucune joie ?

ACCUSÉ STREICHER. — Car je me considérais comme un homme que le sort avait destiné à éclairer le peuple sur la question juive.

LIEUTENANT-COLONEL GRIFFITH-JONES. — Et l'éclaircissement est-il synonyme de persécution ? Éclairer signifie persécuter ?

ACCUSÉ STREICHER. — Je n'ai pas bien compris ce que vous avez dit.

LIEUTENANT-COLONEL GRIFFITH-JONES. — Par éclairer vous voulez dire persécuter ? Est-ce pour cela que le Juif ne devait en tirer aucune joie ?

ACCUSÉ STREICHER. — Je demande qu'on répète la question.

LIEUTENANT-COLONEL GRIFFITH-JONES. — Je vous la répéterai autant de fois que vous le désirerez. Par « éclairer », vous voulez dire « persécuter » ? Me comprenez-vous ?

ACCUSÉ STREICHER. — Éclairer une personne, c'est lui enseigner ce qu'elle ne sait pas.

LIEUTENANT-COLONEL GRIFFITH-JONES. — Inutile d'insister. Savez-vous que le boycottage de 1933 fut le point de départ des événements qui suivirent : les Juifs furent privés du droit de vote, chassés de toute fonction publique et exclus de leurs professions. Des manifestations furent organisées contre eux en 1938, puis ils furent condamnés à une amende d'un milliard de Mark et contraints de porter une étoile jaune. Ils eurent des banques spéciales, on confisqua leurs maisons et leurs entreprises. C'est ce que vous appelez éclairer les gens ?

ACCUSÉ STREICHER. — Cela n'a rien à faire avec ce que j'ai dit et écrit. Je n'ai jamais donné d'ordres ; je ne faisais pas les lois ; on ne me consultait pas sur leur préparation. Je n'avais rien à faire avec ces lois et règlements.

MONSIEUR JUSTICE JACKSON. — Je voudrais maintenant revoir brièvement avec vous ce que l'Accusation considère comme vos actes publics en ce qui concerne la question juive. Dès le début, vous considériez l'élimination des Juifs de la vie économique de l'Allemagne comme une phase du Plan de quatre ans, sous votre juridiction, n'est-ce pas ?

ACCUSÉ GŒRING. — L'élimination, c'est exact en partie. L'élimination des Juifs des entreprises importantes provoqua des désordres du fait qu'il y avait de grandes industries et aussi des industries d'armement en partie sous l'autorité des directeurs juifs ou avec des actionnaires juifs ; et ce fait provoqua une certaine inquiétude aux échelons inférieurs.

MONSIEUR JUSTICE JACKSON. — Dois-je comprendre que vous voulez persuader le Tribunal que vous n'aviez affaire qu'avec les grandes entreprises juives ? Est-ce cela que vous voulez que nous comprenions ?

ACCUSÉ GŒRING. — Au début, je n'avais pas le souci des petites entreprises. Elles ne rentraient pas dans le cadre du Plan de quatre ans.

MONSIEUR JUSTICE JACKSON. — A quel moment sont-elles devenues gênantes ?

ACCUSÉ GŒRING. — Quand on dut réduire le commerce, on remarqua que ce but pouvait être atteint par la fermeture des magasins juifs.

MONSIEUR JUSTICE JACKSON. — Passons maintenant aux actes publics que vous avez accomplis dans le domaine de la question juive. Premièrement, avez-vous proclamé les lois de Nuremberg ?

ACCUSÉ GŒRING. — En tant que président du Reichstag, oui. Je l'ai déjà déclaré.

MONSIEUR JUSTICE JACKSON. — À quelle date ?

ACCUSÉ GŒRING. — En 1935 je crois, ici à Nuremberg, au mois de septembre.

MONSIEUR JUSTICE JACKSON. — C'était le début des mesures légales prises contre les Juifs, n'est-ce pas ?

ACCUSÉ GŒRING. — C'était une mesure légale.

MONSIEUR JUSTICE JACKSON. — Ce fut la première des mesures légales prises par votre gouvernement contre les Juifs, n'est-ce pas ?

ACCUSÉ GŒRING. — Non. Je crois que l'exclusion du fonctionnariat était antérieure.

MONSIEUR JUSTICE JACKSON. — À quelle date cela se place-t-il ?

ACCUSÉ GŒRING. — Je ne pourrais pas donner une date exacte, mais je crois que cela se passait en 1933. Les lois de Nuremberg avaient pour but d'effectuer une nette séparation des races et, en particulier, d'en finir à l'avenir avec la notion des sangs mêlés, puisque cette notion de demi-Juif ou de quart de Juif entraînait des distinctions continuelles et des confusions sur leur état. Je tiens ici à le souligner : j'eus personnellement de fréquentes discussions avec le Führer au sujet des personnes de sang mêlé ; je prouvais au Führer qu'une fois les Juifs séparés des Allemands, il serait impossible d'avoir affaire encore à une autre catégorie intermédiaire qui constituerait une portion mal définie du peuple allemand et qui ne serait pas sur le même plan que les autres Allemands. Je lui suggérai d'en finir par un acte de générosité de sa part, avec cette notion de personnes de sang mêlé et de placer ces gens exactement sur le même plan que les autres Allemands. Le Führer accueillit favorablement cette idée ; il adopta effectivement mon point de vue et ordonna certaines mesures préparatoires en conséquence. Puis vinrent des temps plus troublés, tout au moins dans le domaine de la politique extérieure : la crise des Sudètes, celle de Tchécoslovaquie, l'occupation de la Rhénanie et, enfin, la crise polonaise. La question des personnes de sang mêlé fut reléguée à l'arrière-plan. Mais, au début de la guerre, le Führer me dit qu'il était décidé, après la guerre, à résoudre ce problème de façon effective et généreuse.

— Les lois de Nuremberg devaient supprimer, pour l'avenir, cette notion de personnes de sang mêlé, en séparant nettement les races. En conséquence, il était prévu, dans les dispositions pénales des lois de Nuremberg, que jamais la femme, mais seulement l'homme, serait susceptible d'être puni, qu'il fût juif ou allemand. La femme allemande ou juive ne devait pas être punie. Puis il y eut des temps plus calmes. Le Führer fut alors d'avis que, pour le moment, les Juifs pouvaient s'occuper d'affaires économiques, à l'exclusion des postes directeurs ou de premier plan, en attendant qu'une émigration contrôlée, organisée progressivement et s'intensifiant petit à petit, résolût définitivement ce problème. En dépit des difficultés et des troubles continuels de l'économie, les Juifs, dans l'ensemble, conservèrent sans ennui leurs situations dans les affaires économiques.

— L'aggravation exceptionnelle qui se produisit ensuite ne commença véritablement qu'après les événements de 1938 et prit une plus grande extension au cours de la guerre. Mais ici encore ce fut naturellement le fait d'un groupe plus extrémiste pour lequel la question juive était d'une importance plus grande que pour les autres groupes du mouvement. C'était exactement ce qui se passait — et je tiens à le préciser ici — pour l'idée de nationalisme qui, dans sa conception philosophique, était comprise différemment : les uns ne la voyaient que sous l'angle philosophique, d'autres sous l'angle mystique, d'autres enfin sous l'angle positif et politique. Il en était de même pour les différents autres points du programme. Pour une personne, certains points étaient plus importants ; pour une autre, ils l'étaient moins. Dans l'article du programme intitulé « Finissons-en avec Versailles », l'un voyait un moyen de créer une Allemagne grande et forte et de la rendre libre ; il le considérait comme essentiel ; pour un autre, ce pouvait être la question juive.

DOCTEUR STAHMER. — Quel rôle avez-vous joué dans la promulgation des lois de Nuremberg de 1935 ?

ACCUSÉ GŒRING. — C'est en tant que président du Reichstag, lorsque celui-ci s'est réuni à Nuremberg, que j'ai promulgué ces lois en même temps que la loi sur les nouvelles couleurs nationales.

DOCTEUR MARX. — En 1935 au congrès du parti à Nuremberg les « lois raciales » ont été promulguées. Lors de la préparation de ce projet de loi, avez-vous été appelé en consultation et avez-vous participé d'une façon quelconque à l'élaboration de ces lois ?

ACCUSÉ STREICHER. — Oui, je crois y avoir participé en ce sens que, depuis des années, j'écrivais qu'il fallait empêcher à l'avenir tout mélange de sang allemand et de sang juif. J'ai écrit des articles dans ce sens et j'ai toujours répété que nous devions prendre la race juive, ou le peuple juif, pour modèle. J'ai toujours répété dans mes articles que les Juifs devaient être considérés comme un modèle par les autres races, car ils se sont donné une loi raciale, la loi de Moïse, qui dit : « Si vous allez dans un pays étranger, vous ne devez pas prendre de femmes étrangères. » Et ceci, messieurs, est d'une importance considérable pour juger les lois de Nuremberg. Ce sont ces lois juives qui ont été prises pour modèle. Quand, des siècles plus tard, le législateur juif Esra constata que, malgré cela, beaucoup de Juifs avaient épousé des femmes non juives, ces unions furent rompues. Ce fut l'origine de la juiverie qui, grâce à ses lois raciales, a subsisté pendant des siècles, tandis que toutes les autres races et toutes les autres civilisations ont été anéanties.

DOCTEUR MARX. — Monsieur Streicher, vous sortez un peu du sujet. Je vous ai demandé si vous aviez assisté à la préparation et à la discussion du projet de loi ou si vous aviez été surpris par la proclamation de ces lois.

ACCUSÉ STREICHER. — J'ai eu l'honnêteté de dire que je croyais y avoir contribué indirectement. Maintenant continuez.

DOCTEUR MARX. — Mais n'avez-vous pas participé à l'élaboration de la loi elle-même ?

ACCUSÉ STREICHER. — Non. En 1935, au congrès du parti à Nuremberg, nous avons été appelés dans la salle sans savoir ce qui allait se passer ; du moins, je n'en avais aucune idée ; et les lois raciales ont été proclamées. C'est là que j'entendis parler pour la première fois de ces lois.

LIEUTENANT-COLONEL GRIFFITH-JONES. — J'en appelle à vos remarques sur les lois de Nuremberg. Vous avez dit ce matin que vous croyiez que le problème juif était définitivement résolu par la promulgation de ces lois. Lisez maintenant le paragraphe du milieu de la page et qui commence par : « Mais à ceux qui croient... »

— « Mais à ceux qui croient que la question juive aurait été définitivement réglée et vidée pour l'Allemagne, grâce aux décrets de Nuremberg, qu'il soit dit : la lutte continue — le judaïsme mondial lui-même fait tout pour cela — et nous ne l'emporterons que si chaque citoyen est bien persuadé que son existence même est en jeu. La campagne de propagande entreprise par le parti me semble plus nécessaire que jamais, même si beaucoup de nos affiliés considèrent ces choses comme n'étant plus actuelles et urgentes. »

ACCUSÉ STREICHER. — Oui, j'ai écrit cela.

LIEUTENANT-COLONEL GRIFFITH-JONES. — Que voulez-vous dire par ces mots : « La lutte continue », puisque vous aviez déjà résolu le problème juif en promulguant les lois de Nuremberg ?

ACCUSÉ STREICHER. — J'ai déjà expliqué aujourd'hui que je voyais le problème juif résolu d'abord à l'intérieur d'un pays, puis sur le plan international. Donc, « la lutte continue » signifie que, dans l'union antisémitique internationale que j'avais créée et qui comptait des représentants de tous les pays, la question y était discutée, de savoir ce qui, sur le plan international, pouvait être fait en vue d'une solution définitive du problème.

LIEUTENANT-COLONEL GRIFFITH-JONES. — Devons-nous comprendre par là que tout ce que vous avez dit et écrit après 1936 s'appliquait au problème international et n'avait rien à voir avec les Juifs en Allemagne ?

ACCUSÉ STREICHER. — Oui, principalement international, bien entendu. Les lois de Nuremberg ? Ce n'est pas moi qui les ai faites. Je n'ai pas été consulté au préalable et je ne les ai pas signées. Je déclare ici que ces lois sont les mêmes que celles que possède le peuple juif. C'est la plus grande et la plus importante loi qu'un État moderne ait jamais promulguée pour sa protection.

LIEUTENANT-COLONEL GRIFFITH-JONES. — Était-il donc possible, après vingt années de propagande et d'instigation à la haine, par vous et d'autres nazis, de massacrer des gens par de tels moyens ? Est-ce cela qui a rendu cette extermination possible ?

ACCUSÉ STREICHER. — Je conteste qu'il y ait eu une provocation. On a simplement mis la chose en lumière et il est possible que parfois un mot dur soit tombé, comme réplique à d'autres. C'était une initiation, et non une instigation au meurtre. Et si nous voulons subsister dans l'Histoire, il faut que nous persistions à soutenir qu'aucun Allemand n'a prôné l'assassinat, qu'il s'agisse d'un individu ou d'une collectivité.

LIEUTENANT-COLONEL GRIFFITH-JONES. — Je n'ai pas envie de vous laisser discourir à nouveau sur l'histoire du peuple allemand. Je veux simplement vous rappeler ce que vous avez dit hier.

ACCUSÉ STREICHER. — Adolf Hitler...

LIEUTENANT-COLONEL GRIFFITH-JONES. — Je veux simplement vous rappeler ce que vous avez dit hier. Je lirai le procès-verbal. À cette époque, c'est-à-dire en 1923, vous parliez d'une question juive :

— « À ce propos, je tiens à faire remarquer qu'aux yeux du public, seule la question religieuse a fait distinguer les Juifs des autres. Envisager alors un problème juif, eût été considéré comme une absurdité. »

— Cela provenait-il de ce qu'il n'y avait pas de problème juif et de ce que ce problème n'a vu le jour que grâce à vous et grâce au régime nazi ?

ACCUSÉ STREICHER. — Mon but était d'ailleurs — je l'ai atteint en partie — d'obtenir que les lois, qui devaient interdire les rapports sexuels entre personnes de sang différent, aient véritablement force de loi, et que l'on sût, publiquement, que les Juifs ne représentaient pas une religion, mais un peuple, une race. J'ai participé à l'établissement de ce principe. Mais les massacres n'étaient nullement une conséquence de cette initiation, ou, comme le dit le ministère public, d'une incitation au meurtre. Au contraire ces massacres étaient, peut-être parce qu'il s'était rendu compte qu'il ne pourrait vaincre, le dernier acte de désespoir d'un grand homme de l'Histoire.

LIEUTENANT-COLONEL GRIFFITH-JONES. — Monsieur le Président, je n'ai pas d'autres questions à poser.

DOCTEUR STAHMER. — L'Accusation a soutenu que l'extermination de la race juive faisait partie du plan des guerres d'agression.

ACCUSÉ GŒRING. — Cela n'a rien à voir avec les guerres d'agression ; d'ailleurs, l'extermination de la race juive n'a pas non plus été préméditée.

MONSIEUR JUSTICE JACKSON. — Puis, le 1er décembre 1936, vous avez promulgué une loi édictant la peine de mort pour les Allemands transférant des biens à l'étranger ou les laissant à l'étranger ; les biens du coupable devaient être confisqués par l'État, et compétence était donnée pour les poursuites au Tribunal du peuple, n'est-ce pas ?

ACCUSÉ GŒRING. — C'est exact. Le « décret réglementant le régime des monnaies étrangères » s'appliquait à celui qui avait un compte à l'étranger sans une permission du gouvernement.

MONSIEUR JUSTICE JACKSON. — Votre troisième acte public se place le 22 avril 1938, au moment où vous avez institué des peines pour le fait de masquer le caractère d'une entreprise juive à l'intérieur du Reich, n'est-ce pas ?

ACCUSÉ GŒRING. — Oui.

MONSIEUR JUSTICE JACKSON. — Puis, le 28 juillet 1939, vous, Hermann Gœring, avez publié certaines prescriptions sur la compétence des tribunaux pour statuer sur les questions abordées par le décret, n'est-ce pas ?

ACCUSÉ GŒRING. — Je vous prie de me faire lire la loi, je ne m'en souviens pas.

MONSIEUR JUSTICE JACKSON. — Je ne vais pas prendre le temps de la lire. Niez-vous avoir autorisé la publication, au *Reichsgesetzblatt* 1939, page 1370, de la loi attribuant compétence aux tribunaux pour commencer des peines contre les Juifs ? Si vous ne vous en souvenez plus, dites-le.

ACCUSÉ GŒRING. — Oui, je dis que je ne me souviens plus de cette loi. Si elle est publiée dans le *Reichsgesetzblatt* et porte ma signature, alors, naturellement, il en est ainsi ; mais je ne me souviens pas de son contenu.

MONSIEUR JUSTICE JACKSON. — Maintenant, le 26 avril 1938, sur la base du Plan de quatre ans, vous avez publié un décret prévoyant l'enregistrement des propriétés juives et l'obligation pour les Juifs à l'intérieur ou à l'extérieur de l'Allemagne de faire recenser tous leurs biens, n'est-ce pas ?

ACCUSÉ GŒRING. — Je l'admets. Je ne me souviens aucunement de cela, mais si vous avez le décret et qu'il porte ma signature, il ne peut pas y avoir de doute.

MONSIEUR JUSTICE JACKSON. — Le 26 avril 1938, vous avez, n'est-ce pas, publié un décret dans le cadre du Plan de quatre ans selon lequel tous les actes de disposition des entreprises juives devaient recevoir l'autorisation des autorités ?

ACCUSÉ GŒRING. — Je m'en souviens.

MONSIEUR JUSTICE JACKSON. — Puis, le 12 novembre 1938, vous avez publié un décret, encore dans le cadre du Plan de quatre ans, imposant une amende de un milliard de marks à tous les Juifs.

ACCUSÉ GŒRING. — J'ai déjà expliqué que tous les décrets à cette époque étaient signés par moi et que j'en porte la responsabilité.

MONSIEUR JUSTICE JACKSON. — Bien, je vous demande en particulier si vous n'avez pas signé ce décret ? Je vous poserai d'autres questions plus tard à son sujet.

ACCUSÉ GŒRING. — Oui.

MONSIEUR JUSTICE JACKSON. — Puis, le 12 novembre 1938, dans le cadre du Plan de quatre ans, vous avez signé un décret selon lequel tous les dommages causés aux biens juifs par les émeutes de 1938 devaient être réparés immédiatement par les Juifs à leurs propres frais. Avez-vous signé cette loi personnellement ?

ACCUSÉ GŒRING. — J'ai signé une loi similaire. Je ne pourrais pas dire si c'est la même que vous venez de me lire.

MONSIEUR JUSTICE JACKSON. — Vous n'êtes pas en désaccord avec l'essentiel de cette loi, n'est-ce pas ?

ACCUSÉ GŒRING. — Non.

MONSIEUR JUSTICE JACKSON. — Et le 12 novembre 1938, n'avez-vous pas aussi, personnellement, signé un décret, toujours dans le cadre du Plan de quatre ans, selon lequel les Juifs ne pouvaient plus posséder de magasins, engager du personnel, offrir des marchandises pour vendre dans les foires ou sur les marchés ou aux expositions, faire partie d'entreprises ou de coopératives. Vous souvenez-vous de cela ?

ACCUSÉ GŒRING. — Oui, tout cela faisait partie du décret excluant les Juifs de la vie économique.

ACCUSATION. — En décembre 1938, l'accusé Ribbentrop dans une conversation avec monsieur Bonnet, qui était alors ministre des Affaires étrangères de France, exprima son opinion sur les Juifs. Ce fut rapporté au département d'État américain par M. Kennedy, ambassadeur des États-Unis.

— « Dans la journée, nous avons reçu un coup de téléphone du bureau de Bérenger à Paris. Nous avons appris que Bonnet avait soulevé la question des réfugiés au cours de sa conversation avec Ribbentrop. Le résultat en était très mauvais. Ribbentrop, pressé de questions, avait déclaré à Bonnet que les Juifs d'Allemagne étaient sans exception des pickpokets, des assassins et des voleurs. Leurs biens avaient été acquis par des moyens illégaux. Le gouvernement allemand avait donc décidé de les assimiler aux éléments criminels de la population. Les biens qu'ils avaient acquis illégalement leur seraient enlevés ; ils seraient obligés de vivre dans les quartiers fréquentés par les criminels et seraient surveillés par la police tout comme les autres criminels. On les contraindrait à se présenter régulièrement à la police comme le font les criminels. Si certains de ces criminels s'enfuyaient dans d'autres pays qui paraissent très désireux de les accueillir, le gouvernement allemand n'y pouvait rien. Toutefois, il n'était nullement disposé à leur permettre d'emporter les biens acquis par des opérations frauduleuses. En fait, il ne pouvait, ni ne voulait rien faire. »

— Cet exposé succinct des opinions de l'accusé sur les Juifs se trouve développé dans un long document qu'il avait communiqué par l'intermédiaire du ministère des Affaires étrangères. Je n'ai pas l'intention de lire tout le document parce qu'il est très monotone, mais il révèle très clairement les vues de l'accusé sur le traitement des Juifs. Si le Tribunal veut bien se reporter d'abord à la page qui porte le titre « La question juive en tant que facteur de la politique étrangère allemande en 1938 ».

— « Ce n'est certainement pas l'effet d'une coïncidence si 1938, l'année fatale, a vu avancer le règlement de la question juive en même temps que la réalisation de l'idée de la Grande Allemagne. En effet, la politique juive a été à la fois la condition et la conséquence des événements de l'année 1938. »

— Ce point de vue est exposé en détail. Si le Tribunal veut bien passer à la page 4 :

— « Le but final de la politique allemande à l'égard des Juifs est l'émigration de tous les Juifs vivant sur le territoire allemand. »

— Ceci est longuement développé au cours d'un grand nombre de pages. Si le Tribunal veut bien se reporter au bas de la page 7, il y lira la conclusion de ce document :

— « Ces exemples tirés de rapports officiels de l'étranger pourraient être multipliés à loisir. Ils confirment la justesse de nos prévisions, suivant lesquelles les critiques adressées aux mesures d'exclusion des Juifs du Lebensraum allemand, mesures qui ont été mal comprises dans certains pays mal informés, ne seraient que provisoires et subiraient un revirement à partir du moment où la population les verrait de ses propres yeux et comprendrait ainsi ce que représente le danger juif.

— « Plus l'immigrant juif sera pauvre et plus il sera par conséquent à la charge du pays qui l'accueille, plus ce pays réagira et plus fort sera l'effet escompté dans le sens de la propagande allemande. Les efforts entrepris par l'Allemagne ont pour but de parvenir dans l'avenir à une solution internationale de la question juive, inspirée non par une fausse comparaison pour la minorité religieuse juive persécutée, mais par la pleine conscience de tous les peuples à l'égard du danger qu'elle représente pour le patrimoine racial des nations. »

DOCTEUR MARX. — En août 1938, la principale synagogue de Nuremberg fut détruite ; cela s'est-il produit sur votre ordre ?

ACCUSÉ STREICHER. — Oui. Dans mon Gau, il y avait environ quinze synagogues. À Nuremberg, une synagogue principale et une plus petite et, je crois également, quelques salles de prières. La synagogue principale se trouvait aux confins de la ville moyenâgeuse. Avant 1933, dans la période dite de combat, lorsque nous avions encore un autre gouvernement, j'avais déjà déclaré publiquement à une réunion que c'était vraiment une honte que l'on eût construit une telle monstruosité d'architecture orientale dans la vieille ville. Après la prise du pouvoir, j'ai déclaré au bourgmestre qu'il devrait faire démolir cette synagogue en même temps que le Planétarium. Je signalerai qu'à la fin de la Première Guerre mondiale, au beau milieu des jardins publics, se dressait un Planétarium, un hideux monument de briques. Je donnai l'ordre de le démolir aussi, en décrétant que la synagogue principale serait rasée. Si j'avais eu l'intention de priver les Juifs de leur synagogue comme lieu saint ou si j'avais voulu donner un signal général, alors j'aurais ordonné, dès la prise du pouvoir, de détruire toutes les synagogues dans mon Gau et j'aurais également pu faire disparaître toutes les synagogues de Nuremberg. Mais, il est évident qu'au printemps de 1938, seule la principale synagogue fut démolie ; celle de l'Essenweinstrasse, dans la ville neuve, est restée intacte. Je ne suis pour rien dans l'ordre enjoignant, en novembre de la même année, d'incendier les autres synagogues.

DOCTEUR MARX. — En d'autres termes, vous voulez dire que vous n'avez pas donné l'ordre de démolir cet édifice pour des raisons antisémites, mais simplement parce qu'il n'était pas conforme au style architectural de la ville ?

ACCUSÉ STREICHER. — Oui, pour des raisons touchant l'architecture. Je voulais en présenter une photographie au Tribunal, mais n'ai pas pu l'obtenir.

DOCTEUR MARX. — Oui, nous avons une photographie.

ACCUSÉ STREICHER. — Mais on n'y voit pas la synagogue. Je ne sais pas si le Tribunal désire examiner cette photographie, on y voit seulement les vieilles maisons, mais la façade de la synagogue donnant sur la place Hans Sachs n'est pas visible. Je ne sais pas si je puis déposer cette photographie devant le Tribunal.

LE PRÉSIDENT. — Mais oui, certainement, la photographie peut être versée au dossier. Vous pouvez nous la soumettre.

DOCTEUR MARX. — Au moment de votre projet sur la synagogue principale, avez-vous consulté des spécialistes de l'Art ?

ACCUSÉ STREICHER. — J'ai souvent eu l'occasion d'en parler avec des architectes. Tous, sans exception, me déclarèrent que le conseil municipal qui avait permis la construction d'un pareil édifice devait être dépourvu de tout sens. On ne pouvait l'expliquer autrement. Ces déclarations n'étaient nullement faites contre la synagogue en tant que lieu saint, mais contre le fait qu'un pareil édifice se dressât dans ce quartier de la ville. Certains étrangers aussi, que je guidais — car, au moment des congrès du parti, j'accompagnais souvent des Anglais et des Américains sur la place Hans Sachs et je ne me rappelle qu'un seul cas où, ayant posé la question : « Êtes-vous frappé par quelque chose ?», la personne me répondit : « Rien », — me disaient : « Comment se fait-il qu'on ait construit cet édifice au milieu de ces maisons moyenâgeuses ? » Je pourrais également présenter au Tribunal un ouvrage, écrit en 1877, qui se trouve à la bibliothèque de la prison, dans lequel un certain professeur Berneis, très connu, écrivait alors à l'auteur, Uhde, en Suisse, qu'il avait enfin vu la place Hans Sachs...

DOCTEUR MARX. — Cela suffit ainsi, monsieur Streicher. Vous avez donc exprimé que vous pensiez pouvoir vous fier à l'opinion des architectes à cet égard ?

ACCUSÉ STREICHER. — Parfaitement.

DOCTEUR MARX. — Au moment où la synagogue fut démolie, avez-vous prononcé un discours ?

ACCUSÉ STREICHER. — Oui. Mais je ferais observer que le ministère public a présenté un compte rendu de la *Tageszeitung,* qui avait été écrit par un jeune rédacteur, et je déclare que cet article ne correspond pas textuellement aux paroles que j'ai prononcées.

LIEUTENANT-COLONEL GRIFFITH-JONES. — Évoquons brièvement la destruction de la synagogue de Nuremberg le 10 août 1938 dont vous nous avez déjà parlé. Nous avons entendu vos explications sur la destruction de la synagogue. La *Fränkische Tageszeitung* du 11 août publie à ce sujet :

— « À Nuremberg, on est en train de démolir la synagogue. Julius Streicher lui-même inaugure les travaux par un discours d'une heure et demie. » Avez-vous parlé une heure et demie, à la population de Nuremberg, de la valeur architectonique de la ville de Nuremberg, le 10 août 1938 ?

ACCUSÉ STREICHER. — Dans le détail, je ne sais plus ce que j'ai pu dire, mais je me reporte à ce que vous avez retenu et à ce que vous tenez pour important. Nuremberg possédait une annexe du ministère de la Propagande. Son jeune chef tenait tous les jours des conférences de presse et il a dit aux rédacteurs que Streicher parlerait, que la synagogue serait détruite, et que cela devait être tenu secret.

LIEUTENANT-COLONEL GRIFFITH-JONES. — Je vous ai demandé si pendant une heure et demie vous avez parlé des beautés architecturales de Nuremberg, et non contre les Juifs ? Est-ce un moyen dilatoire ?

ACCUSÉ STREICHER. — Non, bien entendu. J'en ai parlé aussi.

LIEUTENANT-COLONEL GRIFFITH-JONES. — Vous rappelez-vous qu'à la conférence de presse à laquelle vous venez de faire allusion il fut convenu que le sujet devait être traité d'une façon détaillée pour dépeindre comment la synagogue avait été détruite. Quel était le but poursuivi en décrivant de cette façon la destruction de la synagogue ?

ACCUSÉ STREICHER. — Je n'étais qu'un orateur. Ce que vous mentionnez là, c'est au représentant du ministère de la Propagande qu'il faut l'imputer. Mais je ne vous contredirais pas si vous étiez d'avis que, moi aussi, j'aurais été, bien entendu, partisan d'une destruction à grand spectacle si l'on m'avait consulté.

LIEUTENANT-COLONEL GRIFFITH-JONES. — J'ai encore une question au sujet des démonstrations qui ont suivi en novembre de la même année. Si je comprends bien, vous nous dites que vous n'étiez pas en faveur de ces démonstrations et qu'elles ont été faites à votre insu, tout au moins avant que vous en fussiez informé ?

ACCUSÉ STREICHER. — Oui, c'est exact.

LIEUTENANT-COLONEL GRIFFITH-JONES. — Je voudrais seulement vous rappeler ce que vous avez dit le lendemain, le 10 novembre. C'est un compte rendu de ce qui est arrivé :

— « A Nuremberg et à Fürth, des démonstrations de la foule se sont produites contre la clique d'assassins juifs. Ces démonstrations se sont poursuivies jusqu'au matin. »

— J'en viens maintenant à la fin du paragraphe : « Après minuit, l'excitation de la populace est arrivée à son paroxysme, et une grande foule s'est portée vers les synagogues de Nuremberg et de Fürth et a incendié ces deux bâtiments juifs où l'on avait prêché la fin du germanisme. »

— Suit alors ce que vous avez dit.

— « Dès le berceau, le Juif n'était pas instruit avec les textes qu'on nous enseignait, à nous, tels que : « Tu aimeras ton prochain comme toi-même », ou : « Si tu es frappé sur la joue gauche, tends la joue droite. » Non, on dit au Juif : « Avec le non-Juif, tu peux faire tout ce que tu voudras. » On lui apprend même que le meurtre d'un non-Juif est un acte agréable à Dieu. Depuis vingt ans nous l'avons écrit dans le *Stürmer,* nous l'avons prêché dans le monde entier et nous avons permis à des millions de gens d'acquérir la notion de la vérité. »

— Est-ce que cela semble vraiment démontrer que vous avez désapprouvé les démonstrations qui se sont produites dans la nuit précédente ?

ACCUSÉ STREICHER. — Je dois établir, tout d'abord, que le compte rendu que vous venez de lire en partie, émane de la *Tageszeitung.* Il n'a donc pas été rédigé par moi et j'en décline la responsabilité. S'il y est dit que des gens se sont élevés contre la clique d'assassins, c'est sur l'ordre du ministre de la Propagande à Berlin. Vis-à-vis de l'étranger, ces actes ont été présentés comme une manifestation spontanée.

LIEUTENANT-COLONEL GRIFFITH-JONES. — Ce n'est pas une réponse à ma question. Est-ce que ce passage, dont je viens de donner lecture, donnerait à penser que vous ayez blâmé les démonstrations qui ont eu lieu la nuit précédente, oui ou non ?

ACCUSÉ STREICHER. — J'étais contre ces manifestations.

LIEUTENANT-COLONEL GRIFFITH-JONES. — Je continue la lecture : « Mais nous savons qu'il y a encore parmi nous des gens qui ont pitié des Juifs, des gens qui ne sont pas dignes de vivre dans cette ville, qui ne sont pas dignes d'appartenir à ce peuple, auquel vous êtes fiers d'appartenir. »

— Pourquoi eût-il été alors nécessaire que des gens eussent pitié des Juifs si vous et le parti ne les aviez pas persécutés ?

ACCUSÉ STREICHER. — J'ai déjà mentionné que moi-même j'ai été forcé, après cette manifestation, de prendre position officiellement et de dire que l'on ne devait pas avoir tant de pitié. Je voulais simplement prouver par là qu'il ne s'agissait pas d'un soulèvement spontané du peuple. Par conséquent, cette citation ne parle pas contre moi, mais en ma faveur. Le peuple, comme moi-même, était opposé à cette manifestation, et je me vis réduit à, comment dirais-je, à ramener l'opinion publique à cette idée qu'elle ne devait pas considérer ces faits comme étant aussi graves.

LIEUTENANT-COLONEL GRIFFITH-JONES. — Mais si vous et la population y étiez opposés, pourquoi avez-vous considéré comme un devoir de la faire changer d'opinion ? Pourquoi étiez-vous opposé, et pour quelle raison avez-vous alors essayé de dresser les gens contre les Juifs ?

ACCUSÉ STREICHER. — Je ne comprends pas bien ce que vous voulez dire.

LIEUTENANT-COLONEL GRIFFITH-JONES. — J'ai compris que vous étiez opposé à ces démonstrations, le peuple également, et que, pour cette raison, votre devoir avait été de tenter de soulever les gens, pour qu'ils approuvent les démonstrations qui déjà s'étaient produites.

ACCUSÉ STREICHER. — Oui, aujourd'hui, on peut se dire peut-être, où était le devoir. Mais il faut se reporter à l'époque où cela se passait et songer au chaos qui régnait alors. Prendre une décision rapidement, comme aujourd'hui dans cette salle, par exemple, eût été chose impossible. Ce qui s'est passé alors, appartient maintenant au passé. J'y étais opposé, l'opinion publique également. Tout ce que l'on a pu écrire à ce sujet, le fut pour des raisons tactiques.

DOCTEUR MARX. — J'en viens aux manifestations qui eurent lieu dans la nuit du 9 au 10 novembre 1938. Qu'avez-vous à dire sur ces manifestations et quel fut votre rôle à cet égard ? S'agissait-il de démonstrations populaires spontanées ?

ACCUSÉ STREICHER. — Tous les ans, les Gauleiter et les chefs S.S. et S.A. se réunissaient avec le Führer à Munich, à l'occasion de la journée historique du 9 novembre. Nous assistions donc le soir du 9 novembre de cette année-là à un banquet dans une salle de l'ancien Hôtel de Ville ; le Führer avait l'habitude de prononcer un bref discours à la fin du repas. Le 9 novembre 1938, je ne me sentais pas très bien. Je pris part au dîner, puis me retirai ; je rentrai chez moi à Nuremberg et me couchai. Vers minuit, on me réveilla. Mon chauffeur vient me dire que le chef S.A. von Obernitz désirait parler au Gauleiter. Je le reçus et il me dit : « Gauleiter, vous étiez déjà parti lorsque le ministre de la Propagande, le Dr Gœbbels, prit la parole et nous déclara — je ne puis maintenant vous répéter ses paroles textuellement — « Le conseiller de la légation, vom Rath, a été assassiné à Paris. C'est là le deuxième assassinat à l'étranger d'un national-socialiste éminent. Cet assassinat n'est pas un acte spontané du Juif Grünspan, mais il s'agit là d'une action voulue par l'ensemble de la communauté juive. Il faut agir. » Je ne sais plus maintenant si Gœbbels a parlé d'ordre du Führer, je me rappelle simplement que von Obernitz me déclara que Gœbbels avait expliqué qu'il fallait mettre le feu aux synagogues. Je ne me souviens plus exactement, mais je crois qu'il me dit encore qu'on devait enfoncer les vitrines des magasins juifs et que des maisons devaient être démolies.

— Là-dessus, je déclarai à Obernitz, car j'étais fort surpris : « Obernitz, je trouve que c'est une mauvaise manœuvre que d'incendier les synagogues et il est maladroit en ce moment, de démolir les magasins juifs. Ces manifestations sont absolument hors de propos. Si on lâche ainsi la bride aux gens au milieu de la nuit, des faits peuvent se produire que nous n'aurons pas la possibilité de contrôler. » Je déclarai que j'estimais particulièrement maladroit d'incendier les synagogues, car à l'étranger et même en Allemagne, au sein du peuple allemand, pourrait surgir l'opinion que la national-socialisme entreprenait dorénavant une lutte contre la religion. Obernitz répondit : « C'est un ordre. » Alors, je lui dis : « Obernitz, je ne veux prendre en la matière aucune espèce de responsabilité. » Obernitz s'en alla et les faits se produisirent.

— Ce que j'ai déclaré ici sous la foi du serment, je l'ai déjà déclaré au cours de plusieurs interrogatoires, et mon chauffeur peut le confirmer, car il fut témoin de cet entretien nocturne. Lorsqu'il alla se coucher, il raconta à sa femme ce qu'il avait entendu chez moi, dans ma chambre.

DOCTEUR MARX. — Avez-vous terminé ?

ACCUSÉ STREICHER. — Oui, mais vous m'avez encore posé une autre question...

DOCTEUR MARX. — Oui, s'agissait-il là d'une action violente et spontanée de la foule ?

ACCUSÉ STREICHER. — Oui. Dans la presse nationale-socialiste, au lendemain de cette action, parut un article dans tous les journaux déclarant qu'un soulèvement spontané du peuple s'était produit pour venger l'assassinat de M. vom Rath. Berlin avait donc ordonné sciemment de faire une déclaration publique pour laisser entendre que la démonstration de 1938 avait été une action spontanée. Je pus constater à Nuremberg que ce ne fut pas du tout le cas, et il est à noter que l'indignation provoquée par ce qui s'était produit au cours de cette manifestation s'exprima aussi à Nuremberg et parmi les membres du parti eux-mêmes.

— Le ministère public a versé au dossier le texte d'un discours que j'ai prononcé le 10 novembre, qui constitue la meilleure preuve que le peuple était opposé à l'action en question. Étant donné l'atmosphère qui régnait à Nuremberg, je fus obligé de faire ce discours et de déclarer qu'il ne fallait pas éprouver tant de pitié pour les Juifs. Tel fut l'incident de novembre 1938. Peut-être serait-il important encore de me demander comment je pouvais repousser le principe de pareilles manifestations ?

DOCTEUR MARX. — Je croyais que vous l'aviez déjà expliqué. Très bien. Qui alors donna l'ordre de mettre le feu à la synagogue encore intacte de l'Essenweinstrasse ?

ACCUSÉ STREICHER. — Je ne sais pas qui a donné cet ordre. Le S.A. Führer von Obernitz, je crois, mais je ne connais pas les détails.

DOCTEUR MARX. — Autre question : avez-vous manifesté publiquement votre hostilité à l'égard de ces brutalités ?

ACCUSÉ STREICHER. — Parfaitement, dans le cercle restreint des chefs du parti, j'ai déclaré ce que j'ai toujours dit ouvertement ; j'ai déclaré que c'était une fausse manœuvre. J'ai parlé à des avocats au cours d'une réunion, je ne sais pas si mon défenseur lui-même était présent ce jour-là ; je crois même que c'était en novembre 1938 que je déclarai à une réunion des juristes de Nuremberg que ce qui s'était produit ici, au cours de ces événements, était fort maladroit, d'une part, vis-à-vis du peuple et, d'autre part, vis-à-vis des autres pays. Je déclarai alors que tous ceux qui étaient au courant de la question juive comme je l'étais moi-même comprendraient que je considérais une pareille manifestation comme une faute. Je ne sais pas si on a rapporté la chose au Führer, mais dès novembre 1938, je ne fus plus jamais convoqué au Deutscher Hof lorsque le Führer venait à Nuremberg. Je ne sais pas si ce fut cette raison, mais en tout cas j'ai critiqué ouvertement cette manifestation.

DOCTEUR MARX. — Avec la permission du Tribunal, je propose de citer maintenant le témoin Fritz Herrwerth.

(Le témoin s'approche de la barre.)

LE PRÉSIDENT. — Veuillez précisez votre nom.

TÉMOIN FRITZ HERRWERTH. — Fritz Herrwerth.

LE PRÉSIDENT. — Répétez ce serment après moi : « Je jure devant Dieu tout-puissant et omniscient que je dirai la pure vérité et que je ne célerai ni n'ajouterai rien. »

(Le témoin répète le serment.)

LE PRÉSIDENT. — Vous pouvez vous asseoir.

DOCTEUR MARX. — Depuis quand connaissez-vous Streicher ?

TÉMOIN HERRWERTH. — Depuis le Congrès du parti de 1934.

DOCTEUR MARX. — Quand êtes-vous entré à son service et en quelle qualité ?

TÉMOIN HERRWERTH. — Le 15 octobre 1934 j'ai été placé à Nuremberg, non chez M. Streicher lui-même, mais au parc municipal automobile. Mais j'étais tout de même au service du Gauleiter Streicher.

DOCTEUR MARX. — Quand avez-vous quitté ce service ?

TÉMOIN HERRWERTH. — En août 1943.

DOCTEUR MARX. — Pour quelles raisons ?

TÉMOIN HERRWERTH. — A la suite d'une discussion personnelle, dont la responsabilité m'incombe entièrement.

DOCTEUR MARX. — Aviez-vous également d'autres tâches à remplir auprès de Streicher ?

TÉMOIN HERRWERTH. — Oui.

DOCTEUR MARX. — Lesquelles ?

TÉMOIN HERRWERTH. — Tout ce qui découlait de ma situation. J'eus également à effectuer, vers la fin, des travaux agricoles.

DOCTEUR MARX. — Vous étiez donc très souvent avec Streicher ?

TÉMOIN HERRWERTH. — Oui.

DOCTEUR MARX. — Et, par conséquent, vous avez connaissance des événements les plus importants de cette époque ?

TÉMOIN HERRWERTH. — Je ne sais ce que vous appelez événements importants. Il y a des choses auxquelles je n'étais pas initié, du moins je le suppose.

DOCTEUR MARX. — Je vous poserai des questions séparément.

TÉMOIN HERRWERTH. — Oui, je vous en prie.

DOCTEUR MARX. — L'accusé Streicher est inculpé d'avoir provoqué des actes de violences contre les Juifs et d'y avoir participé. Connaissez-vous un cas de ce genre ?

TÉMOIN HERRWERTH. — Pas un seul.

DOCTEUR MARX. — Attendez la fin de ma question. Je vous dirai alors « fin de la question ».

— Avez-vous conduit Streicher de Munich à Nuremberg le 9 novembre 1938 et quand encore ? Fin de la question.

TÉMOINS HERRWERTH. — C'était le 9 novembre, oui. Je ne sais pas exactement à quelle heure. M. Streicher est reparti plus tôt de Munich, ce devait être à peu près, autant que je m'en souvienne, vers 9 heures.

DOCTEUR MARX. — Streicher savait-il déjà, lors de ce retour de Munich à Nuremberg que, cette nuit-là, quelque chose devait être entrepris contre la population juive ?

TÉMOINS HERRWERTH. — Non, il n'en savait rien.

DOCTEUR MARX. — Est-ce que, dans la nuit du 9 novembre, vous avez été témoin d'un entretien qui eut lieu entre Streicher et le Führer S.A. von Obernitz ?

TÉMOINS HERRWERTH. — Oui.

DOCTEUR MARX. — Où cet entretien a-t-il eu lieu ?

TÉMOIN HERRWERTH. — Je suis obligé de réfléchir un peu avant de répondre à cette question. Je me trouvais généralement là ou en compagnie du maître d'hôtel à l'heure du coucher. Ce soir-là M. Streicher s'est couché plus tôt que d'habitude ; je ne sais pas pourquoi. Mon service était donc terminé. Je l'ai quitté et me suis rendu au mess de la Gauleitung, qui se trouve au sous-sol, Schlageterstrasse. J'ai joué aux cartes ; c'est alors que le S.A.-Obergruppenführer von Obernitz vint et m'adressa la parole en m'appelant Fritz, comme à l'ordinaire, et me dit qu'il devait parler d'urgence à Streicher. Je lui répondis que M. Streicher était déjà au lit. Il me dit alors de le réveiller. Il en prenait la responsabilité ; il s'agissait d'une chose importante. En voiture, von Obernitz s'est rendu alors avec moi à l'appartement de M. Streicher, dont la chambre à coucher était au-dessus de mon habitation. J'en avais la clé et pouvais à tout moment y entrer. En chemin, j'ai pu constater que beaucoup d'hommes des S.A. parcouraient les rues ; j'en ai demandé la raison à M. von Obernitz ; il me dit que cette nuit-là il se passerait quelque chose. Les maisons des juifs devaient être démolies ; il ne m'a rien dit d'autre. J'ai accompagné M. von Obernitz jusqu'au lit de M. Streicher. Il a fait un rapport à M. Streicher sur ce qui se déroulait dans la nuit. Je ne me souviens plus des détails, mais je crois qu'il a dit que, cette nuit-là, les maisons juives devaient être démolies. M. Streicher était, si je puis m'exprimer ainsi, surpris ; il n'en savait rien. Il a dit textuellement à M. Obernitz — cela, je me le rappelle fort bien — : « C'est une fausse manœuvre et le problème juif ne peut être résolu de cette manière. Faites ce qu'on vous a ordonné de faire ; moi, je ne m'en mêle pas. S'il arrive quelque chose et que vous ayez besoin de moi, vous pourrez venir me chercher. » Je peux encore ajouter que M. von Obernitz a précisé que Hitler avait dit que les S.A. devaient bien chahuter un peu, et cela à titre de représailles pour ce qui s'était passé à Paris avec Ernst vom Rath. M. Streicher est resté couché et n'est pas sorti cette nuit-là.

DOCTEUR MARX. — Monsieur von Obernitz a-t-il mentionné que les synagogues devaient être incendiées ?

TÉMOIN HERRWERTH. — Je crois que oui. Mais, si mes souvenirs sont exacts, M. Streicher a également refusé de le faire, car la synagogue a été incendiée par les pompiers, et autant que je sache, sur l'ordre de monsieur von Obernitz.

DOCTEUR MARX. — D'où savez-vous cela ?

TÉMOINS HERRWERTH. — J'y étais.

DOCTEUR MARX. — Vous avez assisté au spectacle ?

TÉMOIN HERRWERTH. — Oui, j'étais à la synagogue cette nuit-là.

DOCTEUR MARX. — Qu'est-ce qui permettait de conclure que c'étaient les pompiers qui avaient allumé l'incendie ?

TÉMOIN HERRWERTH. — Je ne le sais pas, mais je l'ai vu. Ce sont les pompiers qui ont mis le feu.

DOCTEUR MARX. — Étiez-vous là lorsqu'on a allumé l'incendie, ou n'êtes-vous arrivé que lorsque le bâtiment brûlait déjà ?

TÉMOIN HERRWERTH. — Le bâtiment n'était pas encore en flammes, mais les pompiers étaient déjà là. C'est exact, je ne peux pas dire autre chose.

DOCTEUR MARX. — M. Streicher a-t-il dit quelque chose à ce moment-là ? A-t-il dit qu'il craignait une nouvelle vague d'indignation de la part de la presse mondiale, au cas où l'on mettrait le feu à la synagogue ? A-t-il dit que c'était pour cette raison qu'il s'y opposait ?

TÉMOIN HERRWERTH. — Je crois que oui, mais je ne puis plus le dire exactement. Mais, si mes souvenirs sont exacts, il en a été question.

DOCTEUR MARX. — Obernitz a-t-il précisé de qui il tenait cet ordre ?

TÉMOIN HERRWERTH. — Il a simplement rapporté que Hitler avait dit que les S.A. devaient chahuter un peu.

DOCTEUR MARX. — Est-il exact que vous, témoin, ayez raconté à votre femme, cette nuit-là, l'entretien entre Obernitz et Streicher ?

TÉMOIN HERRWERTH. — Je ne crois pas en avoir dit quelque chose. Mais, en descendant du premier étage au rez-de-chaussée, dans mon appartement, j'ai dit à ma femme que, sans doute, je rentrerais plus tard, parce que cette nuit-là, l'action se corsait. Je lui ai dit brièvement ce qui se passait, mais ne lui ai pas parlé de cet entretien.

DOCTEUR MARX. — Plus tard, vous étiez au Pleikershof, lorsque Streicher a été obligé de s'y retirer, ou s'y est retiré volontairement ?

TÉMOIN HERRWERTH. — Oui.

DOCTEUR MARX. — Pouvez-vous vous rappeler un cas antérieur au cours duquel celle qui est devenue plus tard madame Streicher, a parlé des événements de Magdebourg, tels qu'ils s'étaient déroulés la même nuit là-bas ?

TÉMOIN HERRWERTH. — Non, je n'en sais rien.

DOCTEUR MARX. — N'avez-vous pas dit à cette personne, à ce moment-là madame Merkel, qu'il était préférable d'éviter d'en parler, parce que cela avait le don de mettre Streicher en colère ?

TÉMOIN HERRWERTH. — Je peux me rappeler que M. Streicher a dit que ce qu'il avait supposé à ce moment-là s'était avéré exact, et que, peu après cette nuit, il avait appris, je ne sais par qui, que, par exemple, le verre à vitres devrait de nouveau être acheté chez les Hollandais. M. Streicher a alors ajouté que c'était déjà là la première confirmation de la justesse de son opinion.

DOCTEUR MARX. — Avec la permission du Tribunal, je poursuivrai l'audition des témoins en appelant à la barre le témoin Friedrich Strobel.

(Le témoin Strobel vient à la barre.)

LE PRÉSIDENT. — Voulez-vous décliner votre nom ?

TÉMOIN FRIEDRICH STROBEL. — Friedrich Strobel.

LE PRÉSIDENT. — Répétez ce serment après moi :

« Je jure devant Dieu tout-puissant et omniscient que je dirai la pure vérité et que je ne cèlerai ni n'ajouterai rien. »

(Le témoin répète le serment.)

LE PRÉSIDENT. — Vous pouvez vous asseoir.

DOCTEUR MARX. — Témoin, assistiez-vous, le 3 décembre 1938, à une réunion publique de l'Union des juristes (Rechtswahrerbund) à Nuremberg ?

TÉMOIN STROBEL. — Oui.

DOCTEUR MARX. — Au cours de cette réunion, l'accusé Streicher aurait pris la parole, est-ce exact ?

TÉMOIN STROBEL. — Oui.

DOCTEUR MARX. — Voulez-vous nous dire, je vous prie, ce que l'accusé Streicher a déclaré ce jour-là, quant aux manifestations du 9 novembre 1938 ?

TÉMOIN STROBEL. — Il a déclaré : « Ce n'est pas de cette manière que j'aurais effectué cette opération. Ce n'est pas comme cela qu'on peut combattre la puissance des Juifs dans le monde. » Puis il a ajouté : « Mais ce qui est fait est fait », et quelques autres propos de ce genre.

DOCTEUR MARX. — Est-il exact que vous vous soyez étonné alors que Streicher ait pris publiquement position contre ces manifestations qui avaient été ordonnées par les autorités supérieures ?

TÉMOIN STROBEL. — Oui, il est souvent arrivé que Streicher prenne position contre des mesures et des ordres du gouvernement quand il était d'un avis différent. C'est ainsi que cela s'est passé à cette occasion. J'ai eu l'impression, ce jour-là, que, de toute évidence, on avait passé outre ses opinions, car son discours était plein de sous-entendus et laissait entendre que cette mesure aurait des effets malencontreux. Je me demandai ce jour-là si Streicher ne venait pas de voir clair et de réaliser combien ces mesures anti-juives étaient dangereuses, ou s'il parlait sous le coup d'une blessure d'amour-propre, ou encore s'il sentait simplement que la liquidation trop rapide et trop radicale du judaïsme lui ferait perdre sa propre importance.

DOCTEUR MARX. — Témoin, ce sont des opinions que vous énoncez là, ce ne sont pas des faits ; d'ailleurs, ce n'était pas l'objet de ma question.

TÉMOIN STROBEL. — Telles furent alors mes impressions.

DOCTEUR MARX. — Je vous demande maintenant : Étiez-vous les 9 et 10 novembre 1938 à Nuremberg ?

TÉMOIN STROBEL. — Oui, je crois... je ne sais plus exactement, mais je crois que c'était le 8 ou le 9 novembre que cette opération a eu lieu. C'est le 7 novembre qu'a eu lieu l'attentat contre monsieur vom Rath, et c'est le 8 qu'il est mort. Ces manifestations eurent lieu la nuit suivante.

LE PRÉSIDENT. — Nous n'allons pas discuter pour savoir si c'était le 8 ou le 9, cela n'a pas d'importance.

DOCTEUR MARX. — La question que je vous pose est la suivante : qu'avez-vous remarqué pendant la nuit au cours de laquelle eurent lieu les manifestations contre la population juive, et le lendemain matin, notamment en ce qui concerne l'attitude de la population nurembergeoise vis-à-vis de ces démonstrations ?

TÉMOIN STROBEL. — Je n'entendis parler de cette manifestation que par le personnel de mon bureau. Je sortis en ville et regardai les rues. Devant les magasins endommagés se tenaient des gens. J'avais l'impression que la grande majorité de la population était stupéfiée par cette affaire. Les gens hochaient la tête, se regardaient, marmottaient entre leurs dents et s'en allaient, mais d'une façon générale on avait l'impression qu'ils n'osaient parler à haute voix. J'ai appris par la suite que des gens qui avaient pris position contre ces mesures et qui avaient été entendus par des indicateurs avaient été maltraités.

DOCTEUR MARX. — Mais l'impression d'ensemble était que la population se désolidarisait nettement de cette opération et que l'indignation était générale, même si elle n'était pas exprimée à haute voix ?

TÉMOIN STROBEL. — Oui, la radio russe a, à ce moment-là, vu juste en déclarant : « On doit dire au crédit du peuple allemand qu'il n'a pris aucune part à ces événements et qu'il dormait. » En fait, la plupart des gens n'apprirent ce qui s'était passé que le lendemain matin.

LE PRÉSIDENT. — Quel rapport cela a-t-il avec l'accusé Streicher ?

DOCTEUR MARX. — On reproche à l'accusé Streicher d'avoir donné à entendre, par son discours du 10 novembre, qu'il était d'accord avec ces manifestations. Cependant l'accusé Streicher soutient que cette opération avait été ordonnée d'en haut et n'était pas une manifestation spontanée.

LE PRÉSIDENT. — Le fait qu'un certain nombre de personnes, ou même toute la population de Nuremberg aient désapprouvé cette opération ne prouve pas que Streicher l'ait désapprouvée lui aussi.

DOCTEUR MARX. — Oui, mais il a déclaré qu'il ne pouvait pas y avoir poussé, parce que cette manifestation avait été ordonnée et dirigée par les autorités supérieures. Dans le cas contraire, c'est le peuple qui aurait agi spontanément. Voilà ce qu'il voulait dire.

TÉMOIN STROBEL. — Puis-je donner mon opinion à ce sujet ? Cette affaire n'a pas trouvé sa source dans le peuple, car même les S.A. qui y ont participé l'ont pour la plupart fait à contre-cœur ; c'était un ordre supérieur, une affaire organisée. L'assertion du docteur Gœbbels, suivant laquelle le peuple allemand s'était soulevé spontanément, incrimine intentionnellement le peuple allemand.

DOCTEUR MARX. — Avec la permission du Tribunal, j'appellerai maintenant le témoin Philipp Wurzbacher.

LE PRÉSIDENT. — Très bien.

(Le témoin s'avance à la barre.)

Voulez-vous décliner votre nom ?

TÉMOIN PHILIPP WURZBACHER. — Philipp Wurzbacher.

LE PRÉSIDENT. — Voulez-vous répéter ce serment après moi : « Je jure devant Dieu tout-puissant et omniscient que je dirai la pure vérité et que je ne cèlerai ni n'ajouterai rien. »

(Le témoin répète le serment.)

LE PRÉSIDENT. — Vous pouvez vous asseoir.

DOCTEUR MARX. — Témoin, vous étiez chef des S.A. de Nuremberg ?

TÉMOIN WURZBACHER. — Oui.

DOCTEUR MARX. — Depuis quand ?

TÉMOIN WURZBACHER. — Depuis 1928.

DOCTEUR MARX. — Quel était votre grade ?

TÉMOIN WURZBACHER. — À ce moment-là, j'étais Standartenführer, j'avais commencé par les grades inférieurs.

DOCTEUR MARX. — Parlez plus lentement : arrêtez-vous le plus souvent possible, car votre déposition doit être traduite en plusieurs langues.

— Depuis quand connaissez-vous l'accusé Streicher ?

TÉMOIN WURZBACHER. — Depuis 1923 ; je l'ai connu au cours de réunions. Et, personnellement, par mes fonctions de chef des S.A. depuis 1928.

DOCTEUR MARX. — Étiez-vous régulièrement présent aux réunions où il prenait la parole ?

TÉMOIN WURZBACHER. — Je ne puis dire que j'y assistais régulièrement, mais très souvent.

DOCTEUR MARX. — Dans ces discours, Streicher poussait-il à des actes de violence contre la population juive et les préconisait-il ?

TÉMOIN WURZBACHER. — Dans aucune réunion je n'ai entendu faire appel à des voies de fait contre la population juive ; je n'ai jamais entendu dire non plus qu'il ait eu de telles intentions.

DOCTEUR MARX. — Y a-t-il eu à Nuremberg ou dans le Gau de Franconie, entre 1920 et 1933, des actes de violence contre la population juive, qui aient eu leur origine dans le peuple ?

TÉMOIN WURZBACHER. — Non, je ne me souviens de rien de tel.

DOCTEUR MARX. — Les S.A. ont-elles entrepris des opérations de ce genre, ou bien leur en fut-il ordonné ?

TÉMOIN WURZBACHER. — Les S.A. n'ont jamais entrepris d'opérations de ce genre. Elles avaient au contraire reçu l'ordre exprès de s'abstenir de tels actes : l'individu qui s'y serait livré ou le chef de S.A. qui aurait donné un tel ordre aurait été sévèrement puni. D'ailleurs, comme je l'ai déjà dit tout à l'heure, jamais un ordre ni des instructions dans ce sens n'ont été donnés.

DOCTEUR MARX. — Que dites-vous des événements de la nuit du 9 au 10 novembre 1938 ?

TÉMOIN WURZBACHER. — Je n'ai pas été personnellement témoin de ces événements de la nuit du 9 au 10 novembre 1938 à Nuremberg ; je me trouvais alors à Bad-Ems pour y soigner une laryngite chronique. Je ne peux dire que ce que j'ai entendu raconter par la suite.

DOCTEUR MARX. — Avez-vous parlé à l'Obergruppenführer Obernitz ?

TÉMOIN WURZBACHER. — Oui.

DOCTEUR MARX. — Au sujet de ces événements ?

TÉMOIN WURZBACHER. — Oui, j'eus un petit entretien avec l'Obergruppenführer Obernitz au moment où je lui annonçai mon retour ; nous ne dîmes que quelques mots car il fut appelé ailleurs et je ne pus pas revenir sur ce sujet dans le cours de la conversation. Je me souviens que l'Obergruppenführer Obernitz déclara à peu près qu'en ce qui le concernait l'affaire était réglée.

DOCTEUR MARX. — A l'intérieur des S.A., l'opinion était-elle unanime, ou bien ces événements incroyables étaient-ils désapprouvés même dans le milieu des S.A. ?

TÉMOIN WURZBACHER. — L'opinion, pour autant que j'ai pu m'en rendre compte à mon retour, le 23 ou le 24 novembre, était très partagée ; une partie des S.A. était pour, l'autre contre ; de toute façon, ce qui s'était passé était considéré par la majorité comme injuste et était en général condamné.

DOCTEUR MARX. — L'accroissement du nombre des S.A. permit-il de constater, à partir de 1933, un certain raidissement de leur attitude, je veux dire une certaine tendance à la brutalité ?

TÉMOIN WURZBACHER. — Naturellement, au moment de la prise du pouvoir, la situation changea totalement du fait de l'incorporation de nombreux éléments incontrôlables. Auparavant, un chef responsable connaissait presque chacun de ses hommes ; avec cet afflux énorme d'éléments nouveaux, il fallut d'abord plus ou moins s'efforcer d'obtenir une certaine vue d'ensemble, mais je crois pouvoir dire qu'il n'y eut pas à proprement parler de durcissement. Il y eut peut-être certains éléments qui, sous le nom des S.A., se livrèrent à telle ou telle action, mais en général, je ne peux pas dire qu'on ait constaté cette tendance à la brutalité.

DOCTEUR MARX. — Avez-vous constaté que le *Stürmer* eût exercé une certaine influence dans les rangs des S.A. et qu'un courant d'antisémitisme se soit fait sentir dans les troupes placées sous vos ordres, ou bien n'y lisait-on pas un autre journal, *Der S.A. Mann ?*

TÉMOIN WURZBACHER. — Je puis simplement dire à ce sujet que le *Stürmer* était diversement accueilli dans les milieux nurembergeois et surtout parmi les S.A. ; il y avait beaucoup de S.A. qui — je ne voudrais pas dire réprouvaient — mais se désintéressaient du *Stürmer*, parce que son contenu était toujours le même et finissait par ne plus les intéresser ; d'ailleurs, les membres des S.A. lisaient bien entendu avant tout leur propre journal, *Der S.A. Mann*.

DOCTEUR MARX. — Quand vous assistiez à une réunion où Streicher prenait la parole, quelles étaient vos impressions sur les buts poursuivis par ces discours quant à la solution du problème juif ?

TÉMOIN WURZBACHER. — Les buts qu'il proclamait étaient, je dirais, précis et clairs ; il préconisait une politique d'élimination des forces juives du peuple allemand, de l'économie allemande et avant tout de la vie et des fonctions publiques, suivie ultérieurement par une expulsion ou une émigration forcée.

DOCTEUR MARX. — Avez-vous participé d'une façon quelconque au boycottage du 1er avril 1933 ?

TÉMOIN WURZBACHER. — Oui, j'ai participé au boycottage. J'avais reçu de mon Gruppenführer l'ordre de faire en sorte que cette manifestation se passât dans l'ordre et le respect de la justice, ce qui en assurerait le succès. Je donnais alors aux Sturmführer qui étaient sous mes ordres des instructions en vue de placer dans chaque magasin deux hommes qui devaient veiller à ce qu'il n'y eût pas d'incidents et que tout se passât de façon claire et irréprochable.

DOCTEUR MARX. — N'y eut-il pas d'instructions de la part de Streicher ?

TÉMOIN WURZBACHER. — Oui, les instructions que je reçus de mon Gruppenführer avaient été données par Streicher.

DOCTEUR MARX. — Les voies de fait contre les Juifs devaient-elles être évitées à tout prix ?

TÉMOIN WURZBACHER. — Il n'en était pas ainsi dans ce cas seulement, mais dans tous les cas. On fit savoir à différentes reprises que les voies de fait ou les actes personnels de violence contre la population ou les individus juifs devaient être évités, en particulier à Nuremberg, et qu'il était absolument interdit...

DOCTEUR MARX. — Quelle fut l'attitude de Streicher quand il apprit que certains individus s'étaient livrés à de telles voies de fait ?

TÉMOIN WURZBACHER. — Je peux citer un exemple de faits de ce genre. Je crois que c'était une bagarre de peu d'importance, mais il s'est passé quelque chose ; je ne puis plus dire maintenant ce que c'était au juste, mais en tout cas, il entra dans une violente colère et nous, les chefs de S.A., fûmes tancés vertement.

DOCTEUR MARX. — Et que dit-il ? Fit-il une déclaration d'ordre général ?

TÉMOIN WURZBACHER. — Non ; il déclara en substance qu'il ne tolérerait pas que dans son Gau des hommes fussent frappés ou malmenés de quelque façon que ce fût et il s'exprima de manière violente envers les chefs de S.A., les traitant de crapules ou de quelque chose dans ce genre, je ne puis plus le dire maintenant.

SIR DAVID MAXWELL-FYFE. — Je voudrais simplement aborder les explications mentionnées par le docteur Servatius et vous poser quelques questions sur la participation du corps des dirigeants politiques à ces problèmes. Prenons la question des Juifs, pour commencer.

— Pour parler de façon générale et non pas de votre propre Gau de Hambourg, le corps des dirigeants politiques a participé activement aux démonstrations de novembre 1938 ?

TÉMOIN KAUFMANN (1) — Les renseignements que j'ai recueillis sur cette action dans les autres Gaue m'ont donné l'impression que de telles actions avaient effectivement eu lieu, mais que sauf certaines exceptions, les initiateurs de ces actions n'étaient en aucun cas des chefs politiques.

SIR DAVID MAXWELL-FYFE. — Eh bien, puisque c'est ce que vous dites, veuillez vous référer à l'ordre de Heydrich du 10 novembre. Vous voyez que c'est un ordre émanant de Heydrich, lancé à 1 h 20 du matin, le 10 novembre.

— « Les chefs des services de la Police d'État ou leurs remplaçants doivent, dès la réception de ce télégramme, se tenir en contact téléphonique avec les dirigeants politiques (Direction du Gau ou Direction du Kreis), qui ont compétence sur leur district et qui doivent organiser une réunion commune avec les inspecteurs ou commandants correspondants de la Police d'ordre pour discuter de l'organisation des démonstrations. Dans cet entretien, les dirigeants politiques doivent être informés que la Police allemande a reçu du Reichsführer S.S. et chef de la Police allemande les instructions suivantes auxquelles les dirigeants politiques doivent conformer les mesures qu'ils prendront. »

— Vous vous souvenez certainement que les instructions générales portaient sur l'incendie des synagogues, l'arrestation de vingt mille Juifs qui devaient être internés dans des camps de concentration et la destruction ou l'expropriation de biens juifs. Quelles étaient donc les mesures personnelles que devaient prendre les dirigeants politiques ?

TÉMOIN KAUFMANN. — J'attire d'abord votre attention sur le fait que dans le texte allemand le passage qui signale que les Gauleiter ont des attributions judiciaires manque. Je ne trouve pas ce passage.

SIR DAVID MAXWELL-FYFE. — C'est un point sur lequel nous reviendrons plus tard. Mais je vous demande ce que signifie l'expression : les mesures personnelles que prendront les dirigeants politiques, à propos de cette action contre les Juifs ?

TÉMOIN KAUFMANN. — Voici ce que je peux dire à ce sujet : personnellement, je n'ai pas participé au congrès du 9 novembre 1938. Je n'ai pas été informé de Munich, de l'action qu'on se proposait d'exécuter.

(1) Karl Otto Kurt Kaufmann, Gauleiter à Hambourg.

Ce n'est que le 9 novembre au soir que j'ai appris par le chef de la Police d'État de Hambourg qu'une telle action était imminente.

SIR DAVID MAXWELL-FYFE. — C'était le chef de la Police d'État de Hambourg, n'est-ce pas, qui assurait l'exécution des instructions de ce paragraphe en entrant en contact avec vous ? Je pensais que vous seriez capable de parler des Gauleiter en général, en dehors de votre propre activité à Hambourg, et j'aimerais que vous indiquiez au Tribunal quelles étaient les mesures que les dirigeants politiques du parti devaient mettre à exécution. Vous avez dû en entendre parler par la suite. Indiquez-nous donc quelles étaient ces mesures et ce que devaient faire les chefs du parti ?

TÉMOIN KAUFMANN. — Dans son avant-dernière question, monsieur le Procureur m'a demandé de lui révéler mes expériences personnelles. Je lui réponds. Personnellement, j'ai appris par le chef de la Police d'État qu'on avait l'intention d'exécuter cette action. J'ai alors donné l'ordre, pour le Gau de Hambourg, — et c'est la question qu'on m'a posée ici — d'assurer la sécurité des quartiers de Hambourg habités par les Juifs, à l'aide d'agents de la Police d'État ou de la Police criminelle. Ces mesures de police ont été exécutées par le commissaire Winke auquel j'avais adjoint, pour l'aider, un inspecteur du Gau. De plus, immédiatement après l'information que j'ai reçue de la Police d'État, je me suis mis en rapport avec les Kreisleiter et leur ai dit que je les rendais responsables dans leur secteur de toute entrave apportée à cette action.

SIR DAVID MAXWELL-FYFE. — Les synagogues ont-elles été la proie des flammes dans votre Gau ?

TÉMOIN KAUFMANN. — Non, j'ai...

SIR DAVID MAXWELL-FYFE. — Je serai plus précis : les synagogues ont-elles été incendiées ? C'est ainsi que j'aurais dû poser ma question.

TÉMOIN KAUFMANN. — Au cours de la première nuit, c'est-à-dire entre le 9 et le 10, il n'y a pas eu d'excès en raison des mesures que j'avais prises. Il y a eu certains excès de moindre importance dans la nuit du 10 au 11 et, contrairement aux mesures que j'avais ordonnées, une synagogue a été incendiée à Hambourg. Je suppose que c'était le fait d'éléments étrangers.

SIR DAVID MAXWELL-FYFE. — Si mes souvenirs sont exacts, il y a eu en Allemagne au moins soixante-quinze synagogues incendiées. Ce résultat n'est-il pas dû, en général, abstraction faite de votre propre Gau, au fait que, sur l'ordre de Heydrich, le corps des chefs politiques collabora avec la police pour veiller à ce que les synagogues soient incendiées, les Juifs arrêtés et les biens juifs saisis, et pour veiller également à ce que les biens non juifs soient laissés intacts ?

TÉMOIN KAUFMANN. — Je n'ai connaissance d'aucun ordre ou instruction prescrivant aux dirigeants politiques, en dehors du Gau de Hambourg, d'avoir à participer à cette action. Tout ce que j'ai appris, c'est qu'à la suite du congrès du 9 novembre, le ministre du Reich, le docteur Gœbbels, a fait part de cette exigence qui a eu pour conséquence les excès dans quelques différents Gaue. Je sais par ailleurs que celui qui dirigeait à ce moment-là le Plan de quatre ans a, peu de jours après cette action, à l'occasion d'un congrès à Berlin, déclaré que ce qui s'était passé n'était pas dans le sens de ce qu'avait désiré le Führer, ni dans le sens de ce qu'il avait désiré lui-même. A cette occasion, il a critiqué violemment ce qui avait été fait et également indiqué que le Gau de Hambourg avait été une exception.

MONSIEUR JUSTICE JACKSON. — Bien. Maintenant, nous allons vous montrer le rapport de Heydrich que vous avez dit avoir reçu et il est daté du 11 novembre 1938, n'est-ce pas ?

ACCUSÉ GŒRING. — C'est exact.

MONSIEUR JUSTICE JACKSON. — Et il vous rapportait le pillage des magasins juifs, l'arrestation de cent soixante-quatorze personnes pour pillage, la destruction de huit cent quinze magasins, l'incendie ou la destruction de cent soixante et onze maisons — et il n'indiquait qu'une partie des dommages causés — cent quatre vingt-onze synagogues incendiées et soixante-seize autres complètement détruites ; en outre, onze monuments de communauté, chapelles funéraires et autres bâtiments de même nature avaient ét incendiés et trois autres complètement détruits ; vingt mille Juifs arrêtés, sept Aryens et aussi trois étrangers. Ces derniers avaient été arrêtés pour leur propre sécurité. Trente-six morts et aussi trente-six blessés sérieux. Ces morts et ces blessés étaient juifs. Un Juif était porté manquant. Il y avait aussi un Polonais tué et deux blessés.

— Vous avez ce rapport du 11 novembre 1938, n'est-ce pas ?

ACCUSÉ GŒRING. — C'est exact. C'est justement le rapport que j'avais demandé à la police pour savoir ce qui avait été fait.

MONSIEUR JUSTICE JACKSON. — Bon. Maintenant, à la suite de ces émeutes, le tribunal du parti ne vous a-t-il pas aussi rapporté que le tribunal suprême du parti se réservait le droit d'enquêter au sujet des meurtres, des mauvais traitements et des attentats aux mœurs et qu'il demandait au Führer d'arrêter toutes les procédures menées contre les personnes que le tribunal ne jugeait pas coupables de ces infractions ?

ACCUSÉ GŒRING. — C'est exact.

MONSIEUR JUSTICE JACKSON. — Et le tribunal du parti était constitué de Gauleiter et de chefs de groupes du parti ?

ACCUSÉ GŒRING. — Le tribunal du parti changeait. A cette époque, je ne peux pas affirmer sans voir le document qui composait le tribunal du parti.

MONSIEUR JUSTICE JACKSON. — Le rapport s'exprime ainsi :

« Les Gauleiter et les chefs de groupes des services fonctionnaient comme jurés aux procès et aux jugements. »

ACCUSÉ GŒRING. — Oui, les jurés du tribunal du parti étaient pris dans ces catégories, selon leur importance. Je voulais seulement dire que je ne connaissais pas les personnes qui y avaient pris part.

MONSIEUR JUSTICE JACKSON. — Bien. Le tribunal du parti trouva cinq personnes coupables de crimes, n'est-ce pas ? Le premier, un membre du parti, d'attentat aux mœurs et de crime racial. Il fut chassé. Est-ce exact ?

ACCUSÉ GŒRING. — Et traduit devant une juridiction répressive. Ceci figure dans la dernière phrase.

MONSIEUR JUSTICE JACKSON. — Bien. Deuxième cas, un autre membre du parti fut soupçonné de crime racial et fut chassé du parti nazi.

ACCUSÉ GŒRING. — Chassé pour soupçon de vol et de crime racial et traduit devant une juridiction de droit commun.

MONSIEUR JUSTICE JACKSON. — Bien. Et le deuxième, Gustave, fut chassé du parti et des S.A. pour vol. Est-ce exact ?

ACCUSÉ GŒRING. — Vous êtes au n° 3.

MONSIEUR JUSTICE JACKSON. — J'ai au n° 2, Gustave, le premier nom mentionné.

ACCUSÉ GŒRING. — Gustave est le premier nom. — Gerstner oui — pour vol, traduit devant la juridiction de droit commun pour soupçons de crime racial.

MONSIEUR JUSTICE JACKSON. — Le n° 3 concerne deux expulsions de membres du parti pour attentat aux mœurs contre une Juive ; ils furent mis en détention.

ACCUSÉ GŒRING. — Exclus de la N.S.D.A.P. et mis en détention. Ils furent également traduits devant les tribunaux civils plus tard. Je le sais très bien.

MONSIEUR JUSTICE JACKSON. — Maintenant, cas nos 4 et 5. Le premier, un homme, membre du parti et des S.A., fut condamné à trois ans d'interdiction de service pour faute disciplinaire : avoir tué le couple juif Selig contrairement aux ordres. Est-ce exact ?

ACCUSÉ GŒRING. — C'est exact.

MONSIEUR JUSTICE JACKSON. — Et dans le dernier cas, l'auteur fut condamné à trois ans d'interdiction de service pour avoir fusillé un Juif de seize ans, contrairement aux ordres, après la fin des opérations. Est-ce exact ?

ACCUSÉ GŒRING. — C'est exact.

MONSIEUR JUSTICE JACKSON. — Nous en venons maintenant aux cas des assassinats des Juifs, où la procédure fut arrêtée ou des peines légères infligées. Je n'entrerai pas dans les détails, mais il est un fait : seules des peines légères furent infligées par le tribunal suprême du parti pour des assassinats de Juifs, n'est-ce pas ?

ACCUSÉ GŒRING. — Oui, c'est exact.

MONSIEUR JUSTICE JACKSON. — J'attire votre attention sur les cas 3 à 16. Le tribunal suprême du parti demande au Führer d'annuler la procédure devant les tribunaux criminels de droit commun.

ACCUSÉ GŒRING. — « Niederzuschlagen » ne veut pas dire annuler. Une procédure peut être « niedergeschlagen ». En allemand c'est quelque chose de différent. Ce n'est pas la même chose qu'annuler.

MONSIEUR JUSTICE JACKSON. — Bien, donnez-nous votre version et dites-nous ce que vous entendez, ce que signifie annuler une procédure ? Est-ce que cela signifie mettre fin ?

ACCUSÉ GŒRING. — Cela veut dire ce que le mot exprime, mais cette mesure ne peut être ordonnée que par une autorité compétente ; c'est-à-dire que le Führer peut à tout moment annuler une procédure par voie d'amnistie. Le cabinet pouvait à tout moment prendre une décision tendant à annuler une procédure ; la supprimer serait illégal. En Allemagne, « niedergeschlagen » est un terme juridique signifiant « suspendre ».

MONSIEUR JUSTICE JACKSON. — Une autre question : on vous a aussi, n'est-ce pas, rapporté ce qui suit :

— « Le public, jusqu'au dernier homme, comprend que des émeutes politiques comme celles du 9 novembre ont été organisées et dirigées par le parti. Pour que toutes les synagogues soient incendiées en une nuit, il fallait une organisation unique et cela ne pouvait avoir été accompli que par le parti. »

— Ceci figurait aussi dans le rapport du tribunal suprême du parti, n'est-ce-pas ?

ACCUSÉ GŒRING. — Je ne l'ai pas encore trouvé. Ce n'est pas la même page que la mienne.

MONSIEUR JUSTICE JACKSON. — Trouvez-la et ne faisons aucune erreur à ce sujet. Page 11.

ACCUSÉ GŒRING. — Oui, je viens de la trouver.

MONSIEUR JUSTICE JACKSON. — Ai-je donné une traduction correcte ?

ACCUSÉ GŒRING. — C'est exact.

DOCTEUR STAHMER. — Avez-vous participé aux manifestations anti-juives qui se sont déroulées dans la nuit du 9 au 10 novembre 1938 ?

ACCUSÉ GŒRING. — Je voudrais dire quelques mots à ce sujet. Je me suis rendu compte hier, au cours de l'interrogatoire du témoin Körner, qu'il y avait un malentendu à ce sujet. Le 9 novembre, comme chaque année à la même date, nous avons fêté la marche sur la Feldherrnhalle en la reproduisant symboliquement. Après cette cérémonie se tenait une réunion des dirigeants du parti. C'est ce qu'a voulu dire Körner en déclarant que tout le monde venait à Munich. Après cette reconstitution, la plupart des personnalités se rencontraient à l'Hôtel de Ville de Munich pour un dîner auquel participait également le Führer.

— Je n'ai jamais participé à ce dîner car je profitais de mon séjour à Munich ce jour-là pour m'occuper d'autre chose dans mon après-midi ; cette année-là, non plus, je n'ai pas participé à ce dîner, et Körner non plus n'y a pas participé. Nous sommes rentrés ensemble à Berlin, le soir, dans mon train spécial. J'ai appris plus tard, lors de l'examen de ces questions, que c'était pendant ce dîner, après le départ d'Hitler, que Gœbbels a fait savoir que le conseiller d'ambassade blessé à Paris était mort de ses blessures. Ce fait a provoqué une certaine agitation. C'est probablement à la suite de cela que Gœbbels a parlé de représailles ; il était peut-être l'antisémite le plus violent. Il a dû exposer ses vues sur la question après le départ du Führer.

— Quant à moi, je n'ai appris ce qui se passait que lors de mon arrivée à Berlin. C'est d'abord le conducteur de mon train qui m'a dit qu'il avait vu des incendies à Halle. Une demi-heure plus tard, je fis venir mon aide de camp qui me dit que, pendant la nuit, il y avait eu des manifestations, que des magasins juifs avaient été pillés et que des synagogues avaient été incendiées. C'est tout ce qu'il savait.

— Je me rendis à mon appartement et je téléphonai immédiatement à la Gestapo. J'ai demandé un rapport sur les événements de la nuit. C'est le rapport auquel on s'est référé ici, et qui m'a été envoyé par Heydrich, chef de la Gestapo, qui y a porté tout ce qu'il savait à ce moment, c'est-à-dire, je crois, le lendemain soir. Le Führer arriva également à Berlin dans le courant de la matinée. J'avais entendu dire entre-temps que Gœbbels était l'un des instigateurs de ces événements et je dis au Führer que je ne pouvais tolérer de pareilles choses à un moment comme celui-ci ; que je faisais mon possible au plan de quatre ans pour tendre à l'extrême toute l'économie, que j'avais demandé au peuple dans de nombreux discours, de récupérer tous les vieux tubes de pâte dentifrice, tous les clous rouillés et tout le matériel utilisable. J'ai ajouté que je ne pouvais tolérer qu'un étranger à ces questions pût entraver ma tâche déjà si difficile en détruisant tant d'objets de valeur et en causant d'autre part un tel trouble dans la vie économique.

— Le Führer excusa Gœbbels dans une certaine mesure, mais dans l'ensemble il se déclara d'accord avec moi et me dit que de telles choses ne devaient pas se reproduire et qu'on ne pouvait les tolérer. J'ai également attiré l'attention du Führer sur le fait que ces événements, surgissant peu après l'accord de Munich, pouvaient avoir des conséquences fâcheuses en politique extérieure.

— L'après-midi de ce même jour, j'eus une nouvelle discussion avec le Führer. Entre-temps, Gœbbels avait été le voir et j'avais exposé mon point de vue, par téléphone, à ce dernier, en termes énergiques et non équivoques. Je lui ai dis alors expressément que je n'avais aucune envie de supporter les conséquences de ses intempérances de langage en ce qui touchait les questions économiques.

— Entre-temps, le Führer, influencé par Gœbbels, avait quelque peu changé d'avis. Je ne sais pas au juste ce que Gœbbels lui avait dit et dans quelle mesure il lui avait parlé de l'excitation de la foule, de l'urgence de certaines concessions. Toujours est-il que le Führer n'était plus le même qu'au cours de ma première visite.

— Pendant que nous parlions, Gœbbels, qui était dans l'immeuble, nous rejoignit et commença ses discours habituels : que ces choses ne pouvaient durer, que c'était le deuxième ou le troisième national-socialiste assassiné à l'étranger par un juif. C'est à cette occasion qu'il fit pour la première fois la proposition d'imposer une amende aux Juifs. Il voulait même que chaque Gau perçût cette amende et il fixa une somme incroyablement élevée.

— J'intervins alors, et dis au Führer que s'il devait y avoir une amende, elle ne pouvait être perçue que par l'État. En effet, monsieur Gœbbels avait à Berlin le plus grand nombre de Juifs et ne semblait pas être l'homme indiqué pour cette tâche, car il y aurait été le plus intéressé. De plus, si l'on prenait une telle mesure, le droit n'en appartenait qu'à l'État souverain. Après une courte discussion sur le montant de la somme, on fixa l'amende à un milliard. J'ai signalé au Führer que, dans certaines circonstances, ce chiffre pourrait avoir des répercussions sur les impôts. Le Führer souhaita et ordonna d'en venir immédiatement à la solution économique.

— Pour éviter de pareils événements dans l'avenir, il fallait procéder à l'aryanisation des entreprises juives connues comme telles et non camouflées et, en particulier, de grands magasins, causes de fréquentes frictions, car les fonctionnaires et les employés des ministères qui ne pouvaient faire leurs emplettes qu'entre 6 et 7 heures du soir allaient souvent dans ces magasins et avaient des difficultés. Le Führer ordonna, en gros, les mesures à prendre dans ce domaine.

— C'est à la suite de ces entretiens que j'ai convoqué, le 12 novembre, les services intéressés à la question. Malheureusement, le Führer avait demandé que Gœbbels fût représenté à cette commission, car une commission devait être créée. Et quoique j'aie insisté sur le fait qu'il n'avait rien à voir avec les questions économiques, il y assista.

— La discussion fut très animée et nous étions tous nerveux. J'ai fait établir des projets de lois économiques et je les ai fait promulguer plus tard. J'ai refusé mon accord à d'autres projets qui ne concernaient pas le secteur de l'économie, tels que les restrictions en matière de voyages, de stations thermales, etc., car je ne me sentais pas compétent dans cette matière et je n'avais pas reçu d'ordres spéciaux. Ces réglementations ont été établies plus tard par les autorités de police et non par moi et, plus tard, je suis intervenu pour y apporter des adoucissements.

— Je voudrais insister sur le fait que, malgré les ordres écrits et oraux que m'avait donnés le Führer sur la promulgation et l'exécution de ces lois, je prends la responsabilité entière de toutes ces lois portant ma signature, car c'est moi qui les ai promulguées ; j'en suis par conséquent responsable et je ne veux pas m'abriter en quelque manière que ce soit derrière un ordre du Führer.

DOCTEUR SAUTER. — Témoin, on vous reproche d'avoir, en tant que ministre de l'Économie du Reich, commis des actes répréhensibles lorsque fut prise la décision criminelle de persécuter les Juifs et de les éliminer de la vie économique. Il s'agit donc là des événements du mois de novembre 1938. Je vous prie donc de nous exposer votre activité dans ce domaine.

ACCUSÉ FUNK. — C'est la partie de l'accusation qui me touche le plus gravement.

— Lorsqu'en février 1938 je pris en main le ministère de l'Économie, le parti, et en particulier Gœbbels et Ley, exigèrent aussitôt que les Juifs fussent exclus de la vie économique ; la situation était, disaient-ils, intolérable. On me dit que les gens pouvaient encore acheter dans des maisons juives. Le parti ne pouvait pas admettre que des membres fissent leurs achats dans ces maisons, et les achats faits par certains hauts fonctionnaires de l'État et particulièrement par leurs épouses dans de tels magasins avaient soulevé l'indignation du parti. Les délégués d'entreprises du Front du Travail refusaient de collaborer avec des directeurs juifs. Il y avait des frictions continuelles et le calme ne pourrait renaître tant que les mesures que l'on avait déjà prises çà et là n'auraient pas été étendues dans une mesure telle que les Juifs fussent peu à peu totalement exclus de l'économie.

— La loi portant organisation du travail national, qui avait été publiée par mes prédécesseurs et appliquée par eux en collaboration avec le Front du Travail, avait conféré à l'Économie certaines fonctions politiques ou se rapportant au parti. Le chef d'entreprise était responsable vis-à-vis du parti et avant tout vis-à-vis de l'État.

— Certains chefs d'entreprises juifs cédèrent facilement à la pression exercée sur eux et vendirent leurs entreprises et leurs magasins à des gens et à des prix que nous n'approuvions pas du tout. J'avais réussi, à la suite d'accords particuliers, à amener un certain nombre de banquiers, de chefs d'industries et de propriétaires de grands magasins juifs, à quitter leurs postes. Le calme ne se fit pas et nous dûmes essayer d'éliminer peu à peu et au moyen d'une réglementation légale, l'influence des Juifs dans l'Économie ; mais j'ai toujours été d'avis, en l'occurrence, que d'abord ce processus devait s'accomplir lentement et à certains intervalles ; deuxièmement, que les Juifs devaient être dédommagés d'une manière convenable, et qu'enfin on pouvait leur laisser certains intérêts économiques, en particulier leurs actions, point sur lequel j'ai particulièrement attiré l'attention de Gœring lors de la réunion qui a été mentionnée si souvent ici. C'est sur ces entrefaites que survinrent soudain les terribles événements de la nuit du 9 au 10 novembre 1938, qui commencèrent à Munich et qui me touchèrent personnellement de la manière la plus grave. En me rendant à mon ministère au matin du 10 novembre, je vis dans les rues et les vitrines les dégâts qui avaient été commis et j'appris les détails de ces incidents par les fonctionnaires de mon ministère. J'essayai de téléphoner à Gœring, à Gœbbels et, je crois, à Himmler, mais ils n'étaient sans doute pas encore revenus de Munich. Enfin, je réussis à atteindre Gœbbels ; je lui déclarai que ces actes de terrorisme constituaient un affront contre ma personne, que des biens précieux et irremplaçables avaient ainsi été détruits et que nos relations avec l'étranger, qui étaient alors si importantes pour nous, en seraient sérieusement affectées.

— Gœbbels me déclara que je portais moi-même la responsabilité de ce qui venait de se passer parce qu'il y avait bien longtemps que j'aurais dû exclure les Juifs de l'Économie, et que le Führer donnerait, par l'intermédiaire du maréchal Gœring, l'ordre d'éliminer complètement les Juifs de l'Économie ; le Reichsmarschall me donnerait des précisions ultérieurement. Cette conversation téléphonique avec Gœbbels fut plus tard confirmée par lui-même, ce qui d'ailleurs sera vérifié par des témoignages.

— Le lendemain, le 11 novembre, on me fit savoir qu'une réunion se tiendrait le 12 chez Gœring, en sa qualité de délégué au plan de quatre ans, réunion au cours de laquelle le problème juif devait être réglé. Le délégué au plan de quatre ans avait donné au ministère l'ordre de préparer un projet d'ordonnance qui servirait de base aux dispositions légales destinées à exclure les Juifs de l'Économie. Le 12, eut donc lieu cette réunion, si souvent évoquée ici. Le matin, avait eu lieu un entretien chez le Reichsmarschall en présence des Gauleiter. Le Reichsmarschall était extrêmement agité ; il déclara qu'il ne tolérerait pas cette terreur et qu'il rendrait les Gauleiter individuellement responsables de ce qui s'était passé dans leur Gau. Après cette réunion, je fus donc relativement tranquille. Au cours de la réunion, dont le procès-verbal a été lu ici à plusieurs reprises, Gœbbels prit immédiatement la tête de la discussion avec ses exigences radicales. Le Reichsmarschall était de plus en plus énervé et c'est cette atmosphère qui explique les expressions auxquelles il se laissa entraîner et qui sont reproduites dans le procès-verbal. Ce procès-verbal est d'ailleurs très incomplet et comporte de nombreuses lacunes. Après cette conférence, je compris que les Juifs devaient effectivement être exclus de l'Économie et que, pour les protéger d'une illégalité totale, de nouveaux pillages et de nouveaux coups de force, il fallait prendre des mesures légales.

MONSIEUR JUSTICE JACKSON. — Après les émeutes des 9 et 10 novembre, vous avez dit que vous aviez convoqué une réunion le 12 novembre, que vous aviez ordonné à tous les fonctionnaires intéressés d'être présents et que le Führer avait insisté pour que Gœbbels soit présent.

ACCUSÉ GŒRING. — Oui, tous les chefs de services économiques.

MONSIEUR JUSTICE JACKSON. — Pouvez-vous nous dire qui était présent outre vous-même et Gœbbels ?

ACCUSÉ GŒRING. — Il y avait, si je me souviens bien, pour faire leur rapport : le chef de la police secrète d'État, le ministre de l'Intérieur, le ministre des Finances, le ministre de l'Économie...

MONSIEUR JUSTICE JACKSON. — Voulez-vous les nommer afin qu'il ne puisse y avoir de malentendus quant aux personnes qui occupaient les fonctions à l'époque ?

ACCUSÉ GŒRING. — Je ne puis les nommer que d'après ma mémoire. Étaient présents pour rapporter les événements le chef de la Gestapo de Berlin, Heydrich ; le ministre de l'Intérieur, docteur Frick ; vous avez déjà mentionné le docteur Gœbbels ; le ministre de l'Économie Funk ; le ministre des Finances, baron Schwerin-Krosigk. Il y avait également Fichboeck qui venait d'Autriche.

— Ce sont là les noms dont je me souviens pour le moment ; il se peut qu'il y en ait eu quelques autres encore.

MONSIEUR JUSTICE JACKSON. — Hilgard, représentant les compagnies d'assurances, était également présent à une partie de la conférence, n'est-ce pas ?

ACCUSÉ GŒRING. — Il fut appelé et il attendit. Son opinion fut demandée au sujet de questions spéciales.

MONSIEUR JUSTICE JACKSON. — On vous a montré au cours de votre interrogatoire les procès-verbaux sténographiés de cette réunion.

ACCUSÉ GŒRING. — Oui.

MONSIEUR JUSTICE JACKSON. — Je demande qu'il vous soit présenté afin qu'il n'y ait pas de malentendu au sujet de la traduction.

— Vous avez ouvert la réunion par cette déclaration : « Messieurs... » Je pense qu'il vaudrait peut-être mieux donner des explications au sujet de cette réunion. Elle a eu lieu le 12 novembre 1938 au bureau du ministère de l'Aviation du Reich ; c'est exact, n'est-ce pas ?

ACCUSÉ GŒRING. — Oui.

MONSIEUR JUSTICE JACKSON. — Vous avez ouvert la réunion ainsi :

— « Messieurs, la réunion d'aujourd'hui a un caractère décisif. J'ai reçu une lettre écrite sur ordre du Führer par le chef de cabinet de l'adjoint au Führer, Bormann, demandant que la question juive soit, une fois pour toutes, coordonnée et résolue d'une façon ou d'une autre. » Est-ce exact ?

ACCUSÉ GŒRING. — Oui, c'est exact.

MONSIEUR JUSTICE JACKSON. — Plus bas, je trouve ceci :

— « Messieurs, j'en ai assez de ces démonstrations qui ne font pas de mal aux Juifs, mais à moi, la plus haute autorité pour l'économie allemande. Si aujourd'hui une boutique juive est détruite, si des biens sont jetés dans la rue, la compagnie d'assurances payera le dommage au Juif, de telle façon qu'il ne subira plus aucun préjudice. De plus, les biens de consommation, les biens qui appartiennent au peuple sont détruits. Si à l'avenir ces démonstrations se produisent, et si elles sont nécessaires, alors je demande qu'elles soient dirigées de façon à ne pas nous faire du tort. »

— Est-ce exact ?

ACCUSÉ GŒRING. — Oui, tout à fait exact.

MONSIEUR JUSTICE JACKSON. — Je saute deux ou trois paragraphes et j'en viens à ceci.

ACCUSÉ GŒRING. — Mais vous avez omis la phrase suivante.

MONSIEUR JUSTICE JACKSON. — Bien. Vous pouvez compléter comme il vous semblera bon.

ACCUSÉ GŒRING. — « Et je veux que l'on agisse de sorte qu'on ne nuise pas à soi-même, car il serait fou de vider et d'incendier un magasin juif parce que cela nuirait à la compagnie d'assurances, de couvrir les dommages et de payer pour des marchandises dont j'ai besoin. Alors, je pourrais tout aussi bien prendre et incendier les matières premières dès leur arrivée. »

MONSIEUR JUSTICE JACKSON. — C'est exact. Vous pouvez lire toute partie qu'il vous semblera bon de lire, outre ce que je citerai moi-même.

— « Je ne vais pas tolérer une situation dans laquelle les compagnies d'assurances allemandes sont les seules à souffrir. Pour prévenir cela, j'userai de mon autorité et je promulguerai un décret. Naturellement, je demande le soutien des services gouvernementaux compétents afin que tout soit réglé convenablement et que ce ne soient pas les compagnies d'assurances qui pâtissent.

— « Mais un autre problème surgit : il se peut que ces compagnies d'assurances se réassurent dans les pays étrangers. Si c'est le cas, je ne veux pas y renoncer parce qu'elles introduisent des devises étrangères. Cette question doit être approfondie. Pour cette raison, j'ai demandé à monsieur Hilgard, des compagnies d'assurances, d'être présent parce qu'il est le mieux qualifié pour nous dire dans quelle mesure les compagnies sont protégées par la réassurance contre des dommages de cette nature. Je ne veux pas renoncer à cela, quelles que soient les circonstances. »

— Est-ce exact ?

ACCUSÉ GŒRING. — C'est absolument exact.

MONSIEUR JUSTICE JACKSON. — « Je ne veux laisser aucun doute subsister quant au but de la réunion d'aujourd'hui, Messieurs. Nous ne sommes pas réunis simplement pour bavarder mais pour prendre des décisions, et je demande aux bureaux compétents de prendre toutes les mesures pour l'élimination des Juifs de l'économie allemande. »

ACCUSÉGŒRING. — Oui, c'est exact.

MONSIEUR JUSTICE JACKSON. — Je passe ensuite un long paragraphe, à moins que vous ne désiriez vous-même le citer, et j'en viens à cette déclaration :

— « Les représentants de l'État estimeront la valeur de l'affaire et décideront quelle somme les Juifs recevront. Naturellement, cette somme devra être fixée aussi bas que possible. Les représentants de l'État transféreront ensuite l'affaire entre les mains d'aryens. Le but est ainsi atteint, en tant que l'affaire est remise au juste propriétaire ; sa clientèle et son bilan n'en sont pas atteints.

— « Mais ici commencent les difficultés. On comprendra aisément que des tentatives seront effectuées pour avoir des membres du parti dans toutes ces boutiques et obtenir ainsi quelque compensation. J'ai assisté à des choses terribles dans le passé ; de petits chauffeurs de Gauleiter ont profité tellement de ces transactions qu'ils ont amassé maintenant un demi-million. Vous, Messieurs, vous le savez. Est-ce exact ? » Et ils approuvèrent.

ACCUSÉ GŒRING. — Oui, j'ai dit cela.

MONSIEUR JUSTICE JACKSON. — Voulez-vous lire autre chose se rattachant à ce que j'ai dit ?

ACCUSÉ GŒRING. — Seulement la dernière phrase :

— « Ce sont naturellement des choses qui ne peuvent pas être permises et je n'hésiterai pas à intervenir impitoyablement dans ces opérations en sous-main. S'il s'agit d'une personnalité importante, je me rendrai auprès du Führer et je lui rapporterai ces infâmes agissements de façon tout à fait impartiale. »

MONSIEUR JUSTICE JACKSON. — C'est-à-dire que, si un individu essayait de profiter en s'appropriant des biens juifs... Est-ce cela que vous voulez dire ?

ACCUSÉ GŒRING. — Par l'aryanisation.

MONSIEUR JUSTICE JACKSON. — Je citerai un autre passage :

— « En d'autres termes, il faut agir par une transaction d'affaires normales. L'un vend son affaire et l'autre l'achète. S'il y a des membres du parti parmi les acheteurs éventuels, ils doivent avoir la préférence s'ils remplissent les mêmes conditions. Viendront d'abord ceux qui ont souffert des dommages ; ensuite, on doit choisir sur le plan de l'appartenance au parti. »

— Je saute une ligne ou deux :

— « Ces membres du parti doivent avoir la possibilité d'acheter l'affaire pour le prix le plus bas possible. Dans ce cas, l'État ne recevra pas le montant global mais seulement la somme que le Juif a reçue. »

— Est-ce exact ?

ACCUSÉ GŒRING. — J'ai dit ce que vous avez dit vous-même, que toutes choses égales d'ailleurs, il fallait donner la préférence à un membre du parti, le premier sur la liste étant un membre du parti qui, autrefois, avait subi des dommages pour avoir eu sa licence annulée en raison de son appartenance au parti. Ensuite venait le paragraphe que vous venez de lire et qui est exact.

MONSIEUR JUSTICE JACKSON. — Maintenant vous traitez longuement de la manière dont vous alliez organiser les affaires juives, est-ce exact ?

ACCUSÉ GŒRING. — Oui.

MONSIEUR JUSTICE JACKSON. — Et ensuite vous abordez la question de l'aryanisation des usines juives ?

ACCUSÉ GŒRING. — Oui.

MONSIEUR JUSTICE JACKSON. — Vous abordez le problème des petites usines d'abord ?

ACCUSÉ GŒRING. — Oui.

MONSIEUR JUSTICE JACKSON. — Avez-vous trouvé l'endroit où vous abordez la question des usines ?

ACCUSÉ GŒRING. — Oui, je l'ai trouvé.

MONSIEUR JUSTICE JACKSON. — « En ce qui concerne les entreprises petites et moyennes, deux choses devront être posées clairement : d'abord, quelles sont les usines dont je n'ai pas besoin et qui peuvent être fermées ? Ne pourraient-elles pas être utlisées dans un autre but ? Sinon, ces usines seront immédiatement supprimées. En second lieu, au cas où l'usine est nécessaire, elle sera transmise à des aryens de la même façon que les magasins. »

— C'est exact, n'est-ce pas ?

ACCUSÉ GŒRING. — Oui.

MONSIEUR JUSTICE JACKSON. — Voulez-vous en dire davantage sur ce sujet ?

ACCUSÉ GŒRING. — Non, ce sont là les éléments de base pour les lois.

MONSIEUR JUSTICE JACKSON. — Maintenant j'attire votre attention sur le deuxième paragraphe. « Prenons maintenant le cas des grandes usines. » Avez-vous trouvé cela ?

ACCUSÉ GŒRING. — Oui.

MONSIEUR JUSTICE JACKSON. — En traitant des grandes usines, ne dites-vous pas que la solution est très simple, que les usines peuvent être compensées de la même manière que les boutiques, c'est-à-dire à un prix que nous déterminerons, et que le représentant de l'État prendra tous les intérêts du Juif ainsi que ses actions, et qu'à son tour il les vendra ou bien les transférera à l'État, comme bon lui semblera.

ACCUSÉ GŒRING. — C'est-à-dire que toute personne ayant des intérêts dans l'usine recevra une compensation à un taux fixé par nous.

MONSIEUR JUSTICE JACKSON. — Et la compensation sera remise au représentant de l'État, n'est-ce pas ?

ACCUSÉ GŒRING. — Oui, au représentant de l'État. La chose était tout à fait simple : le Juif abandonnait sa propriété et il recevait des obligations. L'administrateur réglait cela par des obligations de 3 %.

MONSIEUR JUSTICE JACKSON. — Nous en venons à l'endroit où vous traitez les Juifs étrangers, vous souvenez-vous de cela ?

ACCUSÉ GŒRING. — Oui.

MONSIEUR JUSTICE JACKSON. — A ce sujet, un représentant du ministère des Affaires étrangères a demandé la permission de participer, au nom du ministère des Affaires étrangères. Est-ce exact ?

ACCUSÉ GŒRING. — Oui.

MONSIEUR JUSTICE JACKSON. — Nous passons maintenant à la partie de la conversation entre vous-même et Heydrich.

ACCUSÉ GŒRING. — Un instant, s'il vous plaît. Il manque une partie des procès-verbaux. Bien. J'ai trouvé l'endroit où Heydrich est mentionné pour la première fois.

MONSIEUR JUSTICE JACKSON. — Vous avez demandé combien de synagogues avaient été effectivement incendiées et Heydrich répondit qu'« en tout il y en avait environ 101 détruites par l'incendie, 76 démolies, et 7 500 boutiques démolies dans tout le Reich ». Est-ce exact ?

ACCUSÉ GŒRING. — Oui.

MONSIEUR JUSTICE JACKSON. — Ensuite le docteur Gœbbels intervint : « Je suis de l'avis de profiter de ces faits pour dissoudre les synagogues. » Et vous avez eu alors une discussion sur le problème de la dissolution des synagogues, n'est-ce pas ?

ACCUSÉ GŒRING. — Oui, par le docteur Gœbbels.

MONSIEUR JUSTICE JACKSON. — Et ensuite le docteur Gœbbels a soulevé le problème des voyageurs juifs dans les trains ?

ACCUSÉ GŒRING. — Oui.

MONSIEUR JUSTICE JACKSON. — Voyez si je cite correctement le dialogue entre vous et le docteur Gœbbels sur ce point. Le docteur Gœbbels dit : « En outre, je conseille que les Juifs soient éliminés de tous les postes publics où ils pourraient jouer un rôle de provocateurs. Il est encore possible pour un Juif de partager un compatiment de wagon-lit avec un Allemand. Par conséquent, il nous faut un décret du ministre des communications du reich stipulant que des compartiments sont occupés, les Juifs ne pourront pas réclamer une place. Ils pourront seulement occuper des compartiments séparés quand tous les Allemands se seront assurés des places. Ils ne se mélangeront pas aux Allemands et, s'il n'y a plus de place, ils seront obligés de se tenir debout dans le couloir. » Est-ce exact ?

ACCUSÉ GŒRING. — Oui, c'est exact.

MONSIEUR JUSTICE JACKSON. — « *Gœring.* — Je crois qu'il serait plus raisonnable de leur donner des compartiments séparés. » — « *Gœbbels.* — Non, pas si le train est déjà bondé. » — « *Gœring.* — Un instant. Il y aura simplement un wagon juif et si celui-ci est plein les autres Juifs devront rester chez eux. » — « *Gœbbels.* — Mais supposons qu'il n'y ait pas beaucoup de Juifs se rendant, mettons à Munich, dans un grand express. A supposer qu'il n'y ait que deux Juifs dans le train et que les autres compartiments soient bondés ; ces deux Juifs auraient alors un compartiment pour eux seuls. Le décret doit déclarer que les Juifs ne peuvent avoir droit à une place tant que tous les Allemands ne seront pas assis. » — « *Gœring.* — Je donnerai aux Juifs un wagon ou un compartiment et si un cas tel que vous le présentez se présente et que le train soit bondé, croyez-moi, nous n'aurons pas besoin d'une loi. Nous les mettrons dehors et ils resteront dans les cabinets pendant tout le voyage. » Est-ce exact ?

ACCUSÉ GŒRING. — Oui, j'étais irrité quand Gœbbels venait discuter de petits détails lorsqu'il s'agissait d'établir des lois importantes. J'ai refusé de faire quoi que ce fût. Je n'ai promulgué aucun décret ou loi à ce sujet. Évidemment, pour le ministère public, il est très agréable de lire cela aujourd'hui, mais je désire déclarer qu'il s'agissait d'une séance très animée pendant laquelle Gœbbels a constamment fait des demandes qui sortaient du domaine économique, et c'est pour cela que j'ai employé ces expressions pour donner un exutoire à mes sentiments.

MONSIEUR JUSTICE JACKSON. — Gœbbels, qui était assez radical sur ce point, dit que les Juifs devaient être debout dans les couloirs et vous avez dit qu'ils pouvaient se tenir dans les cabinets. C'est la façon dont vous l'avez dit ?

ACCUSÉ GŒRING. — Non, ce n'est pas exact. J'ai dit qu'ils devaient avoir des compartiments spéciaux et, comme Gœbbels n'était pas encore satisfait et qu'il faisait des réflexions, je lui ai dit à la fin : « Je n'ai pas besoin de lois. Ils peuvent ou bien s'asseoir dans les toilettes, ou bien ils peuvent quitter le train. » Ce sont des propos échangés à ce sujet mais qui n'avaient rien à voir avec l'importance mondiale du grand conflit.

MONSIEUR JUSTICE JACKSON. — Voyons le moment où le docteur Gœbbels a abordé le problème des forêts allemandes.

ACCUSÉ GŒRING. — Un moment, s'il vous plaît. Gœbbels réclama un décret qui interdisait aux Juifs de se rendre dans les stations climatiques allemandes. J'ai alors répondu : « Donnons-leur leurs stations propres. » Ce à quoi il répondit : « Mais on peut se demander si l'on doit vraiment leur réserver des stations ou bien mettre à leur disposition des plages allemandes, mais pas les meilleures, afin que les gens puissent dire : « Vous donnez aux Juifs la possibilité d'être en bonne forme en leur donnant nos stations climatiques. » « Il faudra aussi se demander s'il ne conviendrait pas d'interdire aux Juifs l'accès des forêts allemandes. On voit très souvent les Juifs se promener dans le Grunewald ; c'est une provocation constante », etc. Comme Gœbbels revenait encore à la charge, je lui répliquai d'une manière un peu crue : « Alors nous leur réserverons une certaine partie de la forêt », puisqu'il désirait les chasser du reste de la forêt. J'ai fait alors la remarque qui semble vous intéresser beaucoup.

MONSIEUR JUSTICE JACKSON. — Voyons cette remarque. Est-il exact que vous ayez dit : « Nous donnerons aux Juifs une partie de la forêt et Alpers verra à ce que les animaux qui ressemblent aux Juifs — l'élan a le museau crochu — aillent dans l'enclos juif et s'y installent » ? Est-ce que vous avez dit cela ?

ACCUSÉ GŒRING. — Oui, j'ai dit cela, mais il faut comprendre en essayant d'imaginer l'atmosphère de toute cette séance. Gœbbels revint sur sa phrase et dit qu'il considérait mon attitude comme une provocation. Je peux dire que j'étais provoqué par son insistance sur des choses peu importantes alors que des questions décisives étaient discutées.

MONSIEUR JUSTICE JACKSON. — Maintenant nous en venons au point où vous avez demandé à monsieur Hilgard, des compagnies d'assurances, d'entrer. Avez-vous trouvé ce passage ?

ACCUSÉ GŒRING. — Oui.

MONSIEUR JUSTICE JACKSON. — Alors, vous avez fait une déclaration à monsieur Hilgard quand il entra : « La position est la suivante : En raison de la colère justifiée du peuple contre les Juifs, le Reich a souffert un certain nombre de dommages. Des vitres ont été brisées, des marchandises ont été détruites, des synagogues incendiées ; je suppose que beaucoup de Juifs sont également assurés contre les dégâts commis par des désordres publics ? » — « *Hilgard.* — Oui. » — « *Gœring.* — S'il en est ainsi, la situation suivante se présente : le peuple, dans sa colère justifiée, voulait faire du tort aux Juifs, mais ce sont les compagnies d'assurances allemandes qui doivent dédommager les Juifs pour les dégâts subis. Cette situation est assez simple. Il suffit que je promulgue un décret à cet effet, que les dégâts résultant de ces émeutes ne soient pas payés par les compagnies d'assurances. »

— Est-ce que vous avez dit cela ?

ACCUSÉ GŒRING. — Oui, j'ai dit tout cela.

MONSIEUR JUSTICE JACKSON. — Hilgard exposa alors trois sortes de types d'assurance. Il vous fit remarquer qu'il faudrait au moins payer les prix des vitres, que la majorité des victimes était des aryens propriétaires des bâtiments et que les Juifs étaient seulement des locataires. Est-ce exact ?

ACCUSÉ GŒRING. — Oui, il s'agit là des détails de la discussion.

MONSIEUR JUSTICE JACKSON. — Et Hilgard a dit : « Puis-je attirer votre attention sur les faits suivants : les vitres ne sont pas fabriquées par l'industrie allemande mais entièrement par l'industrie verrière belge ? La valeur approximative à laquelle s'élèvent ces dégâts est de six millions de marks. C'est-à-dire que nous aurons à payer aux propriétaires, qui pour la plupart sont des aryens, des polices d'assurances, environ six millions de marks d'indemnité. »

ACCUSÉ GŒRING. — Je désire souligner ce qui a été dit précédemment au sujet des vitres cassées. Gœbbels dit : « Les Juifs doivent payer les dommages » et j'ai répondu : « Cela n'a aucun sens, nous n'avons pas de matières premières, tout cela est du verre étranger. Autant demander la lune. Cela demandera des devises étrangères. » Puis viennent les déclarations de Hilgard que vous venez de citer.

MONSIEUR JUSTICE JACKSON. — Oui, et Hilgard a souligné que le montant des dégâts équivalait à la production d'une demi-année des usines belges de vitres : « Nous croyons que les manufactures nous demanderont six mois avant de nous livrer les vitres. » Vous souvenez-vous de cela ?

ACCUSÉ GŒRING. — Oui.

MONSIEUR JUSTICE JACKSON. — Passons maintenant au point où Hilgard vous parle d'une boutique dans la « Unter den Linden » qui a été l'objet d'une attaque. Trouvez-vous le passage ?

ACCUSÉ GŒRING. — Il dit : « Le cas le plus important dans ce domaine est le cas de Markgraf, Unter den Linden. » N'est-ce pas cela ?

MONSIEUR JUSTICE JACKSON. — C'est exact.

ACCUSÉ GŒRING. — Oui.

MONSIEUR JUSTICE JACKSON. — « Les dégâts qui nous ont été signalés s'élèvent à un million sept cent mille marks, parce que tout a été complètement démoli. » Est-ce exact ?

ACCUSÉ GŒRING. — Oui.

MONSIEUR JUSTICE JACKSON. — « *Gœring.* — Daluege et Heydrich, il faudra que vous organisiez des expéditions pour récupérer ces bijoux. » Est-ce l'ordre que vous avez donné ?

ACCUSÉ GŒRING. — Oui, naturellement, les biens volés devaient être rapportés.

MONSIEUR JUSTICE JACKSON. — A vous, non aux Juifs ?

ACCUSÉ GŒRING. — Non, pas à moi personnellement, je m'excuse, c'est tout à fait clair.

MONSIEUR JUSTICE JACKSON. — Rapportés à l'État, vous n'aviez pas l'intention de les rendre aux Juifs ?

ACCUSÉ GŒRING. — Il n'en est pas question dans ce passage mais seulement du fait que les biens devaient être rapportés.

MONSIEUR JUSTICE JACKSON. — « Nous essayons de rapporter le butin », comme l'a dit Heydrich, n'est-ce pas ? Et vous avez ajouté : « Et les bijoux. »

ACCUSÉ GŒRING. — Si on pille une grande bijouterie, on doit prendre des mesures en conséquence parce qu'avec ces objets de valeur toutes sortes de difficultés peuvent être créées. C'est pourquoi j'ai donné l'ordre de procéder à des rafles pour ramener ces objets, de même que d'autres biens volés. Lorsqu'on procédait à l'aryanisation d'un magasin, le stock du magasin passait également entre les mains du nouveau propriétaire. Le point principal était que des actions fussent entreprises contre ceux qui avaient volé et pillé et, de ce fait, on avait déjà procédé à cent cinquante arrestations.

MONSIEUR JUSTICE JACKSON. — Et Heydrich poursuivit son rapport sur la manière dont ces expéditions étaient menées, après que vous lui eûtes signifié qu'il devait ramener ces bijoux :

— « Il est difficile de l'expliquer. La plupart de ces objets avaient été jetés dans la rue et ramassés. De même pour les fourreurs. Par exemple, dans la Friedrichstrasse, au-delà du secteur du poste de police C, la foule s'est naturellement précipitée pour ramasser les fourrures de martre et de skungs. Il sera très difficile de les récupérer. Même les enfants ont rempli leurs poches, simplement pour s'amuser. On propose que la Jeunesse hitlérienne ne soit pas utilisée pour de telles actions sans le consentement du parti. Les objets de ce genre sont très facilement abîmés. »

ACCUSÉ GŒRING. — Oui, c'est exprimé en ces termes.

MONSIEUR JUSTICE JACKSON. — Et Daluege suggère alors que « le parti promulgue un ordre pour que la police reçoive immédiatement un rapport, au cas où la femme du voisin (chacun connaît très bien son voisin) aurait une fourrure remise en forme ou celui où quelque personne porterait une bague ou un bracelet neuf. Nous voudrions donc le soutien du parti. » Est-ce exact ?

ACCUSÉ GŒRING. — C'est absolument exact.

MONSIEUR JUSTICE JACKSON. — Alors Hilgard fit des objections à votre plan selon lequel les compagnies d'assurances devaient être dispensées du paiement des dommages.

ACCUSÉ GŒRING. — Oui, c'est aussi exact.

MONSIEUR JUSTICE JACKSON. — Et il a donné les raisons :

— « *Hilgard.* — Si je puis donner les raisons de mes objections, c'est que notre activité s'étend largement sur le plan international. Nos affaires ont une excellente base internationale et dans l'intérêt de l'équilibre de nos échanges avec l'étranger, nous devons faire des efforts pour que la confiance dans les compagnies d'assurances ne soit pas ébranlée. Si nous devions maintenant refuser de faire honneur à ces obligations qui nous sont également imposées, ce serait une souillure sur l'écusson des compagnies d'assurances. » — « *Gœring.* — Mais il n'en serait pas ainsi si j'avais à promulguer un décret ou une loi. » Est-ce que je cite correctement ?

ACCUSÉ GÖERING. — Oui, et dans sa réponse, Hilgard dit : « C'est justement là que je voulais en venir ». Il fit remarquer que les compagnies d'assurances ne pouvaient rien faire sans une loi prévue pour cela. Si l'État souverain publiait une loi selon laquelle les indemnités d'assurance devaient être confisquées par l'État, alors les compagnies d'assurances ne seraient plus responsables.

MONSIEUR JUSTICE JACKSON. — Et maintenant j'affirme devant vous que ce n'est pas exact que, bien que vous eussiez proposé de promulguer un décret dégageant la responsabilité des compagnies d'assurances allemandes, les compagnies insistèrent pour faire honneur à leurs obligations. Alors Heydrich intervint et dit :

— « De toute façon, laissons-les payer, mais aussitôt que le paiement sera effectué, le produit sera confisqué. Ainsi nous sauverons la face. »

Exact ?

ACCUSÉ GŒRING. — C'est Heydrich qui a dit cela, quant à moi j'ai promulgué une loi.

MONSIEUR JUSTICE JACKSON. — N'avez-vous pas dit alors :

— « Un instant. Elles devront payer en tout cas, parce que ce sont des Allemands qui ont subi des dommages. Il y aura cependant une loi interdisant de faire des paiements directs aux Juifs. Elles devront également effectuer des paiements pour les dégâts subis, pour les Juifs, non aux Juifs, mais au ministère des Finances.

« *Hilgard.* — Ah ! Ah ! »

ACCUSÉ GŒRING. — Je viens de le dire.

MONSIEUR JUSTICE JACKSON. — Vous avez adopté la suggestion de Heydrich qui était tout à fait contraire à la vôtre ?

ACCUSÉ GŒRING. — Non, je n'ai pas accepté la proposition de Heydrich, mais j'ai promulgué une loi selon laquelle les indemnités d'assurance dues aux Juifs devaient être payées au ministère des Finances. Je n'ai donc pas admis avec Heydrich que les indemnités devaient leur être payées et ensuite confisquées. J'ai suivi une voie légale et je n'ai pas craint de promulguer les lois utiles et de prendre mes responsabilités pour le paiement de ces indemnités à l'État, c'est-à-dire au ministère des Finances.

MONSIEUR JUSTICE JACKSON. — Bien, le Tribunal jugera, nous avons les preuves.

— Hilgard, représentant les compagnies d'assurances, fit alors valoir que le montant des polices d'assurances sur les bris de glace était très important, que les assurances sur les bris de glace représentaient le plus grand actif des compagnies. Mais le montant des dommages est deux fois plus élevé que pour une année ordinaire et il fit remarquer que l'ensemble des profits des compagnies d'assurances allemandes serait absorbé, n'est-ce pas ?

ACCUSÉ GŒRING. — Oui.

MONSIEUR JUSTICE JACKSON. — Et cela soulève aussi la question du nombre de boutiques détruites ; Heydrich en signalait sept mille cinq cents, est-ce exact ?

ACCUSÉ GŒRING. — Oui.

MONSIEUR JUSTICE JACKSON. — J'attire maintenant votre attention sur la conversation suivante.

— « *Daluege.* — ... »

— A propos, qui était-il ?

ACCUSÉ GŒRING. — Daluege était le chef de la Schutzpolizei (Police de sûreté).

MONSIEUR JUSTICE JAKSON. — « ... Une question doit encore être discutée. La plupart des marchandises dans les boutiques n'étaient pas la propriété du commerçant, mais étaient déposées par d'autres maisons qui les leur remettaient. Les factures non payées de ces marchandises envoyées en consignation sont maintenant envoyées par ces maisons qui ne sont certainement pas toutes juives mais aryennes.

— « *Hilgard.* — Nous aurons à les payer aussi.

— « *Gœring.* — J'aurais préféré que vous eussiez tué deux cents Juifs au lieu de détruire toutes ces marchandises.

— « *Heydrich.* — Il y a eu trente-cinq tués. »

— Est-ce que je lis cela correctement ?

ACCUSÉ GŒRING. — Oui, ceci était dit dans un moment de mécontentement et d'énervement.

MONSIEUR JUSTICE JACKSON. — Mais c'était sincère, n'est-ce pas ?

ACCUSÉ GŒRING. — Je ne disais pas cela sérieusement. Je viens d'insister sur le fait que cela provenait de mon énervement momentané provoqué par les événements, par les destructions des marchandises et par les difficultés qui en résultaient. Il est évident que si aujourd'hui chaque mot qui a été prononcé pendant vingt-cinq ans est mis sur la balance, je pourrais moi-même vous apporter des citations autrement éloquentes.

MONSIEUR JUSTICE JACKSON. — Ensuite Funk intervint pour discuter le point de vue de l'échange avec l'étranger, n'est-ce pas ? Il a participé à la discussion pendant un certain temps, n'est-ce pas ? Je ne prendrai pas la peine de le mettre en cause.

ACCUSÉ GŒRING. — Oui, mais tout n'est pas dans les procès-verbaux qui ne sont pas clairs sur ce point. Je regrette que les procès-verbaux soient incomplets. C'est curieux.

MONSIEUR JUSTICE JACKSON. — Je me joins à vous pour le regretter.

— Hilgard revint encore au sujet du profit des compagnies d'assurances, n'est-ce pas ?

ACCUSÉ GŒRING. — Oui, naturellement.

MONSIEUR JUSTICE JACKSON. — Et vous avez fait cette déclaration, n'est-ce pas ?

— « Les Juifs devront signaler les dégâts. Ils auront le remboursement de leurs compagnies d'assurances, mais ces dédommagements seront confisqués. Le résultat final sera que les compagnies d'assurances gagneront quelque chose parce que tous les dommages ne seront pas remboursés. Hilgard, vous pouvez vous estimer heureux. »

— « *Hilgard.* — Je n'ai aucune raison de le faire. Le fait que nous n'avons pas à payer pour tous les dommages est donc considéré comme un bénéfice.

— « *Gœring.* — Un moment. Si vous êtes obligé, d'après la loi, de payer cinq millions de marks et que soudain apparaisse un ange de ma corpulence qui vous dise : " Vous pouvez garder un million de marks ", bon Dieu, ceci ne sera-t-il pas considéré comme un bénéfice ? J'aimerais que nous fassions part égale, appelez cela comme il vous plaira. Il suffira de vous regarder, tout votre être exsudera la satisfaction. Vous devenez un gros accapareur. »

— Est-ce que je cite correctement ?

ACCUSÉ GŒRING. — Oui, naturellement, j'ai dit cela.

MONSIEUR JUSTICE JACKSON *(Au témoin)*. — Veuillez vous reporter une fois encore au document dans lequel vous parliez des bijoux disparus chez Margraf.

ACCUSÉ GŒRING. — Nous revenons sur ce qui a déjà été fait.

MONSIEUR JUSTICE JACKSON. — Oui, pour un moment. Je vous renvoie à votre déclaration qui est la suivante :

— « Maintenant viennent les dommages, d'abord les dommages subis par le Juif : les bijoux disparus chez Margraf, etc. Ces bijoux sont partis et ne lui seront pas remplacés. A lui d'en supporter la perte. Au fur et à mesure que les bijoux seront rapportés à la police, ils resteront propriété de l'État. »

ACCUSÉ GŒRING. — Oui, c'est exact. Mais aux termes de la loi, un dédommagement s'ensuivit.

MONSIEUR JUSTICE JACKSON. — A cette conférence prit part un représentant de l'Autriche, n'est-ce pas ?

ACCUSÉ GŒRING. — Oui.

MONSIEUR JUSTICE JACKSON. — Je vous demande donc s'il n'a pas fait, au cours de votre réunion, la déclaration suivante :

— « A ce sujet nous avons déjà, en Autriche, établi un plan, monsieur le Generalfeldmarschall. A Vienne, il y a douze mille ateliers juifs et cinq mille commerces de détail juifs. Pour ces dix-sept mille commerces, il y avait un plan préparé avant la révolution nationale-socialiste. Des douze mille ateliers, dix mille environ devaient être définitivement fermés... »

ACCUSÉ GŒRING. — L'interprète n'a pas suivi.

MONSIEUR JUSTICE JACKSON. — Vous avez trouvé le passage ?

ACCUSÉ GŒRING. — Je l'ai trouvé, mais non l'interprète.

MONSIEUR JUSTICE JACKSON. — « Sur ces douze mille ateliers

d'artisans, dix mille environ devaient être définitivement fermés et deux mille maintenus. Quatre mille sur les cinq mille magasins détaillants devaient être fermés et mille maintenus, c'est-à-dire aryanisés. D'après ce plan, trois mille à trois mille cinq cents sur les dix-sept mille magasins devaient être maintenus, tous les autres fermés. Cette décision avait été prise à la suite d'enquêtes faites dans chaque branche conformément aux besoins locaux, en accord avec les autorités compétentes ; ce plan est prêt à être publié dès que j'aurai le décret demandé en septembre. Ce décret nous donnera la possibilité de retirer les licences aux artisans indépendamment de la question juive. Ce sera un texte très court.

— « *Gœring.* — Je ferai rédiger ce décret aujourd'hui même. »

ACCUSÉ GŒRING. — Naturellement, il s'agit ici d'un décret destiné à réduire les branches du commerce trop chargées et qui, indépendamment de la question juive, aurait limité les licences de commerce. C'est ce qui ressort nettement du procès-verbal.

MONSIEUR JUSTICE JACKSON. — Continuons. Vous voulez dire au Tribunal que cela ne concernait pas les commerces juifs et n'était lié d'aucune façon à la question juive ?

ACCUSÉ GŒRING. — J'ai dit qu'en dehors de la question juive, en raison du surnombre des commerces de détail, le nombre des détaillants aurait été réduit ; et il ressort de la phrase suivante prononcée par monsieur Fischbœck, que vous-même venez de lire, que j'ai demandé un décret nous autorisant simplement à supprimer des licences, en dehors de la question juive. Ce devait être un texte très court. A quoi j'ai répondu : « Je ferai rédiger ce décret aujourd'hui même. »

MONSIEUR JUSTICE JACKSON. — Donc, si vous...

ACCUSÉ GŒRING. — Naturellement, les magasins juifs devaient être éliminés en tout premier lieu, comme je l'ai dit au début.

MONSIEUR JUSTICE JACKSON. — Veuillez lire deux paragraphes plus loin, ce qui suit :

— « Mais je ne crois pas que cela représenterait plus de cents magasins, vraisemblablement moins. De cette manière, d'ici la fin de l'année, nous pourrions éliminer toutes les affaires notoirement connues comme appartenant à des Juifs. »

« *Gœring.* — Ce serait excellent !

« *Fischbœck.* — ... »

ACCUSÉ GŒRING. — Oui, c'était le sens de la conférence.

MONSIEUR JUSTICE JACKSON. — « *Fischbœck.* — Sur les dix-sept mille entreprises, douze mille ou quatorze mille seraient alors fermées et les autres aryanisées ou mises entre les mains d'un administrateur judiciaire.

— « *Gœring.* — Je dois dire que ce projet est merveilleux. En opérant de cette manière, d'ici la Noël ou à la fin janvier, toute cette question serait liquidée à Vienne qui est en quelque sorte la capitale juive.

— « *Funk.* — Nous pouvons également le faire ici. J'ai préparé un décret précisant qu'à partir du 1er janvier 1939 tous les commerces de gros et de détail ainsi que l'exploitation privée de tout atelier seront interdits aux Juifs. De plus, il leur est interdit de prendre du personnel ou de faire des offres de service ou de prendre des commandes. Où que nous trouvions un commerce juif, il sera fermé par la police. À partir du 1er janvier 1939, aucun Juif ne pourra plus être chef d'entreprise, comme il est prévu dans la loi pour l'organisation nationale du travail du 20 janvier 1934. Si un Juif a un poste de direction dans un établissement sans être pour cela le chef de l'établissement, son contrat pourra être résilié dans les six semaines par le chef de l'établissement. À expiration de ce délai, l'employé n'a plus aucun droit, pas même celui de réclamer une pension quelconque. C'est toujours très désagréable et dangereux. Un Juif ne peut pas faire partie d'une association. Les membres juifs d'une association devront démissionner pour le 31 décembre 1938. Une autorisation spéciale ne sera pas nécessaire. Les ministres compétents sont chargés de l'application du présent décret.

— « *Gœring.* — Je crois que nous pouvons signer cette ordonnance. »

ACCUSÉ GŒRING. — Oui.

MONSIEUR JUSTICE JACKSON. — Laissez maintenant un assez long dialogue sur la situation à Vienne. Je vous prie de vous arrêter au passage où Funk vous demande : « Pourquoi les Juifs ne doivent-ils plus posséder de valeurs ? »

— « *Gœring.* — Parce qu'elles les font participer aux affaires. »

ACCUSÉ GŒRING. — Oui, le but était de leur enlever toute participation aux entreprises. S'ils conservaient des valeurs, ils conservaient le droit, en raison de leur participation à l'entreprise en qualité d'actionnaires, de faire valoir leur volonté.

MONSIEUR JUSTICE JACKSON. — Vous avez refusé le projet de Funk, d'autoriser les Juifs à conserver leurs actions.

ACCUSÉ GŒRING. — Oui. En lieu et place des actions, j'ai institué des reconnaissances de dettes.

MONSIEUR JUSTICE JACKSON. — Nous allons maintenant sauter plusieurs feuillets des débats, à moins que vous ne désiriez attirer notre attention sur un point particulier ; nous arrivons à l'endroit où Heydrich donne son avis. J'attire votre attention sur le dialogue suivant :

— « *Heydrich.* — Par des mesures légales, on a pu exclure au moins quarante-cinq mille Juifs.

— « *Gœring.* — Comment cela a-t-il été possible ?

— Et Heydrich vous dit :

— « *Heydrich.* — Nous l'avons fait de la manière suivante : nous avons fait verser par les Juifs fortunés qui voulaient s'expatrier une certaine somme aux sociétés d'entraide juives. Avec cet argent et les paiements en devises, nous avons pu expatrier une partie des Juifs pauvres. Le problème ne consistait pas à renvoyer les Juifs fortunés, mais la plèbe juive. »

— Est-ce exact ?

ACCUSÉ GŒRING. — Un instant. Je ne trouve pas ce passage, mais en principe c'est exact, oui.

MONSIEUR JUSTICE JACKSON. — Et, un peu plus loin. Heydrich fait des propositions et dit :

— « En ce qui concerne la discrimination, j'aimerais proposer rapidement quelques mesures de police qui sont importantes aussi en raison de leur portée psychologique sur l'opinion publique. Par exemple, en vertu des lois de Nuremberg, toute personne juive doit porter un certain insigne. C'est une possibilité qui facilitera beaucoup d'autres choses, en particulier, nos relations avec les Juifs étrangers, et je n'y vois aucun danger d'excès.

— « *Gœring.* — Un uniforme.

— « *Heydrich.* — Un insigne. Par ce moyen, on éviterait aux Juifs étrangers, que l'on ne peut distinguer des autres, d'être molestés.

— « *Gœring.* — Mais, mon cher Heydrich, vous ne pourrez pas éviter la création de ghettos dans les villes sur une très vaste échelle. Il faut les créer. »

— Avez-vous dit cela ?

ACCUSÉ GŒRING. — Je l'ai dit. Il s'agissait à ce moment de rassembler les Juifs dans certains quartiers des villes car, en raison de la réglementation des loyers, il n'y avait pas d'autre moyen ; et si le port de l'insigne avait été obligatoire, chaque Juif aurait pu individuellement être protégé.

MONSIEUR JUSTICE JACKSON. — Poursuivons notre discussion. J'attire votre attention sur l'avertissement donné par Heydrich concernant les mesures qui venaient d'être discutées.

— « *Gœring.* — Si nous arrivons à avoir un ghetto, nous pourrons définir quels genres de magasins y seront nécessaires et alors on pourra dire : " Toi, Juif Untel, avec les Juifs Untel et Untel, vous serez chargés de la livraison des marchandises. " Une maison de gros allemande sera alors chargée d'approvisionner le commerce juif. Cet établissement ne sera plus alors une maison de détail, mais une coopérative. Une coopérative pour les Juifs.

— « *Heydrich.* — Toutes ces mesures conduisent pratiquement à la création d'un ghetto. Et je dois dire qu'à l'époque actuelle on ne devrait pas vouloir une telle chose. Mais si ces mesures sont appliquées comme elles sont prévues ici, elles conduiront automatiquement les Juifs au ghetto. »

— Heydrich a-t-il donné cet avertissement ?

ACCUSÉ GŒRING. — C'est indiqué ici, oui, mais de l'entretien qui suit il ressort que j'ai dit : « Nous en venons maintenant à ce que le ministre Gœbbels a appelé les locations forcées. Maintenant, les locataires juifs vont se grouper. » Il s'agissait du groupement des locataires juifs, pour mettre fin aux inconvénients provenant des sous-locations.

MONSIEUR JUSTICE JACKSON. — Vous avez omis la réflexion de Funk à ce sujet :

— « Les Juifs doivent se grouper étroitement. Trois millions de Juifs est un bien petit nombre ; ils doivent s'entraider, car isolés, ils mourront de faim. »

— Trouvez-vous ce passage ?

ACCUSÉ GŒRING. — Oui. Mais il y a un autre passage dans le procès-verbal où il est dit nettement :

— « On ne peut tout de même pas laisser les Juifs mourir de faim, c'est pourquoi des mesures nécessaires doivent être prévues. »

MONSIEUR JUSTICE JACKSON. — À la fin de la séance, vous avez dit ce qui suit :

— « Je choisirais le texte suivant : la totalité des Juifs allemands sont frappés d'une contribution de un milliard de marks comme pénalité pour leurs crimes abominables, etc. Cela les touchera. Les cochons ne commettront pas un deuxième meurtre de sitôt. Du reste, je le répète encore : je n'aimerais pas être Juif en Allemagne ! »

ACCUSÉ GŒRING. — Ce passage a déjà été lu.

MONSIEUR JUSTICE JACKSON. — Plaisantiez-vous aussi à ce moment ?

ACCUSÉ GŒRING. — Je vous ai dit exactement ce qui a été à l'origine de cette amende de un milliard de marks.

En conclusion à cette année 1938 qui voit s'organiser, sur une échelle nationale, la persécution de la communauté juive, voici le dernier extrait de la déposition de Julius Streicher :

DOCTEUR MARX. — Le ministère public estime qu'en 1938 fut introduit un traitement plus rigoureux à l'égard des Juifs. Est-ce exact et comment l'expliquez-vous ?

ACCUSÉ STREICHER. — Oui. En 1938, la question juive est entrée dans une phase nouvelle ; cette manifestation le prouve. Quant à moi, je puis seulement déclarer qu'il n'y eut aucune conférence préalable à ce sujet. Je pense que, impulsif comme il l'était, le Führer a décidé peut-être simplement, le 9 novembre, de dire au docteur Gœbbels : « Dites aux organisations qu'il faut brûler les synagogues. » Ainsi que je l'ai dit, je n'ai assisté à aucune conférence de ce genre et je ne sais pas ce qui a précédé les événements qui ont eu lieu par la suite.

DOCTEUR MARX. — Le 12 novembre 1938, une ordonnance fut promulguée en vertu de laquelle les Juifs devaient être exclus de la vie économique du pays. Y a-t-il quelque rapport entre l'ordre donné pour la manifestation du 9 novembre et ce même décret du 12 novembre 1938 et ce dernier peut-il être imputé aux mêmes raisons ?

ACCUSÉ STREICHER. — Qui, je puis seulement vous dire que j'ai la conviction qu'il y a un lien entre ces deux faits. Ces ordres, qui devaient avoir des répercussions si importantes sur toute la vie économique, venaient de Berlin. Il n'y eut aucune conférence à cet égard et je ne me souviens d'aucune réunion de Gauleiter pour en discuter. Cela s'est produit, comme tout le reste, sans que nous en soyons avertis à l'avance.

DOCTEUR MARX. — Comment se fait-il que ce ne soit pas vous, mais l'accusé Rosenberg, qui se soit vu confier l'élaboration de cette question ?

ACCUSÉ STREICHER. — Rosenberg était le représentant spirituel du mouvement, mais il n'a pas été chargé de cette tâche, encore moins d'organiser cette manifestation ou ses incidences économiques.

DOCTEUR MARX. — Nous ne nous comprenons pas. Rosenberg fut chargé par la direction de l'État de veiller à l'éducation politique et raciale et aux autres tâches d'information. Il n'en était pas de même pour vous. Quelle en fut la raison ? Comment expliquez-vous que l'on ne vous ait pas choisi ?

ACCUSÉ STREICHER. — Rosenberg, comme il l'a dit lui-même, avait fait très tôt la connaissance du Führer et était certainement habilité, intellectuellement et par ses connaissances, à entreprendre cette tâche. Quant à moi, je m'occupais d'un enseignement plus populaire.

L'irrésistible ascension d'Adolf Hitler, la rapidité avec laquelle il sut imposer ses idées peuvent-elles être expliquées rationnellement ? Sans avoir été choisi, il vint à l'heure du jour où tout était possible. Pour lui. Et probablement pour lui seul, car peut-on imaginer un autre personnage franchissant le même parcours dans les mêmes circonstances ? Accident troublant de l'histoire — facilement envisageable du XVe ou XIXe — le plus surprenant n'est-il pas que ce crime contre la démocratie (avant de devenir un crime contre l'Humanité) ait été commis au XXe siècle, monde nouveau de ces techniques et de la communication, qui devraient nous mettre à l'abri de toute aventure personnelle ? La rencontre entre un homme et un peuple eut lieu. C'est le plus grave. Tout le reste, ou à peu près, n'est qu'adaptation psychologique, démagogie et bien évidemment, une fois le pouvoir conquis, dictature.

Rien, dans son enfance ou son adolescence, ne laissait entrevoir le destin qui allait le dépasser. Par ce vide — instruction primaire à l'écart de l'ensemble des sciences (y compris de l'art militaire), absence criarde de culture — que ne saurait combler un réel besoin de lectures, plus que par l'attitude hautement criminelle, il est à l'opposé des maîtres qu'il s'inventa après l'invasion de la Pologne : Alexandre, César, Napoléon.

L'Allemagne humiliée, exsangue, à la dérive, bien que réunissant toutes les conditions d'une reprise en main virile, succomba au charme sans trop comprendre où cela la mènerait. Les documents de Nuremberg illustrent parfaitement cette politique de prise en main totale faite, non de petits pas, mais de véritables actes révolutionnaires. Le processus éclairci n'explique que partiellement la réussite du groupe restreint qui va se partager le pouvoir et accepter toutes les violations, la faiblesse également de l'opposition.

MONSIEUR JUSTICE JACKSON. — Dans le mouvement de résistance allemand, si je vous comprends bien, on était d'accord sur le fait qu'il fallait obtenir diverses modifications du Traité de Versailles et des améliorations dans le domaine économique, pour l'Allemagne, ce que d'autres souhaitaient aussi. Vous étiez tous d'accord sur ce point ?

TÉMOIN GISEVIUS. — Nous pensions tous que la paix et l'équilibre normal ne pourraient être rendus à l'Europe qu'à la suite de certaines modifications du Traité de Versailles, par des moyens pacifiques, par la voie des négociations.

MONSIEUR JUSTICE JACKSON. — Ce qui vous différenciait des nazis, c'était surtout la méthode, du moins dans ce domaine ?

TÉMOIN GISEVIUS. — Oui.

MONSIEUR JUSTICE JACKSON. — Dès le début, si je comprends bien, le point de vue de votre groupe était qu'une guerre ne pouvait avoir que des résultats désastreux pour l'Allemagne aussi bien que pour l'ensemble du monde ?

TÉMOIN GISEVIUS. — Oui.

MONSIEUR JUSTICE JACKSON. — Et que les modifications nécessaires pouvaient être obtenues avec un peu de patience par des moyens pacifiques ?

TÉMOIN GISEVIUS. — Absolument.

MONSIEUR JUSTICE JACKSON. — C'est en raison de cette différence d'opinion, je pense, que votre mouvement de résistance voulait mettre à exécution ses plans de putsch et d'attentats contre le régime en Allemagne, que vous avez décrits ?

TÉMOIN GISEVIUS. — Bien sûr, mais je voudrais ajouter que nous ne pensions pas uniquement au grand danger extérieur, mais que nous étions absolument convaincus des dangers inhérents à ce système terroriste. Dès le début, il y avait en Allemagne un groupe d'hommes qui ne songeaient pas encore à la possibilité d'une guerre et qui, cependant, s'élevaient contre l'injustice et les persécutions exercées contre la liberté et la foi.

— Au début, par conséquent, nous ne menions pas la lutte contre la guerre mais, si je puis dire, la lutte pour les droits de l'homme, et il s'est trouvé, dès les premiers temps, dans toutes les classes de la société, des hommes résolus à lutter, à souffrir et à mourir pour ces idées.

MONSIEUR JUSTICE JACKSON. — Il s'agit maintenant de savoir quels étaient les motifs et les buts de ce mouvement de résistance en ce qui concerne le peuple allemand ; je vous demande d'exposer au Tribunal quels étaient les buts généraux qui vous guidaient dans votre résistance.

TÉMOIN GISEVIUS. — Je tiens à dire que c'est parce que la mort a fait une moisson si riche parmi les hommes de la résistance, que je prends ici la parole, sinon des hommes plus dignes de le faire eussent répondu à votre question. Avec cette restriction, je pense avoir le droit de dire que Juifs ou Chrétiens, il y avait en Allemagne des hommes qui croyaient à la liberté de la foi, aux droits de l'homme et à la dignité humaine, non seulement pour l'Allemagne mais qui, en tant qu'Allemands, se sentaient responsables pour la communauté européenne et mondiale.

MONSIEUR JUSTICE JACKSON. — Et c'est ce groupe qui composait le mouvement de résistance, si je comprends bien ?

TÉMOIN GISEVIUS. — Ce mouvement n'était pas seulement un groupe, mais beaucoup ont emporté dans la mort le secret de leur résistance avant de l'avoir confié aux procès-verbaux de la Gestapo. Il reste si peu de ces hommes que l'on peut aujourd'hui en parler comme d'un groupe.

MONSIEUR JUSTICE JACKSON. — La plupart des hommes qui s'étaient associés à ce mouvement de résistance sont morts ?

TÉMOIN GISEVIUS. — Presque tous.

MONSIEUR JUSTICE JACKSON. — Désireriez-vous ajouter quelque chose pour préciser votre attitude, vos sentiments profonds dans cette affaire, pour permettre au Tribunal de bien comprendre votre position personnelle ?

TÉMOIN GISEVIUS. — Il m'est désagréable de parler de moi-même et je voudrais simplement vous remercier, Monsieur le représentant du ministère public, de m'avoir donné l'autorisation de faire des déclarations décisives au nom des morts et des vivants de mon groupe.

Indifférence, peur des représailles, de l'internement, des tortures, il n'y aura pas, on le sait, de véritable Front du Refus en Allemagne. Le système a broyé toutes les tentatives avant qu'elles soient organisées. La « toile d'araignée » en place a laminé toutes les forces — partis, syndicats, églises, enseignement, presse, etc. — qui pourraient se rebeller. Le premier acte est achevé. Reste le plus important...

Je remercie Jacques Vennes qui m'a apporté son amicale collaboration dans le découpage et le classement des documents du procès de Nuremberg.

C.B.

TABLE DES MATIÈRES

Cet ouvrage a été reproduit
par procédé photomécanique
par la SOCIÉTÉ NOUVELLE FIRMIN-DIDOT
Mesnil-sur-l'Estrée
pour le compte des Éditions France-Empire
en décembre 1995

Imprimé en France
Dépôt légal : janvier 1996
N° d'impression : 32851